Rudolf Hagelstange

Der schielende Löwe und die Puppen in der Puppe

Reiseimpressionen aus Amerika und Rußland

List Verlag München

DER SCHIELENDE LÖWE ist zuerst erschienen
im Hoffmann und Campe Verlag, Hamburg, 1967
DIE PUPPEN IN DER PUPPE erschienen zuerst
im Hoffmann und Campe Verlag, Hamburg, 1963

Umschlagentwurf: Design Team, München

ISBN 3-471-77832-2
Vom Autor durchgesehene und bearbeitete Neuausgabe
Satz und Druck: Karl Wenschow GmbH, München
Bindearbeit: Spiegel, Ulm

Der schielende Löwe

Dem Andenken von CHARLOTTE PEKARY
1895–1967

Warum der Löwe schielt

Bis zu jenem Märzsonntag, da er mir zum ersten Mal im Natural Park von Washington begegnete, hatte ich manchen imponierenden, nie aber einen schielenden Löwen gesehen. Ich glaube sogar beeiden zu können, daß ich bis zu jener Stunde noch nie ein schielendes Tier wahrgenommen hatte. Um so irritierender und überraschender mußte mich dieser Blick aus Löwenaugen treffen. Es dauerte geraume Weile, bis ich mich von diesem »cross-eyed« König der Wüste, der da hinter Gittern gähnte, zu trennen vermochte.

Schon zwei Tage später, als ich den damals noch in der Abteilung für Geisteskranke des St.-Elizabeth-Hospitals internierten Dichter Ezra Pound besuchte, welcher an diesem Ort für seine nicht nur von der offiziellen amerikanischen Politik abweichende Weltanschauung büßte, erinnerte ich mich meines Löwen wieder; es ergaben sich merkwürdige, aber vielleicht naheliegende Assoziationen, Parallelen, Gemeinsamkeiten in der Betrachtung dieses wie jenes Falles. Noch ehe ich mich – später in Deutschland – sachlich-prosaisch dieses »Falles von exemplarischem Irrsinn« annahm, förderten lyrische Wehen während der amerikanischen Reisemonate ein balladeskes Poem »Der schielende Löwe« zutage. Bis 1953 ausschließlich auf Versfüßen wandelnd, hatte ich nämlich den vagen Plan, über die USA ein kleines Versbuch zu schreiben, war dann jedoch zu der – vermeintlichen – Einsicht gelangt: dieses amusische, zutiefst »prosaische« Land widersetze sich jeder lyrisch getönten Darstellung.

Als ich mich drei Jahre nach der Reise, die ich 1954 auf Einladung des State Department unternahm, wider alles Erwarten doch von den andrängenden Erinnerungen und einigen vorhandenen Präludien verführt sah, ein kleines gemischtes Buch zu schreiben, mit dem ich die mir immer wieder gestellte Frage

»How do you like America?« zu beantworten versuchte, begegnete meinem Rückblick wieder der Blick des Washingtoner Löwen, den ich George nannte und mit dem ich, vor dem großen Käfig auf einer Bank sitzend und eine Zigarette rauchend, ein geträumtes Gespräch über seinen konvergierenden Blick – »ein Auge auf meine Freunde, ein Auge auf meinen Gegner« – führte, in welchem wir uns über sein vorgeblich demokratisches Naturell und Ethos, unsere deutschen Gehversuche in dieser Richtung und seine Frage, wie mir denn Amerika gefallen habe, in spöttisch-anzüglichem Ton unterhielten – bis er schließlich über eine Reihe von erwünschten ehrlichen oder doppelbödigen Komplimenten, selbstzufrieden gähnend, entschlafen war.

Seit dieser Unterhaltung war ein gutes Jahrzehnt vergangen, aber der schielende Löwe war unvergessen. Niemand hat ihn aus meinem Gedächtnis vertreiben können. Weder in Zürich noch in Amsterdam, weder in Moskau noch in Tokio – wo immer mich Pflicht, Laune oder Zufall in einen Zoo führten –, nirgends stieß ich auf einen Rivalen. Ich mußte ein zweites Mal in die Vereinigten Staaten reisen – diesmal zu Lesungen an amerikanischen Universitäten und einigen Goethe-Instituten –, um endlich wieder einem schielenden Löwen zu begegnen.

Ich war schon auf dem Sprung nach Kanada, als mich in Seattle ein aus Deutschland nachgesandter Brief erreichte, in welchem eine in Berkeley arbeitende Germanistin sich ausführlich über die jüngere Vergangenheit, das deutsch-amerikanische Verhältnis und unser Amerika-Bild ausließ – sie hatte in einem Vortrag vor amerikanischen Hörern Hausmanns »Kleine Liebe zu Amerika« mit meinen 33 Jahre später erschienenen Impressionen verglichen – und in welchem sie mitteilte, daß sie seit zehn Monaten ein Blatt aus einer Zeitschrift aufhebe, das sie mir endlich zusenden wolle. Ich glaubte vielleicht, den schielenden Löwen gebe es nur in meiner Phantasie. Aber in Amerika gebe es eben doch alles, sogar schielende Löwen.

8

Und da sah ich ihn denn, gleich viermal von eines Meisters Linse erfaßt, meinen guten alten Löwen, den ich damals, weil's in Washington war, George getauft hatte und der in Wahrheit Clarence hieß.

»Some lions have it and some don't. This one, named Clarence . . .«, so begann der Begleittext, aus dem man von des Löwen unvermuteter Karriere erfuhr.

Ich las flüchtig, daß eine Agentur für Tiertraining ihn für Hollywood geschult habe, in der Hoffnung, daß sein Augendefekt darüber verschwinden werde. Statt dessen sei sein Blick immer »crosser and crosser« geworden, was zunächst enttäuscht habe; aber dann sei ein producer in bester Hollywood-Tradition auf den Gedanken gekommen, daß die Eigenheiten und Mängel eines schielenden Löwen einen prima Film (a fine movie) hergeben könnten, und so habe Clarence einen 50 000-Dollarvertrag bekommen und sei gerade damit beschäftigt, durch anhaltendes Rollenstudium diesem Kontrakt zu entsprechen. Es habe allerdings beträchtliche Schwierigkeiten damit, weil Clarence – zum Beispiel – für einen Sprung in den Station-Wagen einen ganzen Monat lang trainieren müsse, während ein ordinary lion dies in einem Tag erlerne. Möglicherweise sehe Clarence infolge der verwirrenden Augenstellung den einen Wagen für zwei an, und es falle ihm schwer, sich für diesen oder jenen zu entscheiden.

Dann stand da noch etwas von einer ausgehenden, jedenfalls unzureichenden Mähne, die man durch eine Perücke ersetzen müsse, an die sich Clarence inzwischen freilich so gut gewöhnt habe, daß er ohne sie gar nicht mehr spielen wolle. Im Vorstadium dieser Gewöhnung hatte er eine Art Kapuze getragen – eine der Aufnahmen zeigte ihn mit dieser (man könnte fast sagen) Schlafmütze.

Die Perücke wollte mir, eingedenk des von Clarence inzwischen erreichten Alters, schon einleuchten Aber die Sache mit dem »crosser and crosser« werdenden Blick befremdete mich doch

9

sehr. Ich las darum den Bildtext etwas genauer nach und mußte feststellen, daß Clarence erst vor zwei Jahren angekommen (arrived) sei, was in diesem Fall als zur Welt gekommen verstanden werden wollte. Er war also ein ganz anderer.

Große, aber dann doch rasch verwundene Enttäuschung, denn der Fortfall an Wiedersehensfreude wurde durch die Entdeckung eines zweiten »cross-eyed«-Löwen mehr als aufgewogen. Mein alter George, der inzwischen wohl die ewigen Jagdgründe aufgesucht haben mochte (er war 1954 schon recht erwachsen), hatte einen Nachfolger gefunden! Was mir damals – der Brief aus Berkeley bewies es – als Phantasterei ausgelegt werden konnte, wurde nun vor aller Welt erkennbar: es *gibt* den schielenden Löwen. Ja, es gibt sogar den Plural! Und: es gibt schielende Löwen offensichtlich nur oder doch vorwiegend in den Vereinigten Staaten. Sie scheinen eine amerikanische Spezialität zu sein.

Man muß weder der Evangelist Markus noch das Gegenteil – also abergläubisch – sein, um in dieser Duplizität einen Wink des Himmels zu erkennen.

Setz dich auf die Hosen, sagte ich zu mir selbst, pack diesen Löwen beim Schwanz und laß dich von ihm zu neuer Einsicht, neuer Auskunft tragen! Nach fast zwölf Jahren sieht manches anders aus, und vier Augen, selbst wenn sie schielen, sehen mehr als zwei. Viel Wasser ist seit Senator McCarthy die Niagara-Fälle heruntergeschossen. Wir haben den Mond von hinten besehn und der Erde aus ziemlicher Höhe auf den Kopf gespuckt. Seit ich den Highway one-o-one gefahren bin, das Colorado-Gebirge durchquert und vergebens in Yosemite nach Bären gefahndet habe, weiß ich einiges mehr über die Vereinigten Staaten von Nordamerika und werde es nicht für mich behalten. Am wenigsten das, was den schielenden Löwen betrifft.

Wiedersehn mit New York

Drei Stunden später als avisiert, aber im Direktflug von London aus, hatte ich diesmal New York erreicht, wo mich Albert, der frischgebackene luxemburgische Master of Arts, inzwischen (für 400 Dollars) beamteter Betreuer der ausländischen Studenten der New York University, mit einem eigens geliehenen Wagen abholte, um mich ins Hotel zu chauffieren. Es lag am Ende der Fifth Avenue, dort, wo die Straße auf den University Square auftrifft und das New Yorker Schwabing beginnt.

Das eigentliche Wiedersehn mit New York brachte der andere Vormittag, nachdem die Stadt und ich ausgeschlafen hatten. Da man weder in der Luft noch zu See noch (was Städte betrifft) im Auto wahrnehmen kann, was sich tut und wo man sich befindet, ging ich zu Fuß.

»La moneda extendida«, die ausgestreuten Münzen des Herbstlaubs lagen unter den Bäumen, die auf der Fifth Avenue noch stehen, und ich schritt zügig durch die Wälder und Gebirge der langsam anwachsenden sky-scrapers. Typen, Menschen, wenig besetzte Omnibusse, winzige Parkstückchen, von gußeisernen Herzen bewacht, Häuser, Läden, Tafeln, Firmenschilder, Hausnummern ... sollte es zu ebener Erde in Toulouse, Reading, Ancona, Hildesheim wirklich viel anders aussehen? Man konnte es den Mienen der Leute förmlich ablesen, wie ihr Verhältnis zum Boß war, wie viele Raten sie noch zu zahlen hatten, ob sie glücklich übermüdet oder unglücklich ausgeschlafen waren.

Nach zwei Kilometern rüstigen Ausschreitens belebte sich die Szenerie zusehends. Woolworth hatte den Papst Paul, der vierundzwanzig Stunden vor mir eingetroffen und bereits wieder abgereist war, in knallbuntem Porträt im Schaufenster festgehalten, und gleich nebenan war ein lebensgroßer norwegischer Hirsch in einem Verschlag ausgestellt, der ihm das Ausbrechen unmöglich machte. Eine Kollektion violetter Hüte, von der Kardinalsvariante bis zur Herbstzeitlosen, leuchtete aus einem dritten Schaufenster.

Nachdem eine Bank Gelegenheit bot, die ersten Reiseschecks einzulösen, wartete ein angrenzendes Herrengeschäft mit Versuchungen auf, die nur mühsam überstanden wurden.

Dann lud Tiffany zum Frühstück; aber ich hatte ja schon gefrühstückt. Ich überschritt die Breitengrade der Silverladies: Modegeschäfte, das Mayflower-Coffee-House; ein Kosmetiksalon, eine Gymnastiklehrerin empfahlen sich. Und dann und wann – wie Rilkes weiße Elefanten – die Hotels der Fifth Avenue mit den vorgebauten Baldachinen, unter denen Portier-Generale à la Steinberg mit geschlossenen Regenschirmen und offenen Händen lauerten. Dazu die Nurses jeglichen Alters, welche spanische, französische, guatemaltekische, italienische, dänische, argentinische Embryonal-Diplomaten im Kinderwagen fuhren oder an fürsorglicher Hand balancierten, auf der immer vornehmer werdenden Straße, dem nahen Park zu: unausgekostete Weiblichkeit mit Mutterinstinkten, Gouvernantenallüren und Angestelltengehältern. Vergeblichkeit (frustration) und Hochglanz, Herrschsucht und Liebedienerei.

»He looks so elegant!«

»Does he?«

»Is he Spanish?«

»Yes, but half British!«

Segne Gott den hoffnungsvollen Knaben und seine Betreuerin! Welch ein hochmoralisches Geschäft betreibt sie doch, verglichen mit denen, die jetzt zielsicher links abschwenken in den Central Park, die sogenannte Lunge New Yorks, um die Lungen ihrer Möpse, Pekinesen, Terrier und Pudel zu lüften!

Dann aber taucht der monströse Katafalk des Metropolitan-Museums auf. Wie holländisch schmal und fast widernatürlich zurückhaltend nimmt sich da unser Goethe House aus ... Gehn wir lieber zu Peggy Guggenheim! Wer so fleißig Pflaster trat, darf seinen Kopf für eine Atempause im Schoß der Muse betten. Spiralenförmig gelangt man zu den relativen und unwiderruflichen Höhen der Kunst. Cézanne und Gauguin zählen zu den Gipfeln, auch Klee und Picasso.

Man muß wieder herunter von ihnen, – die Architektur des Ortes erleichtert es. Die Columbia University ist nahe. Das Hospital of the Fifth Avenue (Medical College) steht zur Verfügung. Für besondere Fälle ist das Home and Hospital »Daughters of Israel« gerüstet.

Bei Nummer 1283 bricht es ziemlich unvermittelt ab. Die Gebäude werden mit einem Mal unansehnlich. Papier liegt auf dem Pflaster herum. Gewaschene Wäsche zeigt sich verhohlen. Ist hier eine Grenze? Man schwenkt rechts ab und biegt in die nächste große Straße, die Madison Avenue ein, um in entgegengesetzter Richtung zu gehen.

Kleine popelige Läden. Gonzalez' Funeral Home. Und gleich nebenan sind Frack und Hochzeitskleid auszuleihen, ein paar Schritte weiter der Fotograf dazu. Kinder spielen und haben die Gesichter künftiger GIs. Eine leicht abgenutzte chemische Reinigung »Do it yourself half hour wash!« – ein etwas welk anmutender Gemüseladen. Zwei Kneipen; abgeblätterte, fleckige Wände. Die Nähe Harlems ist unverkennbar. Die Grenze war schon überschritten, wenn auch um ein geringes.

Die Straße, die bergab führte, führt nun – auch sozial – wieder langsam aufwärts. Ein Spielplatz für Basket Ball deutet Aufstieg an. Schließlich ist dies die Rückseite der Fifth Avenue, und solch ein Unterschied sollte zwischen Schau- und Kehrseite wirklich nicht sein.

Aber dann erholen sich auch die Geschäfte langsam, und die erste Pudelhündin, wenn auch an der schäbigen Leine einer schütteren Silverlady, zeigt sich. New York kann sich wieder sehen lassen.

Ich verzichtete diesmal auf Theater, Musical, Revue, Dichter-Appointments, Universitätsbesuche. Statt dessen sah ich in der großen Bowling Hall am Bus Terminal einer Gruppe kegelnder Damen zu und freute mich am Donner der vielen Kugeln, die über viele Bahnen rollten.

Ich aß in verschiedenen, mir empfohlenen Lokalen; aber immer am besten in den italienischen, in denen es menschlich und laut-lich so anheimelnd zugeht und die Leute (vom Wirt über die Kellner bis zum letzten Kunden) eben doch mehr vom Essen und Trinken verstehen als die Eingeborenen.

Ich hatte ein preiswertes Hotel ausfindig gemacht, das ich nach 6000 Kilometern langer Reise für die letzte Woche in New York beziehen wollte. Aber als ich nach einer Greyhoundfahrt von Montreal über Middleburry in New York ankam, packte mich plötzlich die Furcht, ich könnte »hereinfallen«, und schockartig fiel ich ins Hilton herein, um bald festzustellen, daß dieses Hotel, vom Schlafzimmer abgesehen, ein gigantischer Bahnhofssaal ist, der allen Verabredungen beträchtliche Schwie-rigkeiten entgegensetzt. Als ich verschiedene Briefausfälle, Fehl-planungen, nicht notierte messages beklagte, empfahl man mir zum gleichen Preis das Waldorf-Astoria, das unter derselben Re-gie steht, als ruhiger und vornehmer. Ich folgte der Empfehlung und studierte so noch drei Tage lang die große Welt, sah die humanitären Party-Mannschaften ein- und ausgehen – und dann und wann eine Negresse darunter (aber im Hotel selbst wohnte kein coloured people) – und bemerkte, mit wie wenig Anmut manche Leute viel Geld verdienen und daß man sich wohl eine bessere Frisur, aber kein schöneres Haar, wohl elegante Kleider und Mäntel, aber keinen schöneren Körper, wohl dickere Steaks und noch mehr Schlagsahne, aber keine feineren Manieren kau-fen kann.

Es gab auch freundliche, ja überraschende Entdeckungen und Begegnungen – das Frühstück mit einer umwerfend direkten,

silberhaarigen Landsmännin, eingenommen in einem Gartenlo-
kälchen à la Toulouse-Lautrec (oder war es im Plüsch-Kabinett
à la Bovary?) versöhnte mich ebenso mit meiner problemati-
schen Nationalität, wie die darauffolgende namentliche Gruß-
adresse an der Rezeption mich entzückte. Wer – wenn nicht ich
– kann das schmeichelhafte Gefühl nachempfinden, das ein
herzliches »Guten Morgen!« auslöst, dem die Frage folgt: »Sind
Sie nicht Herr Sowieso und hatten wir nicht vor drei Jahren im
›Claridge‹ in Santiago das Vergnügen . . .?«
Freilich war ich's, und er war noch derselbe ungezierte, patente
Berliner, der in den beiden chilenischen Wochen ein vorzügli-
cher Nothelfer und Ratgeber an der Empfangstheke gewesen
war. Mit einem Schlage, der mit unserem Handschlag zusam-
menfiel, wehte ein Hauch von Heimeligkeit durch das mir un-
gemäße Haus, und von diesem Augenblick an gediehen auch
alle jene menschlichen Kontakte – Anrufe, Verabredungen,
Postzustellungen – zur Perfektion, ohne die New York ein inhumanes Monstrum bliebe.
Zu gewissen Zeiten kann ein normaler Bus besser vorankommen als ein Privatwagen oder ein Taxi, und bisweilen vermag
selbst ein Fußgänger den Wettlauf mit einem Bus aufzuneh-
men. Als mir eines Mittags im Autobus auf der Fifth Avenue
auf dem Wege in mein erstes Hotel der Geduldsfaden riß und
ich mich des Nutzens körperlicher Bewegung entsann, gelang
es mir, über sechs Haltestellen hinaus per pedes den Anschluß
zu halten. Beim vierten Stop lag ich sogar noch um Brustbreite
vorn. Erst nach der siebenten Haltestelle konnte sich das Vehikel langsam aus meinem Gesichtskreis lösen.
An solchen paradoxen »Alterserscheinungen« des technischen
Zeitalters freilich leidet heute wohl jede Großstadt der Welt –
man braucht nur an die Ewige Stadt zu erinnern, die viele Jahre
schon an einer Untergrundbahn baut, die in New York seit
Jahrzehnten auf verschwiegenste Weise einen beträchtlichen

Teil des Verkehrs verdaut. Nur in Ausnahmefällen tritt dieser diskrete Organismus überhaupt ins öffentliche Bild und Bewußtsein, so zum Beispiel, wenn die Omnibusschaffner streiken, welche dreieinhalb Millionen Fahrgäste am Tag von und zu ihren Arbeitsplätzen befördern. Alfred Polgar hat in einem Kapitel »Großstadtzauber« diesen Ausnahmefall köstlich beschrieben.

Ein noch nie erlebter Fall aber sollte, freundlicherweise erst 24 Stunden nach meiner Abreise, eintreten, als der elektrische Strom ausfiel und die Subway-travellers für Stunden wie gefangene Mäuse in den Schächten festsaßen. Ob dies Begebnis nun als Vorgeschmack auf globale militärische Exzesse, als separater Katastrophenfall oder nur als »Witz« empfunden wurde – der Verkehr ist die Achillesferse unserer Monstrestädte. Da kommt die hastige Gegenwart unversehens ins Torkeln und liegt plötzlich mit der Nase im Staub.

Sie erhebt sich freilich auch wieder, und wer davonkommt, kommt auch wieder auf die Beine, und so hoch wir immer hinaus wollen – die Nachkommenden wollen immer noch höher hinaus, mag auch das Rockefeller-Center da ein ähnliches Maß für New York gesetzt haben wie der Eiffelturm für Paris.

Vor zwölf Jahren hatte ich mir die Auffahrt versagt; in jüngeren Jahren unterläßt man mit Vorzug, was alle anderen tun. Aber wenn man weiß, daß da mehr als acht Millionen beieinander oder übereinander wohnen, von denen jeder vierte Jude, jeder siebente Neger und Antisemit, jeder zehnte Puertoricaner und jeder zweite Weiße italienischer, irischer oder deutscher Abstammung ist, wenn man bedenkt, daß in Harlem manche Betten nicht kalt werden, weil sie in drei Schichten belegt werden, daß in jeder Minute irgendein Verbrechen begangen wird, daß der verbrannte, vergaste, verduftete Müll von Millionen Haushalten die Stadt wie eine Glocke überwölbt, daß die Abgase von gut 4 Millionen Benzinfahrzeugen täglich zum Himmel stinken

– dann gibt man der Versuchung um so lieber nach, sich eine Stunde vor Sonnenuntergang doch einmal hinaufhieven zu lassen und das phänomenale Spektakel dieser kühnsten aller menschlichen Siedlungen aus der Höhe zu betrachten und teilzuhaben an der Metamorphose, die das riesige Schiff der Halbinsel mit den Masten und Aufbauten, welche sich in schwindendem Tageslicht mehr und mehr in bizarre Gebirgsstöcke verwandeln, für das Auge erfährt. Bis dann, wie mechanisch ausgelöste Blinkzeichen an einer Schalttafel, die ersten Lichter auftauchen, sich in zunehmender Dämmerung mehren, jetzt Signale einer menschlichen Begierde nach Ruhm, Sicherkennen, Sichbesitzen, Sichverschenken, nach Genuß, Betäubung, Erheiterung, nach Versenkung, Erhebung, Verbrechen – und am Ende, wenn der Tag sich hinter Long Island ausgeblutet hat und die Wunden des Elends und der Armut sich mit flüchtigem Schorf bedeckt haben, die funkelnd erhellte Nacht wie ein an Triumphe gewöhnter Star die Bühne beherrscht.

»Lebst du gern in New York?« fragte ich meine »Kriegskameradin« L. R., die manche schöne Stadt dieser Welt kennt und auch anderswo leben könnte, wenn sie wollte.

»Ich lebe hier seit fünfzehn Jahren«, sagte sie nach kurzem Nachdenken, »und kann mir nicht mehr vorstellen, nicht in New York zu leben.«

Ein Traum in Lebanon

Auf der Fahrt von Columbus, der Hauptstadt des Staates Ohio, nach dem Universitätsstädtchen Oxford gab es einmal einen schönen Regenbogen, zweimal bemerkenswerte Wolkenbildungen, irgendwo am Rande des Highways eine Dame mit Lockenwickeln, etliche Herden polnischer und chinesischer Schweine und sonst, Meile auf Meile, nur Mais- und Kornfelder in einer Landschaft, die flach und glatt war wie ein Kuchenbrett oder die mutmaßliche Büste der Jungfrau von Orleans.

So gehe es tagelang weiter, verriet mein akademischer Driver, Charles Hoffman, Chef des Department of German Studies an der Staatsuniversität, bis etwa Colorado; aber Gott sei Dank mußten wir nicht bis Colorado fahren. Ich glaubte unbesehen, daß der Mittelwesten, was landschaftliche Reize betrifft, in seiner Gesamtheit keine aufregende Sache ist. Der Mais wird für die Schweine gebraucht, das Getreide für Brot und Bier, und die Schweine, das Bier, das Brot für den Menschen. Im dekorativen Hochgebirge wächst so gut wie gar nichts. Auch die langweiligen, aber fruchtbaren Landstriche haben ihre Daseinsberechtigung. Außerdem führte dieser Highway nach Lebanon.

Daß er dorthin oder doch ganz nahe daran vorbeiführe, verrieten mir die Hoffmans gerade noch vor der Ausfahrt nach Lebanon – mit dem Hinweis auf eine berühmte Gaststätte, in der man vielleicht einen kleinen Drink nehmen könne und die »The golden Lamb« heiße.

Die amerikanische Topographie ist reich an überraschend vertrauten oder auch fremdländischen Städtenamen. Man kann drüben ebenso nach Weimar oder Bamberg reisen wie hierzulande; es gibt sogar Siedlungen, die Humboldt, Luther oder Bismarck heißen. Um in Palermo oder Malaga, Cadiz oder Alexandria anzukommen, bedarf es keiner Schiffsreise; Peru habe ich in zweistündiger Bahnfahrt von Chicago aus erreicht. Nazareths und Bethlehems gibt es gleich zwei, Bethels gleich neun – übrigens ebenso viele Berlins. Den Vogel aber schießt Lebanon ab: siebzehnmal erinnert es an die berühmten Zedern, auch wenn es nur – wie in Ohio – Maisstauden zu sehen gibt. –

Wir verließen den Highway und strebten dem »Goldenen Lamm« von Lebanon zu, um den berufenen Drink zu nehmen und bald wieder weiterzufahren. Aber das »Goldene Lamm« hatte seine magnetischen Kräfte schon auf ganz andere Leute ausgeübt. Ich kam, sah und ging in die Knie.

Hundertfünfzig Jahre sind für Amerika eine lange Zeit, und genauso lang stand dieses weiträumige, ehrwürdige, anheimelnde Gast- und Rasthaus, Ohios ältestes Hotel überhaupt, patinabedeckt, altmodisch und doch im äußersten Sinn komfortabel, zuträglich, entgegenkommend. Alles strahlte Redlichkeit und Altvätergeist, Wohlhabenheit, Ordnung und jene umständliche Zweckdienlichkeit aus, die vor Zeiten den Ruf des Hauses begründet hatten. Viel Holz in warmen, dunklen Tönen, schöne alte Tapeten, komische, aber stilvolle Stiche und Bilder, altmodische, aber bequeme Sitzgelegenheiten, baldachinüberwölbte Liegestätten. Man muß vielleicht die alten badischen Gasthöfe und Speisehäuser kennen und schätzen gelernt haben, um den Reiz der Örtlichkeit schon nach wenigen Minuten zu erspüren. Da das Haus seit hundertfünfzig Jahren ununterbrochen seinem Zweck gedient hatte, galt es nicht mehr, Hütten zu bauen. Ich brauchte nur zu den Freunden zu sagen: »Laßt uns hier über Nacht bleiben!«

Kein Wort über den Drink am flackernden Kamin der Lobby, das abendliche Mahl im familiär anmutenden Dining-room, den wohltemperierten, nicht eben billigen, aber des Preises werten Burgunder. Kein Wort auch über den Schlafraum, den das Ehepaar mir erobert hatte: ich durfte wählen zwischen vier Möglichkeiten noch unbesetzter Zimmer. In dem einen hatte

19

Howard Taft, der 27. Präsident der Vereinigten Staaten, einmal genächtigt, in dem zweiten Mister Samuel L. Clemens, alias Mark Twain, im dritten die Kollegin Harriet Beecher-Stowe von »Onkel Toms Hütte«, im vierten – Charles Dickens (stopped here on his American Tour April 20, 1842). Burgundertrunken bettete ich mich in dem von Charles Dickens' mutmaßlichem Schnarchen geweihten Raum, Mr. Scrooges eingedenk und großer Dinge gewärtig.

Burgunder macht auf wundervolle Weise schläfrig und traumselig. Ich fiel in Schlaf mit der Sicherheit eines Mannes, der ein Taxi besteigt, um sich zu einer seit langem vereinbarten Verabredung zu begeben. Nur ein abgründiges Mißverständnis hätte mir die Bekanntschaft mit dem 27. Präsidenten bescheren können. Von den beiden anderen Möglichkeiten hätte ich jede mit Respekt und Vergnügen wahrgenommen, zumal die Bekanntschaft mit dem Verfasser des »Tom Sawyer« und »Huckleberry Finn«. Aber bei meiner uneingeschränkten Bewunderung für den großen Engländer konnte es nicht erstaunen, daß ich im Traum eben auf *ihn* stieß, den vielleicht größten aller Charles, wenn es erlaubt ist, von dem einen abzusehen, der so lange von sich reden machte, von dem aber hier nicht gesprochen werden soll.

Er war kleiner, als ich gedacht hatte, und ein wenig beleibter auch; aber die Miene war unverkennbar. Er lächelte etwas spöttisch, mit der Linken leicht an seiner Uhrkette spielend, und ich versuchte, mich etwas aus der Horizontalen aufzurichten, mit der Rechten auf einen schönen Schaukelstuhl weisend und um Entschuldigung dafür bittend, daß ich ihn gewissermaßen im Bett empfinge, noch dazu in dem seinen. Ich hätte es gewählt, weil es für mich eine große Ehre sei . . .

»Mein Bett . . .?« Er lachte trocken auf und begann sacht zu schaukeln. »Hotelbetten gehören dem Wirt; in ungünstigeren Fällen seinen Gläubigern.«

»Gewiß, natürlich –«, bestätigte ich beflissen. »Aber Sie haben doch in diesem Bett genächtigt, und das allein . . .«

»Waaas?!« unterbrach er mich und seine Schaukelbewegung. »Ich hätte in diesem Bett, in diesem Hause . . .« Er verstummte fassungslos.

»Am 20. April des Jahres 1842«, sagte ich, »so heißt es wenigstens, hätten sie mit Frau und Tochter auf der Reise von Cincinnati nach Columbus – von wo ich selbst gerade komme – in diesem Hotel Quartier bezogen . . .«

»Gott bewahre mich«, fiel er mir ins Wort, diesen Gedanken noch nachträglich energisch verwerfend, »daß ich mich in diesem trockensten aller amerikanischen Häuser auch nur eine halbe Stunde länger aufgehalten hätte, als die Umstände dies erforderlich machten! Wir haben hier leidlich gegessen; aber zu trinken gab es nichts als Tee und Kaffee, und beide waren so schlecht wie das Wasser, aus dem sie gekocht waren. Ich erlaubte mir, nach Brandy zu fragen; aber dieses Bradley House, wie es damals noch hieß – wir sagten daheim immer Badley House, wenn wir von diesem Reise-Stop sprachen –, dieses damals absolut blecherne Lamm war ein Temperenzlerhaus, und Spirituosen waren nicht für Geld und gute Worte zu haben. Sie können meine Gedanken dazu in meinen ›American Notes‹ nachlesen, wenn Sie wollen. Ich selbst erinnere mich nicht sehr gern daran.«

Er gab seinem Schaukelstuhl einen Ruck, als wollte er damit Abschied nehmen von diesem leidigen Punkt. »Schlafen Sie gut in diesem Bett, lieber Herr! Aber es hat mit mir nicht das Geringste zu tun. Bekamen *Sie* denn an diesem Ort etwas zu trinken?«

»Oh, Mister Dickens!« sagte ich emphatisch. »Ich kann Ihnen den erlesensten Burgunder kommen lassen, den ich seit langem getrunken habe. Wenn Sie mir die Ehre gäben . . .«

Aber er winkte resigniert ab. »Ich bin auf meine älteren Tage

Diabetiker geworden. Außerdem habe ich mein Quantum an Brandy bereits intus. Ich habe auch nicht vor, hier lange zu verweilen. Ich fürchte, die Honoratioren von damals könnten wieder auftauchen . . . Es war der langweiligste und kümmerlichste Empfang auf der ganzen Amerika-Reise. Trocken. Trocken. Brrrr . . .« Er schüttelte sich.

»Wie man sich täuschen kann, Mr. Dickens«, sagte ich ehrlich betrübt. »Als ich die Liste der distinguished early citizens durchsah, mit denen Sie damals Bekanntschaft gemacht haben dürften, lief mir's vor Ehrfurcht kalt über den Rücken. Auch ich habe in meinem Leben einige Honoratioren kennengelernt, aber sie hörten alle auf mehr oder weniger banale Namen und Vornamen – wie etwa Ernst oder Willy, Konrad oder Kurt Georg, Erich, Ludwig . . . Wenn ich an *Ihre* Honoratioren denke . . . Ephraim Kibby, Ichabod Corwin, Jeremiah Morrow, Silas Hurin, Joshua Collett, Ephraim Hathaway, Eliah McBurney . . .«

Er wollte sich ausschütten vor Lachen. »Köstlich. Köstlich. Darf ich die Indiskretion begehen, nach Ihrem Beruf zu fragen?«

»Sie wissen es nicht, Mister Dickens?« fragte ich enttäuscht, überlegte aber zugleich, ob ich es wagen dürfe, ihn hinters Licht zu führen.

»Nein«, sagte er sachlich.

»Ich bin nichts als ein Leser, Mister Dickens«, sagte ich. »Insbesondere ein Leser Ihrer Bücher.«

»Rezensent?« fragte er stirnrunzelnd.

»Nein«, sagte ich ruhig, »nichts als Leser. Auch Leser haben ihr Urteil.«

»Oh!« rief er lebhaft. »Mißverstehen Sie mich nicht! Ich achte meine Leser. Ich achte sogar, mit Einschränkungen, meine Rezensenten. Ich stimme mit einigen sogar überein. Aber was Sie Honoratioren nennen und was mir hier, in Lebanon, damals im Anschluß an das Dinner begegnete, . . . An-al-pha-be-ten, sagte ich Ihnen. Ich glaube, kaum einer hatte eines meiner Bücher gelesen. Was mich übrigens«, schloß er abrupt, »weit weniger störte als der Umstand, daß man mir den Brandy vorenthielt. Haben Sie schon einmal intelligente, gebildete Leute getroffen, die Temperenzler sind?«

Auf meinem Nachttisch lag die kleine Broschüre »Historic Lebanon«, in der ich schon geblättert hatte. Ich glaubte, eine Notiz aus dem »Western Star« gelesen zu haben, Ausgabe vom 22. April 1842, die mir etwas befremdlich erschienen war. Aber jetzt dämmerte es mir.

Mister Dickens, den ich danach fragte, kannte diese Notiz nicht. Ich las sie ihm langsam vor.

»Mister Dickens und Gattin kamen am Mittwoch auf ihrem Weg nach Columbus und dann zu den Seen durch unseren Ort. Mister Dickens reiste in den vergangenen Wochen durch den ganzen Westen, besuchte Cincinnati, Louisville und St. Louis mit Zwischenstationen, und wir waren sehr befriedigt, das absolute Fehlen von all diesen Paraden und dieser Speichelleckerei festzustellen, die seine Aufnahme in den östlichen Städten charakterisierten. Das wird uns eine bessere Meinung von uns selbst geben, auch wenn Mister Dickens darum nicht das Allerbeste von uns denken sollte.«

Ich legte die Broschüre so zartfühlend wie möglich auf den Nachttisch zurück. Mister Dickens schaukelte minutiös in seinem Stuhl und sah in die Ferne. Mit einer Inbrunst, die den Rang einer Liebeserklärung hatte, sagte er, das Wort gewissermaßen aus der Taufe hebend:

»Schleimscheißer . . .«

Er schaukelte mit Nachdruck, vor, zurück, vor, zurück – die Bewegung steigerte sich, wie bei einer Luftschaukel. Ich sah ihn oben, dann wieder unten, dann oben . . . mich selbst schien der Pendelschwung zu erfassen, und plötzlich sah ich, wie er sich sanft aus dem schwingenden Stuhl löste und, Abschied

winkend, aus der breiten Tür in ungesehene Zonen entwich.
Ich wollte mich eben auf die Seite legen, als ich ihn wieder im
Türrahmen stehen sah, etwas verändert zwar, aber figürlich
ziemlich derselbe – er trug nun eine Brille, nahm sie aber sofort
ab, als ich ihn genauer musterte, putzte sie mit einem gelben
Tüchlein und setzte sie behutsam wieder auf.

»Mister Dickens . . .?« fragte ich unsicher.

Er schüttelte lächelnd den Kopf und sagte mit der bescheidensten Anzüglichkeit, die ich je bei einem Schriftsteller beobachten konnte:

»Ist denn kein Stuhl da . . .?«

Ich stutze, dachte einen Augenblick nach; dann dämmerte es.

». . . für Ludwig Fulda . . .!« schloß ich freundlichst und wies
höflich auf den immer noch, wenn auch rückläufig sich bewegenden Schaukelstuhl, in welchem er eilfertigst Platz nahm.

»Das nenne ich eine Überraschung«, sagte ich. »Aber eine
durchaus angenehme. Ausgerechnet hier, in den Vereinigten
Staaten, habe ich – aus der Hand einer alten Freundin – Ihr
Buch über Amerika empfangen, das mir völlig unbekannt war
bis eben vor drei Tagen.«

»Eindrücke, nur Eindrücke«, sagte er lächelnd. »Sie würden es
Impressionen nennen.«

»Herr Fulda«, sagte ich mit freundlichem Verweis, »in den letzten Jahrzehnten hat sich einiges im Vokabular der Literaten
geändert. Sie würden staunen. Erschweren Sie mir nicht das Ge-
ständnis, daß ich mit Gewinn in Ihrem Reisebericht gelesen
habe . . .«

»1907, bei Cotta, Stuttgart und Berlin«, sagte er lakonisch und
begann, gemessen zu schaukeln.

»Ich weiß. Zweite Auflage. Einleitung. New York. Die Städte.
Reisekultur. Das amerikanische Deutschtum. Erziehung und
Unterricht. Volksbildung und Kunst. Die Frauen . . .«

»Sie stimmen mit mir überein?« unterbrach er mich.

24

»Ich wußte nicht, daß Sie, verehrter Herr Fulda«, sagte ich, »in den USA waren, und gestehe darum um so lieber, daß es ein Verdienst war, 1905 diese Reise unternommen zu haben. Wie ich las, haben Sie dabei noch mit bewundernswertem Instinkt darauf verzichtet, San Francisco zu besuchen, und dadurch die furchtbare Erdbebenkatastrophe ausgespart. Obwohl – sofern Sie überlebt hätten – uns dadurch wohl eine authentische Darstellung von literarischen Graden entgangen sein dürfte.«
Er nickte bedeutungsschwer und zugleich doch erleichtert.

»Es ist sehr lustig und spricht sowohl für Ihre Beobachtungsgabe wie für einen doch vorhandenen Nationalcharakter des Amerikaners, daß sehr vieles von dem, was Ihnen auffällig erschien, auch heute noch bezeichnend ist für die Bewohner dieses Kontinents. Was Sie über das deutsche Vereinsleben, die Coeducation, die amerikanische Frau, gewisse Sitten und Unsitten, bestimmte Zeitungen, die Bibliotheken und manches andere sagen, hat – mit Einschränkungen natürlich – auch heute noch eine gewisse Gültigkeit. Die Amerikaner sind älter als sie scheinen und selbst wissen. Es war mir ein Vergnügen, Mister Fulda, und ist mir eine Ehre . . .«

»Und wie steht es«, ergriff er den schleifenden Zügel meiner Rede, »sechzig Jahre nach meiner Reise und fast dreißig Jahre nach meinem Tode mit den von mir im Schlußkapitel so dringend für notwendig erklärten Vereinigten Staaten von Europa? Sie gestatten, daß ich mich zitiere?«

Ich bat darum; er hielt im Schaukeln inne und zitierte mit leiser Stimme und geschlossenen Augen aus dem Gedächtnis:

»Soll die Alte Welt von der Neuen nicht in den Schatten gestellt, nicht von ihrer Übermacht dermaleinst auch ohne feindlichen Zusammenstoß erdrückt werden, so hat sie nur ein einziges Rettungsmittel. Die Hoffnung aber, daß es rechtzeitig angewendet werden wird, scheint heute utopischer denn je. Es heißt: Die Vereinigten Staaten von Europa.«

»Wahr gesprochen«, sagte ich nach einer Pause.

»Und . . .?« fragte er forschend.

»Und – was?« fragte ich ausweichend.

»Wie steht es mit den Vereinigten Staaten von Europa heute, sechzig Jahre nach meinen Worten?«

»Es steht«, sagte ich.

»Sie witzeln«, sagte er traurig.

»Ja«, gestand ich, »es trifft noch immer zu. Ihre und unsere Hoffnung ist utopischer denn je. Obwohl Dinge geschehen sind, welche die Utopie zur Notwendigkeit machen sollten.«

»Und woran liegt es?« fragte nun Fulda elegisch, sich wie der Geist in der Flasche aus seinem Schaukelstuhl in Gestalt leise schwindenden Rauches entfernend. »Warum . . . warum . . .?«

»Ich weiß es nicht, ich weiß es nicht . . .«, stammelte ich, von plötzlicher Müdigkeit ergriffen. »Alles spricht dafür. Alle wollen es. Allen tut es not. Es ist wie eine lautlose Schlacht, die zwischen den großen und den kleinen Großen ausgefochten wird. Wir haben zu viele Kleine in großen Ämtern. Das mag es sein, lieber Herr Fulda. Das dürfte es sein. Das – wird – es – sein . . . Es fehlt an größeren Großen.«

Niagara Falls

Und so kam ich schließlich nach Buffalo.
Und der Regen, der Regen, der fiel.
Und ich sah keine Schwalbe – nirgendwo.
Und John Maynard, der schlummerte irgendwo.
Und ich fühlte mich wie im Exil.

Und ich fuhr mit dem Bus, um die Fälle zu sehn,
wie ein Mann mit Charakter hinaus.
Und ich fror unterm Hute und fror an den Zeh'n.
Wo ich saß, sah ich still eine Pfütze entstehn.
Und ich zollte mir heimlich Applaus.

Und dann trat ich betreten hinaus in den Fall
des Regens, der immer noch fiel.
Und es wässerte reichlich und überall.
Und so troff ich betroffen von Fall zu Fall
als ein deutsches Gewissensfossil.

Und dann war ich allein mit dem doppelten Fall.
Und das war wohl ein seltener Fall.
Ich stand stumm, und er machte großen Krawall.
Und er schalt und er scholl ohne Intervall
und mit wirklichem Wogengeprall.

Und es brauste sein Ruf wie Donnerhall.
Und da stand ich beileibe doch stramm.
Doch dann sah ich: es war nur ein Wasserfall
und ich selber, betroffen und naß überall,
ein frommes und dummes Lamm.

Chicago-Blues, zweistimmig

In Chicago, das aufzusuchen mich während meiner ersten Amerikareise – außer der Abneigung gegen alles Monströse – eine unbestimmte Furcht abgehalten hatte, gibt es erstaunliche, erregende, ja erschreckende Dinge, von denen mancher Reisende zu berichten weiß. Die Hauptstadt des Staates Illinois beherbergt annähernd vier Millionen Menschen, die größte Getreidebörse dieser Erde, die weltgrößte Zeitung (die »Chicago Tribune«), die riesigsten Schlachthöfe »aller Zeiten und Länder«, die »Sexiest Striptease-Show of the World«, die zahlenmäßig stärkste Gewerkschaft der Industriewelt, den »world's largest rail hub« (was wohl den Güterbahnhof meint) – es dürfte nicht schwerfallen, die Reihe der Extremitäten noch zu verlängern, mit denen diese Stadt am Michigan-See Hirn und Gemüt des Besuchers terrorisiert oder entzückt. Auch der schönsten (weltschönsten selbstverständlich) Skyline rühmt sich Chicago, und möglicherweise gilt auch der Lake Shore Drive als die längste und imposanteste Promenadenstraße dieser Erde.

Wenn ich von dem Umstand absehe, daß ich – unerwarteterweise – Gast eines deutschen Konsularbeamten war, der eine schöne Etage über diesem Lake Shore Drive bewohnte, und davon, daß es zu gewissen Zeiten *unmöglich* ist, von der Skyline Chicagos oder dem Lake Michigan *keine* Notiz zu nehmen, so habe ich von den augenfälligsten und wissenswertesten Attraktionen der Stadt so viel wie nichts wahrgenommen.

Dabei waren die Tage klar und von Sonne überglänzt – der Michigan-See spiegelt sich noch heute auf dem Grunde meiner Seele. Aber es ist vielleicht oder wahrscheinlich der Michigan-See von Evanston, der hübschen, nur wenige Meilen von Chicago entfernten Universitätsstadt, in der ich erwärmende und lyrisch getönte Stunden verbrachte, vor allem in der Gesellschaft der ordentlichen Professoren Goedsche und Heller und Herbert Heckmanns, der gerade als Gastprofessor in Evanston arbeitete.

An der Party meines Gastgebers, der ähnlich wie der Komponist der Oper »Der Barbier von Sevilla« heißt, nahmen wir noch als geschlossenes Quartett teil, vier Freunde der Literatur, davon drei Ritter der Feder, der vierte Ritter vom Katheder, machten Konversation und Honneurs, tranken uns Mut und Appetit an und erhellten den Kreis der Geladenen so lange, bis ein Aufbruch nach den Regeln des Taktes möglich schien.

Aus irgendwelchen familiären oder sonstigen Rücksichten brachen wir nur als Trio ins Chicagoer Nachtleben auf, um zunächst einmal in einem italienischen Ristorante unser Leibliches mit dem durch geistige Getränke überladenen Geistigen wieder auszubalancieren. Canneloni in Chicago – zweigestrichenes hohes C! Was gab es sonst, außer geriebenem Parmesan? Auf jeden Fall einen Soave oder einen Verdicchio. Das Fleisch, ob als bistecca, saltimbocca oder coteletto bezeichnet, entstammte todsicher den Schlachthöfen Chicagos; aber die Gewürze kamen vielleicht aus dem Mutterland Italien. Provolone als Nachtisch. Oder war es Gorgonzola? Was immer es war, es war gut und erweckte zumindest die Erinnerung an Leit- und Vorbilder. In der Bauchhöhle der amerikanischen Millionenstadt à la Venezia, Napolitana oder Bolognese speisend, blühte den drei Tedesci die Seele auf.

Als wir das Freie wieder erreicht hatten, entnahm ich einem Plakat, daß die berühmte Odetta zur Zeit in Chicago auftrat. Nur zwei Straßen weiter lag das Lokal, in welchem die Negerin, eine Woche lang, täglich zwischen 22 und 24 Uhr sang.

Wir hatten etwa zwanzig Stufen zu erklimmen, um auf einer Art »Olymp« für uns drei noch anderthalb Sitzplätze zu ergattern. Aber keiner von uns setzte sich, und die offenbar amusische Kellnerin hatte einige Not, eine Bestellung zu erpressen. Denn unten stand Odetta in der Fülle des dunklen, brokatverkleideten Leibes – wie ein Prälat im Ornat – die Gitarre im Arm, kurzgeschorenes Kraushaar, an den kleinen Ohrmuscheln die großen, roh geschmiedeten Goldringe, und aus den gewölbten, fleischig-festen Lippen, über denen sich eine kleine Nase aufbaut, die von zwei besinnlich-traurigen Augen bewacht wird, drang ihr Singen: diese fordernd männlichen, aufbegehrenden, atemlosen Sequenzen und Diktate, die gleich darauf zurückgenommen werden in sanftes lyrisches Geplauder, um beim dritten Song wieder umzuschlagen in zorniges Räsonnement und palavernden Singsang – bis dann wieder, unglaublich zärtlich, verschämt, zurückhaltend ein lyrischer Ton aufblüht und alle bezaubert. Und schon bricht es wieder los und zerstreut sich bedenkenlos in einer Kadenz bellender, heraustrompeteter Wortfetzen und klirrender Tonsplitter – wie einen Bumerang schleudert sie ihre vokalischen Pointen hoch und fängt sie wieder auf. Ob sie einen Blues, ob sie Spirituals, Arbeits- oder Wiegenlieder, Hillbillies oder kleine Balladen singt – Odetta Felious Gordon aus Alabama kann ihre Stimme gleich einer Weidengerte biegen. Wir standen und lauschten wie Kinder einem Weihnachtsengel. Chicago, die unheilige Mutter der Schlachthöfe, bescherte uns die singende Odetta. Ihre weibliche Version des bekannten »The street of Laredo«, in der sie selbst von sich als Trinkerin berichtet:

> When I was a young girl,
> I used to seek pleasure,
> when I was a young girl,
> I used to drink ale . . .
> Out of the ale-house
> into the yale-house –

das alte Gefängnislied, das sie wie ein Kerl singt und das die rotbraune Tonerde von Westvirginia rühmt,

> I'm going back to the red clay country –

oder, zwischen Seufzer und Schrei gespannt, eines der bekanntesten und berühmtesten Spirituals aus der Sklavenzeit,

Joshua fit de battle ob Jericho –

und schließlich das zärtliche, ebenfalls aus der Sklavenzeit überlieferte Wiegenlied, das sie, versonnen und wie selbstvergessen, für alle schwarzen Mammies singt, sich selbst kunstvoll mit der Gitarre begleitend:

All the pretty little horses . . .

Aus irgendeinem Grunde sah ich mich dann mit Herbert Heckmann, dem Benjamin, allein auf der mitternächtlichen Straße, langsam dahintreibend, durch Odettas Singen aufgeweckt und neuen Klängen geöffnet.

Durch eine angelehnte Tür zog es uns in ein nur mäßig besetztes, verqualmtes Lokal, aus dem Rhythmisches entgegenkam: ein schwarzes Damen-Trio konzertierte – Klavier, Schlagzeug und Trompete – wie der Kontrakt es befahl, vor einer sich offensichtlich nur zögernd erwärmenden Zuhörerschaft. Die meisten tranken Bier.

Wir nahmen Platz, unweit des Musikpodiums, bestellten etwas zu trinken, zündeten uns eine Zigarette an, besprachen fragmentarisch das Erlebte und warteten kommender Dinge. Die kurze Pause war beendet. Das Trio sammelte sich zu einer neuen Darbietung. Die Trompete schürzte, mit augenzwinkerndem Seitenblick, durch einen flinken Griff die linke Brust, wie jemand den Hals im Kragen bewegt. Dann begann das Spiel.

Das Klavier gab sein Bestes. Auch das Schlagzeug wurde temperamentvoll gerührt. Beide Spielerinnen gehörten jüngeren Jahrgängen an, ohne sich einer gewissen Reife zu erwehren. Die Trompete freilich verriet in manchen Augenblicken große Klasse, wartete jedoch offenbar auf eine Herausforderung oder – zumindest – auf die vorbehaltlose Würdigung seitens des Auditoriums, das schläfrig und beinah gelangweilt dasaß. Einer kaute Nägel. Ein leicht ramponiertes Paar gähnte sich ungeniert an. An einem Tisch hob ein Streit an.

Da aber geschah es. Und was geschah, veränderte innerhalb weniger Minuten das Klima des Ortes, die Stimmung der Menschen, die Kategorien, in denen hier musiziert, gehört, empfunden wurde.

Die Bläserin – sie war mehr bronzehäutig als schwarz – setzte, in einem Anfall von Unmut oder Zorn, plötzlich ihr Instrument an die Lippen und schmetterte, wie zum Protest, eine synkopierende Paraphrase der gerade gespielten Melodie in den Raum. Die Flügel der abgeplatteten Nase zitterten, die braunen, leicht unterlaufenen Augen funkelten, die zusammengepreßten Lippen bliesen, ja stießen die einzelnen Töne wie Herbstblätter vor sich her, das Schlagzeug mitreißend, das leicht verstimmte Klavier beflügelnd – mit einem Mal war die Grenze übersprungen, die das Handwerk von der Kunst trennt.

Drei Meter vor dem Trio, das sich unversehens selbst übertraf, saß ein untersetzter, unansehnlicher Mann, Bürstenschnitt, offenes Hemd, um die fünfzig Jahre herum, von käsiger Gesichtsfarbe, in billigem Anzug, einer aus den anonymen Millionen, die dem Negerproletariat wenigstens die weiße Haut voraushaben, ein kleiner Handlanger, Zuträger, Ausführender – und der holte plötzlich unter dem Tisch aus einer abgewetzten Hebammentasche, die kaum jemand wahrgenommen hatte, einen Gegenstand hervor, den er von einer schwarzen Tuchumhüllung befreite, der leicht blitzte und funkelte und sich bei näherem Zusehn als eine Trompete entdeckte. Und gerade, da die Negerin ihre Trompete absetzte, setzte er die seine an und begann, mit dem beflissenen Ernst eines Naturtalents, das sich selbst überrascht, eine Paraphrase der Paraphrase, die soeben verklungen war. Es gibt Leute, die sich wundern, daß Blasmusik zu allen Zeiten die Menschen beeindruckt, verführt und mitreißt. Wen kann das wundern ... Der Atem, die Seele, die sich aushaucht, bringt jene Faszination zustande, die keine Fingerfertigkeit je erwirken kann.

Er blies, mit geblähten Engelsbacken und zärtlich tremolierenden Fingerkuppen, ganz in sich verschränkt oder gar verklemmt – er saß ja am Tisch –, mit dem Fuß leicht den Takt markierend und zuweilen in flüchtigem Augenblick seine Rivalin taxierend, die mit unverhohlenem Vergnügen ihrem blaßbleichen Orpheus lauschte, die Lippen leckte und sich zur Erwiderung, zum Duett spannte. Und noch ehe dieser abbrach, fiel sie schmetternd ein, ihm gewissermaßen das Wort aus dem Mund oder den Ton von den Lippen nehmend. Und er, nach einigen verschnaufenden Atemzügen, erwiderte sofort – es gibt in der Musik keinen Sieger und Unterlegenen, kein Gegeneinander, sondern nur ein Miteinander. Als beide, zur Grundmelodie zurückkehrend, sich in einer dissonanten Schlußapotheose trafen, rauschte in der bis dahin so trübseligen Runde einhelliger, lauter Beifall auf.

Die dunkelhäutigen Musikantinnen und ihr blasser Widerpart spielten an diesem Abend noch lange miteinander, und es war ein Spielen ohne Rangstreben und Auftrumpfen. Vielleicht hätte man sagen dürfen, es sei auf einzigartige Weise ein schwarzweißes Duett gewesen, denn auf andere Art war das Zusammenspiel, das der kleine, käsige Glatzkopf eingeleitet hatte, auch ein Duett zwischen den unermüdlich musizierenden Negerinnen und ihrer ausschließlich aus Weißen bestehenden Zuhörerschaft.

Aber bei allem elementaren menschlichen Witz, allem Aufgebot an tragikomischer Selbstpersiflage, vor allem bei der Trompeterin, haftete der Szenerie und dem Vorgang etwas völlig Außermenschliches, Untendenziöses an.

So etwa begegnen sich Vögel aus verschiedenen Zonen, Ländern oder Kontinenten, hören einer des anderen Stimme und prüfen,

33

ob sich Laut zu Gegenlaut fügt. Und wenn sie erkennen, daß ihre Zungen verwandt und ebenbürtig sind, singen sie – über Trümmerfelder und Schädelstätten, Grenzen des Hochmuts und Gräben des Hasses hinweg – ein Lied, das jedem allein gehört und allen zugleich.

Education in Oxford

Auch die USA haben ihr Oxford; sie haben deren sogar einige. Aber das Oxford, das entfernte Anklänge an das berühmte englische weckt, liegt im Staate Ohio.

Die Örtlichkeit selbst hält einen Vergleich mit der englischen nicht aus. Jenes ist eine regelrechte Stadt, in der freilich der alte Universitätsbereich mehr und mehr von der andrängenden Industrie eingeschlossen oder verdrängt wird, so daß – im Gegensatz zu dem vom Cam abgesicherten Cambridge – der Charakter einer ausschließlichen Universitätsstadt heute schon stark beeinträchtigt ist. Oxford in Ohio ist nur ein großes Dorf, als Gemeinwesen eigentlich kaum existent, gäbe es nicht die beiden über Ohio, ja – in dem einen Fall – über Amerika hinaus bekannten Institute: die University of Miami und das Western College for Women.

Die Universität Miami bietet etlichen Tausenden von Studenten – zumeist Amerikanern – die Möglichkeit, bis in die Regionen akademischer Examen und Grade vorzustoßen; das Western College dagegen ist nur ein College, das etwa 500 jungen Damen den Weg zu weiteren Studien öffnet, für unsere Begriffe also ein Institut, das eine Brücke darstellt zwischen den letzten Gymnasialklassen und den ersten Studiensemestern. Aber nicht das Was hat den Ruf dieses Instituts begründet, sondern das *Wie*. Das Western College for Women ist ein altes, beinahe ehrwürdiges Institut (1853 gegründet), vor allem aber ist es ein internationales Institut. Als ich – es war Oktober – den herbstlich bunten, von Bächen und Wassergräben durchflochtenen, reizvollen Campus betrat, beherbergte das sich in viele, meist patinabedeckte Gebäude gliedernde College außer dem amerikanischen Löwenanteil Töchter aus zweiunddreißig Nationen.

Asien war mit 21 students am stärksten vertreten. Jordanien,

Thailand, Japan, Hongkong, Pakistan, Persien – so lautete nach der Zahl die Reihenfolge. Tansania und Sierra Leone führten den afrikanischen Part an, Panama, Jamaica und Nicaragua den lateinamerikanischen. Europa war mit nur vier Töchtern am bescheidensten vertreten.

Auch unter den Lehrenden befinden sich in jedem Semester einige Ausländer. In dem wohnlichen Gartenhaus, in dem ich nach Ankunft in Oxford Charlotte Pekary, meine damals noch unverwüstlich scheinende Ariadne, ausfindig machte, wohnten außer einer weiteren amerikanischen noch eine englische und eine indische Professoressa. Dieses ausländische Element, vor allem Asiatinnen und Afrikanerinnen, verschönen das abendliche und sonntägliche Bild nicht wenig. In den Unterrichtsstunden nämlich setzt jedes amerikanische College-Girl seinen Ehrgeiz darein, in einem möglichst sachlich-schäbigen »outfit« aufzutreten, um dann am Abend oder zum Wochenende um so mehr »herauszupacken«, vor allem, wenn von der auf der anderen Seite des Highway oder der Hauptstraße liegenden Universität Miami Herrenbesuch zu erwarten ist.

Ein »date« mit einem Miami-Studiosus zu haben, hebt das soziale Prestige eines College-Girls. An Abenden, da das College oder die Universität irgendwelche, das jeweilige »image« herausstellende Veranstaltungen starten, gibt es ein anmutig fluktuierendes Hinüber und Herüber, und der kurze Heimweg, nicht ohne männlichen Schutz durch Wiesenpfade und unter idyllischen Laubengängen angetreten, lädt zu Gelächter und Seufzern ebenso wie zu verschwiegener Umarmung. Der Wechsel des Habits, die Gegensätzlichkeit des Auftretens steigern das Lebensgefühl. Honi soit qui mal y pense. Die Liebe ist nicht nur das Brot der Armen. Herkommen und Erziehungsniveau der jungen Elevinnen und ein gewisser moralischer Korpsgeist der Girls setzen dem Unternehmungsgeist der Miami-Studenten natürliche Grenzen.

Der Unterrichtsbetrieb gliedert sich in vier Klassen: die Freshmen, was man burschikos recht gut mit »Frischlingen« übersetzen könnte, in Sophomores, in der Weisheit also Fortgeschrittene, in Junioren und in Senioren. Ada Bick Yee Tang aus Hongkong, die gerade »magna cum laude« zur Kandidatin für den Grad »Bachelor of Art« aufgestiegen war, ist Seniorin, ohne Zweifel aber eine sehr junge Seniorin.

Die beiden Klassen, die sich bei einer Art nächtlichem Johannisfeuer singend, dichtend und einander persiflierend bekämpften, gehörten dagegen den Frischlingen und Sophomores an. Sicherlich bewirkt diese reizende und befürwortenswerte Art von »Klassenkampf« einen guten Zusammenhalt vom ersten Augenblick an. Einmal findet die Klassenangehörige rasch zu ihresgleichen, zum anderen Klasse zu Klasse. Ehe der Neuling sich versieht, ist er, in unseren Landen ein verlorenes Schäfchen, in die Gemeinschaft aufgenommen und steht für sie ein. Allerlei »social activities«, kleine Zirkel, die sich einmal in der Woche zum Lesen englischer Dramen, zur Interpretation von Gedichten treffen, über Kunst und Religionen diskutieren, Indisch- oder Deutsch-Dinner-cooking probieren, sich im Volksliedersingen jeder Art oder im Chorgesang üben, Theater spielen, in kleinen Gruppen musizieren ... faszinieren die Neuen wie die Senioren. Und daß auch die Professoren mittun, erhöht den Reiz solcher Aktivitäten außerordentlich. Sprachen nicht viele noch von einem unvergeßlichen irischen Einakter, in dem der College-Pastor eine köstliche Darstellung der Hauptrolle geboten hatte! So schlampig und lässig man sich im alltäglichen Ritornell der Belehrung geben mag, so eifrig und ehrgeizig zeigen sich Frischlinge wie Senioren, wenn es gilt, einen Wettbewerb im Ausschmücken eines Dormitorys oder gar eines Saales auszutragen, für den einer der Jahresbälle den schönen Vorwand liefert. Dann gilt es nicht nur, den Rivalen am Ort, sondern auch den Gästen aus anderen Colleges zu demonstrieren, wes unübertrefflichen Geistes Kinder die Töchter des Western Colleges sind. Auf unauffällige, aber recht kunstvolle Weise werden die Töchter der Welt zu tätiger Grazie, phantasievoller Exhibition und sympathischem Ehrgeiz animiert. Und weil das Internatsleben auch für den ernsteren, wissenschaftlichen Teil des Daseins eine bessere Konzentration zuläßt, als sie eine alleintrabende, zwischen Wirtinnenlaunen und persönlichem Cafar hin und her gerissene deutsche Studentin finden kann, weil das Lehrprogramm sehr konzentriert und offenbar von den Lehrenden der einzelnen Fächer gut aufeinander abgestimmt scheint und die Klassen zudem noch klein sind (fünf, acht, allerhöchstens zwanzig Girls), fällt das Saatkorn nicht auf steinigen Grund. Intelligenz allein, das heißt ohne Fleiß, kommt selten zum Ziel. »Facts«, ausgewiesene Leistungen, redlich erbrachte Beweise zählen und wiegen, wie sich in der einwöchigen harten Prüfungsperiode am Ende jedes Trimesters herausstellt. Auch auf diesem Feld kann eine unermüdliche Schildkröte einen leichtsinnigen Hasen um Hasennasenlänge besiegen. Nicht alle Damen sind Venustöchter und leichtfüßige Gazellen.

Ich wohnte – es war mehr als Zufall – der Immatrikulation der Frischlinge bei, die in der College-Chapel feierlich vonstatten ging. Mr. President Herrick B. Young, ein stattlicher Herr, führte den Reigen der Professoren an, alle im schwarzen, rot abgefütterten Talar mit den Ulanendeckelchen, Damen zumeist, silberhaarig und kompakt, schmalbrüstig und intellektuell, vielfach bebrillt, und einige Herren, unter denen ein stolz blickender, athletischer Negerprofessor in noch-jüngeren Jahren die beste Figur machte. Und dann kamen die Freshmen, weiß wie Kommunionkinder, in unsicherem Stolz, mit dem ersten Büstenhalter verhaftet, mit Händen, die nicht recht wußten wohin, stöckelnden Schritten und zwischen Verlegenheit und Koketterie schwankenden Augenaufschlägen, schlank und puppig, knöcherig und mollig – alle Spielarten echter Frischlinge, ein

bunter Strauß von Hoffnung, Erwartung, Selbstunter- oder
-überschätzung, Furcht, Frechheit, Unsicherheit, Lebensmut . . .
häßliche oder doch unauffällige Entlein und künftige Starlets,
Hausmütterchen und gelehrte Jungfern.

Es war einigermaßen rührend anzusehen: so viel gutwillige Zukunft auf eine Schnur gereiht. Und wie viele Gänsehäute mögen
die Entlein überrieselt haben, als sie vernahmen:

> Western College, Alma mater,
> Grace and beauty dwell with thee;
> Hear the praise of every daughter
> Echoing from sea to sea . . .

Das war vielleicht einmal vom Atlantik zum Pazifik gemeint,
aber inzwischen, nach den ersten drei aufeinanderfolgenden und
insgesamt weiblichen und fünf männlichen Präsidenten – Professor Young ist der sechste männliche und zehnte Präsident
überhaupt – bezieht dieses »from sea to sea« alle Weltmeere ein.
Und vielleicht ist dies das wichtigste und auszeichnendste Verdienst des Instituts, daß es alle Programme so international wie
möglich gestaltet und daß man, wenn von Kunst zu sprechen
ist, nicht nur ans Metropolitan-Museum oder Europa denkt,
sondern auch an China, Japan und Afrika; daß man den Begriff
der Weltliteratur nicht aufs Angelsächsische beschränkt, und
Linguistik – wenngleich in Stippvisiten – auch auf jene Sprachen auszudehnen sucht, welche von den Töchtern Asiens und
Afrikas gesprochen werden. »International Studies«, in denen
etwa die Geschichte Chinas oder Afrikas den Studenten vertrau-
ter gemacht wird als die Geschichte Europas den Erst- und
Zweitsemestern in der Bundesrepublik, Politik, Geschichte, Philosophie – das sind Fächer, die die Welt meinen. Man kann
nicht immer nur vom eigenen Kohl reden, wenn ein Viertel der
Klasse aus Ausländern besteht.

Es mag ein wenig Hochstapelei dabei sein. So viel, wie wir wissen möchten, können wir gar nicht lernen. Aber wir können lernen, daß es viele und sehr verschiedene Götter und Kulturen, Arten und Stufen der Kunst, Wege zum vermeintlichen Glück, Formen der Religiosität, Weltanschauungen und Moralgesetze gibt und daß es uns zur Ehre gereicht, wenn wir sie als Spielarten unendlicher Vielfalt anerkennen.

An einem der drei Abende, die ich mit den jungen Leuten der University of Miami und des Western College for Women verbrachte, gab es einen improvisierten, mehr oder weniger geglückten Versuch eines internationalen Abends, an dem die Afrikanerinnen sich um einen tänzerischen Gleichschritt, die Lateinamerikanerinnen um einen konzertanten Gleichklang, die Töchter des Landes um eine Darbietung ihrer folkloristischen Möglichkeiten mühten. Einiges war sehr anziehend und gelungen, anderes wieder unbeholfen und amüsierlich anzusehen; aber nichts war von jenem penetranten politischen Ehrgeiz vergiftet, der den anderen übertrumpfen und ausstechen oder partout einen propagandistischen Nutzen herausschlagen will. Nach den Darbietungen gab es ein Tänzchen – eine kleine Band von Studenten spielte auf.

Ich führte Miss Sierra Leone übers Parkett; es war entweder Erna Kamara oder Marvel Tregson-Roberts. Marvellous war sie auf jeden Fall: schokoladenbraun, in himmelblauen Tüll gehüllt, mit apartem Kopfputz und sehr spitzen, langen Stöckelschuhen über ausreichenden Füßen, mit einem Babymund, den Augen einer Hindin und dem leicht vor- oder auch zurückspringenden Erkerpopo, den Negerinnen oft haben.

Es ging sehr sittsam und wohltemperiert zu; vielleicht lag es an der Verschiedenheit der Welten, die eben erst in den Darbietungen offenkundig geworden war und nun erst wieder überbrückt werden mußte. Da hatten sich die Studenten in Chicago an ihrem Protesttanz-Abend zugunsten eines freien Vietnam (also *ge-*

gen die Regierung) doch temperamentvoller aufgeführt. Aber das hatte vielleicht an der politischen Zielsetzung ihres Tanzes gelegen . . .

Als ich mich von Erna oder Marvel trennte, trat ein Student mit Bürstenschnitt und offenem Kragen auf mich zu, streckte mir seine Rechte entgegen und fragte pfiffig:

»Kennen Sie mich noch, Mister Poet?« Aber ich wußte nicht, wo ich ihn hintun sollte.

»Ich bin der Soldat, der neben Ihnen im Flugzeug nach Istanbul saß und Proust las. Sie flogen weiter nach Bombay oder Delhi zu irgendeinem Kongreß. Ich mußte in Istanbul raus, weil ich bei der NATO-Truppe diente. Drei Jahre sind es her . . .« »Oh, ja . . « Plötzlich sah ich ihn wieder neben mir, mit einem Buch. Ein GI las Marcel Proust. Das war doch etwas.

»Ich habe Sie gleich erkannt. Nice to meet you!« Er redete wie ein Ingolstädter, der einen Landshuter trifft, mit dem er auf dem Oktoberfest eine Maß getrunken hat.

Ich wäre so gern stolz gewesen auf diese dekorative Wiederbegegnung, aber ich hatte mir Halima Baalawy aus Tansania aufs Korn genommen, die groß war und recht sexy schien. (Es mag auch Eva Kirika oder Jenny Kassam gewesen sein.) Aber die Hochgewachsene tanzte gemächlich und verhalten, beinahe würdevoll. Sieh an, dachte ich. Die einen gucken den anderen die Wildheit ab, die andern den einen die Contenance. Und nach dieser Einsicht testete ich Muriel Kuenane aus Basutoland erst gar nicht mehr; und Surer Abscir aus Somali hatte ohnehin einen festen boy-friend von den Miami-Leuten. Es war sinnvoller, ein Schwätzchen mit Valyalada.Silapabanleng, der Taiin, zu machen – über Bangkok und den Flußmarkt. Und als Annie Wu, die ein bißchen neugierig nebenan lehnte und mit ins Gespräch gezogen werden wollte, vernahm, daß ich ein Jahr zuvor ein paar Tage in ihrer Heimat- und Geburtsstadt Kuala Lumpur verbracht hatte, bekam sie vor Stolz und Heimweh glänzende

Augen. Mag auch sein, daß ich noch Angelica Pinochet etwas Nettes über Santiago sagte. Ich besitze nur eine vage Erinnerung an den weiteren Verlauf des Abends, aber eine genaue Liste mit 49 Namen. Wenigstens die Namen stimmen.

Ich schlief recht gut in dem Alkoven, den einmal die zweite oder dritte Präsidentin, also Leila oder Liliane, mit ihrem Atem beseelte. Mit Genuß bin ich ein altmodischer Mensch. Flugzeuge und Autos müssen möglichst neu, aber Betten können nicht alt genug sein. Was für eine Geschichte hat doch so ein altes Bett! Konnte die Präsidentin nicht eine Amour mit dem Musiklehrer gehabt haben? Und wer weiß, ob sie nicht eine Sappho-Anhängerin war? Oder eins von beiden oder beides gern gewesen wäre? Oder ob sie tugendhaft mit Satan und seinen Versuchungen gerungen hatte? Es gibt kein ereignisloses, traumloses, glückloses, wunschloses Bett. Noch die Trinker und Trinkerinnen finden hier Frieden und Vergessen.

Am anderen Morgen frühstückte ich mit Tochter Gabriele, einer reizenden Pakistanerin, Hasna Jasimuddin geheißen, Töchterchen eines angesehenen ostpakistanischen Dichters, und zwei oder drei Amerikanerinnen im Hause des Präsidenten Young und seiner um einen Kopf kleineren, aber ihm an Liebenswürdigkeit mindestens gewachsenen Frau. Ich war gewissermaßen die Zuwage. Aber das gemeinsame Frühstück des obersten Lehrherrn mit drei oder vier Studentinnen ist auch sonst Gepflogenheit: keine der Fünfhundert verläßt das Western College for Women, ohne nicht wenigstens einmal mit dem Präsidenten ein längeres persönliches Gespräch in seinem Hause geführt zu haben. Man soll solche Gepflogenheit nicht gering einschätzen.

Muß ich noch sagen, daß es ein ziemlich schalldichtes Haus für Musikantinnen gibt? Daß die smartesten Girls den Tennisschläger schwingen können? Daß die Bibliothek mehr Bücher zählt, als man lesen möchte? Daß interessante Ausflüge unternommen, wichtige Industriewerke besichtigt, Museen inspiziert,

Konzertabende (meist in Cincinnati) besucht werden? Daß man Theater spielt (zu Shakespeares 400. Geburtstag »Wie es euch gefällt«), über eine neue, ebenso zweckmäßige wie hübsche Dining-hall verfügt, überhaupt nach Kräften restauriert, repariert, baut . . . Und daß, zu guter Letzt, auch das Seelenheil an diesem kleinen Ort gewährleistet ist für jede, die darum bangt.

Ich habe mir den Prospekt der »Student religious organisations« eingesteckt, um im Notfall zur Hand gehen zu können. Es gibt in diesem Flecken Oxford 21 Möglichkeiten, ein religiöses SOS an den Mann zu bringen. Und wenn auch nicht jeder der konfessionellen Feuerwehrleute binnen fünf Minuten zu erreichen ist – einige wohnen in Cincinnati –, so kommt doch keine zu kurz. Hier die Liste der Rettungsboote: Bethel A. M. E. Church, Bible Baptist Church, B'nai B'rith Hillel Foundation, Christian Science Organization, Church of Christ (Instrumental), Church of God, Elm Street Christian Church, Faith Lutheran Church, First Baptist Church, First Pentecostal Bible-Way, Holy Trinity Episcopal Church, Memorial Presbyterian Church, Oxford Baptist Church (Southern), Oxford Methodist Church, Oxford Pentecostal Church, St. Marys Chatholic Church, Seminary Presbyterian Church, Society of Friends, United Christian Fellowship, University Baptist Mission.

Hier lohnt es wirklich, dachte ich, den Prospekt beim Gang durch den herbstbunten Campus studierend, eine verlorene Seele zu sein – man wird sich sehr mühen müssen, in Oxford, Ohio, zu verkommen. Wo aber sind die Medizinmänner für Marvel, Jenny und Eva? Father Paul R. Kappes wird die Messe für Gabriele lesen. Aber wo findet die liebe Seele von Blanche Kung aus Hongkong und Linda Wu aus Shanghai ihre Ruh'?

Wie immer man es hält – die Decke erweist sich stets als zu kurz. Aber die Unschuld darf ohnedies etwas bloß liegen. Es gibt einen Stand der Jungfräulichkeit und Mädchenhaftigkeit, der allen künftigen Müttern gemein ist, zu welchen Göttern und Göttinnen, Madonnen und Heiligen sie immer aufschauen. Und am Ende empfiehlt sich die Alma mater als Leitstern in allen Lagen:

> Every Year thy happy greeting
> Welcomes those from lands afar:
> East and West in friendship meeting
> Find in Thee a guiding star.

Freedom in Liberty

Das Städtchen Liberty liegt in Texas, eine Autostunde von Houston entfernt. Es mag rund 10 000 Seelen zählen, die Seele von Dr. Davies mit einbegriffen.

Ich hatte den Fehler gemacht, zum Wochenende in Houston einzutreffen und das Wochenende, vom frühen Freitagmittag bis zum späten Montagvormittag reichend, ist den Amerikanern ebenso heilig wie orthodoxen Juden der Sabbat. Thomas Sutherland, der mich mit Rat und Tat und einem kleinen Kreditbrief erwartete, saß nur noch mit einer Sitzbacke auf seinem Bürostuhl; die andere richtete sich auf dem Polster des Wagens ein, der ihn zu seiner 200 Meilen entfernten Farm und Familie tragen sollte. »Schließen Sie sich einer internationalen Studentengruppe an, die man nach Liberty eingeladen hat!« riet er. »Da werden Sie Texas und die Texaner kennenlernen. Der Spaß kostet Sie keinen Cent.«

So lernte ich Liberty und Dr. Davies kennen, dem ich als Gast vor der Stadthalle ausgehändigt wurde. Er war sanftäugig, groß und schlank, ein Gentleman in den Fünfzigern, besaß eine liebenswürdige Frau, ein hübsches Häuschen im Grünen und offenbar auch eine gutgehende Praxis. Der landläufigen Krankheiten überdrüssig, erfindet sich der Mensch immer wieder neue Leiden, und auf diesen Erfindungssinn seiner Patienten hatte Dr. Davies seit langem gesetzt: er war Chiropraktiker. Bei der Führung durch sein Haus, die meinen Aufenthalt einleitete, zeigte er mir auch das Wartezimmer und das Sprechzimmer – beide sehr sauber, blinkend und adrett. Und dann – unerwarteterweise – noch ein weiteres Sprech- und Wartezimmer, die sich abgegriffen, stumpf, drittklassig ausnahmen. Sie waren, wie er erläuterte, seinen schwarzen Patienten vorbehalten. Im Hause des Sünders, dachte ich, fragt man nicht nach der Tugend. Ich beschränkte mich also auf die etwas doppelsinnige Formel »Very interesting, Mr. Davies.« Aber der Gute schien in ihr keinerlei Doppelsinn erkennen zu können.

Schon am nächsten Morgen lernte ich begreifen, daß er ein frommer Mann war, gleich fern jeder Heuchelei wie jedem Skrupel, einer jener glücklichen Christen, denen ihr Naturell es leicht macht, die rechte Hand in Unkenntnis dessen zu lassen, was die linke tut.

Wir waren mit einem Omnibus zu einer ausgedehnten Farm gefahren worden, um dort texanisches Landleben studieren zu können. Vor dem flachen Gutsgebäude vereinten sich Gastgeber, Gäste und Cowboys zunächst zu einem Lunch unter freiem Himmel. Aber ehe jeder sich seinem Barbecue zuwenden konnte, wurde um Ruhe gebeten für Dr. Davies, der mit sanfter, aber unüberhörbarer Stimme ein öffentliches Tischgebet sprach. Wie er so dastand, selbstverständlich, gesammelt, bescheiden, gefiel er mir, obwohl ich dem öffentlichen Beten drüben – auch vor Kundgebungen und Wahlversammlungen – wenig Geschmack abgewinnen kann.

Nach dem gemeinsamen Freilicht-Lunch begannen die halsbrecherischen Kunststückchen der Cowboys. Danach durften die meisten jugendlichen Gäste ihre Reitbegier stillen. Und zum Schluß wurden einer Herde von Rindern die Hörner gekappt.

Für den Abend war eine öffentliche Versammlung in der Stadthalle angesetzt, die den Libertynern Gelegenheit geben sollte, ihre Gäste über die Eigenheiten ihrer Heimat singen, reden und – schweigen zu hören. Wie alle auf Improvisation angelegten Schaustellungen geriet auch diese ein wenig zu lang, und ich war Dr. Davies aufrichtig dankbar, daß er meiner Anregung entsprach, den Abend mit einem Bier zu beschließen.

Als wir wieder daheim ankamen, meinte ich, mich empfehlen zu dürfen. Aber Dr. Davies bat mich noch auf ein Viertelstündchen in den Salon. Es wurde ein wenig hin und her geredet:

über die Staaten, über Deutschland, die beiderseitigen Familien, die Erziehung der Kinder. . . Als ich Dr. Davies den Wert der Religion preisen hörte, ahnte ich schon, daß er etwas im Schilde führte.

Nach einigen umschreibenden Worten gestand er, daß er Anhänger der Church of Christ sei.

»Das gleiche also wie ich. . .«, gab ich zum besten. »Ein Christ.« Von besonderen oder einschränkenden Einzelheiten glaubte ich Abstand nehmen zu dürfen.

Aber die nun folgende Erläuterung belehrte mich über meinen Irrtum. Church of Christ – das war eine ganz bestimmte amerikanische Sekte, die sich als Nachfolgerin unverfälschten Urchristentums versteht. Sie hatte ihre Anhänger auch in Liberty, und die Kirche lag – angenehmerweise – ganz nahe bei Dr. Davies' Haus; nur etwa zweihundert Schritte zu gehen. Ob ich vielleicht den Wunsch oder die Absicht hätte, morgen dem sonntäglichen Gottesdienst beizuwohnen? Ich sei natürlich völlig frei in meinen Entscheidungen.

Dr. Davies sprach sanft. Ich war sein Gast. Kein Gottesdienst schadet dem Menschen. Von einer Absicht konnte, ehrlich gesprochen, kaum die Rede sein. Aber man soll in fremden Landen ein offenes Auge und einen offenen Sinn auch für das Kultische haben. Außerdem hatte ich das recht bestimmte Gefühl, den guten Dr. Davies zu betrüben, wenn ich von meiner Freiheit Gebrauch machen würde. Ich erklärte also freundlich, dem Gottesdienst beiwohnen zu wollen.

»Wir haben da auch eine Belehrungsstunde, im Gemeinderaum. Ein junger Lehrer, ein begabter Mann, kommt eigens aus Houston dazu herüber. Er ist gewissermaßen für Auserwählte, besonders Interessierte. Auch in diesem Fall steht es Ihnen natürlich frei, mitzugehen oder auch nicht. . . Wir würden uns natürlich herzlich freuen, wenn Sie sich entschließen würden. Aber, natürlich . . .« Und so weiter.

Unter Aufgebot einiger Energie entschied ich mich für den größeren Kreis der nicht oder noch nicht Auserwählten. Ich würde aber, wie gesagt, gern am Gottesdienst teilnehmen.

Ich drückte entschlossen meine Zigarette aus, obwohl sie kaum halb geraucht war, und hoffte, so das Gespräch mit einem Schlußpunkt versehen zu haben, als Dr. Davies wieder das Wort nahm:

»Es wird bei diesem Gottesdienst das Abendmahl ausgegeben. Nach unserer Auffassung – wir kennen ja keine Priester – ist jeder, der den Wunsch hat, daran teilzunehmen, berechtigt, daran teilzunehmen ... Aber auch in dieser Hinsicht haben Sie natürlich völlige Freiheit ...«

Dr. Davies schien mein teils verlegenes, teils beklommenes Schweigen als grüblerisches Nachdenken zu deuten. Mitgefühl trieb ihn fortzufahren:

»Das können Sie ja morgen früh noch entscheiden.«

»Well«, sagte ich, fest entschlossen, mich jetzt schon zu entscheiden. »Ich muß morgen früh ohnedies einen Brief schreiben, und das tue ich, während Sie in der Belehrungsstunde sind. Wenn es Zeit zum Gottesdienst ist, rufen Sie mich bitte. Ich werde gern daran teilnehmen – ohne das Abendmahl.«

Dr. Davies ließ mir noch eine halbe Minute Zeit, meine rasche Entscheidung zu überprüfen. Dann bestätigte er gewissermaßen unser Abkommen: »Ich werde Sie also zum Gottesdienst rufen.« Dann gingen wir zu Bett. Es schlug Mitternacht, als ich mich niederlegte.

Am anderen Morgen, als ich, schon frühzeitig wieder auf den Beinen, hinunterkam, deckte Mrs. Davies eben den Frühstückstisch und bat mich, schon Platz zu nehmen. Nach dem vorzüglichen Breakfast ging ich wieder auf mein Zimmer, kramte mein Schreibzeug hervor und hatte eben »Liberty, den...« geschrieben, als es an der Tür klopfte. Dr. Davies öffnete halb und meldete: es sei so weit. Er gehe jetzt hinüber.

Also ist der Gottesdienst vorher, die Belehrung hernach? dachte ich unsicher. Eigentlich wollte ich mich dessen noch vergewissern. Aber ich meinte, mir einreden zu müssen, daß solche Bibelstunden auch andernorts gewöhnlich *nach* dem Gottesdienst stattfinden. Dr. Davies mußte mich gestern abend doch wohl verstanden haben.

Ich war ein wenig befremdet, daß wir ohne die Dame des Hauses aufbrachen. Ob sie schon vorausgegangen war?

Nach drei Minuten waren wir an Ort und Stelle: im Gemeinderaum. Vielleicht ist es eine sehr kleine Sekte, dachte ich, und dies ist alles in einem: Bet- und Gottesdienst- und Belehrungsraum. Aber ich mißtraute meinen Vermutungen schon.

Es saßen da etwa dreißig Menschen; hinter mir ein junges Ehepaar mit einem zweijährigen Kind. Dr. Davies war ganz offenbar der einzige Vertreter akademischen Standes.

Gefangen. . . dachte ich bei mir. Jetzt wird gelehrt. Gott dienen darfst du später.

Man soll niemandes Überzeugung schmähen. Aber meine Duldsamkeit wurde auf eine harte Probe gestellt. Schon nach kurzem schnappte ich, wie ein Fisch auf dem Trockenen, nach Luft. Das Kind war unbeschreiblich unruhig; die Eltern bewundernswert gelassen. Am meisten aber bewunderte ich den guten Dr. Davies.

Er saß da und lauschte dem jungen Lehrer, der unglaublich beflissen, aber ohne die geringste Ausstrahlung war – ein ganz gewöhnlicher Commis voyageur des lieben Gottes, wie es sie gewiß zu vielen Tausenden in den Staaten gibt. Er schrieb Worte und Zeichen an die Tafel, und Dr. Davies folgte ihm, als wohne er der Aufzeichnung der Zehn Gebote durch Moses bei. Sein mangelhafter Instinkt trieb mir den Schweiß aus allen Poren. Konnte er glauben, diese Lektion würde einen Christ of Church of Christ aus mir machen?

Das Kind hinter mir begann anhaltend zu greinen. Der Lehrende verbrauchte seine Kreide. Und Dr. Davies lauschte ihm wie Odysseus, den Sirenen verfallen. Ich aber hatte Wachs in den Ohren.

Schließlich war auch diese Stunde vom Rachen der Zeit verschluckt, und wir traten den Heimweg an.

Ich hatte nicht den Mut, Dr. Davies über sein »Mißverständnis« aufzuklären, geschweige denn, ihm einen Vorwurf zu machen. Ich hoffte nur auf eine kleine Stärkung. Er hat dich überlistet, hintergangen; er wird es mit einem Gin oder Vermouth sühnen, dachte ich. Laß ihn in seinem Safte schmoren. . . Aber Mr. Davies schien hartgesotten und selbstgerecht. Er rief nach seiner freundlichen Frau, und wir machten uns umgehend zu dritt auf den Weg zum Gottesdienst.

Er war bewegender und interessanter als die Belehrung. Es gab eine gute Laienpredigt; es wurde schön gesungen. Und gegen den Schluß hin teilten sechs junge Männer auch das Abendmahl aus. Sie gingen von Bank zu Bank; jeder trug einen großen silbernen Teller oder eine silberne Schale. Auf dem Teller lag kleines, keksartiges Gebäck. In der Mitte der Schale standen winzige Gläschen in einer flachen Fassung, mit rotem Wein gefüllt. Jedes geleerte Gläschen wurde in eine der Vertiefungen gestellt, die am Außenrand der großen Schale eingelassen waren, versank und verschwand darin.

Diese Perfektion im Rituellen sah ich nicht ohne Erstaunen.

Aber als zwei der jungen Männer auch zu mir kamen, schüttelte ich leicht den Kopf und schloß verneinend die Augen. Sie gingen weiter. Ich konnte die Erinnerung an das Wort vom Kelch, der an mir vorübergegangen war, nicht abweisen.

Ein gemeinsames Lied beschloß den Gottesdienst der Church of Christ; die Türen öffneten sich, und mit den anderen trat ich wieder hinaus, ins Freie.

Ich atmete tief auf, und mein Aufatmen ging ein in die leichte Aufgeräumtheit, die vor der Kirche herrschte und die mir plötz-

lich so wundersam vertraut erschien; sie erinnerte mich an die
Kirchgänge der Kindheit. Herrscht nicht überall in der Welt
die gleiche gedämpfte Aufgeräumtheit nach einem Kirchgang?
Die Menschen sind wie nach einem Bade: erfrischt, gesäubert,
zufriedener mit sich und ihrem Zustand. Sie waren Gott wohl-
gefällig und gefallen nun auch einander besser als zuvor. Die
Seelen dieser Menschen schienen weiß geworden wie frisch ge-
fallener Schnee, so weiß jedenfalls, wie eben nur die Seele eines
Weißen weiß, so Gott wohlgefällig, wie nur ein Südstaatler
Gott wohlgefällig sein kann.

Dr. Davies nahm mich am Arm und führte mich dem nächsten
seiner Bekannten zu, und ich hatte noch viele Hände zu schüt-
teln an diesem Sonntagvormittag und manches »How do you
do . . .« wieder zurückzugeben.

Er aber stand lächelnd und sanftäugig dabei, fest auf texanischer
Erde und fest auf dem doppelten Boden seines doppelten
Sprechzimmers – wie ein opferfreudiger Junge, der eben mit
dem gesamten Inhalt seiner Sparbüchse ein Heidenkind für den
Himmel frei gekauft hat.

Bei den schwarzen Baptisten

In Charlottesville
in Virginia,
traf ich bei den schwarzen Baptisten
seit längerer Zeit die freundlichsten Christen.
An der Kirchentür sah ich schon einen warten
auf mich und mußte eine der Karten
ausfüllen: Name, Adresse, Herkunftsland –
und was noch sonst auf der Karte stand.
Dann brachte ein Mädchen im schneeweißen Kleid
mich an einen Platz, nicht weit
von der (gewissermaßen) Bühne,
im Halbkreis geschwungen, vorn ein Podest;
dahinter, erhöht wie auf einer Tribüne,
drei Reihen des Chors, der eben erschien,
bald gefolgt von Reverend Green.

Erst sang der Chor; dann die Gemeinde.
Dann grüßte der schwarze Herr Grün seine Freunde
und betete einfach und ohne Buch,
wie ihm die Worte von Herzen fielen.
Und sie lauschten gesammelt der leisen Rede –
er sprach ja für jeden und jede.
Sie sangen, und dann fing der Gottesmann
zu predigen an.

Er sprach von der Liebe, dem göttlichen Licht,
das in unser menschliches Dunkel bricht.
Er sprach nicht wie ein Gerechter zu Sündern.
Er sprach wie ein Vater zu Kindern.

Er sprach von dem Lichte der Sonne und dann
von dem künstlichen Licht: wie die Mutter das Öl
auf die Lampe gegossen, und wie man dann
das Gas erfunden, die Elektrizität
und das Neon-Licht. –»Aber meiner Seel –
rief er da –, was der Mensch auch kann–,
da ist noch ein lang-langer Weg zu gehn,
bis sie ein Licht erfinden werden, das
so hell wie die Sonne ist und so schön!«

Und sie nickten sich zu
und strahlten ihn an:
Right, Sir! That's true!

Und dann
sprach der Reverend von dem inneren Licht,
das eben nur
aus den Augen bricht –
eine Spur,
aber Räume, viele Räume der Welt
mit *einem* Strahle erhellt.

Und sie nickten ihm zu
und lächelten weise.
Und sagten: Oh, Yes!
Aber leise.

»Hingegen gibt es auch Leute, die hängen
ihre Lampen nach draußen – jawohl – und drängen
andern ein Licht auf, doch ist da kein Schimmer
von Licht in ihrem eigenen Zimmer «
Und der Reverend nahm die Lampe zur Hand,
die da vor ihm stand,
und hielt sie tief seitlich:
So! Seht ihr? So!

Und da lachten sie gar
und nickten sich zu
und waren so froh,
daß dieser so trübe Fall nun so klar
von dem Beispiel der Lampe und
Reverend Greens Mund
abzulesen war.
Oh, Yes. That is true!

Und dann rühmte der schwarze Herr Grün
die Blumen, die an der Sonne erblühn
wie alle die guten und stillen Taten,
die uns im Lichte der Liebe geraten,
und wie sie die andern zum Leuchten bringen
und uns selber mit ihrem Lichte durchdringen.
Und dann sang er seinen Sonnengesang
und hob seine Arme und sagte Dank
für die doppelte Sonne, die jeden durchglüht,
der sie nur sieht.

Und es sprangen die Worte wie glühende Brocken
von seinem Munde. Bald sprach er schnell;
dann geriet er ins Stocken
und suchte nach dem treffenden Wort.
Und hatte er's, warf er es ihnen zu.

Und sie fingen es auf.
Oder riefens *ihm* zu
Und sagten: Oh, Yes.
Und: That's right, Sir. That's true!

Dann klappte er seine Bibel zu.
Und sprach für alle ein kurzes Gebet,

schon von den Klängen der Orgel umweht.
Und dann sangen sie ihre Sehnsucht aus
nach Zions goldenem Zukunftshaus.

Zum Schlusse aber sprach Reverend Green:
Es sitzen mit euch zu meinen Füßen
zwei weiße Gäste. Wir wollen sie grüßen . . .

Es fiel zunächst ein weiblicher Name.
Ich sah mich um. Da stand eine Dame,
grundgütig lächelnd. Das Wohltun selbst
Die Sonne fiel ein, und in ihrem Glanz
sah sie aus wie die Schwester vom Heiligen Franz.
Und dann fiel der meine. Da staunten sie
über den Mister aus Germany.
Das war kaum zu glauben: Ja, schaut nur, schaut!
Hat *der* einen weiten Kirchweg daher!
3000 Meilen allein übers Meer . . .

Und sie nickten mir zu
und lächelten weise
und sagten leise:
God bless You . . .

Und ich schämte mich
meiner weißen Haut.

Cowboys – abgesessen

Die Romantik, die den Seemann zu Lande umwittert, findet eine Parallele im abgesessenen Cowboy. Jener hat seine große Stunde in der Hafenbar und auf der Reeperbahn, dieser am lodernden Lagerfeuer. Gewisse Sänger singen hierzulande allabendlich von Jimmy und Hein, ihren flüchtigen Neigungen, ihrer immerwährenden Anziehungskraft auf die Mädchen von Hamburg bis Hawai. Drüben schmachten sie im Dreivierteltakt von Cowboy-Sehnsucht und Abschied oder traben, was weit angenehmer klingt, im Vierertakt über die Sender. Ginge es mit rechten Dingen zu, müßten sie alle, Seeleute wie Cowboys, vor den falschen Tönen auf den Grund der See oder unter die Grasnarbe der Prärie geflüchtet sein; aber was geht schon mit rechten Dingen zu ... Im Hafen und abgesessen, verwandelt sich unseren Helden saures Brot in Mürbeteigplätzchen. Der Traktorist jenseits des Eisernen Vorhangs mag sich keinen Illusionen hingeben: seine kleine Traktoristenfrau wird auch künftighin mehr für Hein, Jimmy und Jonny schwärmen, wobei der letzte noch den Vorzug haben wird.

Zweifellos gibt es mehr Seeleute als Cowboys auf der Welt, und schon deshalb sind diese attraktiver. Ein Mann und die See – das kann unter Umständen schon einen Seemann ergeben. Ein Mann und ein Rind – das gibt noch lange keinen Cowboy. Der Seemann kann Grieche, Norweger, Engländer, Russe, Spanier sein; selbst Schweizer und Tschechen können es werden. Der Cowboy ist ohne die Herden, ohne die Weite der Prärie, des amerikanischen Kontinentes nicht zu denken. Und da ich, wie ein mir in Houston ausgehändigtes Dokument behauptet, Ehrenbürger von Texas bin, wäre hinzuzufügen, daß man die idealste Verkörperung des Cowboys natürlich in Texas antrifft. Made in Texas by Texans – das steht an jedem texanischen Auto, auch wenn es aus Detroit kommt. Mögen die Einzelteile aus Detroit stammen – das Ganze ist ein Werk texanischer Hände. Made in Texas by Texans – das steht auch unsichtbar auf der Stirn eines jeden Cowboys dort zu lesen. Da Texas von allem das Größte und das Beste hat – für die Austern möchte ich mich verbürgen –, kann auch hinsichtlich der Cowboys kein Zweifel erlaubt sein. Der Cowboy ist in Texas geradezu ein fleischgewordenes patriotisches Monument, nicht unähnlich einem kernigen Bajuwaren, der seine Krachlederne trägt.

Man kann in Houston abends oder nachts, in einer Bar, einem Club, Girls aus guten Familien im Cowboykostüm treffen, die vielleicht nicht einmal ein Rind in Büchsen goutieren, geschweige denn mit einem lebendigen umgehen; vermutlich auch nicht mit Cowboys. Aber die Hemden, Hosen und Stiefel dieses Berufsstandes scheinen Insignien von höchstem Reiz – verwandt etwa den Matrosenanzügen, die wir als Knirps, tief im Hinterland, weitab von Meer und Flüssen, an Sonn- und Feiertagen trugen. Der Umstand, daß die beiden Söhne daheim bei nahezu jeder Bodensee-Fastnacht darauf bestanden, als Cowboy (ausgesprochen wie Caux-Boy) aufzutreten, beweist nicht nur, daß die Seeleute an Attraktion eingebüßt haben, sondern mehr noch, daß der Cowboy kein provinzielles, speziell texanisches, ausschließlich amerikanisches Idol geblieben ist. Cowboy sein oder vor allem spielen – das heißt, eine Weltanschauung bekennen und vertreten. Cowboy ist man etwa, wie man Marxist, Existentialist oder Rocker ist. Sogar die Vorliebe unserer Zeit für die Abstraktion kommt dabei auf ihre Rechnung: der profane, vorausgesetzte Gegenstand – das Rind – wird entbehrlich.

Zur Zeit der Cadillacs und Porsches, der Düsenjäger und Kobaltbomben stellen die Cowboys nahezu ein Mythen herausforderndes Wesen dar. Sie sind gewissermaßen die (alten) Griechen der Neuzeit. Noch während sie ihre überlieferten Bräuche pflegen, ihre Kampfspiele treiben und zuweilen tatsächlich abends beisammen sitzen, alte Lieder singen und möglicherweise eine abgewetzte Hose ausbessern, gleiten die neuen Cowboyschlager auf Ätherwellen um die Welt, stößt die Industrie eine neue Serie von Cowboyhosen aus, für die Töchter der schöngesäßigen Venus bestimmt, die vielleicht nie ein Pferd besteigen werden. Die echten Cowboys werden weiter ihr hartes Handwerk ausüben, indes die falschen ihren Mythos pflegen. Was uns allen versagt bleibt, Zeugen unserer eigenen Begräbnisfeierlichkeiten zu werden – die Cowboys dürfen es erleben.

An jenem Nachmittag, da wir, den Pappteller mit dem Barbecue in der Hand, den wackeren Dr. Davies das öffentliche Tischgebet sprechen hörten, erfuhr ich, daß sie tatsächlich noch am Leben, ja, im Gegensatz zu den Indianern sogar überaus vital sind. Sie waren beileibe nicht so pittoresk und elegant kostümiert wie die Girls im Houstoner Club; aber sie waren echt. Mag auch die fortschreitende Rationalisierung und Technisierung der großen Farmbetriebe diesem Handwerk, das wohl nie goldenen Boden hatte, eine immer schmalere Basis einräumen – trotz künstlicher Befruchtung und maschineller Melkung bleiben noch immer etliche Griffe zu leisten, die eine Menschenhand voraussetzen. Auch ihre Spiele, die einem Urtrieb des Menschen entsprechen, bieten eine Gewähr dafür, daß zumindest dieser Teil des Cowboytums – wie etwa das sportliche Reiten heute – nicht aussterben sollte. An Nervenkitzel und optischen Reizen übertreffen die Cowboyspiele die unsterblichen Schwarzwälder Kuckucksuhren jedenfalls beträchtlich.

Was man an solchen Nachmittagen davon zu sehen bekommt, ist beinahe allgemein bekannt. Der Ritt auf jungen Rindern, das Einfangen der Tiere mit einem Lasso, der Zweikampf, den der verfolgende Reiter mit dem flüchtigen Tier aufnimmt, indem er, vom Pferd gleitend und die Hörner des Rindes greifend, das Tier zu Boden reißt, das Aufnehmen eines am Boden liegenden Gegenstandes – dergleichen Kunststücke ließ die Kamera uns schon des öfteren im Fauteuil eines Kinos oder vor dem Bildschirm des Fernsehens miterleben. Die Wirklichkeit freilich, die ohne den Schnitt des Cutters auskommen muß, ist reicher an herausfordernden Fermaten, an mißglückten Versuchen, an Spannungsmomenten. Sie läßt den Kunststückchen den Charakter des Außerordentlichen, während das filmische Arrangement diesen schmälert, indem es ihn allzu plakathaft ins Licht setzt. Nicht jedes Lasso trifft, nicht jeder Griff in die Hörner oder nach dem am Boden liegenden Hut erzielt den erstrebten Effekt. Auch degradiert der Ausschnitt im Grunde den Gegner, das Rind, das selbst auf dem begrenzten Raum der Jagdbahn unerwartete Schnelligkeit entwickelt und dem Pferd darin kaum nachsteht. Nie hätte ich den homerisch »schleppfüßigen« Tieren solche Behendigkeit zugetraut! Als eines von ihnen den Reiter neben sich spürte, bog es fast rechtwinklig von der Fluchtbahn ab und setzte mit kühnem Sprung über die mehr als mannshohe Umzäunung. Der schwere Leib streifte zwar das Drahtgeflecht, und die Hinterläufe verfingen sich so darin, daß es – wie zur Schlachtung – daran hängenblieb; aber es hatte doch den Weg aus dem Kral gefunden. Die Cowboys waren eine ganze Weile beschäftigt, bis sie das hängende Tier aus seiner peinvollen Lage befreit hatten: ein Sieger durch gelungene Flucht.

Auch bei den vier oder fünf Cowboys – über mehr verfügte die riesige Ranch offenbar nicht – ging es nicht ohne gefährliche Stürze ab. Ein Rind, das einen Mann auf seinem Rücken fühlt, verwandelt sich augenblicks in einen Springbock – es bleibt immer Sieger, indem es den Reiter früher oder später abwirft – es dauert in jedem Fall nur Sekunden. Aber diese meist jüngeren Burschen sind von athletischer Kondition und Geschicklichkeit. So halsbrecherisch sich manche Situation auch ausnahm – der Nachmittag verlief ohne ernsten Unfall und dämpfende Schäden. In die flirrende Hitze und die teilnehmenden Schreie und Zurufe der Augenzeugen mischte sich der aufgewirbelte Staub und machte alle Kehlen lechzen. Bier in Büchsen, auf Eis gelagert, stand reichlich bereit vor den Eingängen der drei oder vier Holzhäuschen, welche den Cowboys und ihren Familien als Unterkünfte dienten, und half den Durst von Akteuren und Zuschauern stillen. Das Programm der Schaustellung schien abgewickelt.

Ich bin nicht sicher, ob das nun Folgende von den Gastgebern noch als »Vorführung« gedacht war, oder ob die Cowboys, die unserethalben den Wochentag zum Feiertag gemacht hatten, zum Schluß doch noch ein Stück ihrer praktischen Arbeit erledigen wollten. Auf jeden Fall geschah alles ohne Ankündigung und zunächst auch ohne Zuschauer.

Etwa sechzig bis siebzig Rinder, aus denen auch die Tiere für die Cowboyspiele ausgewählt worden waren, standen noch immer in einer großen Hürde, Weide und Tränke entbehrend. Sie standen geduldig; nur dann und wann brüllte eines gegen den glühenden Himmel. Staub und Ratlosigkeit schwebten über ihren Häuptern. An der einen Seite des Krals, der Kampfbahn zu, befand sich ein schmales Gatter, dessen einer Verschlag die Hürde abgrenzte, während der andere ins Freie führte. Aber der Weg in die Freiheit kostete, wie sich herausstellen sollte, blutigen Zins.

In dieses dem Tierleib fast angepaßte Gatter wurde das erste Rind getrieben, von zwei bulligen Cowboys, die auf dem Gestänge standen, schon erwartet. Der eine jagte dem sich vergebens sträubenden Tier eine riesige Spritze in die Wamme; der andere kappte mit einem großen Scherenmesser zu halber Länge die Hörner. Es krachte, knirschte – die erste Hornspitze fiel nieder in den Sand, und gleich danach die zweite. Die Gattertür wurde hochgehoben – das Rind stürzte hinaus. Schon wurde ein zweites in den Pferch gedrängt, erhielt seine Spritze, verlor seine Hörner, setzte verstört ins Freie. Das dritte, vierte, fünfte folgte, das sechste, siebente ... wie Roboter verrichteten die beiden

Burschen ihr brutales Geschäft, einander mit nervigen Fäusten unterstützend und die widerstrebenden Tiere meisternd, deren Flanken zitterten und die einen Widerstand versuchten, für den kein Raum war.

Das Stoßen und Drängen der Tiere, die Flüche und Zurufe der Cowboys, das Brüllen der dumpf ahnenden Opfer, das Knirschen der Schere, – dies alles waren Geräusche der Auflehnung wie der Gewalt, die an den Nerven rissen. Aber alle diese Laute wurden von einem Lautlosen übertroffen. Auch das Horn ist ein Glied am Leibe des Rindes, mit Nervenfäden und Blutbahnen, und der Schnitt des Scherenmessers traf Gewachsenes. Die Hornspitze fiel zwar wie eine abgeschlagene Frucht in den Staub; aber aus den Stümpfen des Tieres, das hinaustürzte zu den anderen, schoß nun das Blut ins Leere. Fontänengleich sich gabelnd, stieg es in die Höhe, feine, aber in sich dicke Strahlen des dampfenden Lebenssaftes.

So gesellte sich ein Tier zum anderen. Die Neuen trugen ihren Blutbrunnen wie der Hirsch des Hubertus das Kreuz; den anderen sickerte es immer schwächer aus den Stümpfen, rann über die verschreckten Augen, tropfte vom Fell – um schließlich zu versiegen. Aber mit jeder neuen Kappung brach der dunkelrote Brunnen wieder auf. Es war wie lautlose Klage und Anklage. Ich begriff auf einmal, was es heißen will: Blut schreit zum Himmel.

Manchen Völkern gilt das Rind als heilig. Ich konnte nie begreifen, was – man denke an Indien – solche Unantastbarkeit herausfordern könnte. Im Anblick dieser Bluttaufe entsann ich mich dieses Tabus und glaubte, es zu verstehen. Ohne mir Rechenschaft darüber zu geben, fühlte ich die Schuld des Menschen aller Kreatur gegenüber.

Die Cowboys freilich, denen der Schweiß die Hemden näßte, übten ihr Handwerk aus wie jedermann das seine. Sie waren abgesessen und achteten der wenigen Zuschauer nicht. Sie hatten zu erledigen, was vielleicht einmal im Jahr zu erledigen war und trotzdem Maßarbeit sein mußte. Sie sahen nur das Horn, das fiel, nicht aber den Blutquell, der aufbrach.

Als die beiden ihr Geschäft beendet hatten, war der Boden des Gatters ganz mit Hornspitzen bedeckt. Ich versuchte, den einen in ein Gespräch zu ziehen, um Näheres über sein Handwerk zu erfragen. Aber kaum hatte er meine Nationalität erfahren, da begann er einen Hymnus auf Würzburg und die Töchter dieser Stadt und lud mich zu einem Bier.

Ich fragte ihn, ob er zeit seines Lebens Cowboy gewesen sei.

»Yes«, sagte er sachlich und wischte sich den Schweiß aus dem Nacken. Aber plötzlich entsann er sich wohl des Mythos, der ihn umgab, und er lachte mich strahlend an, unter wiederholtem Kopfnicken wiederholend:

»Yääs. I am a cowboy, a real cowboy, my friend!«

Und wie um dafür einen untrüglichen Beweis zu erbringen, schwärmte er wieder von den Würzburger Schönen.

Er hieß übrigens Niedermeyer und mit Vornamen Franz.

Studenten, aufgesessen!

DIE REBELLEN VON BERKELEY

Als ich Mitte der fünfziger Jahre zum erstenmal in Berkeley war, um meinen Freund Arnold wiederzusehen, schien mir die University of California ein Hort des studentischen Friedens. Ich sah den weitläufigen Campus mit Gefühlen des Neides und des Staunens und schwamm – Seite an Seite mit dem Germanisten Wolff, der ein paar Jahre später aus dem Leben schied – in dem prächtigen, geheizten Schwimmbecken, als sei das (warme) Wasser mein Element.

Als ich zwölf Jahre später wiederkehrte, hatte sich Berkeley den Ruf einer beinahe revolutionären Universität erworben; und wenn nicht alles täuscht, sind die mobilen 15 oder 20 Prozent derer, die an den Brüsten der kalifornischen Alma mater saugen, ernsthaft gewillt, ihr diesen Ruf zu erhalten.

Sieht man von jenen »Akademikern« ab, die ihre Freizeit auf Schwabinger Manier verbringen und, in ihren auffallendsten Vertretern, äußerlich eine unverbindliche Solidarität mit den Gammlern demonstrieren, gehören die amerikanischen Studenten zu den solidesten und »geprüftesten« der westlichen Welt. Weder in Houston noch in Boston, weder in Durham (Carolina) noch in Chicago, weder in Seattle noch in Portland konnte ich Revolutionäres oder Provokantes an ihnen entdecken. In Evanston und Middlebury glaubte ich mich geradezu einer Elite an Ernst, Fleiß und Disziplin gegenüber. Berkeley jedoch macht eine Ausnahme und scheint sich dessen bewußt zu sein.

Ich glaube nicht, daß der Dezember des Jahres 1964 in die Geschichte der amerikanischen Studentenschaft auf ähnliche Art eingehen wird wie etwa der März 1848 in die der deutschen. Aber der Eindruck ist unabweisbar, daß sich in den Aktionen,

Protesten, Streiks und »Movements« der Berkeleyer Studenten mehr zu Wort meldete als pures, unausgegorenes Revoluzzertum.

Daß der erste sowjetische Sputnik als befruchtender Schreck in das ein wenig saloppe akademische Dahinleben der Vereinigten Staaten fuhr, hat sich herumgesprochen. Die Maßstäbe sind strenger, die Lehrpläne umfassender, die Prüfungen unerbittlicher geworden. Der Druck, der auf den Studierenden liegt, züchtet junge Neurotiker. Die Nachkriegsjahrgänge drängen sich in Herden. Würden sich Sokrates und seine Nachfolger mit Hilfe der Zeitmaschine von H. G. Wells nach Berkeley begeben, würden sie, die ihrer zwanzig oder dreißig Wißbegierige zu ihren Füßen zu sehen gewohnt waren, auf ein Heer von rund 28 000 Studenten stoßen, welche in Klassen bis zu fünfhundert und mehr jungen Leuten zusammengepfercht oder in benachbarte Lokalitäten abgedrängt sind, wo sie, wenn sie schon den Lehrenden nicht sehen, so doch wenigstens seine Stimme aus dem Lautsprecher vernehmen. Eine Armee möchte nach den Regeln einer Kompanie, eine Masse nach denen einer Elite geführt, geschult, belehrt, verstanden werden. Die Kosten für den einzelnen Studierenden in den USA sind erheblich. Wie verhält sich der individuelle Nutzen unter solchen Umständen dazu . . .?

Dort, wo der Campus der Universität in einem seiner Teile auf eine der Verkehrsadern der Stadt aufläuft, sah ich die vielen Klapptische stehen, an denen die Nachkommen der »Free Speech Movement« (FSM) ihre mühsam und hartnäckig erkämpften Rechte vertreten. Wie Kleinhändler oder Ambulante stehen sie dort, bieten Broschüren an oder mündlichen Rat, plakatieren Fragen ihrer Existenz (der studentischen, staatsbürgerlichen, ökonomischen, sozialen, sexuellen), diskutieren, stehen Rede und Antwort, lachen, rufen aus, streiten sich. Sie haben Rousseau und Jefferson, Stuart Mills und Karl Marx gelesen. Sie kennen die Verfassung der Vereinigten Staaten und The Bill of

Rights. Sie haben ihre Wünsche und Enttäuschungen, ihre Vorstellungen und Erfahrungen. Ihr Urteil ist unsicher, aber ihr Eifer, das Unrecht zu verurteilen und anzuprangern, wo immer es geschieht, unermüdlich. Manche von ihnen waren in den Südstaaten und haben dort schon für die politischen Rechte der Neger agitiert, zum Beispiel für jenes Wahlrecht der Schwarzen, das nur auf dem Papier stand. Sie sind in der Technik der friedlichen Demonstration geübt. Sie kennen die Trägheit und die Vorurteile ihrer Eltern, die Lethargie und hinauszögernde Methodik der Bürokratie, den Stumpfsinn des Althergebrachten, die Gewohnheitsrechte, die gelegentlich die Verfassung lahm legen, die Feigheit der Liebediener und Opportunisten, die Herrschsucht der Machthabenden, die Routine der Privilegierten, die Gleichgültigkeit der Massen, das Schöntun der Offiziellen, die Hemdsärmeligkeit der demokratischen Idealisten, welche sie mores lehren wollen.

Ihr kleiner, harmloser Handel mit jugendlichen Problemen und Idealen war beinahe ein Gewohnheitsrecht gewesen; die kleinen Tische standen – vielleicht etliche weniger – schon vor dem 2. 12. 1964 auf dem Campus. Aber mit einem Mal schien den Behörden das stillschweigend geduldete Maß überschritten, und ein grundsätzliches Verbot wurde ausgesprochen.

Polizei und erste Verhaftungen, die durch Solidarität noch verhindert wurden. Eine Großaktion der Ordnungsmächte, die annähernd vierhundert Polizisten aufboten. Ein Sitzstreik von tausend Studierenden im Verwaltungsgebäude. Ein Sympathie-Streik von Tausenden, die ihre Vorlesungen nicht besuchten.

Inhaftierung von 800 Jüngern der Wissenschaft. Übergriffe der Polizei. Gerichtsverhandlung. Geldstrafen bis zu 150 Dollars . . . Es hatte nicht nach »Sieg« ausgesehen, fürs erste. Aber unter den protestierenden und streikenden Studenten hatten sich auch Reporter mit Bandgeräten befunden, und die guten Argumente des Protests und das redliche Verhalten der »Revolutionäre«

ließen sich nicht lange verfälschen und verheimlichen. Ist eine Universität ein Kindergarten, in dem Unmündige vor den rauhen Winden und Wahrheiten der Gegenwart bewahrt werden sollen? Oder wird hier eine Elite auf ihre zukünftigen Aufgaben und Pflichten in der Gesellschaft vorbereitet?

Der Rektor, der zur Zeit des Streiks abwesend gewesen war, durfte noch feststellen, daß die Universität »keine Festung sei, von der aus Studenten ungestraft Angriffe gegen die Gesellschaft starten« könnten. Aber er gestand auch ein, daß in der Behandlung des Problems »Fehler« gemacht worden seien. Eine Reihe mutiger Professoren – Mathematiker, Philosophen und Vertreter der Social Siences vor allem – erleichterten ihm diese Einsicht, indem sie auf die Seite der Studenten traten, die im Grunde nicht mehr verlangt hatten, als ungeschmälert Nutznießer jener Bürgerrechte zu sein, die jeder Amerikaner wahrnehmen darf.

Der Ausgang der Affäre bestätigte das Recht: die civil rights galten und gelten auch für den Campus der Universität Berkeley. Der alte Kanzler wurde durch einen neuen abgelöst, dessen liberalere Denkweise bekannt war. Die »Free Speech Movement« hielt Einzug in den Studenten-Senat, nachdem die »Protestanten« innerhalb eines Monats von zehn auf fast vierzig vom Hundert der Studentenschaft angewachsen waren – und es waren gewiß nicht die lauesten und faulsten, die sich in dieser Sache engagiert hatten. Wozu liest man Camus, wozu Sartre! Was helfen Ideen, die man nicht leben darf?

Und so hatte jugendlicher Elan über zwei Dutzend Millionäre gesiegt, welche – als Geldgeber, Wohltäter und heimliche »regents« – verlangen, daß die »Rotzbuben« ihren Mund halten, sich auf die Hosen setzen und den uralten Wahlspruch jeder etablierten Gesellschaft respektieren: »Ruhe ist die erste Bürgerpflicht!« Und er hatte gesiegt über die Anmaßung der Administration, die das Zepter einer Autorität schwang, welche ohne die weißen Knüppel des Staatsbüttels nicht auskam. Seitdem sind ein paar Jährchen verstrichen. Da das Recht des Free Speech für den Campus erkämpft ist, gibt es keine Free-Speech-Bewegung mehr. Die menschlichen und studentischen Probleme können frei erörtert werden: die Sexualnot und die Frage der Abtreibung; die Überfüllung der Hörsäle und der Kontaktmangel zwischen Lehrenden und Lernenden; die Publikationssucht mancher Professoren und die reziproke Unsitte, gute Lehrer zu »feuern«, wenn sie nicht publizieren; die Isolation der vielen einzelnen und die Selbstherrlichkeit der administrativen Apparatur, der es gelungen sei, »to take the university away from us (den Studierenden) and to turn it into the multiversity . . .« Und an humanitären, nationalen und weltbewegenden Problemen ist ebenfalls kein Mangel. Das Rassenproblem ist dabei schon Überlieferung. Kleinere Gruppen sind von den Ideen eines radikalen Sozialismus fasziniert, wie er sich in den Figuren Trotzkis oder neuerdings auch Mao Tse-tungs verkörpert (die sowjetische Variante gilt nach Cuba als fast schon domestiziert). Und über allem und vor allem interessierte, bewegte, alarmierte sie alle – ganz im Gegensatz zum gewöhnlichen Bürger, der rasch beiseite dachte, wenn er nicht gerade einen Sohn bei der kämpfenden Truppe hatte – der Krieg in Vietnam. Das Bild, das der studentische Jahrmarkt der Ideen und Ideale, Proteste und Probleme auf dem Campus bietet, ist bunt, belustigend und verwirrend zugleich. So viele Hunderte sich in der mittäglich sonnigen Stunde auf diesem Teil des Universitätsgeländes bewegen, ergehen, unterhalten, bermerkbar und hörbar machen und wie viel aufgeweckte, gut gewachsene und vielgesichtige Jugend sich hier drängt – für *einen* Begriff findet sich keinerlei Beispiel: Eleganz. Die Attraktion der Hollywood-Leitbilder, die in Europa wenigstens zu Teilen noch wirksam scheint, ist für die californischen Studenten in Berkeley gleich Null. Die Mehrzahl ist nachlässig oder sportlich gekleidet, eher einfach als aufwendig. Das Unauffällige an Habitus lenkt das Auge auf die Vielfalt der Mienen und Gesichter, welche – neben den Merkmalen der vielen Rassen, die im Bilde des Amerikaners zusammenfließen – die Kennzeichen unternehmender und kritischer Intelligenz tragen. (Die Aufnahme an dieser Universität setzt Noten voraus, die über einen Zeitraum von drei Jahren durchgehend »Gut« lauten.) Kann es da verwundern, daß hier – neben politisch liberalen, sozialistischen und radikalen Movements – auch das Engagement für künstlerische Dinge (Drama, Literatur) recht lebhaft ist? Der Anteil von wirklich aktiven Individuen ist in der Berkeleyer Studentenschaft erwiesenermaßen höher als an den anderen Universitäten der Vereinigten Staaten.

Auch die Minderheit macht sich augenfällig. Sie trägt sich beatnik-artig; selbst Barfüßer sind nicht selten. Sie gehen aus Protest gegen die »Values« der amerikanischen Wohlstandsgesellschaft ohne Schuhe: »Unsere Bürger regen sich nicht auf über Leute, die aus Armut barfuß oder in schäbigen Kleidern gehen müssen. Ich distanziere mich von dieser Gleichgültigkeit, indem ich ohne Not barfuß gehe . . .«

So geben sie Ärgernis, um gegen das Ärgernis zu protestieren, fallen auf, um das nicht mehr Auffallende auffällig zu machen, provozieren den Stumpfsinn und die Selbstzufriedenheit und üben Spießrutenlaufen für sich, um den Spießern Beine zu machen. Verbindet sie nicht eine überzeitliche Gemeinsamkeit mit jenen härenen Büßern, Heuschreckenfressern und Flagellanten vergangener Zeiten, die ihren blinden Zeitgenossen Augen und Poren öffnen wollten für Nöte und Schmerzen, die gegen das aufgeputzte Wunschbild der anerkannten Macht verstießen? Im Augenblick scheinen sie mit ihren Vorgängern die Vereinzelung, Außenseiterschaft, Groteske und Erfolglosigkeit zu teilen. Ein Hauch tragikomischen Märtyrertums ist um sie: ohne sonderlich aufzufallen auf diesem liberalen Campus, sind sie Einzelgänger. Vielleicht würde eine Amour manches in die Reihe bringen und der Anmut ihre kleine Würde zurückgeben. Vielleicht auch nicht ... Berkeleys Studenten haben sich auf das Pferd der Rebellion geschwungen, und weil sie das »Rodeo« bestanden, ohne zu stürzen, werden sie im Sattel bleiben wollen – auch in künftigen Tagen. Auch Rebellen oder Revolutionäre entwickeln ein Gefühl für Tradition. Die Rebellen von Berkeley werden »aufsitzen«, wenn es geboten scheint. Ob freilich auf einem Studenten-Campus wie dem in Berkeley die Weichen in die Zukunft der Vereinigten Staaten neu gestellt worden sind, wird erst »die Zeit beantworten«, wie eine abgestandene Redensart lautet. Wie aber spricht die Gegenwart durch den Mund der Zeitgenossen?

Thomas M. oder Tom, vier Jahre Student an der Universität von Californien in Berkeley und derzeit an der Law School in San Francisco, kurze Haare, langer Verstand, 1,84 Meter groß, Amerikaner in der ersten Generation, Kind emigrierter Juden, streitbar wie ein Makkabäer und elastisch wie ein Judo-Kämpfer, intelligent und belesen, begeisterungsfähig und skeptisch zugleich, vier Monate Europa-Erfahrung, hat Rede und Antwort gestanden und einen guten Anwalt der Berkeley-Studenten abgegeben:

»Die Studenten der Berkeley-University sind zwar nicht typisch für die amerikanische College-Generation, aber sicher ist, daß sie an der Spitze eines Trends stehn, der sich heute überall in den Vereinigten Staaten abzuzeichnen beginnt.

Wir heutigen Studenten sind vor allem beunruhigt über die Diskrepanz, die – so meinen wir – zwischen dem besteht, was man uns lehrt, und dem, was wir erleben. Diese Diskrepanz tritt auf allen Lebensgebieten zutage: in der Schule, auf der Universität, im Beruf, in der Innen- und in der Außenpolitik.

Den Studenten wird auf der Schule gesagt, daß die USA eine Demokratie sind und daß unser Regierungssystem für freie Meinungsäußerung und für die Freiheit eintritt, anderer Meinung zu sein. Die Wirklichkeit zeigt, daß es über eine Million Dollar kostet, zum Abgeordneten in den Kongreß gewählt zu werden; daß Entscheidungen in kleinen, autokratisch arbeitenden Komitees getroffen werden, deren Mitglieder sich durch ein überlebtes Anciennitätsprinzip an der Macht halten; daß diejenigen, mit denen die Regierung einverstanden bzw. die mit der Regierung einverstanden sind, offen sprechen und frei organisieren und handeln dürfen, wohingegen Kapazitäten, die dem System kritisch gegenüberstehn, es später schwer haben, Stellungen zu finden. Eine kommunistische Überzeugung wird sogar als außerhalb des Gesetzes stehend betrachtet.

Man trichtert uns ein, daß die meisten Menschen gleiche Chancen hätten, daß vor dem Gesetz alle gleich seien und daß die wenigen, die noch unterdrückt oder behindert seien, in naher Zukunft ihre volle Freiheit erlangen würden. In der Realität sieht es jedoch so aus, daß in diesem reichsten Land der Erde jede größere Stadt ihren Slum hat, daß zwar das Sozialprodukt und die Löhne ständig steigen, daß ein Fünftel der Bevölkerung jedoch unter unwürdigen Daseinsbedingungen leben muß und der Graben zwischen Reich und Arm in dem Maße tiefer wird, in dem die Lebenshaltungskosten sich erhöhen. Wir sehen zwar, daß der Neger – nach anderthalb Jahrhunderten der Unterdrückung – endlich anfängt, die ersten Schritte in Richtung auf jene Freiheit hin zu tun, für deren Erhaltung und Schutz er – als Soldat – nach dem Gesetz schon seit Jahrzehnten kämpft und blutet, daß aber unter den »verantwortlichen« Weißen noch vielfach das Gefühl vorherrscht, er verlange zu viel in so kurzer Zeit.

Man erzählt uns, Schulen und Universitäten dienten der Erziehung, der Bildung, der Erkenntnis der Wahrheit. Aber nicht *wie,* sondern *was* wir denken sollen, wird uns beigebracht. Nicht die Wahrheit zu suchen, sondern die Stabilität, werden wir angehalten. Nicht das zu tun, was man für richtig hält, sondern

70

das zu tun, was den status quo aufrecht erhält, gilt als Maxime. Wir beobachten, wie große Universitäten mit der Regierung und der Großindustrie Hand in Hand arbeiten und Forschungsaufträge übernehmen, die mit militärischen Zwecken und mit der Erfüllung von Verteidigungspflichten zusammenhängen, während immer und immer wieder feierlich versichert wird, die Universität sei unabhängig in den USA, ihre Ziele seien Objektivität und Unabhängigkeit.

Diese Klagen und Einwände sind nicht von heute und kein amerikanisches Reservat. Aber in den Vereinigten Staaten sind alle diese Proteste wichtig durch den Gesichtspunkt, unter dem man sie sehen muß. Die Ideale, die wir Jungen uns erwählt haben, werden tagaus, tagein von Pädagogen und Politikern wiedergekäut. Aber gerade die dreiste und scheinheilige Selbstgefälligkeit, in der dies geschieht, und die Überheblichkeit und Sicherheit, mit der die ältere Generation ihr fehlerhaftes System akzeptiert, beunruhigt uns. Man tadelt unseren Idealismus, unsere Ungeduld. Dann aber übergibt man uns lächelnd eine unter Ungerechtigkeit, Mißverständnissen und Feindseligkeit leidende Welt. Wen kann es da wundern, daß wir Studenten nur sehr zögernd jemandem Vertrauen schenken, der die Dreißig überschritten hat. Sie stecken alle bis an den Hals in faulen Kompromissen, in Opportunismus und Gewinndenken. Und je schönere Worte sie im Munde führen, um so schmutziger sind meist ihre Hände. Und was sie »Glück« nennen, »Erfolg«, »Erfüllung« – das läuft in Wirklichkeit auf so banale Dinge hinaus wie auf einen aus Routine und mechanischer Arbeit bestehenden Job, der zu einem schöneren Wagen, zu Farbfernsehen und – wenn man älter wird – vielleicht einer größeren Wohnung verhilft. Ihre Ideale sind käuflich und verkäuflich.

Die Folge dieser Widersprüche, dieser Diskrepanz zwischen Reden und Handeln der führenden Generation, kann – was die Studenten betrifft – nur Enttäuschung sein, eine Enttäuschung, die vielen nur zwei Möglichkeiten vorspiegelt: entweder sie werden radikal und beschließen, in Opposition zum etablierten politischen System zu arbeiten (oder wenigstens außerhalb des Establishment) – oder sie geben alle Hoffnung auf, daß sich die Probleme des Lebens durch politische Aktivität lösen lassen, und entfliehen ihrem intellektuellen Dilemma, indem sie sich romantischen Zielen zuwenden und außerhalb des Alltäglichen und Konkreten Befriedigung und Ablenkung, Erfolg und – Glück suchen: in der Musik und dem Gesang ihrer Helden, in freien und hemmungslosen Tänzen, im Abseitsgehen, im Triebleben, im Genuß von Drogen . . .«

Für europäische Ohren klingt das so neu und revolutionär nicht. Auch bei uns häufen sich die Reibungen zwischen der arrivierten und der kommenden Generation. So ist der Sozialismus, den die deutschen Studenten meinen, nicht mehr mit dem der Partei-Ideologen und schon gar nicht mit dem der Praktiker identisch. Aber der amerikanische Student hat lange absolute politische Enthaltsamkeit geübt, und das amerikanische Wahlsystem hat ihn in seinem Desinteressement nur begünstigt. Mit dieser Enthaltsamkeit freilich scheint es nun vorbei zu sein, und wer an den Klapptischen auch für unterbezahlte Landarbeiter, für legale Abtreibung Propaganda macht, hat den Campus-Zaun, den die Herren des Establishment für unübersteigbar hielten, schon niedergerissen.

»Eines haben wir ganz sicher erreicht«, versicherte uns Tom. »Wir haben den Studenten des ganzen Landes die Augen geöffnet für ihre eigene Situation, für die Situation der Vereinigten Staaten, für das, was auf uns zukommt. Amerika ist groß und reich und – ungeheuer gefährdet.«

Ich will wirklich nur leben

EIN BLATT FÜR ARNOLD

Es war wohl in Barstrow, am Rand der Wüste, als Arnold mich abends noch in eine der kleinen Kneipen lotste, die gerade in dünn besiedelten Gebieten der Staaten noch einen unverfälschten Wildwest-Charakter haben.

Wir hockten uns jeder auf einen Schemel an die Theke und ließen zwei Flaschen Bier kommen; das Etikett ließ einmal mehr auf einen der zahlreichen eingewanderten deutschen Bierbrauer schließen. Und Arnold sagte, mir eine Zigarette anbietend: »Jetzt wären wir doch mal allein – wie damals.«

Damals – damit meinte er die Jahre 1934 und 1935, als er die Zweigstelle der pommerschen Holzgroßhandlung Falkenhayn & Meyer in Nordhausen leitete und mein Vater noch das Hotel in Pacht hatte, in dem Arnold zuweilen sein Glas Bier trank, zum Feierabend. Dort waren wir eines solchen Abends ins Gespräch gekommen, und er hatte mir angetragen, ein paar Mark bei ihm zu verdienen für den Fall, daß mich die mühselige Arbeit des Ausladens und Aufstapelns der Fichten-, Buchen- und Eichenbohlen nicht schreckte. Und sie schreckte nicht.

Wir ließen das Bier durch die Kehle laufen; es war hübsch kalt, Gott sei Dank, denn es war hübsch warm gewesen am Tage – so an die hundert Grad Fahrenheit –, zogen an der Chesterfield, und dann steckte ich zehn Cents in den Musikkasten und ließ eine damals viel gespielte Platte anlaufen »Once I had a secret love . . .«

»Das ist für die kleine Mollige«, sagte ich entschuldigend, »in die du damals ein bißchen verschossen warst, ehe du mit Edith den richtigen Griff tatest.«

»Ach ja«, meinte er und nahm einen Schluck. »Sie war ja eigentlich recht nett, viel zu jung natürlich für mich; und so ein klein bißchen war sie ja auch schmuddelig.«

»Das war abwaschbar«, sagte ich, »aber sie war wirklich zu jung. Ob sie durchgekommen ist . . .?«

»Ich wünschte es ihr. Aber es ist ja manches passiert . . .«

Ich nickte.

»Das Bier schmeckt mir heute abend«, sagte er und trank aus. »Besser als in der miesen Kutscherkneipe an der Zorgebrücke; allerdings nicht ganz so gut wie im Bräustübl.«

Das Bräustübl war die vorletzte Station gewesen, eine Bierstube am Bahnhofsplatz, in der eine handfeste, etwas zahnarme bayrische Kellnerin uns bediente, wenn wir verschwitzt vom Holzplatz kamen und unseren Durst stillen wollten. Er zahlte dann meist, damit ich die sauer verdienten fünf Mark ungeschmälert in die Reisekasse legen konnte. Die Kellnerin war immer freundlich. Aber eines Tages mieden wir das Bräustübl doch. Der besonderen und allgemeinen Verhältnisse wegen.

»Die Kalbshaxen waren gut«, sagte ich melancholisch. »Hier habt Ihr ja nur Eure ewigen Hamburger.«

»Sie woar abgruundschi-ach« (wenn er Dialekt versuchte, brach es ihm immer die Zunge und mir das Herz) »– aber anständig. Immer anständig. Na ja. Das Trinkgeld . . .« schloß er einsichtsvoll.

»Prost, Arnold!« sagte ich.

Er boxte mich zärtlich in die Seite. »Daß wir das geschafft haben . . .« lächelte er und spülte seine Rührung hinunter. »Ich habe ja auch ein bißchen daran zu drehen versucht, daß man dich holte. Aber meistens kommt so was ja von selbst. Man muß nur Geduld haben.«

Das Wort »Geduld« kam ihm wohl ganz zufällig über die Lippen; aber es war kaum heraus – da hellte sich seine Miene sichtbar auf.

74

»Hattest du nicht mal ein Gedicht über die Geduld geschrieben?« fragte er lebhaft.

Er trat innerlich ein bißchen auf der Stelle, ich merkte es wohl. Aber dann faßte er energisch Tritt und griff unter sich an den Barschemel. Und jetzt erst bemerkte ich, daß er eine Art von Aktentasche mitgenommen hatte. Ein halb verlegenes, halb diebisches Lächeln dehnte seine Kieferpartie, als er sie aufknipste. Er legte einen Packen Manuskripte auf den Bartisch.

»Dichtest du immer noch?« fragte ich argwöhnisch.

Er lachte auf, in dieser etwas gequetschten, leicht kicherigen Art, die ihn selber meistens so amüsierte, daß er immer mehr und schließlich Tränen lachte, was so komisch und ansteckend wirkte, daß man über den schlechtesten Witz minutenlang lachen konnte, eigentlich nur, weil es ihm selbst so viel Spaß machte.

Er drückte mir eine Münze in die Hand: »Laß mal ›Oh, mein Papa‹ spielen, damit Krach ist. Ich muß dir unbedingt etwas vorlesen.«

Als ich zurückkam, standen schon zwei neue Flaschen vor uns. Er kam dicht an mein Ohr und rezitierte:

> Es begab sich zu der Zeit
> arisch-deutscher Herrlichkeit,
> daß das Volk sich jäh ermannte
> und die Rassen klar erkannte . . .
> Sonnenklar trat es zu Tage,
> daß der Jude eine Plage,
> daß er stets die Messer wetze,
> alles Lebende zersetze,
> Zwietracht, Unzucht, Kriege stifte,
> jeden klaren Trunk vergifte . . .

Er hielt inne und sah mich unsicher an. »Du wirst das doch nicht etwa vergessen haben . . .?« Ich schüttelte den Kopf und sollte dabei gelächelt haben.

Er lächelte glücklich zurück, holte tief Luft und fuhr leise, aber con mosso fort:

Und in weiterem Verlauf
fiel den ernsten Forschern auf,
daß der Jud im Völkerbrei
stets der Keim zur Krankheit sei.

Ich nickte bestätigend, nahm einen tiefen Schluck aus dem Glas und legte begütigend meine Hand auf seinen Arm. Aber er war schon wieder in Trab gefallen; denn nun konnte er doch zur Sache kommen, beziehungsweise zur Person:

Chajim Bernstein in Berlin
war ein Jude, wie es schien.
Aber an Gefälligkeit
schlug er alles weit und breit,
speiste Kinder, half Studenten,
seinen Leuten gab er Renten,
und er sah nicht, ob sie Christen,
Juden oder Atheisten.
Bald war seine Huld bekannt
wie ein Honigkuchenstand;
und das Volk verehrte ihn,
Chajim Bernstein aus Berlin . . .

»Ja, die Kalbshaxe!« unterbrach ich endlich und nahm ihm die Blätter aus der Hand. »Das besitze ich gar nicht mehr, Arnold. Aber ich habe nicht vergessen . . .«

. . . daß er eines Tages, als wieder einmal höchstenorts etwas »Grundsätzliches« über die Minderwertigkeit der jüdischen Rasse erklärt worden war, eine Kalbshaxe ausgesetzt hatte für eine

gereimte Satire zu dieser ja auch ihn betreffenden Verlautba-
rung. Ich machte ihm das Vergnügen; er zahlte das ausgesetzte
Honorar. Damals noch im »Bräustübl«.

Dann jedoch blieb nur noch die schmutzige Kneipe übrig, hundert Meter von seiner damaligen Wohnung. Das Bier war
schlecht gekühlt; die paar elenden Mädchen; betrunkene Fern-
fahrer; nur kalte Fleischklopse. Man hielt es nie lange dort aus.
Aber auch das war nur ein Zwischenspiel: denn eines Tages
mußte er umziehen, zu Chajims Namensvettern, den Bern-
steins. Eine spießige Bude zwar, aber die Lage war günstig: über
die Straßenkreuzung hinweg, dreißig oder vierzig Meter Gar-
tenzaun, und dann in unsere Haustür. Die hatte Glas mit Eisen-
geflecht; man konnte sehen, ob jemand im Hausflur war, und
außerdem wohnten wir Parterre. Ein viermaliges, trockenes
Klopfen, wie der englische Sender. Dunkel war es ja abends.
Drin war er.

»Der Heringssalat, den deine Mutter machte, war aber auch ausgezeichnet«, sagte er anerkennend. »Und dann hattest du so einen ganz billigen Mosel. Wenn der im Schnee gestanden hatte . . .«

»Ein Ruwer war's«, klärte ich ihn auf. »Eine Mark zehn damals.
Aber du trankest ja schon immer lieber Bier.«

»Heute noch!« versicherte er und goß sich ein. »Ach, Deutschland . . .«, seufzte er elegisch, faßte sich aber rasch. »Ich hab
noch mehr!« verkündete er strahlend. »Sieh mal . . .«

Er sortierte erst ein wenig. Dann schob er mir den Packen zu,
und ich erkannte die Schreibmaschinentype wieder, von Falkenhayn & Meyer, das billige Durchschlagpapier, die alten, komisch
anmutenden Gedichte, seine Persiflagen dazu . . . Ich blätterte
und las. Manchmal lief's mir wie eine Gänsehaut über den
Rücken. Das hatte man einmal geschrieben. Aber schließlich . . .

Jeder fängt einmal an. Es war ja nie gedruckt worden.

Ich merkte, daß er auf etwas wartete.

»Und das hast du mitgenommen?!«

»Ja«, sagte er, als freue es ihn heute erst recht. »Ich hab's durchgebracht. Es war gar nicht so einfach . . .«

»Ach, Arnold«, sagte ich . . . »daß du das durchgebracht hast . . .«

»Nicht wahr!«

Ich gab ihm den ganzen Packen zurück. »Arnold«, sagte ich, »Arnold, – es ist gutgemeinter Scheißdreck. Aber du bist ein Goldjunge.«

Er stutzte und wurde etwas verlegen. »Tjaaa . . .«, sagte er unsicher. »Das meiste habe ich ja auch persifliert. Aber sonst – ich habe doch recht behalten! Ich meine, grundsätzlich. Soll ich mal eine Persiflage vorlesen? Die du noch nicht kennst?!«

Ich brachte es nicht übers Herz, ihn davon abzuhalten. Und dann las er ein persifliertes Liebesgedicht vor, immer wieder vom eigenen Gelächter unterbrochen. Er schaffte es nicht bis zum Ende. »Mensch!« japste er erschöpft. »Könnten wir noch mal so jung sein, wie wir dämlich waren . . .!«

»Arnold«, sagte ich unvermittelt, aber es beschäftigte mich schon die ganze Zeit. »Das viele Bier . . .«

»Ich gehe mit!« In solchen Fällen bestand er aus lauter Spontaneität. Aber im Gehen bestellte er rasch noch zwei neue Flaschen und sagte dann draußen: »Das ist der einzige Nachteil des Bieres. Aber ich trage ihn gern. Oder möchtest du schon ins Bett?«

»Nein«, sagte ich. »Dieser Nachteil läßt sich tragen.«

»Da fällt mir die Stelle in Timmermans ›Pallieter‹ ein«, sagte er plötzlich lebhaft. »Weißt du – wie der seinen Namen in den Schnee pinkelt. Ach Schneeee . . .« seufzte er. »Wenn ich nur mal wieder Schnee sähe . . .«

Wir gingen an die Theke zurück. »Wollen wir nicht was es-

sen?« fragte er. Wir aßen zwei Hamburger, und während wir
kauten, fragte er wie beiläufig: »Hungern müßt ihr wohl schon
lange nicht mehr . . .?«
»Nein«, sagte ich. »Aber ich entsinne mich noch recht gut . . .«

. . . daß wir Hunger hatten, allesamt. Und wie eines Tages ein
Brief aus Berkeley kam: ob ich noch lebte und wie es wohl aus-
sähe und dies und das. Und schließlich: ob ich nicht irgendwann einmal nach Berlin käme, und wenn, ob ich dann nicht
einmal kurz in die Soundsostraße Nr. soundsoviel schauen und
mich erkundigen könnte, was aus Frau Henriette Meyer, seiner
Mutter, und Fräulein Ida Meyer, ihrer Tochter, geworden sei. Er
glaube ja nicht, aber ich verstände ja wohl . . . er wüßte doch
gern, was man da wissen möchte – in solch einem Fall.
Und ich fuhr nach Berlin und ging in die Soundsostraße, und
der Portier war noch der alte – das Haus stand ja zufällig noch.
Jedenfalls wußte er Bescheid.
Und dann schrieb ich nach Berkeley, daß ich erfahren hätte, was
eben die allgemeine entsetzliche Erfahrung sei. Die Schwester
freilich hätte die Reise nach Auschwitz antreten müssen; aber
der Mutter sei sie erspart geblieben. Auf dem Wege zum Sam-
melpunkt habe ein Herzschlag alles Weitere überflüssig gemacht.
Und ein paar Monate danach, eines Tages, wurde ich auf die
Post bestellt. Unser Jüngster war eben vier Monate alt. Kranke
Kinder. Eine Lungenentzündung, die mich ein halbes Jahr lang
noch schlauchte: und auch sonst viel trouble. Sogar den Strom
hatten sie uns abgesperrt, weil die Monatsrate dreifach überschritten war.
Und dann lagen da zwei Care-Pakete, jedes an die vierzig Pfund,
mit Eisenbändern – ich wußte nicht, wie sie an die Straßenbahn
bringen. Und die Leute guckten neidisch, und ich schämte mich
vor ihnen, so daß ich eines als Sitzbank benutzte. Aber sie sa-

hen's trotzdem; sie sahen ja das Bonbon, das man gerade in der Manteltasche hatte. Und dann wuchtete ich die Blöcke nach Haus; und die Eisenbänder wollten nicht aufgehen, weil kein Werkzeug da war. Aber schließlich sprangen sie doch auf; und dann standen wir mit nassen Augen davor: die Büchsen mit Schinken und Ei, Fleischkonserven – ich weiß nicht was Nahrhaftes sonst, man hat's gefressen – Kekse, Schokolade für die Kinder, Trockenmilch, Stangen mit Zigaretten, etwa 50 oder 60 Monatsmieten nach damaliger »Währung«. Absender: Arnold Meyer, Berkeley, California, Cedarstreet 1450. Der Dank für die mitgeteilte betrübliche Erfahrung.

»Es ist gut, daß der Mensch das Unangenehme vergißt«, sagte Arnold teilnehmend. »Gehabte Schmerzen . . .« Er schob den letzten Bissen Hamburger in den Mund. »Köstlich . . .«, sagte er kauend und lachte.

»Übertreib nicht . . .« bat ich.

»Ich meine doch den Wilhelm Busch!« lachte er. »Den hab' ich auch noch.«

Er rezitierte wieder:

> Heissa! rief Herr Sauerbrot.
> Heissa, meine Frau ist tot!

Er jiepte aus vollen Lungen, während ich eine Gänsehaut abebben fühlte.

»Arnold«, sagte ich, »laß den Wilhelm Busch. Er macht mich schwermütig jetzt. Das Bier arisiert dich.«

»Das Bier ist gut!« beharrte er und ging dabei in den Baß der tiefsten Überzeugung. »Der Bierkonsum auf der ganzen Welt steigt. Außerdem sind wir in der Wüste. Sei dankbar, daß es da so viel zu trinken gibt!«

»Na, dann Prost«, sagte ich nachgebend.

Die Juke-Box spielte wieder. Neue Gäste kamen. Wir mußten etwas zusammenrücken. Ich sagte: »Ich muß plötzlich an Selig denken, den Viehhändler, der auf unserem Hof wohnte. Entsinnst du dich seiner noch?«

Er nickte. »Freilich. Der war ausgesprochen ordinär. Aber sein Bruder, der Schuhhändler – der dichtete sogar!«

Wir sahen uns an. Er fühlte, was ich dachte, und ich fühlte, was er dachte. Wir stießen beide das angehaltene Lachen durch die Nase. Und dann zitierten wir gemeinsam:

> Allmählich, allmählich
> trägt Jeder Schuh' von Selig

Und dann lachten wir wieder wie die dummen Jungen, und der Barkeeper schob seine Zigarette in den Mundwinkel, um besser über uns grienen zu können.

»Er hatte in seinem Laden die besten SA-Stiefel der ganzen Stadt«, sagte Arnold, »und setzte sie sogar ganz gut ab. Aber es hat ihm nichts genützt. In Holland haben sie ihn dann gekriegt. Man mußte eben sehr weit gehen . . .«

. . . so weit etwa wie Arnold; am besten über den Teich. Wenn auch mit nichts. Als Dienerehepaar anfangen. Durchhalten und sich umsehen. Hier ein kleiner Job, dort ein besserer. Und so fort. Und dann schließlich in die Schaffneruniform. Edith hatte inzwischen längst das Kochen gelernt. Warum sollte eine Bamberger Anwaltstochter nicht das Kochen lernen . . . Und nun kochte sie in der Schule, und er fuhr über die große Bridge. Etwas eintönig, aber nicht aufreibend. Man konnte drollige Auskünfte geben. Pennies neben einer Negerin fallen lassen, deren Geiz bekannt war, und sich amüsieren, wenn sie jeden verstohlen aufgrabschte. Und eben nebenbei die Fahrscheine kontrollieren. Jetzt hatten sie ein hübsches kleines Häuschen, einen alten Ford und – nicht zu vergessen – ihren Tommy.

»Arnold!« sagte ich alkoholisch streng. »Sehr weit hast du es nicht gebracht.«

»Nein«, gab er zu. »Aber wozu? Hier macht fast jeder Karriere, der etwas auf sich hält. Ich halte aber nichts auf mich. Ich bin davongekommen. Das genügt mir. Aber *mich* freut es, daß du deinen Weg gemacht hast.«

»Aber du« – sagte ich, ohne es ganz zu glauben –, »du hättest es auch weiter bringen können. Sieh mal die Liebergs, die haben's doch wieder geschafft. Und denk an Hänschen Mayer . . . der ist Leibarzt des philippinischen Präsidenten . . .«

»Joi, joi!«, bremste er. »Die Mayers wären beinahe in Manila verbrannt! Je höher hinauf, desto mehr hinunter. Ich will nur leben.«

Wir waren einige Male in San Francisco gewesen. Wo wir auch zu Gast waren – sie hielten ihn alle für einen Professor. »So, so, aus Berkeley kommen Sie. Von der Universität. Sie sind Germanist . . .?«

Ja, seht ihn euch nur an, dachte ich dann mit einigem Schmunzeln. Aber wenn er morgens zu dem recht zivil wirkenden blauen Dienstanzug die Dienstmütze aufsetzte, konnte man ihn wirklich kaum ansehen, ohne zu lachen. Ein Neunjähriger, der sich einen Zylinder aufstülpt und Bräutigam spielt, kann nicht mehr Vergnügen haben dabei. Und im Grunde war ja auch alles Spiel. Es war nichts als Mitspielen. Irgend etwas muß der Mensch in diesem Zirkus der Soziologie doch unternehmen, um Geld zu verdienen. Und er – spielte eben Schaffner. Wenn er morgens loszog und seine Dienstmütze aufsetzte, brach er regelmäßig in ein kleines quietschendes Gelächter aus, und das hieß etwa: So, jetzt gehe ich ein Weilchen zum Spielen. Damit verdiene ich Geld.

»Arnold, deine Zukunft ist gesichert.« Ich sah es ein.

»Ja«, lachte er, »ich hab' zwar keine, aber sie ist gesichert. Two bottles!« rief er.

»Die letzten!« sagte ich streng.

Es war jetzt wieder mehr Platz am Bartisch. Am anderen Ende würfelten zwei Mexikaner, und der Barkeeper sah zu. Es ging auf Mitternacht, aber es war immer noch mächtig warm. Wohl darum schmeckte mir das Bier so gut. Wir tranken es und dösten ein bißchen. Plötzlich sagte er: »Mensch, guck mal da: ein Gedicht!« Er wies auf die Wand hinter dem Barkeeper. »Komm! Rutsch mal. Das müssen wir sehen: ein Gedicht in Barstrow!«

Wir rückten zu den Mexikanern auf und lasen, was da, unbeholfen in handgeschriebenen Druckbuchstaben, zu lesen war:

> Seville Der Dago
> touzen Buzzes Sinerow
> Nojo Demis Trux
> Wotzinnen Kouzen Dux

»Ist das mexikanisch?« fragte ich.

Er wiegte den Kopf. »Sicher ein Witz. Aber ich versteh's noch nicht . . .« Wir buchstabierten und lasen. Er zog schließlich den Barkeeper zu Rate, nicht ohne verschwiegen auf die leeren Flaschen gedeutet zu haben. Aber ich sah es und stellte sachlich fest: »Two bottles!«

Der Mann brachte die Flaschen und half uns auf die Sprünge. Wir schnitten die Satzschlangen in Wortstückchen und dann stand der Blödsinn in logischer Reihe stramm und sah so aus:

> See, Willi, there they go,
> thousand busses in a row!
> No, Joe, them is trucks.
> Whats in am cows and ducks.

Und dann schmiedeten wir das englische Blech in deutsches Blech um. Es bedurfte noch zwei weiterer Flaschen, um es zum

Glühen zu bringen. Schließlich aber war es geschafft, das Geschäft dieser ungewöhnlichen »Übertragung«. Arnold lehnte sich befriedigt zurück und wäre dabei um ein Haar von seinem Schemel gekippt.

»Lies es laut, Arnold!«

> Willi, sieh! Da ziehn vorbei
> tausend Busse in einer Reih!
> Nein, Joe. Das sind Fernlast-Trecks(e),
> voll mit Kuh- und Enten-Käckse.

»Gut?« fragte er.

»Druckreif. Aber nun laß uns gehn. Wir müssen früh 'raus. Die Wüste.«

Die Luft hing wie ein dampfender Lappen in der Nacht. Ich schwankte. Er aber schritt, die komischen Akten unterm Arm, fest und sicher aus, immer einen halben Schritt vor mir. So kam er damals in Nordhausen über den Holzplatz marschiert, wenn wir »Arbeitslosen« ihn schon erwarteten. »Schön!« sagte er plötzlich. »Mensch, das war ein Abend. Das hat mir Spaß gemacht! Tousandbussesinarow . . .«

»Arnold«, sagte ich, alle Überzeugungskraft zusammennehmend, »wenn dir das Übersetzen solchen Spaß macht, warum treibst du's nicht ernstlich nach Dienstschluß? Gute Kurzgeschichten, wie den ›Medizinmann‹ von Caldwell. Immer ein Stückchen. Es summiert sich, und nach drei, vier Jahren gibt es ein Buch. Ich sehe es durch; einen Verleger finden wir schon. Du lebst doch hier und siehst, was los ist. Dergleichen ist bei uns gefragt.«

»Ach«, meinte er und verhielt etwas den flotten Schritt, »weißt du: manchmal juckt es mich ja in den Fingern, und dann schreibe ich mal einen Silvestersketch auf Kinsey oder sonst einen Blödsinn. Nur zu meinem Vergnügen. Aber wenn es nicht ge-

rät, ärgere ich mich doch. Und ein ganzes Buch! Immer auf und ab, ein bißchen Spaß, und viel Arbeit und Ärger. Ich bin doch soo bequem. Wozu denn auch . . . Es muß ja nicht sein. Ich habe keinen Ehrgeiz mehr. Glaube es mir:
Ich will wirklich nur leben.«

Grand Canyon

Grand Canyon Station. Es krümelt noch Schnee.
Dreihundert Yards hanghinauf: El Tovar Hotel.
(Man fährt dich im Bus, das geht schnell.)
Touristen wenig; meist Geld-Hautevolée.
Du kaufst eine Karte »All expense day«:
Breakfast, lunch, dinner; zwei Auto-Touren;
einen Geologen auf Schöpfungsspuren
und – nicht zu vergessen –: Indianertanzen.
(Vierzehn Dollar im ganzen.)

Ein gezähmter Hopi mit rotem Band
nimmt den Mantel, öffnet Türen und Hand.
Hinein (den Quarter)!

Good morning! – grüßt eine Reißbrettlady
gewinnend mit ihren Scholtz-Klinck'schen Zöpfchen.
An der Wand – Hallo! – ein elegischer Hirsch
mit einem Halstuch aus rosa Tüll
(es ist hier noch kühl im April).
Und auf den Tischen: die Primeltöpfchen.
Aber quand même
oder nevertheless:
irgendwie angenehm.
Marvellous.

Die Pampelmuse. Dann Leber mit Pilzen.
Ein erster Blick in das Baumkuchental.
Colorado River bräunelt fatal.

Du vergißt die Berge, die profilierten,
wohlproportionierten,
Die Mönche, Jungfrauen und Matterhörnchen.
Sie sitzen dir noch wie lästige Dörnchen
im europäischen Augenpaar.

Dennoch: gigantisch und original.
Hochplateau
von erlesenem,
noch nicht dagewesenem
Niveau.

II

Du stehst und siehst.
Sieh lange! Und verschmäh's,
nach Göttern und Titanen auszuspähen,
Prometheus hier und Budda anzusiedeln,
den Fasten-Christus in der Wüste . . .
Kein Engels-Fenster, Wotans-Thron,
kein Shiwa-, Brahma-, Zoroaster-Tempel
(die Eselsbrücken fader Denkmalspoesie)
solln deinem Ausgesetztsein einen Winkel bieten,
in den du flüchtest. Halt dich nicht
an einer Schleppe der Vergangenheit.
Sie reißt dir ab.
Ist Zeit noch Zeit, wo – hätten sie Grabkammern
in dieses Steingewebe eingeschnitten –
Lenin und Caesar, Sokrates und Moses,
nur ein paar Fuß der eine unterm andern,
beisammen liegen würden? Wieviel Male
hat dieser Fluß da unten

den Lichtweg eines Jahrmillionen
entfernten Sternes wiederholt, um nun
(vielleicht nur Schatten seiner selbst)
als Rune in dies Tal gekerbt zu sein . . . ?

Schrift, die du nicht entzifferst. Farben,
die keine Netzhaut fängt. Und Formen,
die ein so überhastetes und klammes
Gefühl wie deins nicht faßt.
Hier ist Geschichte nur ein dünnes Eis
auf ungemessenem See. Kulturen, Reiche
nur eines Schlittschuhs Spur. Darunter
beginnt Beginnen ohne je Beginn.
Terrassen und Arenen, Pyramiden,
Pagoden, Kathedralen – die Entwürfe
sind hier entworfen, hundert Formen
hier vorgeformt im Anonymen;
Substanzen, Arten eingegangen
ins Mineral des Seins.
Hier sind sie eines: Sandkorn, Vogel, Baum,
Fisch, Mensch, Insekt. Amorphes und Gestalt.
Materie.

Geläufig sind dir die Gestirne. Meere
befährst du, überfliegst du ohne Staunen.
Hier
würden dir
ein neues Denken, neue Sinne,
ein neues Herz erwachsen können,
schlügst du Wurzel. Doch wer kann
je in den Schoß zurück,
aus dem er stieg . . .

Fiedchen und Fidel

Portland in Oregon liegt etwa hundert Meilen landeinwärts und doch am Pazifik: es ist mit diesem durch eine gut 150 Meilen lange, sich allmählich erweiternde Bai verbunden, die der Auslauf des großen Columbia River bildet. Wer von Süden kommt, mag sich verwundern, mitten im Land eine Hafenstadt anzutreffen. Aber ich fand des Verwunderlichen noch einiges mehr in Portland.

Ein Schiff sah ich nicht; um ein solches oder mehrere zu sehen, hätte es wahrscheinlich zeitraubender Anwege bedurft. Aber daß ich mich in der Nähe eines Hafens befand, machte mir ein erster Spaziergang deutlich, der in die sogenannte »Straße der Ausgeglittenen« führte. Nur wenige Blöcke von meinem Hotel entfernt lag nämlich, soziologisch verstanden, die »Taille«, die das bürgerliche Portland vom vulgären oder proletarischen abband, und wie oft zeigte sich auch hier, daß es am interessantesten ist, sich in Grenzgebieten zu bewegen.

Der herumstehenden, stellungslosen und neue Heuer suchenden Seeleute jeder Rasse und Hautfarbe gab es genug für ein buntes Bilderbuch des lieben Gottes, der seinerseits durch Anschläge, Aushängeschilder, Leuchtreklamen und anderes seine Bereitschaft zu erkennen gab, die Seelen der Seeleute auch während des Festlandaufenthalts nicht untergehen zu lassen. Die Auswahl an »Rettungsstationen« war erklecklich: zwischen einem ausgewachsenen Kirchenbau, in dem ein regelrechter Gottesdienst mit Predigt und anschließender Suppenausgabe wahrgenommen werden konnte, und einem »Bibelbüro« mit fünf oder sechs zerschlissenen Sesseln, in denen die göttliche Instanz in intimster Aussprache diskutiert und konsultiert werden konnte, gab es eine ganze Reihe von Spielarten und Größenordnungen seelsorgerischer Bemühung. »Jesus, savior of the world«

verkündete ein Lichtfließband. Was wäre das amerikanische Seelenleben ohne Sekten und Psychiater ...

Eine »Große Freiheit« scheint Portland allerdings nicht zu besitzen. Bei so viel Bekehrungsdrang einerseits und so offensichtlicher Ansprechbarkeit andererseits würden sich solche Unternehmen wohl auch kaum auszahlen. Auch kann von einem Welthafen nicht die Rede sein. Aber für den unternehmungsfreudigen Bürger und Reisenden jenseits seelischer und sozialer Bedürftigkeit hat Portland etwas Einzigartiges zu bieten in jenem Unternehmen, das ein spleeniger Millionär unter Aufwand phantastischer Mittel mit Spürsinn und in jahrelanger Bemühung im Stil der Goldgräberzeit ausgebaut und eingerichtet hat. Sollte ich in diesem Leben noch einmal in Portland, Oregon, nächtigen, so nur in Harvey Dick's »Hoyt Hotel« in der Nähe des Hauptbahnhofs.

Wäre es nicht zu kostspielig, zeitraubend und umständlich gewesen – ich hätte vielleicht schon bei diesem ersten Besuch meine Koffer ins »Hoyt Hotel« bringen und mich umbuchen lassen. Aber da es am Ende gleichgültig ist, wo man seine Augen (schlafend) geschlossen hält und ich den wachen Teil meiner Portlander Nacht ohnedies als zahlender Gast Mister Dick's zubrachte, habe ich mich keines Versäumnisses zu zeihen.

Alles in diesem wirtlichen Haus – Steine, Türen und Fenster vielleicht ausgenommen – stammt aus den köstlichen Flegeljahren des Kontinents, da man weniger hinter dem Phantom des Papiergeldes herjagte, als vielmehr seine goldene Deckung mit Hacke, Schaufel und Sieb der amerikanischen Erde abzuringen suchte. Die Beleuchtungskörper – wabernde Gaslampen und flackernde Kerzenleuchter – erhellen und erwärmen Räumlichkeiten, in denen – außer Getränken, Serviererinnen und Gästen – nichts anzutreffen ist, das nicht den güldenen Staub der Pionierepoche trüge. Bilder, Stiche, Gardinen, Teppiche, Tapeten, Sessel, Stühle, Tische, Geräte, Verzierungen ... alles überliefert, atmet, verklärt eine Vergangenheit, welche die gegenwärtige Stunde mindestens ebensogut kleidet wie die altmodischen, meist auf die Grundtöne von Rot und Schwarz abgestellten Roben der drei oder vier stilechten Gesellschaftsdamen. Ohne sie wäre das Ambiente museal. Sie erst, mit ihren Pleureusen, Straußenfedern, Rüschen, Hüten, Fächern, grazilen Bewegungen, lächelnden Mundwinkeln und bedeutungsvollen Augenaufschlägen, hauchen dem Ganzen Seele ein. Das laut schlagende Herz freilich der ganzen Szenerie ist – Fiedchen.

Natürlich weiß ich sofort, da ich der in helles und kräftiges Rosa gekleideten Dame ansichtig werde, daß dies nicht die lebenstüchtige, energische Frau meines Freundes Martin ist, fürsorgliche Mutter, geschickte Organisatorin, hochbegabte Hamsterin in mageren Zeiten, widerspruchsreiche Gesprächspartnerin und wendige Familienregentin . . . aber sie ist eine verjüngte Doppelgängerin, eine täuschend ähnliche Schwester im Temperament, eine höchst gelungene amerikanische Variante . . .

Und Fiedchen aus Oregon nimmt Platz am elektrischen Klavier, das hinter dem langen Bartisch wartet, bereichert um Schellengeläut, Glocken, Triangel, Tambourin und Autohupe, und setzt das Werk in Gang. Sie fährt in die Tasten, tritt aufs Pedal und paukt, reißt am Klingelzug, drückt die Hupe und läßt den ersten Evergreener wieder aufblühn, der das Herz der ollen Yankees und ihrer reifen Gattinnen aufputscht, so daß die Hacken wippen, die Hüften sich wiegen und die ganze Crew ins Schunkeln gerät. Was da herumsteht, hereinkommt oder die Bar anstrebt, verfällt der Oregoner Loreley, die mit wiegenden Schultern, vervielfältigten Armen und emsigen Händen an dem Netz wirkt, in dem sie alle zappeln und zucken.

Und je mehr sie, von Beifall beflügelt, auf ihrem Pianola herumfuhrwerkt, um so souveräner wird ihre Pantomimik, um so gelöster ihre Gestik, um so strahlender das Lächeln unter dem wippenden Hut.

Was sind alle monoton-hektischen Beatnik-Männchen (und -Weibchen) von Greenwich Village gegen dieses Portlander Fiedchen, das mit seinem Pseudospiel und gelegentlich echten Einlagen das Mark in den steifen Knochen von Veteranen zum Knistern bringt!

Weil das heute letzter Schrei ist, werden Whisky, Bier oder Wein von »Häschen« unterschiedlicher Größe und Figur gereicht. Das größte und blondeste Häschen ist überraschenderweise aus Coburg. Aber eine Coburger Thusnelda, die nach Portland verschlagen wurde, mit einem originären Fiedchen aus Oregon zu vergleichen, wäre eine Geschmacklosigkeit.

Zum Unternehmen gehören eine Cafeteria und – natürlich – der Hotelbetrieb. Und damit die Versuchung, weitere Dollars außer Hauses auszugeben, abgefangen werde, gibt es nebenan – separater Eingang, gleiche Kasse – in der »Barbary Coast« eine Mitternachtsrevue, die keiner, den Fiedchen in Stimmung gebracht hat, auslassen sollte. Nicht unbedingt der oft wechselnden Personen wegen, die sich gestikulierend, tanzend, singend mehr oder weniger anziehend und ausgezogen auf der versenkbaren Innenbühne bewegen, sondern um jener entscheidenden Begegnung willen, die im Laufe des Abends keinem männlichen Besucher der Revue vorenthalten bleibt, den es früher oder später an den Ort zieht, an dem noch der kümmerlichste Kavalier dem Geschlecht der »GENTLEMEN« zugerechnet wird.

Ehe es freilich dazu kam, machte ich die Bekanntschaft dreier Junggesellen (oder solcher, die sich dafür ausgaben) aus Sacramento, an deren Tisch ich geriet. Der eine sah Emil Jannings in den Sechzigern sehr ähnlich, der zweite erinnerte mich an meinen ersten Gymnasialdirektor Orth; der dritte nahm sich wie eine Kreuzung zwischen Hindenburg und Pétain aus. Sie hatten, Fiedchen lauschend, an der Bar schon eine erhebliche Zeche gemacht und wünschten sich lieber einen Österreicher als einen Deutschen als Tischgenossen. Um ihnen diesen Gefallen zu erweisen, erklärte ich, aus Vaduz zu kommen, was eine heillose geographische Diskussion am Tische hervorrief, die ich durch ergänzende Hinweise auf San Marino, Monaco und Andorra noch kräftig schürte. Die Kleinheit meines vorgeblichen Vaterlandes veranlaßte das Trio hernach, mich von sämtlichen finanziellen Aufwendungen dieses Abends, beziehungsweise Morgens zu entbinden.

Ich gestehe, ein dankbarer Besucher mittelstädtischer Revuen und kleinstädtischer, ja dörflicher Theateraufführungen zu sein, ein Freund jener Kleinkunst also, die mangels Wertgefühl über jede Selbstbezweiflung erhaben ist.

Eine halbe Göttin, die genötigt wird, wie eine Ziege zu meckern, muß Mitleid erregen. Aber eine Ziege, die sich als Göttin gebärdet, kann von umwerfender Komik sein.

Darum ließ mich die freundliche Erscheinung einer jungen Sängerin, die behauptete, der Inbegriff der jungen weiblichen Generation Oregons zu sein, verhältnismäßig kalt. Auch die tänzerischen Bemühungen eines leichtgeschürzten, langbeinigen Sextetts blieben schon an meiner Netzhaut hängen. Dann aber stolzierte, schlagartig mein geheimstes Innere bewegend, aus der Kulisse eine angejahrte, prallgeschnürte, doppelkinnige, wie ein Zirkuspferd aufgeputzte Chansonette. In Silber, seidigem Grau und Blau, den schwarzen Pagenkopf von einer riesigen weißen Feder überwippt, trippelte sie, mit rauchiger Stimme mehr krächzend als singend, hochgestöckelt und Kußhändchen werfend auf und ab, ein Königsberger Klops mit Steak-Ambitionen, eine Seekuh mit Traber-Allüren. Hindenburg/Pétain lachte lautlos Tränen. Emil Jannings strahlte wie ein Säugling in der Badewanne. Mein alter Direktor nickte versonnen. Sicherlich war die Künstlerin in jüngeren Jahren eine Starsoubrette von einiger Anziehungskraft und freiwilliger Komik gewesen. Jetzt jedoch, der Jugendlichkeit und stimmlicher wie körperlicher Reize verlustig, war ihr nur die Komik verblieben, eine Komik freilich, die durch den ungeheuren Aufputz zurückgenommen oder auch ins Unfreiwillige verkehrt erscheinen mußte. Ohne Zweifel zählte Portland zu den letzten Stationen ihrer Karriere. Aber entweder überstrahlte ihr Name noch die Leistung, oder die Mitternachtsstunde stimmte das Publikum, in dem die reifere Generation die Mehrheit hatte, nachsichtig und chevaleresk. Unser Star kehrte auch nach der Pause noch einmal mit Tusch und Federbusch und seinen tanzenden Satelliten wieder. Aber inzwischen hatte ihm, wenigstens was mich und meine Freunde aus Sacramento betraf, ein anderer Star die Schau gestohlen, ohne die Kulisse, in die man ihn verbannt hatte, verlassen zu müssen. Und wiewohl mir diese Begegnung nur am Rande zuteil wurde, zählt sie zu den absolut entwaffnenden Erfahrungen beider Reisen überhaupt.

Die Frage, ob die Kulisse den Einfall oder dieser die Kulisse provoziert hat, darf so offen bleiben wie der Ort dem Bedürftigen, welcher Sachdienlichkeit erwartet und unversehens einer luxuriösen Romantik gegenübersteht: Es empfängt den Eintretenden eine Grotte, der abschließenden Wand einer Tropfsteinhöhle ähnlich, über die herabrieselndes, -tropfendes, -fließendes, monoton flüsterndes Wasser einen durchsichtigen Schleier webt, einladend, anregend, verhüllend, verwässernd. Nirgends auf der Welt fand ich die banale Zweckmäßigkeit des Ortes so souverän überspielt wie hier im Hoyt Hotel von Portland in Oregon.

Aber indem ich mich der künstlichen und doch natürlich wirkenden Symmetrie der Anlage öffnete, nahm ich zugleich ihren zentralen und gleichsam magnetischen Kern wahr: eine buntbemalte, etwa halbmeterhohe Gestalt von der Art und aus dem Material der sogenannten Gartenzwerge, diesmal allerdings nicht Schubkarre fahrend oder Gießkanne tragend und zipfelmützenbewehrt, sondern herrisch aufgereckt, von fordernder und wegweisender rhetorischer Geste, wie sie nur einem Manne steht und ansteht – dem bartumrahmten, grünbemützten, aufgeknöpften Volkstribun Kubas, dem tollkühnen Widersacher der Vereinigten Staaten von Amerika: Fidel Castro. Und niemand, der genauer zusah, konnte übersehen, daß Fidels anklagend erhobener Arm eben auf diese Staaten zielte und daß sein weit geöffneter Mund eine wütende Anklage gegen sie schleuderte, ob er nun gerade beim U oder beim A angelangt sein mochte. Gefährliche, glühende Feindschaft schlug wie eine Flamme aus diesem aufgerissenen Mund – in instinktiver Abwehr lenkte der friedliebende, kriegsbrandwehrende Amerikaner automatisch einen löschenden Strahl gegen diesen Herd des Hasses, den moralischen Impetus sozusagen mit sportlicher, schützenhafter Zielstrebigkeit koppelnd. Aber so viel friedliche Bemühung sich immer in das schwelende oder lodernde Feuer ergoß – der Tribun wetterte unberührt weiter. Die Sisyphus-Tragödie nahm ihren Fortlauf.

Ich vermag nicht mehr zu sagen, ob ich mich in jener denkwürdigen Stunde nach Mitternacht, zur Bundesgenossenschaft aufgerufen, plötzlich als Amerikaner fühlte und gleich einem solchen handelte – oder ob ich, als ehemaliger Leistungssportler, einer unzeitgemäßen Anwandlung von Ehrgeiz erliegend, das lockende Ziel instinktiv anpeilte. Ich weiß nur, daß das Schwierige leicht fiel, viel leichter als es fallen sollte, und daß ich mich dabei ebenso erheitert wie danach erleichtert fühlte.

Muß betont werden, daß jeder neu Hinzukommende, der sich männlich der gesetzten Aufgabe stellte, seine Zuschauer und Kritiker hatte? Daß die Grotte von Gelächter widerscholl? Daß ich niemals so viele Lausejungen – im Manne versteckt – an diesem typischen Lausejungenort sich wie Lausejungen benehmen sah?

Das Trauma vom Debakel in der Schweinebucht – hier schien es bewältigt und abgeschlagen.

Die Reise zu den Mormonen

Es ist wirklich nur die Reise gemeint; denn ich werde mich hüten, dem hageren Eisfabrikanten Snellgrove weh zu tun, der mir zwei Tage lang in Salt Lake City so freundlich assistierte und der an den lieben Gott und die Offenbarungen von Father Joseph Smith glaubt wie andere Leute an Allah und seinen Propheten Mohammed. Sie missionieren ja alle ein wenig, die Amerikaner; und die Mormonen tun es im besonderen. Jeder von ihnen, ob Schuster oder Professor, muß ja einmal in seinem Mormonen-Dasein für zwei Jahre auf Mission gehen und neue Anhänger werben. Und wenn dann, wie in meinem Fall, der Berg gar zum Propheten ins Haus kommt, kann er nicht erwarten, keinen Missionar anzutreffen. »This is the place!« war Brigham Youngs berühmtes Wort, und diese Stelle, da er die verfolgte Sekte sich ansiedeln hieß, wird einem nicht nur mit verpflichtendem Augenaufschlag gezeigt – man bekommt sie auch zu fühlen. Etwa nach dem Motto: Wer nicht hören will, muß fühlen.

Es ist alles ein bißchen rührend und komisch zugleich, aber sympathisch dabei; im ganzen denkbar merkwürdig. Und es war wohl durchaus in Ordnung, daß auch die Anreise zu den Mormonen merkwürdig verlief. Eine große Merkwürdigkeit warf sozusagen ihre Schatten voraus – allerdings hatten diese Schatten ganz und gar nicht die Konturen des berühmten Mormonen-Tempels.

Es fing schon mit dem Aufbruch an.

Es ist mir heute noch unerfindlich, wieso mein Freund Arnold von Berkeley mit mir über die große Brücke nach San Francisco fuhr, wo doch der Zug nach Zion (wie die Mormonen Salt Lake City nennen) eine gute Stunde später auch in dem viel näheren Oakland hielt. Ja, er hielt nicht nur dort – der ganze Zug stand da, bis auf die beiden Wagen, die von Frisco mit der Fähre nach

Oakland eigens herübergefährt wurden. Aber wer immer nur in der Vorortbahn kontrolliert und sonst eben seinen alten Ford benutzt, muß das nicht wissen. Nicht einmal den Bahnhof wußte er genau, und so fuhren wir denn auch prompt an den falschen.

Ich sah es sofort, weil ich gelegentlich am richtigen gewesen war. Aber Arnold mußte erst einmal parken und mich die Koffer herausholen lassen. Dann packten wir sie wieder ein und brausten in höchster Eile an den richtigen Bahnhof.

Ich stürzte, während er wieder einen Parkplatz suchen mußte, durch die Sperre voraus und bemerkte, daß dahinter ein Hafen lag mit der Fähre, auf der zwei Waggons standen. Es war also eine Art Trajektbahnhof.

Ich setzte meine Koffer irgendwo ab – es galt noch Abschied zu nehmen für wer weiß wie viele Jahre – und rannte zurück zur Sperre. Und da stand er schon und winkte ab:

»Viel Zeit, viel Zeit . . . Mir fällt ja ein, daß wir Frisco-Zeit gerechnet haben. Es gilt aber . . .«

Ich weiß nicht mehr, welche Zeit galt, auf jeden Fall aber nicht die, die er auf dem falschen Bahnhof erfragt hatte.

»Aber« – fuhr er fort – »ich komme hier nicht rein. Nur Reisende mit Billett. Aber du kannst ja rauskommen. Wir gehen noch einen Whisky trinken.«

»Klar«, sagte ich. »Wenn so viel Zeit ist . . . Ich stelle nur meine Koffer in einen der Wagen. Ich bin gleich zurück.«

Bis heute bin ich nicht wieder an die Sperre zurückgekommen; denn ich war eben auf der Fähre, da löste sie sich auch schon vom Festland und hielt Kurs auf Oakland. Falscher Bahnhof, falsche Zeit, falsches Schicksal dachte ich. Ohne Händedruck waren wir getrennt. Er wußte es nur noch nicht.

In Oakland stand der Zug noch fast eine Stunde, und ich hoffte, er hätte es begriffen und den alten Ford rasch über die Brücke nach Oakland zurückgefahren. Aber er kam nicht. Er stand wohl noch geduldig an der Sperre oder trank nun allein und kopfschüttelnd zwei Whisky.

Immerhin – *ich* saß im Zug, als er endlich abfuhr.

Ich hatte etwa zwanzig Stunden Bahnreise vor mir, las Zeitungen, las in wechselnder Landschaft, rollte ins Gebirge, an Seen vorüber, durch heroische Wälder, nickte ein bißchen ein – und so verging die Zeit. Was kann einem passieren in so einem amerikanischen Zug: man ist wie eingeweckt. Eine Schlange von gigantischen Konservenbüchsen gleitet auf Rädern durch den Kontinent. Der schwarze Waiter weiß, wo man auszusteigen hat; er weckt einen, wenn man eingeschlafen sein sollte, und sorgt, soweit er sorgen kann; er ist ja nur für einen einzigen Wagen verantwortlich. Auf Bahnhöfen kurz aussteigen und sich die Beine vertreten . . . lebensgefährlich! Wenn man aus seiner Blechbüchse ausgebrochen ist, findet man schwer wieder hinein. Ich hatte da meine Erfahrungen.

Das Leidige ist, daß man dort, wo man sitzt, nicht rauchen soll. Dafür gibt es einen eigenen Wagen. Oder den der sehr gepflegten Toilette vorgelagerten Waschraum, wo eine gepolsterte Bank zum Sitzen einlädt, wenn man nicht den ganzen Zug durchwandern will einer Zigarette wegen. Und so suchte ich denn den nächsten Waschraum auf, wo schon einer saß und rauchte. Ich hatte kaum meine Zigarette angesteckt, da fragte er: »Where are you coming from?«

»San Francisco.«

»Yääs«, lachte er. »I mean which country!«

»I am German.«

Er nahm seine Zigarre aus dem Mund und sah mich wohlwollend an. Sein rosiges, puddingbackiges Gesicht entschloß sich zu einem breit angelegten, ständig zunehmenden Lächeln. Er schlug sich mit der Linken kräftig auf den Schenkel, wechselte die Zigarre und streckte mir seine Rechte wie einen 100-Dollarschein entgegen.

»Albert Kuhn«, sagte er, weiter im amerikanischen Ton bleibend. »From Cleveland.«

Ich faßte die fleischige Dollarnote, hielt, solange ich gehalten wurde, und sagte meinen Namen.

»How do you do . . .«, sagte er sachlich.

»How do you do you, Mister Kuhn . . .«, sagte ich. Mir fiel gerade der alte Schlager ein »How do you do you, Mister Brown?«

»Well«, sagte er und nickte etwas überrascht, freudig überrascht. Er lehnte sich seitlich zurück, balancierte die Sitzbacken etwas um, offensichtlich um mich voll ins Auge fassen zu können, griff in seine Brusttasche, holte ein ledernes Etui heraus, entnahm gemächlich eine Zigarre und bot sie mir an. »Smoke!«

Ich rauchte schon meine Zigarrette, und Zigarren rauche ich ganz selten, eigentlich nur in Holland, weil es dort so leichte, sehr helle, gute und preiswerte Zigarren gibt – vielleicht jeden zweiten Tag dann eine. Aber die seine war lang, dick und ebenholzschwarz. Sie schien mir ein verkappter Schierlingsbecher. Es wäre vielleicht die vierzehnte oder fünfzehnte in meinem Leben überhaupt gewesen.

Ich wußte, daß ich unterliegen würde – keineswegs der Versuchung sondern der Furcht, ihn zu kränken –, aber ich wagte trotzdem einen schwachen Versuch, zeigte entschuldigend meine halbe Zigarette und bat stumm um Schonung.

»I see«, meinte er ruhig. »Nevertheless: please, smoke that!«

Er ruckte noch einmal mit dem Arm, und ich griff zu. Das Ding war fast wie ein Stafettenstab, aber im Sportjargon würde man meine Übernahme als einen »schlechten Wechsel« bezeichnet haben. Ich drückte meine Zigarette aus, suchte nach meinem Messer, worauf er einen perfekten Zigarrenabschneider aus der Weste zog, noch einmal Stafettenstab-Übergabe, und noch einmal – der Wechsel klappte. Er bot Feuer. Ich sog. Es qualmte.

»Well«, sagte er, mir zunickend. »Great people, the Germans.«

Vorsicht! dachte ich bei mir. Er wird doch nicht der Kuhn sein, der da irgendwann einmal in der amerikanischen Politik aufgetaucht ist? Herrgott, mein miserables Gedächtnis! Junge, Junge, dachte ich, mit dir ist aber auch gar nichts los. Alles vergißt du und zitierst du falsch. Wenns von Bierbaum war, sagst du Ringelnatz, wenns von Ringelnatz ist, denkst du Morgenstern. Und wo steckst du nun diesen Kuhn hin . . .? Ich sah ihn an. Nein, unter hundert Kuhns gerade den – er wirds, er kanns ja nicht sein. Er ist ganz harmlos. Er ist nicht aus der Politik. Aber – er wartete wohl.

»Nearly seventy millions . . .«, sagte ich. Und dann wies ich freilich darauf hin, daß wir geteilt seien.

Er nickte ein paarmal. »The communists . . .«, knurrte er.

An sich hat er recht, dachte ich. Aber ich stutzte etwas. Das hätte doch in die Linie jenes obskuren Kuhn gepaßt.

Aber er sprach wieder von Deutschland. Er fragte, und ich mußte antworten. Er wollte bestätigt haben, daß wir wieder auf die Beine gekommen seien. Und als das Examen beendet war, bei dem ich immer trachten mußte, daß mir die Zigarre nicht ausging, sah er mich wohlwollend an, nickte ein paarmal, straffte sich etwas, nahm die Zigarre aus dem Mundwinkel und faßte mich mit der Linken am Arm. Er holte Luft und sagte:

»Listen, my dear . . .« Er unterbrach sich. »What was your name?«

Ich sagte meinen Namen.

»Christian name!«

Ich nannte meinen Vornamen.

»Hear, Rudolf!« Und er erhob sich in seiner ganzen Fülle, legte die Hand auf die Brust und sagte, fast wie man ein Gedicht aufsagt:

> » My father was a Prussian
> and my mother was from Hessen
> and I am proud of it.«

»Aha!«, sagte ich und nickte.

»Yes«, sagte er und wiederholte seinen Refrain. Dann setzte er sich wieder und begann von der Feindschaft der Preußen und Hessen zu sprechen, die zuweilen, er erinnere sich dunkel, in Familiengesprächen wieder aufgeflackert sei. Ja, meinte er, die Rheinländer hätten die Preußen nie geliebt, und die Preußen die Rheinländer nicht . . .

Die Rheinländer? dachte ich. Waren die Hessen mal Rheinländer? Aber er war in seine Jugend versunken und sprach von den Eltern, die sich so gut verstanden hätten – eben bis auf diesen strittigen Punkt. Worum mögen sie sich wirklich gestritten haben? fragte ich mich elegisch im stillen. Er hat ja recht mit den Preußen und den Rheinländern. Aber was mache ich mit den Hessen? Ach Gott, dachte ich, laß die Hessen und laß ihn reden. Er kanns ja noch viel weniger wissen als du.

»What do you think about Hitler?« löste er sich aus seinen Erinnerungen.

»Finished«, sagte ich. »He was not my friend.«

»What do you think about Adenauer?!«

Menschenskind, dachte ich, jetzt fängt das Examen wieder an. Und die Formel »my friend or not my friend« reicht da nicht aus. Und was ist das Gegenteil von finished? Damals ging er noch auf achtzig zu und stand voll im Flor. Und der Hitler hatte ihn eingesperrt.

Und was immer man gegen ihn vorbringen wollte – er hat den Kram beieinander gehalten, und während andere längst wieder ausgeschnauft hatten, hielt er noch immer die Ohren steif.

»Oh«, sagte ich, »old big man, I think. Old fox . . .«

»Our friend!« nickte er und schlug sich an die Brust.

Und da fiel mir erlösend ein, daß Adenauer ja auch Rheinländer sei, und das sagte ich eilfertig.

»May be«, nickte Mister Kuhn. »But not from Essen, I think.«

Himmelherrgott, dachte ich. Was will er jetzt wieder mit Essen!

Ich litt an diesem Wirrwarr: erst die Mutter aus Hessen, der preußische Vater, die Rheinländer, der Adenauer aus Köln, und nun Essen . . . Es konnte wohl nichts schaden, wenn ich sagte, daß Essen eine große Stadt und kein Land sei; und ich sagte es also.

Er nickte. »Yes, I know. My mother was from Essen, I said it.«

Ich sog an seiner Zigarre. Sie war erloschen. Aber er sah es nicht. Er erhob sich schwerfällig; er schien müde. Sicher hatte er gut gegessen und getrunken. Er reichte mir die Hand, ganz einfach – wie eine bescheidene 5-Dollarnote.

»You are a good boy«, nickte er. »Have a nice trip!«

»Thank you, Mister Kuhn!« sagte ich dankbar und setzte mich wieder. Aber da hielt er noch einmal in der Tür, drehte sich mit der vollen Breitseite zu mir, hob seine Rechte, wackelte mit ihr jovial und herzlich und wiederholte seinen Vers, den ich nun so verstand:

My father was a Prussian
and my mother was from Essen,
and I am proud of it!

Er drehte ab, nach dem Ende des Zuges, und ich schob die erloschene Zigarre in den Aschenbecher an der Bankseite.

Dann kehrte ich in mein Abteil zurück, eine eigene kleine Kabine, nahm mein Notizheft vor und notierte mir den Namen von Albert Kuhn. Stichwort: Prussian, Hessen, Essen.

Merkwürdige Leute trifft man doch, dachte ich gerade, als ich im Türrahmen jemanden stehen sah: eine sehr kompakte, leicht schwankende, wohlwollend-stumpf blickende Vollfünfzigerin, ein kleines Mammut zwar, aber in menschlich-weiblichen Proportionen, das teilnehmend und etwas angriffslustig auf mich herabsah. Na ja, dachte ich unternehmend – eine neue Bekanntschaft. Ich muß wohl gelächelt haben.

Die Vollfünfzigerin schob sich langsam durch die Tür, und eh ichs mich versah, saß sie neben mir. Ich roch es sofort: der Alkohol hatte das Fallgesetz beschleunigt. Sie lächelte, halb über sich, halb mir zu, legte eine beringte, fleischige Hand auf mein Knie und fragte etwas schwerzüngig:

»Honey, what are you doing, humm?«

Der Teufel ritt mich, und ich log, ich schriebe ein Gedicht.

»Oh!« sagte sie mit der schwerfälligen Emphase, die Trunkene an sich haben, »I – love – poetry.«

Aber weil sie, wie sich erweisen sollte, nicht nur die Poesie liebte, sondern überhaupt mit Zungen der Liebe redete, wollen wir die Fremdsprache fallen lassen. Die Sprache der Herzen, der offenen wie der verstockten, ist international.

»So«, sagte ich, »Sie lieben die Poesie . . .«

»Wirklich?« fragte sie mit kuhäugiger Wärme. »Du schreibst ein Gedicht, honey?«

Ich nickte lächelnd.

Sie nahm die Hand von meinem Knie, aber nur, um sie mit Nachdruck wieder darauf zurückzulegen

»Als ich jung war, habe ich auch gedichtet.« Sie seufzte. »Glaubst du's?«

»Ich glaube alles, was Sie sagen.«

»Honey«, sagte sie und holte tief Luft, »da hast du etwas Schönes gesagt. Darf ich honey zu dir sagen?«

»Aber bitte, ich habe mich fast schon daran gewöhnt . . .«

»Yes«, bestätigte sie bedächtig. »Ich wußte, daß du nett bist. Poetry is wonderful . . .«, flüsterte sie.

Sie ist ehrlich betrunken, sagte ich mir. Sie meint es also nicht so. Ich rückte ein bißchen ab und fragte teilnehmend:

»Was für Gedichte haben Sie denn geschrieben?«

Sie wendete den Kopf zu mir, drehte die Augen aufwärts und lächelte dann wie eine Armada beim friedlichen Manöver:

»Liebesgedichte, honey . . . Ach, was denn sonst . . «

»Ja, was denn sonst«, nickte ich. »Jugend ist Liebe.«

»Yes.« Aber dann reute sie wohl ihre Zustimmung. Sie hob den Zeigefinger und wedelte verweisend mit ihm hin und her:

»Nicht nur! Honey . . . Nicht *nur* Jugend!«

Sie breitete die Arme gedankenvoll aus, wobei ihre Hand wieder auf meinem Knie landete. Sie sank wie ein Zementsack gegen meine Schulter.

»Liebe ist unsterblich«, sagte sie mit breitem Lächeln.

Wenn ich jetzt aufstehe, dachte ich, fällt sie um. Wenn ich sitzenbleibe, wie ich sitze, bleibt sie an meiner Schulter. Warte ab . . .

»Honey«, sagte sie träumerisch, »I love you.«

Ich stemmte sie etwas aufrechter – es kostete Mühe –, stützte sie mit beiden Händen ab und sagte begeistert:

»Sie werden ein Gedicht schreiben – morgen schon!«

»Nein«, sagte sie und fand ins Gleichgewicht zurück, während ich rasch meine Kekse zog und ihr die Schachtel anbot. »*Du* wirst ein Gedicht schreiben.« Sie fingerte unbeholfen an der Packung herum, ich half ihr – und nun hatte sie ja etwas zu tun. Aber sie nahm sofort den gegriffenen Keks in die Linke, damit die Rechte wieder auf meinem Knie ruhen konnte, »Yes, *du* wirst ein Gedicht schreiben, mehrere Gedichte. Aber später. Zuerst werden wir fischen gehen.«

Das hat vielleicht etwas zu bedeuten, dachte ich bei mir. Aber was immer es zu bedeuten hat – morgen früh wird Mister Snellgrove am Bahnhof stehen und dich abholen.

Als hätte sie meinen Gedanken erraten, fragte sie:

»Wo fährst du hin, honey?«

»Nach Salt Lake City.«

»Puuh . . .«, machte sie. »Das wirst du nicht tun.«

Ich sah sie erstaunt an.

»Yes«, wiegte sie das trunkene Haupt. »Du steigst mit mir in Reno aus.«

104

»Wieso . . .?«

Sie nahm ihre Hand von meinem Knie und faßte damit meinen Arm.

»Kennst du Reno?«

Ich verneinte.

»Well«, sagte sie. »Wir steigen in Reno aus. Es wird wundervoll sein. Aber wir bleiben dort nicht. There is a little village – in the mountains. Da gehen wir hin. Ein kleines Haus. Mein Haus. Wir werden fischen gehn, honey. Honey! Kannst du kochen?!«

»Oh, ich koche gern.«

Sie sank zurück, als sei alles gewonnen. »Ich wußte es . . .«, sagte sie wie zu sich selbst.

»Ich kann wirklich kochen«, wiederholte ich. »Aber ich kann in Reno nicht aussteigen.«

»Du steigst aus«, sagte sie gelassen.

»I would like to do it«, log ich. »Aber es ist unmöglich. Ich werde erwartet!«

»Wer erwartet dich . . .?« fragte sie fast teilnahmslos.

»Amerikanische Freunde. Seit Wochen warten sie auf mich. Ich bin angemeldet. Bedenken Sie doch: ich bin nur einmal in Amerika!«

»Yes«, nickte sie einmal schwer. »And I am America!« Sie richtete sich auf.

»Hören Sie zu«, bat ich beinahe beschwörend. »Ich bin wirklich ein Schriftsteller. Ich bin Gast des State Department. Mein Programm ist festgelegt . . .«

»Honey . . .«, winkte sie ab: »Laß das State Department. I love you. Höre . . .« Und sie beschrieb noch einmal die bevorstehenden Tage, die Landschaft, das Häuschen, das Fischen . . .

»You will be happy. Glaubs doch! Und Reno ist schön. Drei, vier Tage nur . . . Steig aus mit mir in Reno. That's what I tell you, honey. Honey!« Sie hob den Finger. »Sei klug!«

Mann Gottes! dachte ich. Der heilige Antonius ist nichts gegen dich. Er hatte einen ehrlichen Kampf und seinen guten Glauben dazu. Aber wie bestehst du dieses Windmühlengefecht? Ich holte zum Gegenangriff aus.

»Honey«, sagte ich. »Erlaube, daß ich ›honey‹ sage« – aber im Englischen ist das Du ja gleich dem Sie, es blieb also alles am »honey« hängen – »es ist einfach unmöglich. Es gibt Situationen, Verpflichtungen . . . Die Polizei würde mich suchen. Die Eisenbahn würde alarmiert. Man besitzt meinen Daumenabdruck. Keine vierundzwanzig Stunden – und sie hätten mich gefunden. Es wäre kein happy-end. Stell dir das vor! Ich bin wie ein eingeschriebener Brief. Ich *muß* ankommen.«

»Shut up . . .«, sagte sie verächtlich. »Du liebst mich nicht. Ich werde allein fischen gehen.«

Jetzt geht sie, dachte ich. Aber sie stand nicht auf.

»Honey«, sagte sie sachlich, »in anderthalb Stunden sind wir in Reno. Steig aus und schick ein Telegramm. Reno is the biggest little town in the world. Du *mußt* sie gesehen haben. Morgen früh fährst du nach Zion. Willst du?«

Weib, dachte ich, du kämpfst bewunderungswürdig um deine Pfründe. Es wäre billig, dich deines Alters wegen zu verachten. Vor zwanzig Jahren hättest dus vielleicht geschafft, und selbst Mister President hätte mit dem Zylinder in Salt Lake City am Bahnhof stehen können – das Telegramm hätte ihn ohnedies unterrichtet. Aber die Sache liegt viel einfacher, und es zählt auch nicht, daß du getrunken hast. Du bist zu alt, und ich bin – relativ – jung. Das ist der Grund. Aber ich kanns dir doch nicht sagen. Aber wie denn sage ichs dir . . .

Aber – ich brauchte es nicht zu sagen.

»Well«, sagte sie und erhob sich so mühsam, daß ich nachhelfen mußte. »Thank you, honey. I understand. Du bist jung, und ich . . . Da liegt der Grund. Good bye.«

Ich erhob mich. Sie tätschelte etwas wehmütig meinen Arm.

»Sorry, honey . . .«, sagte sie treuherzig.

Sie schwankte nicht wenig, und ich ließ sie nicht allein gehen. Ich machte ihr die Türen auf, ließ sie dann vorgehen, am Ende ging ich selber wieder vor, machte die nächste Tür auf, ließ sie vorgehen . . ., und so erreichten wir schließlich ihren Wagen und ihren Platz. Direkt hinter Mister Kuhn. Ich erkannte ihn an seiner unentzündeten Brasil, mit der er wohl einen platonischen Dialog hatte führen wollen und die ihm wie ein Eiszapfen aus seinem Mundwinkel herabhing. Er schlief.

Die Leute sahen etwas kritisch auf. Man konnte ja unschwer erkennen, daß sie nicht nüchtern war. Aber ihr machte es nichts aus.

Sie reichte mir zum Abschied die beringte Hand.

»You are a gentleman, honey«, sagte sie anerkennend, ein wenig zu laut für mein Gefühl. Aber es war ja keine Beleidigung. Nur das »honey« hätte sie sich diesmal schenken können. Aber es kam ihr vom Herzen.

Eine Stunde später sah ich sie durch die Scheiben mit fünf oder sechs Gepäckstücken auf dem Perron stehn. Der Abend war da. Man sah in die grell beleuchtete Stadt, und jetzt nahm ich auch das riesige grün-rot funkelnde Transparent wahr: »Reno – the Biggest Little Town of the World«. Ein Magnet für die Spieler, Treffpunkt aller Männer und Frauen, die rasche Scheidung suchen, um einen neuen Wurf wagen zu können. Ein Dorado der Glücksjäger – nach Geld, nach Liebe, nach beidem. Einen Augenblick lang versuchte ich mir vorzustellen, ich stände nun neben ihr. Wäre es nicht doch ein »Abenteuer« eigener Art gewesen? Kein amouröses, weiß Gott nicht. Ein menschliches vielleicht? Sie hätte mir wohl ihr Schicksal berichtet, ihre Seele entdeckt, die ja auch in dem Kontinent dieses alternden Leibes noch atmete und ihre Fühler, nur schamloser als früher, nach einem Anflug, einem Vorüberflug von primitivem Glück ausstreckte.

Aber da kam schon ein Träger; sie folgte ihm an eine Taxe, stieg schwerfällig ein und rollte auf das leuchtende Transparent zu

RENO – THE BIGGEST
LITTLE TOWN
OF THE WORLD

und entschwand.

Der Zug fuhr an. Ich setzte meine Reise zu den Mormonen fort.

Die Wallfahrt nach Reno

Im Flugzeug von Chicago nach Denver saß ich neben einem Ehepaar, das mir schon im Warteraum – die Maschine hatte wegen ungünstigen Wetters an der Ostküste zwei Stunden Verspätung – vom Durchschnitt der anderen Passagiere abzustechen schien. Der weibliche Teil, nicht weit vom Äquator der fünfziger Jahre, zeichnete sich nicht nur durch distinguierte Eleganz aus, sondern verriet auch in seinem Gesichtsschnitt und Mienenspiel eine hohe, vielleicht etwas hypochondrische Intelligenz. Dies war zweifellos der führende Part, was an sich schon auf amerikanische Nationalität hätte schließen lassen, aber die Dame schien in jeder Fiber und Faser des Wesens so unamerikanisch, ja antiamerikanisch geradezu, daß ich mich wie ein erfolgreicher Detektiv fühlte, als ich meine Nachbarin aus ihrer von erlesenem Geschmack zeugenden Reisetasche ein französisches Buch nehmen sah.

Ehe sie darin zu lesen begann, wandte sie sich mit überlegener, aber ausgesuchter Aufmerksamkeit an den Gefährten, der auf die Sechzig zuschritt und fragte ihn – in wohlklingendem, nicht gerade amerikanischem Englisch –, ob er gut sitze (am Fenster), ob er einverstanden sei, daß sie nun lese, um diesen »laziest part of the trip« hinter sich zu bringen. Er kündigte die Möglichkeit eines Schläfchens an und gab mit jedem Wort zu verstehen, daß er den Unterschied zwischen einer ersten und einer zweiten Geige genau respektiere. Als Madame sich von ihrem Partner abwandte und auf ihrem Sitz gemütlicher einrichtete, gab es eine winzige Kollision der Ellenbogen unsererseits, und sie entschuldigte sich höflich mit einer englischen Phrase und französischem Charme.

»Pas de quoi, madame!« sagte ich, meinen Sprachschatz vorbehaltlos einsetzend. »C'était *ma* faute . . .«

Sie sah mich erstaunt und musternd an. »Oh«, sagte sie leise. »Ein Amerikaner weniger.« Und dann gab es die Frage nach dem Woher und Wohin, die ich mit einigen vorteilhaften Details beantwortete. »Tiens, tiens . . .« wiegte sie zwei, drei Mal den Kopf, entwaffnet von meiner Breitseite. »Darling, my neighbour is a German author«, wandte sie sich nach rechts.

»He speaks French. We will have a good talk together.«

Wir Männer nickten uns zu, und dann hatte ich tatsächlich ein Gespräch mit ihr, in dem sie einige Kenntnisse der modernen französischen und englischen Literatur entdeckte, die nicht aus purer Langeweile erworben schienen. Trotzdem gab die Langeweile das Stichwort; denn als sie mir ihr Reiseziel – San Francisco – genannt hatte und ich fragte, was sie in San Francisco tue, sagte sie mit köstlichem Sarkasmus: »Je m'ennuye.« Und als ich sie fragte, warum sie denn in Amerika bleibe, wenn es so langweilig sei, sagte sie mit einem Kopfnicken nach rechts: »Weil mein Mann hier viel Geld verdient, mehr als man in diesem Land sinnvoll ausgeben kann.«

Es fiel mir nicht ein, nun den Antiamerikaner herauszukehren, der ich nicht bin: aber weil mich jeder französische Vorbehalt interessiert, hatte sie einen dankbaren Zuhörer an mir. Sie sagte in charmantester Formulierung die abträglichsten Dinge, aber nicht unbedingt aus Voreingenommenheit. Sie sprach über die Staaten wie eine Birke über Arabien, ein Feigenbaum über Lappland. Sie bestritt auch nicht, daß San Francisco von allen Städten – New York ausgenommen – die noch am ehesten mögliche sei. Aber grundsätzlich eben . . .

Dann ließ sich Madame sagen, wie ich von Denver aus weiter reisen, wie lange ich in Berkeley bleiben würde, wohin es mich dann führe und so weiter, und ich berichtete wahrheitsgemäß, was mir an Absichten, Fiktionen oder Fixiertem mitteilenswert erschien.

Am meisten befremdete sie, daß ich von Denver bis Berkeley im

Greyhound zu fahren gedachte, einem jener großen Reisebusse, die unter dem Zeichen des Windhunds zu vielen Tausenden die *USA* durchkreuzen. Diese Strecke solle, so war ich unterrichtet, eine der interessantesten in den Vereinigten Staaten sein.

»D'accord!« sagte sie. »Aber Tag und Nacht im Grey-hound . . .?«

Ich wolle nur bei Tag fahren.

Wenn mir das gelänge! Auf größere Entfernungen hin seien die Fahrpläne sehr eigenwillig. Warum ich denn nicht, wie jeder normale Mensch in den *USA*, einen Wagen miete und nach ei-genem Fahrplan von Denver an die Westküste führe – wie auch sie und ihr husband es täten?

Ich mußte meine Achillesferse entblößen und gestand, etwas kleinlaut, daß ich nicht Auto fahren könne.

»Vous ne savez pas conduire un automobile . . .?« Sie staunte mich fassungslos an. Ich spürte es: es ging um meine Reputa-tion als Mann.

»Madame«, sagte ich mit bemühter Gelassenheit. »Ich reise nicht wenig, aber ich bin kein Chauffeur. Wir haben sehr schnelle und pünktliche Züge in Deutschland, und auf die Wei-te trägt uns das Flugzeug. Ich ziehe es vor, von Konstanz nach Köln oder Hamburg im Schlafwagen zu fahren und ausgeschla-fen und rasiert meinen Interessen nachzugehn, anstatt zu mei-ner Fehlerhaftigkeit auch noch die Idiotie meiner Mitmenschen zu testen.« Im übrigen gäbe ich zu, daß ich zuweilen mein man-gelndes Talent beklagte, aber in Germany koste mich ein Füh-rerschein zu viel Zeit und außerdem eine Prüfung, die ich todsi-cher nicht bestünde – mangels Sachverstand oder wegen hyper-tropher Aufsässigkeit. Der Greyhound sei eine Verlegenheitslö-sung, zudem aber auch eine Gelegenheit, einen anderen Teil der amerikanischen Gesellschaft zu studieren.

Erforderte es schon einige Courage, diesen Gedankengang in französischer Sprache vorzutragen, so kam die Abwertung eines

Autofahrers zu einem Chauffeur schon einer Beleidigung nahe.
»Entschuldigen Sie, Madame«, schloß ich darum versöhnlich an,
»ich bin sicher ein ganz und gar unmoderner Mensch.«
Aber – ihre Reaktion war gemäßigter als ich erwartet hatte.
»Vielleicht . . .«, sagte sie etwas abwesend.
In Kansas City hatten wir die Maschine zu wechseln, und ich
benutzte die Pause für einige längst fällige Kartengrüße, während Madame in ein intensives Gespräch mit dem husband verstrickt schien. Als wir uns wieder anschnallten, erfuhr ich das
Thema ihrer Unterhaltung: das Ehepaar lud mich ein, sie in einem in Denver wartenden geräumigen Wagen nach San Francisco zu begleiten. Das Milieu der Greyhoundbusse zu studieren, sei vielleicht noch auf einer kürzeren Strecke Gelegenheit.
Außerdem sei die Belehrung, die Madame mir über das Auto als
Reisemittel zu erteilen hoffe, sicher interessanter. »Überlegen
Sie sich's bis Denver! Wir würden uns freuen.« »Jawohl«, bestätigte Mr. Coulder und betonte, daß seine Frau eine ausgezeichnete und schnelle Fahrerin sei. Ich bezweifelte es nicht. Das Angebot war verlockend. Außerdem hatte ich, gegen Ende der Reise, noch eine andere, unausweichliche Gelegenheit, im Greyhound zu reisen. Nach kurzem Nachdenken gab ich meine
dankbare Zusage bekannt für den Fall, daß wir gegen Mittag des
vierten Tages in Berkeley *oder* San Francisco einträfen, weil ich
abends agieren müßte.
Wie es hieß, würden wir schon am Abend des dritten Tages an
der Küste sein.
Wir landeten in Denver, und einmal mehr sah ich, daß man
nicht zu Unrecht von *den* Staaten spricht. Colorado hat seine eigene Couleur – schon der Airport ließ es erkennen. Wir hatten
den Boden eines Gebirgslandes betreten, in welchem die Natur
die Gesetze schrieb. Eine Waidbahn von riesigen Ausmaßen für
Jäger und Fischer. Man war in der amerikanischen »Provinz«.
An einem offenen Office regelte Madame die Angelegenheit mit

112

dem Leihwagen, füllte einige Papiere aus, zahlte irgendeine Prämie an – das Ganze dauerte knapp zwanzig Minuten. Nach weiteren zehn kam die Nachricht durch den Lautsprecher, der Wagen für Mrs. Coulder warte am Ausgang.

Es war ein großer türkisblauer Ford, er sah brandneu aus, aber seine Nummer – aus dem Staate Washington – wies ihn als weitgereist aus. Während Madame schon die einzelnen »Organe« des Fahrzeugs durchprobierte, wurden die Koffer verstaut. Mr. Coulder, der sich als ruhiger, sympathischer und aufmerksamer Herr entpuppte, nahm neben Madame Platz. Ich hatte den ganzen Fond zur Verfügung.

Die Stadt lag bald hinter uns, und schon trug uns der Wagen durch die Vorläufer des Gebirges. Ein graues, staubiges Braun herrschte vor, viel Steine gab's, ein paar zerfetzte Tannen, schmutzigen Schnee in einigen Nordwinkeln – zur Abwechslung kreuzten wir in den Winterpark von Idaho Springs, wo die Erde kostbare Mineralien enthält und heiße Quellen ausspuckt. Dann weitete sich die Landschaft wieder zur Ebene, und der bewölkte Himmel klarte auf: von den Brauntönen ging es nun zu dunkelvioletten Heidefarben über, wie sie bei sich neigendem Tag an vielen Gebirgsmassiven zu beobachten sind. Seltsame Büsche strömten einen starken, angenehmen Duft aus, die Säume in der Ferne wurden rein und scharf. Eben fuhren wir durch schöne Waldungen, da kamen uns geriffelte Bergschroffen entgegen, und die Landschaft wurde karg, beinahe arabisch hart. Wir kreuzten irgendeine Bahnlinie; man sah da und dort die Dämpfe heißer Quellen in den sinkenden Abend aufsteigen, und kleine Flecken und Gehöfte lagen wie ausgesetzt oder verlassen da. Die Herden jedoch, die in ihrem Umkreis weideten, bürgten für Leben und lebendige Gegenwart.

Madame fuhr wie eine Göttin – sofern Göttinnen je gefahren sind: mit souveräner Beherrschung des Gefährts, todsicherer Einschätzung der Entfernung bei Überholungen, großer Schnelligkeit und ohne viel dabei zu sprechen. Nur hin und wieder gab sie einen kleinen Hinweis, aus dem zu ersehen war, daß sie wohl alles wahrnahm, aber nichts sie von ihrem Geschäft ablenken könne. Zwei- oder dreimal wechselte sie mit dem husband ein paar sachdienliche Worte; einmal fragte sie, ob ich mich wohl befände. Sonst gab es nur den lautlosen Wechsel der Szenerie und die melodische Monotonie des Motors, dem die automatische Schaltweise wie Öl einging.

Linker Hand kamen bald Schneeberge in Sicht, die sich vor einem schwarzblauen Abendhimmel aufbauten; die hinter ihnen untergehende Sonne steigerte das Blau zu einer Orgie von Lila und Violett, in welcher der Tag starb. Ein paar Ranches. Hirten zu Roß. Schwarze Kühe. Eine qualmende Ziegelei. Die Steppe verdunkelte zur Wüste, die Wüste wurde zur Nacht.

An einem Rasthaus, nur aus Holz erstellt und blockhausähnlich, hielten wir an und nahmen Quartier. Abenteuerliche Gestalten saßen an den fünf oder sechs Tischen der zweigeteilten Gaststube, redeten von frühem Aufbruch und den Elchen, die sie jagen wollten.

Wir bestellten einen Drink und untersuchten die Speisekarte. Dabei bemerkte ich, daß Mister Coulder sich in diesem Bereich unter strenger Kuratel befand. Offenbar hatte er irgendeinen Defekt am Magen, an der Leber oder Galle, welchem er durch eine gewisse Diät begegnen mußte. Jedenfalls stellte Madame das Dinner oder Menu zusammen, wobei sie allerdings Vorschläge machte, Empfehlungen aussprach, so daß der Umsorgte das Gefühl der freien Wahl haben durfte. Sie verwandte dabei zum ersten Mal den Vornamen des Gatten in zweifellos bedeutungsvoller Stufung. Wenn sie eine Empfehlung gab, nannte sie ihn Charles, folgte er diesem Rat sofort, erhielt er ein anerkennendes »Well, Charlie!« Ließ er Einwände laut werden, blieb es bei Charles. Wenn Charles oder Charlie Coulder überhaupt nicht zu wählen hatte, wurde er »Darling« apostrophiert. Und

114

er trug diese Eskalation der Einschätzung mit Anmut – sie gewann ihm sehr rasch meine Sympathie. Er war im stillen wohl von der Heilsamkeit dieser diskreten Vormundschaft überzeugt und litt eigentlich nur an der quantitativen Begrenzung seiner Mahlzeiten.

»Du hast genug gegessen, Charles. Ich würde keinen Reis mehr nehmen an deiner Stelle.«

»Meinst du, Darling? Ich hätte eigentlich noch ein bißchen Appetit . . .«

»Es ist besser, Charles, du gibst der Versuchung nicht nach.«

»Vielleicht hast du recht, Darling. Also mache ich Schluß.«

»Du tust gut daran, Charlie.«

Als ich ihre Wendung von der Versuchung hörte, fiel mir Oscar Wildes Antwort vor Gericht ein, als man ihn mangelhafter moralischer Widerstandskraft zieh: »I can resist everything except temptation.«

Beide lachten. Mr. Coulder lachte länger. Madame lachte, weil sie die Bemerkung geistreich fand; Charles-Charlie, weil sie seiner Seele so wohl tat.

»Es ist wirklich witzig gesagt, aber keine Maxime für dich, Darling!« sagte sie, als der Gute zu Ende gelacht hatte.

Am nächsten Morgen brachen wir früh auf, Madame hatte Sandwiches richten lassen und ließ uns kaum Zeit für den Milchkaffee. Offenbar hielt sie wie alle Franzosen wenig von dieser ausschweifenden fetten Frühstückerei der Angelsachsen (die freilich mittags dafür Maß halten). Diesmal wurde mir die Ehre zuteil, neben Madame zu sitzen, und Coulder nahm im Fond Platz. Er sollte (und wollte) ihn aus bestimmten Gründen in den nächsten beiden Tagen nicht wieder räumen.

Rauhreif glitzerte an Waldungen, die aus entlaubten Birken zu bestehn schienen. Wieder dampften, bei Streamboat Springs, heiße Quellen in den Herbsthimmel. Herden, Hirten, blaue Vögel, Elstern, Fischer, die bis an die Hüften im Elk River standen,

den wir querten und hinter dem wieder buntes Laub die Bäume kleidete. Ein Eisenbahnzug, Rio Grande, rollte tutend durch das Land, in dem dann und wann ein kleines Städtchen mit sonntäglichen Kirchgängern aufstand, uns hier und da ein mit Jägern besetzter Wagen begegnete, auf dem ein erlegter Elch lag, und das Leben unverändert und nicht veränderbar erschien. Immer mäanderte hier, von Bäumen gesäumt, der Fluß, standen Schafe, wie getarnt, in den Büschen, verbarg sich der Elch vor dem jagdlüsternen Menschen, erlag der Fisch der Angel oder dem Köder oder Ketscher an ihr, fächerten an Herbst- oder Frühlingstagen weiße Wolkenfelder sich so oder ähnlich auf, lag die Sonne auf der sich wieder weitenden Landschaft, die nirgends endete, nirgends begann – wohin immer die durch Einschnitte preschende Straße sich wendete: in der Ferne erhoben sich Gebirge, Ketten von Gebirgen, Abbrüche wie im Grand Canyon, riesige Breitwände von in nie gesehenen Farben und Farbschattierungen leuchtendem Gebirge, von Wolken überschwebt, alttestamentarische Landschaft, Moses-Landschaft, schöpfungsjung und doch uralt, große Entwürfe der Zeit, nun gemessen mit dem dünnen Band des Highways, auf dem wir dahinsausten, über die gedachte Linie hinweg, die den Staat Colorado von Utah trennt, über den Green River hinweg, dem schmalen Einschnitt zu, der zwischen Provo und Price den Weg freigibt nach dem erleuchteten Zion, der Mormonenhochburg Salt Lake City.

In einem Städtchen, Vernal geheißen, tankte Madame auf. Neben der Tankstelle erhob sich auf den Hinterbeinen ein bald vier Meter hoher Dinosaurier, der an die Vorzeit erinnern sollte, die hier ihre Spuren für jeden nachlesbar hinterlassen hat.

Während der Tankwart sein Werk verrichtete, händigte Madame den uns zugedachten Anteil an Sandwiches aus. Ich bekam ein Päckchen mit drei Exemplaren. Sie teilte sich in ein ähnliches mit Mister Coulder. Jeder hatte kaum den ersten Sandwich verzehrt, da wurde Aufbruch befohlen.

116

Draußen vor der Stadt weideten zwei große Schafherden mit vielen jungen Lämmchen; es war ein Bild – wie gemacht, um die Lächerlichkeit der dinosaurischen Puppenwelt zu demonstrieren. »Schäfchen zur Linken . . .«, fiel es mir ein zu sagen, und Madame wollte mein Selbstgespräch erläutert haben. Während ich diesem Wunsch zu entsprechen versuchte, nahm ich einigermaßen überrascht wahr, daß sie einen zweiten Sandwich zu verzehren begann, ohne auch den Gatten zu bedenken. Offensichtlich war dieser wieder auf kleine Ration gesetzt.

»Haben Sie solche Sprüchlein auch in den USA, Mr. Coulder?« fragte ich, mich zu ihm umwendend, und sah, wie er mit sehnsüchtigem Blick an den kleinen tanzenden Hügeln ihrer Kaumuskeln hing.

»Gewiß, gewiß . . .« sagte er verlegen.

»Aber du weißt keinen, Darling . . . Oder weißt du etwa einen?« kam es sanft ironisch vom Steuer.

»Oh«, sagte ich, meine mir noch verfügbaren beiden Sandwichs enthüllend, »man sollte Mr. Coulder Zeit lassen nachzudenken. Vielleicht fällt ihm etwas ein.«

»Denk ein bißchen nach, Charles!« sagte sie aufmunternd, ohne den Blick aus der Fahrtrichtung zu nehmen.

»Ja«, sagte ich, in den einen Sandwich beißend und im Kauen fortfahrend, »Sie sollten nachdenken, Mister Coulder. Es könnte sich lohnen . . .« Dabei steckte ich ihm mit der über den Sitz hinaushängenden Linken meinen dritten Sandwich zu. »Denken Sie nach!« bat ich.

Mr. Coulder schien ernsthaft nachzudenken. Schließlich sagte er, zwischen Pathos und Prusten:

»Credit makes enemies. Let's be friends!«

»Ich wußte, Darling, daß du außer Werbesprüchen nichts anzubieten hast«, sagte sie sachlich. »Aber vielleicht ist deinen Landsleuten da wirklich nicht viel eingefallen.«

»Mag sein«, erwiderte er bescheiden. »Ich sage auch nichts

mehr.« Damit rückte er etwas zur Seite, offenbar aus dem Gesichtswinkel seiner Frau heraus, und ich begann die Schönheit der Landschaft zu rühmen, damit er hinter nachdenklich vorgehaltener Hand unauffällig seinen Sandwich zermalmen konnte.

Auch Madame war beschäftigt. Ihr Blick hing an der Straße, die in geschmeidigen Panthersprüngen über die Entfernungen setzte. Es ging auf den Mittag zu, und die ersten Luftspiegelungen traten auf. Fruitland hieß ein Ort, Strawberry River ein Flüßchen am Wege. Nach viel Krüppelkiefer und Steppe bewaldete sich das Land wieder bis an den Horizont hin, über dem Wolkenfelder – schwimmende Inseln, Fabelkontinente – ihre himmlische Geographie schrieben.

Ich hatte bis zu dieser Stunde, wenn ich es genau nahm, recht wenig von den Schönheiten nordamerikanischer Landschaften gewußt. Das Grand Canyon ist ein Sonderfall: ein Gebirgsstock in den Schoß der Erde hinein. Diesmal sah ich mehr: Yosemite, die Redwoods, Oregon und – dies hier. Nichts eigentlich Liebliches, Schönes, Kultiviertes oder auch Heroisches. (Heroisch – das heißt doch Bewußtes, Gewolltes, Durchdachtes, also auch in strengem Sinn »Kultiviertes« – wie etwa die Österreichischen oder die Schweizer Alpen.) Die Anmut, der Reichtum, die Nähe und Gemessenheit europäischer Landschaften können gewiß entzücken, begeistern, erwärmen. Die archaische, fast schöpfungsrohe, machtvolle Strenge nordamerikanischer »Naturwunder« dagegen macht verstummen, staunen, beraubt des Atems. Jene Schönheit gewinnt – diese überwältigt. Jene ist der Garten – diese die Wildnis. Jene der Fleiß – diese das Genie. Jene ist Tugend – diese Charakter. Und wenn es auch hier die Poesie der Idylle, der Namen, des Intimen gab, so freilich nicht in der Warenhaus-Anhäufung, in der bei uns Kurort neben Kurort, Sehenswürdigkeit neben Sehenswürdigkeit anzutreffen sind. Auch der Strawberry Lake, den unsere Straße (Nr. 40) jetzt in einer Tangente berührte mit weißen Wellenkämmen bedeckt, war in seiner leuchtend blauen Färbung schön, kaum weniger schön als einer der gerühmten bayrischen Seen. Aber in dieser Urweltlandschaft muß das Idyllische sich bescheiden. Die Schöpfung ist größer als der Mensch.

Was davon konnte Madame wahrnehmen?

Wir überwanden, während die Sonne uns für eine Weile in den Rücken wanderte, den Anstieg der Straße, als gäbe es ihn nicht. Staubzucker silberte auf den fernen Bergen, goldgilbendes Gras leuchtete aus der Nähe. Dann aber – nach einer Etappe tiefhängender Wolken – der Flug in die Ebene von Heber, hinter der die Berge wieder ansteigen. Leichtes Gefälle, Meile um Meile – über die fliehende Straße flog unser Reiseweg und auf ihm der Wagen, durch schwingende Kurven, über herabstoßende Geraden, hinab zum großen Salzsee.

»A wonderful road!« hatte Madame einige Male gesagt. Und das war nicht oder doch nur zu einem Teil zur Landschaft gesagt, sondern hatte dem Highway gegolten, der schnellen Straße, der Schnelligkeit, welche diese Straße erlaubte, jener Schnelle, deren eigenes Ziel, wie Byron sagt – speed's own end is speed – die Schnelligkeit ist. Oder wie es in seinem »Don Juan« noch emphatischer und genauer gesagt ist:

> Now there is nothing gives a man such spirits,
>   Leaving his blood as cayenne doth a curry,
> As going at full speed – not matter where its
>   Direction be, so't is but in a hurry
> And merely for the sake of its own merits,
>   For the less cause there is for all this flurry,
> The greater is the pleasure in arriving
>   At the great end of travel – which is driving.

Oder mit anderen Worten:

Nun kann da nichts dem Manne solchen Auftrieb geben,
   sein Blut aufputschen wie mit einer Pfeffer-Prise
als schnelle Fahrt – nach welchem Ziele immer strebend,
   nur daß in Eile trägt und nichts als diese
und nur um dieser Eile willen eben;
   wie auch der Grund für all den Wirbel hieße, –
als Größeres wird sich doch die Lust erweisen
   am großen Ziel der Reise – das heißt: reisen!

Madame war in dieser Hinsicht, selbst wenn mich gelegentliche
Seitenblicke von ihrer etwas herben, aber anziehenden Fraulich-
keit überzeugten, ein ganzer Mann. Hier lebte sie an der Grenze
des Möglichen, an der Grenze des Daseins. Hier schlug sie dem
lauernden Feind ein Schnippchen, hier hatte sie einen Widersacher oder Partner, der sie ganz und gar nicht »langweilte«. Bewegung, Bewegung – no matter where its direction – Schnelligkeit, Eile, Eile . . .
Und dann, nachdem wir eine Wendung nach Nordwesten genommen hatten, mit einem Male ein Regenbogen, riesig über
den Horizont gespannt, und als leuchtende Achse dieser phäno-
menalen Symmetrie: die Sonne.
Ich hatte, während des Kriegs, eines Tages in Umbrien einen
Regenbogen gesehn, der tief unterhalb einer Paßstraße auf einer
großen grünen Wiese regelrecht aufruhte – wie ein Brücken-
pfeiler. Das Naturereignis, in herrlichen Farben aufleuchtend,
schien ganz nahe, ganz irdisch, gegenständlich, auf große Art
»idyllisch«. Hier war es grandios, unbegreiflich, überirdisch, elementar. Vielleicht hatte ein solcher Regenbogen das Land überwölbt, als Brigham Young sein »This is the place!« sprach.
Und dann kam die Stadt in der weiten Ebene, von Schneebergen
abgeschirmt, hell, mit breiten Straßen, mormonisch sauber (bis
auf einen riesigen Autofriedhof), sonnenbeschienen, sonntäg-
lich, God's own city, ihr Zion – und da – da – an dieser Kreu-

zung: die Reklame, die Mister Snellgroves Speiseeis noch immer empfiehlt.

»This is the point!« wollte ich schon rufen, und mich durchzuckte der verrückte Gedanke, Herrn Snellgrove guten Tag zu sagen. Aber das Schild war nicht, *noch* nicht Snellgrove, und Sonntag war's zudem, und Madame haßte wohl die Mormonen oder liebte sie doch nicht – sie brauste weiter durch Salt Lake City, und erst als der salzige See, blau erstrahlend in trügerischer Romantik, von einem einzigen Segel apart belebt, vor unseren Blicken lag, minderte sie die Geschwindigkeit und hielt schließlich vor einer Cafeteria ländlich-vorstädtischer Prägung an.

Charles-Charlie bekam seine Ration zugeteilt. Die Auswahl war hier bescheiden – lunch time war längst over. Nach vier, höchstens fünf Stunden Fahrt, so versprach Madame jedoch, würden wir gut und reichlich dinieren. Sie wolle das Tageslicht nützen.

Aber bei aller Eile, allem Nützlichkeitsdenken blieb Madame doch den Geboten und Notwendigkeiten der menschlichen Natur unterworfen. Als sie für einige Minuten zu den Ladies ging, erstand ich rasch zwei Hamburger an der Theke und konnte sie eben noch unauffällig verstauen, ehe der Start befohlen wurde. Mister Coulder wurde noch befragt, ob er seinen Platz behalten wolle oder lieber . . .? Aber – er saß schon hinten und wurde dafür belobigt. Sie werde nun full speed fahren, und da sitze er ohnehin besser nicht neben ihr. »Our poet is not even a driver«, sagte sie lächelnd, »but an excellent front-seat partner.«

Die Strecke, die wir für die nächsten anderthalb Stunden oder auch zwei fuhren, ist in aller Welt bekannt als jene Rennstrecke, auf der Campbell mit seinem »Blue bird« etliche Weltrekorde aufgestellt hat. Sie läuft zunächst ein Stück parallel zum See, wendet sich dann aber von ihm ab und führt in genau westlicher Richtung auf die Große Salzsee-Wüste – Great Salt Lake Desert – zu und durchschneidet den riesigen Komplex und seine Ausläufer mit der unerbittlichen Direktheit eines Messers.

121

Eine Bahnlinie, von Telegraphenstangen gesäumt, begleitet den Highway, den die glitzernde Salzwüste flankiert und auf dem die Luftspiegelungen einander wie Hürden ablösen, die ein Läufer nehmen muß, ohne aus dem Tritt zu kommen.

Wir fuhren gegen die nachmittägliche Sonne. Die Geschwindigkeitsbegrenzung, die in den meisten Staaten respektiert werden will, ist auf dieser Strecke aufgehoben. Und wer würde nicht eine Wüste, die statt des neutralen Sandes beißendes Salz bietet, so rasch wie eben möglich durchmessen wollen . . .

Für Madame war dies wohl die fesselndste, erregendste Stunde der ganzen Reise. Aber für uns nicht minder. In jedem Molekül fiebernd, in jeder Fiber erzitternd, verbrannte der Motor die ihm zugewiesenen und abgeforderten Energien, raste der Wagen der sinkenden Sonne entgegen. Full speed.

Wir Männer schwiegen – mich verurteilte das Wort vom excellenten Beifahrer dazu, und Charles-Charlie schwieg wohl aus Respekt und Gewohnheit. Als er einmal, vermutlich ohne sich dessen bewußt zu sein, hustete – es klang wie ein beschwörender Seufzer –, ruckte Madame kurz mit dem schönen Kopf, und jeder von uns verstand, was das hieß.

Darüber fielen mir freilich auch die beiden Hamburger ein, die ich in der Cafeteria gekauft hatte, und so wie Frauen in höchster seelischer Konfusion nach der Pralinenschachtel greifen mögen, griff ich jetzt nach den beiden Fleischklopsen und steckte, nicht mehr ganz ungeübt, Charles-Charlie einen davon zu.

Er nahm ihn und klopfte dankbar mein Handgelenk. Niemand hustete noch. Schweigend jagten wir auf der Salzpiste dahin, bis endlich die Bauten der Salzgewinnungsindustrie auftauchten und ein schier endloser Zug entgegenkommender Güterwagen uns an andere Geschwindigkeiten, andere Vorschriften erinnerte. Eine neue Landschaft – bergig, felsig, mit eingesprengten Motels, spärlichen, oasenhaften Siedlungen, aus der Wüste mit Kurven und Kehren ins Gebirge ansteigend – schrieb ohnehin eine neue Fahrweise vor. Auch Lastzüge und Greyhounds, die uns begegneten, wollten berücksichtigt sein.

Im letzen Schein der Sonne lagen die schneebestäubten Berge. Phantastische Lichteffekte belebten, von den wechselnden Perspektiven begünstigt, das Bild der Erde. Flamingofarben erglühten die Abendwolken, und über der Schneegebirgskette, hoch über dem umwölkten Horizont, stand der Abendstern in einem »himmelblauen« Ausschnitt von kulissenhafter Präzision.

Als wir – es war schon tiefes Dunkel – auf der Gegenseite unserer Straße einen brennenden, wild lodernden Wagen stehn sahen, dämpfte Madame unmerklich das Tempo, und in Elko hielten wir, um zu essen und dort zu nächtigen.

Charles-Charlie genoß, nach dem Hamburger als Vorgericht, mit kindlichem Vergnügen die hochherzig gewährte Abendration: ein schönes Steak mit Spargelgemüse. »We should call him Rudolf«, schlug er seiner Lebensgefährtin vor.

»Sie sind fabelhaft gefahren, Madame!« versuchte ich eine Ablenkung. »Je m'appelle Marie Claire«, antwortete sie, bestellte eine Flasche Champagner, und wir tranken also Bruderschaft.

»I have to kiss him, darling«, sagte sie mit einer fast mädchenhaften Geste, bot mir lächelnd den so oft streng scheinenden Mund, faßte dabei mit der Rechten meinen Hinterkopf und hielt ihn ziemlich oder auch unziemlich lange fest. Aber Charles-Charlie, den ich danach entschuldigend ansah, sagte, erwiesener Wohltaten eingedenk, lächelnd:

»Very nice to have met you, Rudolf. Come back to the States as soon as possible.«

Wir tranken noch eine zweite Flasche Champagner an diesem Abend. Ich erzählte ihnen von meiner Begegnung mit »Honey« im Zug nach Salt Lake City, vor nunmehr elf Jahren, und gestand, daß ich eine Verlockung, Verführung, ja geradezu Verpflichtung spüre, auf dieser Reise in Reno auszusteigen und zu sehn, was sich dort tue ...

»Pourquoi?« fragte Madame sachlich.

»Oh, darling«, sagte der durch ungewöhnliche Genüsse ermutigte Charles-Charlie, »you *must* understand that.«

»Peut-être demain . . .«, sagte sie abwesend.

Wir fuhren am nächsten Tag noch knapp dreihundert Meilen zusammen und teilten uns etwa dreißig Meilen hinter Elko noch einmal in einen Rundblick von unbeschreiblicher Schönheit: in einem Farbenspiel von Weiß, Rosa, Ocker, Violett lag das grenzenlose Land unter einem von Kondensstreifen und Wolkenfahnen durchwirkten Himmel. Irgendwann berührten wir die tief symbolische Stadt Humboldt, kreuzten den Humboldt River und sahen die bis zu 3000 Meter aufragende Gebirgskette des Humboldt Range. Auch einen Humboldt Lake enthielt uns die Landschaft nicht vor. Gegen halb zwei Uhr mittags hatten wir Reno erreicht, aßen noch einmal gemeinsam – mexikanisch – und sagten uns, nicht ohne eine gewisse Bewegung, »Good bye!«

So habe ich mir also den verspäteten Gefallen erwiesen, in dieser größten aller kleinen Städte

RENO – THE BIGGEST
LITTLE TOWN
OF THE WORLD

auszusteigen, die Straßen zu durchwandern, die Kasinos und warenhausähnlichen Monstre-Spielsäle zu besichtigen, in denen – vom Morgen bis zum Abend – Tausende von Frauen und Männern an Hunderten von Apparaten stehen, Cent-Stücke einwerfen und darauf warten, daß es »klingelt«. Ich habe mit dem jederzeit ansprechbaren Standesbeamten geredet, habe mich in die kleine, wohl Tag und Nacht geöffnete Hochzeitskapelle führen lassen, in der die schräg gegenüber auf dem Rathaus von Reno geschiedenen Paare (wenn sie wollten) sofort wieder getraut werden könnten. Ich habe die Töchter und Söhne Veits tanzen sehen zwischen Aktionen der Spielenden, die mir – im

Gegensatz zu dem spielenden Dostojewskij in Baden-Baden – von überraschender Bürgerlichkeit, Sturheit, ja Stupidität zu sein schienen. Ich hatte Verwirrung, hektisches Nachtleben, Verschwendung, Vabanque, Laster, Dämonie erwartet – und fand Lotterie-Denken, Jahrmarkt, Kleinsparertum, Sonntagsausflügler, kalkulierende Spießer, Familien-Clan, Remmi-Demmi.

Was, so fragte ich mich, hätte ich hier, elf Jahre zuvor, in der Gesellschaft von Honey tun können, um nicht den kleinen Rest von Glauben an diese Menschheit zu verspielen? Centstücke in den Schlitz werfen? Am Spieltisch sitzen? Und wo konnte man hier fischen gehn?

Wie groß ist doch Honey in meinem und in dem Gedächtnis meiner Freunde geblieben, weil ich mich nicht hatte verlocken lassen! Und wenn es auch nicht gerade für sie spricht, daß sie Reno für ein erstrebenswertes Ziel hielt, so ist ihr doch hoch anzurechnen, daß sie nicht länger in mich drang, daß sie sich – so schwer es immer fiel – beschied und die Kirche oder die Spielhölle im Dorf ließ.

Dreizehn Jahre lang dachte ich (zuweilen): Du hättest vielleicht doch in Reno aussteigen sollen . . . Aber seit ich in Reno ausgestiegen bin, weiß ich ganz sicher, daß ich recht daran tat, es nicht zu tun.

»Honey, you are a lady!« sollte ich ihr sagen können und sie wissen lassen, daß ich auf diesem Gelände eben kein Spieler bin. Aber wo, wenn sie noch unter den Lebenden weilt, weilt sie?

Ich nehme mein Schicksal, wenn auch verspätet, in Dankbarkeit an. Es war gut, daß Mister Snellgrove mich erwartete – noch heute ißt Salt Lake City sein vorzügliches Speiseeis, das zerrinnt, wenn man es nicht in gebotener Frist zu sich nimmt.

Auch dieses Mal war das Wichtigste die Reise. Reno ist kein Ziel, aber die Wallfahrt dorthin war eines. Oder wie der kluge englische Lordpoet sagt:

»Speeds own end is speed.«

Mumien . . .

Der Klang mancher Namen bezaubert.

Man hört einen schönen Mädchennamen – augenblicks greift man sich an seine Rippe und erschafft wie der liebe Gott ein anmutiges frauliches Geschöpf. Hernach hätte sie auch Emma heißen können. Man kennt Bücher von Lion Feuchtwanger und mag sich einen löwenähnlichen Mann mit der bekannten Löwenpranke vorgestellt haben. Als ich Feuchtwanger auf der ersten Reise in Santa Monica (bei Los Angeles) besuchte, entpuppte er sich als ein zartes und ohne die dicken Kreppsohlen noch kleineres, bebrilltes Männchen mit ganz zierlichen fraulichen Händen. Es zieht einen in Sizilien magnetisch zur Porta d'Empedocle; und wenn man davor steht, fühlt man sich genasführt. Und so wollte ich denn auch nach dem sagenhaften Taos, dem Skalp indianischen Wesens. Ich stellte mir vor – das einzige Mal auf dieser Reise; dort würde, dort müßte ich ein Gedicht schreiben. Hernach konnte ich mich nicht einmal zu einer Ansichtskarte aufraffen.

Will man nach Taos reisen, so muß man – wenigstens wenn man von Süden kommt – über Santa Fé fahren; dies ist die unumgängliche Zwischenstation. Auch Santa Fé klingt verführerisch; niemand wird es leugnen. Aber auf meinem Reiseplan spielte es doch nur die Rolle von etwa Offenburg oder Lehrte: ich hatte dort aus- und umzusteigen, wahrscheinlich in einen Wagen, der mich nach Taos bringen würde. Und da ich abends ankam, hatte ich auch dort zu schlafen. Auch Post hoffte ich dort, beim Direktor des Museums, vorzufinden – lauter zweckmäßige, verkehrstechnische Erwartungen also setzte ich in diese Stadt. Aber sonst erhoffte ich mir nicht das geringste von ihr; alles dagegen von Taos.

Ich war so benebelt und geblendet von meinen törichten Erwartungen, daß ich zunächst nicht wahrnahm, wie reizvoll, wie eigenartig schön Santa Fé war. Was für eine törichte Kulisse! dachte ich bei mir, als ich in der Dämmerung mit dem Greyhound-Bus – dem »Windhund« der amerikanischen Highways – von Albuquerque her eintraf. Ich kam aus Houston und hatte mich gerade leidlich an die baulichen Monstren der großen Städte gewöhnt, die Götterburgen der Hotellerie, die Mammutblöcke der Waren- und Krankenhäuser – und nun gab es statt zwanzig, dreißig oder vierzig Stockwerken nicht mal mehr ein erstes oder zweites. Die ganze, übrigens nicht sehr große Stadt lag wie ein Tausend auf dem Boden zerstreuter Bouillonwürfel da. Wieder so eine spleenige Idee, dachte ich – nur nichts Normales – ganz hoch hinaus oder mit dem Bauch auf der Erde; bloß verrückt muß es sein.

Auf das Architektonische bezogen, war diese Umstellung natürlich ein schreckhaftes Wechselbad – etwa wie von Breker zu Klee. Und bei diesem Vergleich kann man ruhig bleiben; denn im Grunde war es bezaubernd. Ein wenig verspielt und willkürlich, aber nur für kurze Zeit. Einmal fügte sich alles ausgezeichnet in die hügelige, mit Pinien und krüppelkieferartigem Nadelwald durchsetzte Landschaft; zum zweiten war man in New Mexico – es war also legitim –; und zum dritten war es ja hinreißender Individualismus, dem man da unversehens begegnete; jede Familie hatte ihr eigenes Häuschen für sich. So wie es die Holländer in den kleinen und Mittelstädten halten: Ich will allein mit mir sein! Nur: in den Niederlanden gehts schmalbrüstig in die Höhe, und hier hatte man das Häuschen einfach flach gelegt.

Ein wenig dämmerte es mir schon, als ich das hübsche Hotelzimmer bezog, einen kleinen wohnlichen Wigwam zu ebener Erde; aber ich glaubte noch an Kulisse. Dann geleitete man mich zu einer alten Malerin, bei der ich auf einige recht originelle Leute stieß – da flackerte das Licht schon auf. Aber richtig begriff ich erst am anderen Morgen, als ich die Stadt in aller Muße durchstreifte.

Hier kann man leben, dachte ich im stillen (denn ich wagte es noch nicht, mich zu duzen); das ist eigentlich eine reizende Stadt. Man gewöhnt sich offenbar über Nacht ans Intime, Gemütvolle ...

Es gab normale, sehr persönliche Geschäfte, vor denen man keinerlei Furcht empfand; man fühlte sich vielmehr freundlichst eingeladen von ihnen, und ich trat denn auch bald in eines ein, um mir irgendeine Bretzel oder sonst etwas zu kaufen – eigentlich nur, weil alles so nett und familiär war. Ich hätte mich in einem Ferienparadies fühlen und den ganzen Tag genießerisch vertrödeln sollen ... Aber einmal lockte die Post (es war keine da), und vor allem wollte ich nach Taos, der indianischen Mythe, dem einstigen Wohnsitz von T. H. Lawrence, der diesen Flecken entdeckt hatte.

Ich saß bei dem freundlichen Museumsdirektor, während er um eine Reisegelegenheit telefonierte. Hoffentlich klappt es noch heute, dachte ich bei mir. Aber es klappte erst für den nächsten Morgen.

Der Direktor empfahl als Ersatz sein Museum, und ich durchstreifte es – mißmutig zunächst. Aber allmählich fand ich mich mit den Gegebenheiten ab. Es gab da manches zu sehen, Mexikanisches, Indianisches ... und schließlich stand ich vor der winzigen Mumie eines indianischen Kindes. Der ihm beigegebene Maiskolben, auf dem Wege zur Versteinerung, lag dabei. Mir fielen die Zeilen von Gottfried Benn ein:

Der Maisgott stellt ins Feld, uns zu ernähren,
den Rasselstab, und du sollst Opfer sein.

Narr, sagte ich zu mir, und mir fiel Billy Budds Arie aus Benjamin Brittens Oper ein, die ich ein paar Monate zuvor gesehen

128

hatte: »This is the moment!« Und es war wirklich der Augenblick, an dem ich der indianischen Welt begegnete, die ja – trotz allen säuberlich gezählten, geimpften, beinahe pensionsberechtigten Apatsches, Hopis, Navajos, Havampais usw. – eine Mumienwelt ist. Aber da greife ich schon vor.

Ich stand vor dem Glasschrank, repetierte die Bennsche Strophe – ich bekam sie nicht ganz zusammen; sie lautet so:

> Auch Lieder, die ein kleiner Stamm gesungen,
> Indianer, Yakis mit Aztekenwort,
> längst von der Gier des weißen Manns bezwungen,
> leben als stille Ackerstrophen fort:
> »Komm, Kindlein, komm im Schmuck der Siebenähren,
> komm, Kindlein, komm in Kett und Jadestein,
> der Maisgott stellt ins Feld, uns zu ernähren,
> den Rasselstab, und du sollst Opfer sein.«

Ich stand und erlebte den Tod des Kindes mit, die Totenklage, sein Begräbnis. Ich dachte an meine Kinder daheim. Alles füllte sich mit Leben und Wirklichkeit. Ich hörte Gelächter, Rufe, Schreien und Weinen, das Seufzen der Krankheit, das Verstummen, den Wehruf der Mutter, den mühsamen Trost des Vaters . . . Und jetzt lag das kleine Wesen da vor mir, der Erde wieder entnommen, als ein beklemmendes Schaustück der Vergänglichkeit. Ich verspürte eine Bewegung, wie ich sie nur einmal wieder gefühlt habe auf dieser Reise, später: als mir in der Diskothek der Harvard University in Boston die Stimme des toten walisischen Dichters Dylon Thomas ins Herz drang, rollend wie Dünung, voll von stürmischem Pathos und schwermütiger Trunkenheit; eine Stimme, tönend vor Glauben und Anruf wie ein Glockenmund, aber doch – die Stimme eines Toten.

Ich durchwanderte das kleine Museum nun aufmerksamer, mit sehenderen Augen. Ein Museum ist eine Ansammlung von Gerümpel, ein Schuttabladeplatz, wenn man nicht gestimmt ist, nicht zu schauen, zu fühlen vermag. Aber wenn der Funke aus dem toten Stoff überspringt, erlischt das Laternchen Zeit, und die Ewigkeit sieht dich mit Sternenaugen an.

Ich mußte immer wieder zu der kleinen Mumie zurückkehren. Ich sang ihr ein Wiegenlied, ich wischte ihr den Schweiß von der kranken Stirn – ich bat sie um ein Lächeln. So viel unerfüllte Hoffnung, unreife Gestalt, abgebrochenes Leben ... Plötzlich begriff ich, was es heißt: ein totes Kind. Und ich dachte daran, wie mir der Schriftsteller Hermann Stahl einmal vom Tode seines Kindes gesprochen hatte, von diesem stechenden, ins Mark treffenden Schmerz, der einer unaussprechlichen seelischen Folterung gleichkommt.

Es war wohl verzeihlich, daß sie den Schlaf des kleinen Wesens durch Spatenstich und fühllose Griffe gestört hatten, um ein kleines Monument indianischer Folklore an ihm zu gewinnen.

Es war ja viel mehr.

Am nächsten Morgen fuhr ich nach Taos. Eine freundliche Dame, eine Witwe, die sich durch solche Fahrten ihren Lebensunterhalt erwarb, steuerte den Wagen.

Die Landschaft war karg, gebirgig. Manchmal nahte ein kleiner Flußlauf der Straße – den einen sehe ich noch heute vor mir: er entsprach so gefällig meiner Vorstellung von indianischer Landschaft. Es war April. Vögel sangen. Das Wetter war günstig, die Straße nicht so perfekt, wie ein Automobilist sie sich wünschen mag, wie sie aber Erwartung auf nicht Alltägliches, nicht Abgegriffenes fördert.

Taos gliedert sich in drei Ortsteile: einen ländlich-zivilisierten »neu-mexikanischen«, einen zweiten, den die zugezogenen (sagen wir behelfsmäßig) Bohemiens allmählich hinzufügten –, und eben das alte indianische Taos.

Auf dieses ließ ich sofort zusteuern.

130

Es erwies sich als ein weites Geviert, umstanden von trübseligen Kubusbauten, etwas verschachtelt, aber ohne besonderen architektonischen Reiz. Ein paar Rinnsale; keine rechte Straße; an der einen Seite eine Art Schilfniederung, von einem Flüßchen durchzogen, das irgendwo den Platz anlief, der mich unwillkürlich an eine Trockenwiese inmitten einer Großstadt erinnerte; nur ungepflegt war sie, abgetreten.

Wir fuhren ein, und während die beflissene Witwe einen Parkplatz ausfindig machte, sah ich nahezu auf jedem der Dächer oder Vorbauten die Indianer stehen, die es gewohnt schienen, betrachtet zu werden. Sie erschienen mir vom ersten Augenblick an wie Statisten, die als kostümierte »Indianer« auftreten. Sie trugen einen ehemals weißen Umhang, der mich eher nach Arabien versetzt haben würde, wenn er nicht so unabweisbar an deutsche Bettlaken erinnert hätte. Als die Lady schließlich hielt, nahte sich einer der Statisten und forderte einen oder einen halben Dollar Parkgebühr. Er erhielt das Geforderte, steckte es wortlos ein und zog sich wieder auf seinen Stellplatz zurück.

Wir begannen unseren Rundgang; er war wohl das Desillusionierendste, was ich – außerhalb der Strip-tease-Schaustellungen – je in den Staaten, vielleicht in meinem Leben sah.

Plötzlich wurde mir das Peinliche, das Besichtigungen eines lebenden »menschlichen Gegenstandes« anhaftet, voll bewußt. Wenn eine Frau, für was weiß ich wie wenige Dollars – sich allabendlich einmal auszieht, sitzt der Zuschauer im Parkett oder mit dem Rücken an der Wand. Hier aber standen wir sozusagen im optischen Mittelpunkt und wurden als Betrachtende von Betrachteten betrachtet. Wir liefen wie gezähmte Tiere in einer Arena herum, und die Betrachteten schätzten uns wohl ab: werden sie kaufen, werden sie Trinkgelder geben, was sind sie wert . . .? Sie standen da wie die Nachtportiers vor schmierigen Lokalen, wie Karnevalsfiguren am gewöhnlichen Werktag: lebende Mumien einer sterbenden Rasse. (In Wahrheit sterben

131

sie, zahlenmäßig wenigstens, gar nicht aus, sondern vermehren sich sogar noch. Aber ein seit einem halben Jahrtausend assimilierter Jude ist mehr Hebräer als ein domestizierter, staatlich konservierter Indianer Indianer ist.)

Es soll da Feste geben, Tänze, kultische Handlungen – gut. Aber: wer steht denn in irgendeinem Lande der Welt vor seiner Haustür wie eine Attrappe seiner selbst? Die Türken sitzen viel im Café, die Italiener reden gern miteinander auf der Straße, die Griechen spielen mit ihrer Bernsteinkette, die Deutschen arbeiten zumeist. Aber in Taos sind die Indianer ihre eigenen Portiers. Natürlich war in den Würfeln, vor oder auf denen sie standen, irgend etwas: die Frau, die Familie, der Wohnraum . . . Aber es war unmöglich, hier noch mehr zu verlangen, als bereits geboten war.

Gehen wir . . . sagte ich zu der guten Witwe. Fort von hier, ins nächste beste, nein, ins beste Restaurant! Meine Neugier nach indianischer Folklore ist mehr als gestillt.

Wollen Sie interessante Leute sehen? fragte sie, wohl fühlend, daß ich nicht auf die mir zugebilligten Kosten gekommen war.

Nichts, meine Liebe –, nur ein gutes Restaurant. Etwas zu essen, zu trinken; wenn möglich eine Flasche Wein.

Oh, das gebe es.

Wir stiegen ein. Ich fühlte die Verachtung sämtlicher Portiers wie eine Rauchfahne hinter uns.

Während wir fuhren, dachte ich: so ist offenbar der Lauf der Dinge. Irgend etwas ist interessant und außergewöhnlich; es wird entdeckt von ein paar Leuten; das Wild wird gestellt; die Begegnung der Urwelt mit den Zivilisierten, die heimwehkrank sind nach dem Elementaren, findet statt. Vielleicht eine echte Begegnung. Aber sie soll außerordentliche Gewohnheit werden (als ob das Gewohnte außerordentlich bliebe). Ein paar ziehen nach Taos. Andere ziehen nach. Es spricht sich herum, daß Taos interessant ist, und so kommen die Interessanten, die Bohemiens, die Außenseiter – eine ganze Breitseite von Außenseitern.

Holla, sagen die Indianer. Wir sind interessant. Und das ist wie der Biß Adams in den Apfel. Wer fühlt, er sei interessant, ist auf dem besten Wege, sich uninteressant zu machen. Am Schluß wohnen die Interessanteren nebenan, und das urwüchsige, vor zwei oder drei Jahrzehnten noch anziehende Leben degeneriert zur Karikatur, wird Kulisse, Mumie. Interessant sind nur noch die Zugereisten. Oder wie fände man sonst in Taos so guten Burgunder, eine so gepflegte Küche?

Man spricht sogar deutsch: der Gastronom ist Elsässer, seine Frau Münchnerin. Er kocht, sie macht die Honneurs, und beides hat Format. Aber – sie waren schon zweimal nach dem Kriege in München – auf Ferienreise. Wenn wir noch einmal nach München fahren, meint sie lächelnd, wird es gefährlich. Dann bleiben wir am Ende noch dort.

Das Interessante und die Interessanten sind schon langweilig geworden. Das »Langweilige« wird wieder interessant.

Daß es mit den Indianern so schief ging, bekümmert die Witwe, und sie rückt, als wir endlich aufbrechen, mit besserem Wissen heraus: es gäbe da noch leidlich unberührte Siedlungen, Pueblos, etwas seitab vom Wege. Da wäre noch echtes Indianertum. Ob ich vielleicht . . .? Ich sage ja. Es sollte mich nicht reuen.

Wir suchen zwei kleine Siedlungen auf, seitab von der großen Straße; nur ein paar Frauen und Kinder sind zu Haus. Die Männer machen Dollars. In dem einen Flecken kennt man Miß X – eine indianische Mutter mit einem zweijährigen Kind läßt uns eintreten. Alles ist sehr sauber; desinfizierte Folklore, aber doch ein Hauch von Echtheit. An der einen Seite des weiten Gevierts erhebt sich ein riesiger Baum – unter dem tanzt und feiert man, unter Ausschluß der Öffentlichkeit, die eben nach Taos geht. Wie gut, daß wir vom Wege wichen . . .

Die Heimfahrt ist versöhnend schön. Da wieder die »indianische Stelle« mit dem Flußlauf. Dort die untergehende Sonne. Und in dieser Richtung liegt die Atomstadt Los Alamos. Manchmal qualmt es dort. Taos und die Versuchsstation. Indianerreste unter dem Atompilz.

An diesem Abend – es dunkelte schon, als wir in Santa Fé anlangten – begegnete mir Europa wie nie zuvor.

Ich war zu einer kleinen Party gebeten, im reizenden Kubushäuschen eines Emigranten aus Frankfurt. Wir waren zehn oder zwölf Leute, »Amerikaner« aus Santa Fé und zwei Deutsche. Aber bis auf zwei hatten wir alle eine Muttersprache.

Es wurde getrunken und geredet – über Deutschland, die Staaten, die Negerfrage, indianische Lyrik, und mitten im Gespräch begann der Hausherr, seinen Plattenspieler in Gang zu setzen. Ich glaubte, nun würden sie das Gespräch einstellen. Aber nichts dergleichen. Bach und Mendelssohn hatten nur die Geräuschkulisse abzugeben.

Ich begann, innerlich zu rebellieren; aber ich war ja Gast. Ich hörte mit anderthalb Ohren die vertrauten Klänge, mit dem verbleibenden halben das Gespräch. Aber es fiel schwer mitzuhalten. Schließlich verstummte ich. Da legte der Gastgeber ein Violinkonzert von Saint-Saëns auf. Und enttäuscht von Taos, von diesen ewig redenden Leuten, ein wenig reisemüde dazu, machte mich dieser Saint-Saëns heimwehkrank.

Ich habe dieses Violinkonzert nie gehört. Sie reden, und ich höre, und mir dreht sich das Herz im Leibe herum. Ich bin sechs Wochen unterwegs, ein sentimentales europäisches Greenhorn, das immer ein bißchen fremd herumläuft und gutmütig frißt, was man ihm vorsetzt. Und nun singt da plötzlich eine süße Geigenkantilene aus dem Herzen Europas in New Mexico ihr einsames Lied – denn ich bilde mir ein: nur ich höre es.

Ich sitze abgewandt, den Kopf in die Rechte stützend, und das

Wasser tropft mir aus den Augen. Niemand sieht es, und als mich einer ins Gespräch ziehen will, antworte ich einfach nicht. Ich genieße diese Musik, ich atme sie mit allen Poren ein, ich trinke sie wie ein Verdurstender. Und ich genieße diesen wühlenden, bittersüßen Schmerz in der Gegend des Zwerchfelles, denn er läßt mich doch auch spüren, wo innere Freude wurzelt. Plötzlich bemerke ich, daß auch die anderen still geworden sind. Die verzückte Stimme hat über das Geschwätz triumphiert.

Wie kamen Sie nach Santa Fé? fragte ich später in die Runde.
Sie kommen alle aus großen Städten: New York, São Paolo, Los Angeles . . .
Gut. Aber wieso nach Santa Fé?!
Einer sieht mich ganz erstaunt an. Er zuckt schließlich die Achseln: es ist doch schöner hier. Man kann auch in Santa Fé das Nötige zum Leben verdienen . . .
Auf einmal nur das Nötige? – Aber ich habe schon verstanden. Santa Fé liegt zwar in New Mexico, viele Meilen westlich von Boston oder New York. Aber im Grunde viel näher an Europa als diese; es grenzt fast an Spanien. Es ist Ruhe, Einsamkeit, Schönheit, alte Kultur, Individualität. Und wenn man die Sache zu Ende denkt, fällt ihm vielleicht wirklich die Rolle einer »Zwischenstation« zu. Aber nicht, wie anfangs vermutet, einer Zwischenstation nach Taos.
Wer frei ist, seinen Weg wählen zu können, heißt für den die nächste Station – Europa?

Kein Ort des Menschen

Alles, was man zum ersten Mal sieht, ist anders, als man es sich vorgestellt hat.

Unsere knabenhaften Vorstellungen von der Wüste, durch mancherlei Lektüre genährt, waren romantisch durchtränkt. Weil es in der Wüste kein Wasser gab, bewässerten wir sie sozusagen mit unserer Phantasie. Wüste – das war etwas Heroisches, wie »Krieg« etwa: Araberhengste, wehende Burnusse, das Glutauge an der Sonne, Sanddünen, Kamelgerippe, Oasen mit Palmen, Blutrache, kühne Streifzüge und Überfälle – wie zur Ritterzeit. Wüste – das war für uns Europäer die Sahara. Ein Sandmeer mit wunderbaren Küsten am Rande. Zweifellos monoton. Aber doch großartig in seiner Monotonie. Vielleicht ist Zutreffendes daran. Aber Wüste gibt es nicht nur im nördlichen Afrika. Australien besteht zu mehr als der Hälfte aus Wüste. Asien hat riesige Wüsten, vor allem um die großen Gebirgsgürtel Mittelasiens und in Arabien. Patagonien ist Wüstenland, die Kalaharisteppe in Südafrika. Und schließlich auch die nordamerikanischen Wüsten, vor allem Californiens und Arizonas.

Beinahe ein Fünftel des Festlands der Erde ist Wüste. Aber wie Wald nicht gleich Wald ist, ist Wüste nicht gleich Wüste. Eines jedoch dürfte sie überall gemeinsam haben: daß sie keine Schaubühne für romantisches Heldentum ist, keine Dekoration, keine Phantasielandschaft. Nur die Summe ihrer Übertreibungen ist großartig. Ihre Einzelheiten sind brutal, trostlos, abstoßend, manchmal grotesk. Wüste ist nervtötend, langweilig, peinigend. Wüste ist nicht etwas, das man besucht, sondern durchquert – wie einen Tunnel: Gott sei Dank! Wenn er zu Ende ist, wird es wieder hell.

Ich war schon ein gutes Stück durch die Wüste gefahren – freilich in den großen, wie eine Konservenbüchse verschlossenen Pullman-Wagen der Santa-Fé-Linie –, als der Freund in Berkeley mich mit der Ankündigung überraschte: Wir fahren in die Wüste! Der Gute hatte zwei Wochen Urlaub, besaß ein reizendes Häuschen mit kleinem Garten, lebte in einer der schönsten Landschaften Californiens und wollte in die Wüste.

Mein Entzücken war wohl maßvoll, denn er steigerte sofort: Die Wüste blüht!

Das hatte ich gehört, daß es auch in der Wüste blühen sollte. Warum nicht. Es gibt da eine Andeutung von Vegetation; die muß einmal auch Blüten ansetzen. Aber die *Wüste* blüht – das schien mir übertrieben.

Es stellte sich heraus, daß wir die Wüste durchqueren mußten, um nach Whiteriver zu gelangen, einem kleinen Städtchen im Reservat der Apachen, zwischen Winslow und Phoenix etwa. Dort lebte ein uns bekannter Arzt in zweijähriger »Verbannung«, weil er, ein überzeugter Quäker, den Dienst in der Army verweigert hatte. Ich argwöhne, daß nur Europäer, Photographen und Filmoperateure in die Wüste fahren. Alle andern fahren *durch*. Auch wir taten dies. Aber der alte Ford nahm uns die Entscheidungen über Geschwindigkeit und Dauer der Rastzeiten ab.

Wir – das waren: der Freund, seine Frau, beider zwölfjähriger Sohn und ich – starteten an einem Freitagmorgen im April. Mittags tankten wir zum ersten Mal, rollten 100 Yards an, blieben dann stehen und anschließend drei Stunden im Schatten einer Bretterbude liegen, soweit uns nicht die Ungeduld umhertrieb. Derweilen wurde eine neue Ölpumpe eingebaut. Dann ging es weiter nach Bakersfield und dann – statt südwestlich nach Los Angeles – südöstlich in die Mojave Desert. Ehe sie begann, mußten die Ausläufer der Sierra Nevada genommen werden, Bergland, teilweise noch leicht begrünt, aber doch so spärlich, daß Siedlungen wohl nicht lohnen. Ich sah romantische Eckchen und fand es schön. Der Wagen nahm ohne Eile und Murren alle Steigungen. Später ging es dann sacht bergab: hinein in die Wüste.

Ich brauchte eine Weile, um zu begreifen, daß diese Häufung von Uninteressantheit die Wüste war. Ein Land der Leere, hin und wieder durchsaust von einem uns überholenden oder begegnenden Wagen, das die anbrechende Dunkelheit schließlich gütig zudeckte. Das Tagesziel – Barstrow hieß die Stadt – wurde spät erreicht. Wir bezogen ein Motel, gingen essen und bald schlafen. Anderentags Aufbruch mit Zahnweh des Jungen. Die Wüste wuchs. Die Temperatur stieg. Der Motor ächzte. Der Kühler kochte. Plötzlich eine schmutzig-trübe Dusche gegen die Windschutzscheibe: der Kühler war leer gekocht. Es war gegen 10 Uhr vormittags, in der Wüste.

Ein entgegenkommender Wagen hielt, entgegenkommenderweise, an und überließ uns den Inhalt seines Wasserbeutels. (Jeder Wagen, der die Wüste durchquert, sollte hinten an der Stoßstange so ein Wassersäckchen hängen haben.) Angstschweißtriefend, immer wieder stoppend, schafften wir es schließlich bis zur nächsten Raststelle.

Solche Oasen technischer Art – andere gibt es nicht – sind alle einander ungefähr gleich: eine Tankstelle, eine kleine Reparaturwerkstatt, eine kleine Bar, in der man beliebig trinken und mäßig essen kann; im Aussehn durchaus »wildwestlich«. Der Kühler wurde ausgebaut, zur nächsten Stadt gefahren, gereinigt, gestrichen, wieder eingebaut. Die Pause währte von 11 bis 6 Uhr Nachmittag. Der Schaden belief sich auf 37,50 Dollar. Wir hatten indessen Zeit, die Wüste zu inspizieren. Steine, Gestrüpp, einige nicht blühende Kakteen, weggeworfene Konservenbüchsen, meist leere Bierdosen oder Flaschen. Viele leere Bierdosen, die überall die Wüsten-Highways säumen, weggeworfen von den Drivern der großen Fernlastzüge. Ich sah etwas, das eine Ratte sein konnte. Sonst schien die Wüste tot. Wäre die Rast freiwillig gewesen, wäre man vielleicht dankbarer gewesen. So waren wir Gefangene. Manchmal warfen wir um die Wette nach einer Konservenbüchse. Dann schrieb ich einen Brief. Dann füllte ich den automatischen Plattenspieler mit 10-Cent-Stückchen. Niemand sagte: Genießen wir die Wüste. Sie schien ungenießbar.

Wir kamen bis Needles, das am Colorado River liegt: 365 Tage im Jahre scheint dort die Sonne. Ein Backofen noch um 9 Uhr abends. Aber ein tolles Nest. Unser Motel gehörte Chinesen. Farbige standen in den Straßen herum. Aber das interessanteste Element schienen die Mischlinge. Viel mexikanisches und indianisches Blut hatte sich hier untereinander und mit angelsächsischem und andrem Blut vereinigt.

Obwohl der nächste Tag ein Sonntag war, wollten wir schon um 6 Uhr aufbrechen, um den Verlust des Vortags wettzumachen. Aber unter dem Wagen stand eine Pfütze: Der Kühler war leer. Auf die Depression folgte ein ausgedehntes Frühstück, und darauf glückte es, in eine zufällig und kurzfristig offene Reparaturwerkstätte einzudringen. Der Monteur kippte eine Gummilösung in den Kühler, und wir fuhren entschlossen los. Wir rasteten mittags kurz in einem Nest, das Seligman hieß, und waren abends in Winslow, knapp 200 Meilen vom Ziel. Dazwischen lagen acht Stunden des Bangens, zumal wir am Nachmittag in die Nähe des Grand Canyons kamen. Wir tukkerten schrecklich langsam die Steigungen hoch. An ebenen Stellen hielten wir manchmal, gönnten dem Motor eine Pause, kühlten den Kühler mit angefeuchteten Tüchern, kippten Wasser nach aus dem Wassersack, mit dem wir uns inzwischen versehen hatten. Kein lahmendes Maultier hat sich je solch rührender Fürsorge erfreut wie dieser alte Ford. Wir flehten ihn an, beteten ihn an, lobten ihn, lasen ihm jede Erschöpfung von einer bestimmten Nadel ab. Er bekam kalten Tee, Sauerbrunnen ... Ein funktionierendes Auto ist ein Gott in der Wüste. Das unsere benahm sich wie eine Sphinx.

In einer Stadt, achtzig Meilen vom Ziel, wurden wir am nächsten Tag von den uns entgegenkommenden Bekannten empfangen und erleichtert. Der Junge mit seiner Mutter stieg in den großen Ranch-Wagen der Gastgeber, und der Freund fuhr mit mir nach. Bald kamen die Wälder des Apachen-Gebiets. Kleine Fleckchen mit reizenden Namen – eines hieß Schneeflocke – durchfuhren wir. Es ging langsam bergab, immer durch herrlichen Wald. Wir sangen, wir lachten Tränen über jenen Mann, der einen gebrauchten Wagen gekauft hatte und nach einer Woche des Verdrusses wieder zum Verkäufer kommt und sagt: Please, tell me again your sales talk. I'm so discouraged. (Bitte, wiederholen Sie mir noch einmal Ihren Verkaufsschwatz. Ich bin so verzweifelt.) Wir waren so vergnügt, daß wir die richtige Abzweigung überfuhren und auf schlechter Nebenstraße, in zunehmender Dunkelheit, vorbei an Indianerzelten und einsam reitenden Gestalten, erst spät abends in Whiteriver ankamen. Wir waren selig wie beschenkte Kinder. Und dies nur, weil wir die Wüste hinter uns hatten.

Trotz alledem: wenn diese gewiß subjektive Andeutung einiger beschwerlicher, an den Nerven zerrender Reisetage durch die Wüste die romantische Illusion gedämpft hat, die der phantasievolle Nichtkenner seit je mit sich spazieren trägt, dann wäre es zu verantworten, auch ein wenig vom Reiz, von der »Schönheit« der Wüste zu sprechen, freilich immer dessen eingedenk, daß es – von Gebirgsformationen einmal abgesehen – *relative* Reize sind, Reize, die im Grunde nur von einem beliebigen, auch sonst anzutreffenden Etwas ausgehen, das sich auf der Fläche des Nichts zur Besonderheit erhebt. Körnchen von Weizen oder Wassertropfen, deren Gewicht aus dem absoluten Mangel kommt. Rechte Wüstenbetrachtung erfordert ein philosophisches Temperament, das Auge eines Malers und die Geduld einer Ameise.

Als wir nach vier Tagen Aufenthalt zurückfuhren, begann es tatsächlich in der Wüste zu blühen. Denn bei so spärlicher und im Wesen auch kümmerlicher Vegetation können selbst herrlichste Blüten nicht die Landschaft verändern. Die Wüste bleibt Wüste, auch wenn »sie« blüht. Sie ist unfruchtbar, und das ist ihr Fluch. Es ist rührend, die kurze Blüte einer Ocotillo-Kaktee zu sehen, oder die unserm Mohn ähnliche der Mariposa-Lilie. Oder die durchsichtig blasse braun-grüne Blüte des Barrel-Kaktus. Aber dieser Zauber ist ein glühender, kurz aufflammender Protest gegen die Verdammnis, die nicht endet. Der einmalige Augenaufschlag – vielleicht bis zu Tränen rührend – eines gelähmten Krüppels, der verrät, daß auch das elendste Leben seine Seele hat.

Die Wüste scheint tot. Erst wer sie sah, kann die Großartigkeit des Disney-Films »The living desert« abschätzen. Aber im Fauteuil eines Kinos gerinnt das Unwahrscheinlichste rasch zur Selbstverständlichkeit. In der Wüste aber ist nichts selbstverständlich. Alles, was an ihr und in ihr lebt, ist der Blüte vergleichbar, die eine Kaktee hervorzaubert: ist Ausnahme, Widerstand, Besonderheit. Es ist da – aber nicht als Regel, sondern als Ausnahme. Wer das übersieht, wird Gefahr laufen, neue Illusionen zu nähren und Ödland in ein Paradies, eine Hexenküche des Existenzkampfes in einen Tiergarten umzufälschen.

An den großen Straßen, die die Wüsten durchlaufen, finden sich, in ungefähren Abständen von dreißig oder vierzig Meilen, auch Siedlungen. Sie haben alles mit der Straße und nichts mit der Wüste zu tun. Ein Wüsten-Highway ist eine Erwerbslinie. In der grotesken Hitze vor allem der wärmeren Zeit (wir erlebten schon an einem Apriltag über 110 Grad Fahrenheit) streiken die stärksten Motoren zuweilen. Auch der Reisende erschöpft sich bald. Mit dieser Not und Verlegenheit, deren Abhilfe ohnedies großzügig stimmt, kann man rechnen und einen Erwerb auf sie gründen. Wer nirgends einen Job findet – in der Wüste gibt es noch einen. Der mäßigste Mechaniker kann irgendwo primitiv »siedeln« an der großen Straße – er sollte sein Auskommen finden. Und ein raffiniert und mit Klimaanlage ausgestattetes Rasthaus kann eine Goldgrube sein. Wir gerieten einmal an so ein Ding. Draußen glühte die Luft, innen stieg man wie in ein erfrischendes Wasser. Ich ging sechs- oder siebenmal hinaus und hinein: es war immer wieder ein Wechselbad.

Bei solcher Hitze bleiben auch die trügerischen Luftspiegelungen nicht aus. Immer wieder sahen wir die Straße in der Ferne regenfeucht glänzen. Nie und nirgends freilich fiel auch nur ein einziger Regentropfen. Schon morgens um 9 Uhr fieberte die Luft. Das Mittagsbad, das wir auf der Rückfahrt, unweit von Needles, im schnell fließenden, kühlen Colorado River nahmen, war geradezu eine Sensation. Es war frisch und klar wie Quellwasser und zugleich doch auch abweisend, feindlich, außerzeitlich, todeskalt – wie die Wasser des Acheron. Aber die Abkühlung beschränkte sich auf Minuten.

Der Glutball der Sonne jedoch, der wie ein Fluch auf der Wüste lastet, ihr Licht, ist zugleich auch der Glanz, der zuweilen die Ödnis unwirklich verklärt, an Abenden, bei Sonnenaufgang, vor allem aber dort, wo sich Gebirge aus ihr erheben. Dann scheint sich ihr Wesen zu verändern. Ihre Bodenbeschaffenheit, die kümmerliche Vegetation, Steine und kleine Senken – alles kärgliche Detail geht unter, entrückt, wird nichtswürdiger Vordergrund vor dem lautlosen Spektakel eines Höhenzugs, einer großen Gebirgsformation. Arizonas Wüste ist nicht arm an solchem Wechsel des Bildes. Nicht, daß es bizarr, imposant, beinahe furchterregend sein mag – das ist nicht das Besondere. Das Besondere, Einzigartige und immer Überraschende an den großen Wüstenerhebungen ist das Atmosphärische, das eine unerhörte Farbenskala in Wirkung setzt. Hier erlebt das Auge das Unwahrscheinlichste an Phantastik. Farben, die in Europa undenkbar, Eindrücke, die unvergeßlich sind. Eine »Bühnenbeleuchtung« kühnster und – so möchte man sagen – märchenhaftester Art.

Aber »märchenhaft« – da eben stockt man doch. Denn so hingerissen das Auge auch ist – in der Seele bleibt man kühl. Das Märchen mutet abstrakt an, synthetisch, technisch. Es ist wieder ein Reiz, der ohne das Gigantische, Massive nicht wirksam wird. Freilich, man muß sich wohl daran erinnern, daß diese Landschaften auch mahnende, Schauder weckende Behältnisse ungemessener Zeit sind. Wo der Colorado River in Millionen Jahren den Grand Canyon durchwaschen hat, blickt das Auge erst mißtrauisch, dann fassungslos in den Schoß der Schöpfung. Das *Wasser* eben ist es, das den Stein beseelt. Die Luft scheint ihn noch wesenloser zu machen. –

Jedermann braucht etwas Wüste – Sven Hedin hat es wohl gesagt. Und vierzig Tage, so heißt es, ging der Menschensohn in die Wüste, ehe er seine Sendung antrat. Die Wüste verändert das Bild der Welt, den Wert des Lebens; vielleicht auch den Menschen. Verändert ihn, wie Gefangenschaft, Verbannung, Heimatlosigkeit ihn verändern. Wer die Vegetation der Wüste sah, auch wenn sie Blüten trug, weiß, was ein Laubbaum ist. Wer die versteinten Baumstümpfe (den petrified wood) sieht, fühlt, was noch ein umgestürzter, modernder Baumstumpf inmitten des Waldes für Magie besitzt. Es gibt ja Vergehendes, das schon wieder über sein Ende hinaus – stirbt, Samen hinterläßt, Zukunft verspricht.

Die Wüste ist das Ungastlichste der Erde. Kein Ort des Menschen. Mensch und Wüste sind einander urfremd, sind äußerster Gegensatz. Wüste – das ist die brutalste Kriegserklärung der Natur an den Menschen.

Selbst die zauberhafteste Kakteenblüte scheint zu sagen: Sieh mich an – und flieh!

Verdächtiger Fußgänger

Irgendwo, am Rand der Großstadt Houston,
auf einem Gehsteig – nicht wörtlich gemeint –
spazierte nach überstandenem Husten
gemächlich der Germanist Dr. Freund.

Stoppend und fahrend
und Abstand wahrend,
daß man, im Fall, den Verdächtigen greife,
folgte den Fährten
des greisen Gelehrten
ein Wagen der Streife.

Dieses spürend (denn sein Rücken
kribbelte von den Behördenblicken),
stoppte Freund und fragte einen der Policemen:
Ob man ihn verfolge, und wenn, wieso dies denn?

Allerdings! erfuhr er. Sein Benehmen
lasse sie, die Streife, Anstoß nehmen.
Es sei, quasi, wider die Natur.
Man folge seiner Spur.
Und wer weiß . . .
Oder könne er vernünftige Gründe sagen
für sein unvernünftiges Betragen!

Sagte Freund: Spazierengehen ist gesund!

Schürzte die Behörde ihren Mund:
Kein normaler Mensch geht hier zu Fuß!

Sagte freundlich Freund: Sie sehn – ich tu's.

Der Prediger

Der Prediger war schlank und hochgewachsen; er trug einen dunkelblauen Anzug. Das weiße Hemd mit der silbergrauen Krawatte setzte den schmalen, asketischen, nachtschwarzen Kopf scharf ab. Jetzt, da er abwartend auf der Empore saß und mit einigen Gemeindeoberen und Chorsängern den ruhigen Worten seines Amtsbruders zuhörte, hatte er seinen Schultern einen hellgrauen Mantel umgehängt.

Die Kirche – wie viele amerikanische Kirchen mehr einem Versammlungs- als einem Bethaus gleichend, ohne Altar, aber mit Bankreihen ausgestattet, sehr hell gehalten dabei – war nicht voll besetzt. Es war Abend, ein Märzabend in Texas. Die Hitze des Tages war abgeklungen zu einer nachhallenden, milden Wärme.

Reverend Dr. Brown, der gerade sprach, war mehr ein starker, fast massiger Mann, in unauffälligem Straßenanzug, mit kahlem, runden Schädel, heller an Hautfarbe als Reverend Groves (wie der Prediger hieß) und so ein gutes Beispiel für die außerordentliche Verschiedenheit der Negerrassen. Er redete ruhig und sachlich – etwa wie man eine umständliche Zugverbindung erläutert, und stützte sich dabei einmal auf den rechten, dann wieder auf den linken Ellenbogen, hielt manchmal kurz inne, so wie jetzt, da er sich anschickte, mit einigen Sätzen den Prediger einzuführen, zu dem er sich umwandte. Der sah freundlich auf und wartete ab, bis Dr. Brown zu Ende geredet hatte. Dann legte er den Mantel ab und ging langsam an das Predigtpult. Er legte einige Taschentücher neben die große Bibel, die er jetzt aufschlug, um eine Textstelle zu lesen, über die er predigen wollte.

Seine Stimme war anders als die des Vorredners, ohne daß man sofort hätte sagen können, warum. Er sprach auf die gleiche

Art, ruhig, sachlich, in derselben Stimmlage. Aber es war vielleicht so, wie es mit zwei Springern ist, die über die gleiche Höhe springen: man sieht, daß der eine höher springen wird als der andere.

Der Prediger sagte, was viele Prediger sagen, auch in anderen Sprachen. Nur hatte er nicht den bestimmten Predigtton, der sich abhebt von der normalen Rede, indem die Stimme sich etwas höher und feierlicher einrichtet; nicht immer zum Vorteil des Sprechenden oder Gesprochenen. Er erläuterte die von ihm gewählte Bibelstelle, ganz in der Welt des täglichen Lebens bleibend. Er sprach *mit* ihnen, nicht nur zu ihnen. Sein Wort war ohne Pathos. Aber es atmete Teilnahme. Es warb.

Die Zuhörer taten auch hier, was sie meist zu tun pflegen: sie sprachen, da er mit *ihnen* sprach, auch mit *ihm.* Sie bestätigten ihn durch kurzen Zuruf, durch ein Nicken des Kopfes. Vor allem eine alte Negerin, die zwei Kinder neben sich hatte, konnte sich nicht genug tun in ihrer Zustimmung.

War es zunächst so, als ob leichte Funken zwischen zwei Polen herüber und hinüber wechselten, so bildeten sie bald einen ununterbrochenen Stromkreis. Zugleich aber machte es den Eindruck, daß der Prediger dem Gegenstand, den er suchend und werbend umkreiste, näher und näher käme. Seine Stimme wuchs, aber auf eine innerliche Weise. Sie wurde wärmer, nuancierter – und wohl auch stärker dabei. Das geschah ohne eigentlichen Aufwand, etwa so, wie Feuer wächst, wenn der Wind stärker weht. Hin und wieder auch griff er nach einem der vor ihm liegenden Tüchlein und tupfte, ohne sie zu entfalten, den Schweiß von Stirn und Schläfen.

Er hatte gesagt, was zu sagen war; aber hinter dem Sinn seiner Worte stand nun die Gestalt des Menschensohnes auf, wie am Ende des Weges das Ziel steht. Und so wie man seine Schritte leicht beschleunigt, wenn man das Ziel vor Augen sieht, so steigerte sich nun auch seine Rede, unauffällig, aber stetig. Er hatte erkannt – und alle mit ihm –, was der Liebe wert war und liebte nun, was er erkannt hatte. Und weil die Liebe wie Feuer ist, wuchs seine Wärme nun zur Glut an und erhellte sein ganzes Wesen. Sein nachtdunkles Gesicht begann zu scheinen, seine Rede wurde rhythmischer; die Stimme drängte nun schon leicht zum Gesang hin.

Er begann, Christus zu rühmen, und berief die Stimmen der Propheten, des Vorläufers und der Evangelisten und nannte die Namen, die sie dem Messias gegeben hatten. Und auf jeden dieser Namen antwortete – etwa wie bei einer Litanei – ein Teil der Zuhörer mit ergriffenem Zuruf.

Jesus, der im Buche Jesajas genannt wird der Friedefürst!
Oh yes, Jesus . . . My Jesus . . .
Den Hesekiel nennt den Regenbogen!
Jesus, my Jesus!
Den Jeremias nennt den Herrn, unsere Gerechtigkeit!
My Jesus . . .
Den der Prophet Micha nennt den Herrn, unseren Frieden!
Der im Buche Sacharjas heißt ein Gerechter und ein Helfer!
Oh yes, yes! Dear Jesus . . .
Den Malechai nennt das Feuer des Goldschmieds und die Seife
der Wäscher!
Oh, Jesus . . .
Den Erlöser Hiobs!
Den starken Heiland im Buche Zephanjas!
My Jesus . . .
Den Haggai heißt den Heiland der Heiden!
Oh Jesus, my Jesus . . .
Den der Täufer genannt hat den Starken!
Oh! Yes, yes! Oh, my Jesus!
Den er nannte das Lamm Gottes.

Und immer wieder kam ihr Zuruf, der von der Unschuld eines entzückten Kindes war, liebend, voll Sehnsucht, voll Dankbarkeit.

Die Stimme des Predigers war jetzt mächtig geworden wie die Stimme eines Rufenden in der Wüste. Sein ganzer Leib tönte und schien ergriffen; aber er bemühte keine Geste. Ja, als ihm der Schweiß jetzt immer stärker Gesicht und Hals netzte und er nacheinander alle die weißen Tüchlein gebraucht hatte, sagte er, kurz Atem schöpfend, mit reiner Verlegenheit und kindlicher Heiterkeit:

»Wem sollte da nicht der Schweiß ausbrechen, wenn er so in die Nähe des himmlischen Feuers gerät . . .!?«

Und schon fuhr er fort in seinem Rühmen:

Den die Evangelisten nennen den guten Hirten!
O yes, Jesus, my Jesus . . .
Der da heißt der blühende Weinstock!
Yes, my Jesus . . .
Ja, Jesus, den sie nennen den Seligmacher . . .
Oh Jesus, my Jesus . . .!

Jetzt war seine Stimme so nahe an die Grenze des Gesanges gekommen, daß sie unmerklich hinüberwuchs, als sie den Zuruf aufgriff und inbrünstig wiederholte: Oh, Jesus, my Jesus!

Er hob den Arm leicht und löste damit das Spiel der Orgel aus, ein leises, improvisierendes Spiel, in das er einstimmte, den melodischen Part übernehmend, indem er sang. Er sang, losgelöst von den Worten der Bibel, seinen eigenen Lobgesang, kurze, vier- oder fünfzeilige Strophen, die ihm seine Ergriffenheit eingaben. Sein Gesang war elementar. Die Stimme hatte kaum Schmelz, und in der Höhe wurde sie manchmal rauh und mußte alle Kraft aufbieten, um den Ton zu bilden. Aber es war eine hingerissene und darum hinreißende Stimme. Er sang wie eine Flamme:

Wenn ich dich habe, mein Jesus,
brauche ich keine Güter dieser Welt.
Wenn ich in deiner Liebe wohne
und du in der meinen,
bin ich zufriedengestellt . . .

Diese Schlußzeile: »I am satisfied« bildete eine feste Tonfolge. Alle anderen Zeilen variierte er, instinktiv dem Wortsinn nachgehend.

Manchmal mischte sich die Stimme des Rufenden mit der Stimme der Wildnis, und seine hohe, schlanke Gestalt, sorgfältig mit den Stoffen der Zivilisation umkleidet, schien dann in die ungebändigte Freiheit der Krieger, Jäger und Hirten zurückzutauchen. Aber – es war wie Blitzen am hellichten Tage: man sah es kaum. Es ging unter in der Helligkeit seines Glaubens und im Lichte seiner lobsingenden Seele.

Dann hatte er sein letztes »I am satisfied« gesungen, und während die Organistin dem Schlußakkord zustrebte, ging er zurück an die Bank, auf der er vorher gesessen hatte. Aber ehe er sich setzte, zog er nun den Mantel an. Vor der Kälte und dem Gleichmut der Welt schien seine Gestalt nun wieder zu frieren. Die Augen glühten noch nach, aber in einem Gesicht, das nun erloschen und wie Asche schien.

Die Kinder Veits

Man trifft sie in den kleinen Studentenlokalen von Greenwich Village wie in den großen Stampen am Broadway, und sie tanzen ihr hektisches Solo in den Hotels der Colorado-Gebirgsstädtchen nicht weniger schmissig als auf den Animier-Bühnen von Reno. Und wenn man auch diejenigen mit einbezieht, die ihr Solo noch im scheinbaren Duett absolvieren – Solo bleibt es auf jeden Fall –, dann ist die Koexistenz zumindest in diesem Bereich ungefährdet: so tanzen die jungen Leute heute in Warschau wie in London, in Yokohama wie in London oder Mexico City. Als ich sie im letzten Sommer im Jugendpark des jugoslawischen Städtchens Mostar tanzen sah, bekam ich den Mund kaum wieder zu – einmal vor Staunen schlechthin, zum anderen der ungeheuer lautstarken Tanzmusik wegen, die jedes normale Trommelfell gefährdet.

Manche Psychologen oder Psychiater glauben, die neue Jugend verstecke sich in diesem undurchdringlich wuchernden Dschungel von Lärm, der aus Trommeln, Trompeten, Gitarren und Kehlen, zehn- und mehrfach über Zusatz-Lautsprecher verstärkt, aufbricht und eine ganze Generation und manchmal auch deren Väter und Mütter in rhythmische Ekstase versetzt. Andere wieder glauben, in dieser Lärm-Orgie eine abstrahierten Sexualrausch zu erkennen. Auf jeden Fall hat seit dem großen Tam-Tam und der enervierenden Dschungel-Trommel wohl kein Klang so erregend und mitreißend gewirkt wie diese überdimensionale, jede Variante und Feinheit zerstampfende Beat-Musik, nach der die neuen Formen des rock 'n' roll getanzt wurden: exhibitionistisch auf einem halben Quadratmeter, in selbstvergessener Trance oder rauschhafter Verzückung, in der mechanischen Manier aufgezogener Spielpuppen und – scheinbar paarweise – im mikrobenartigen Durcheinander auf einer knapp bemessenen Tanzfläche.

Der alte rock 'n' roll, bei dem die Tanzenden als Paar korrespondierten, rhythmisch und in bestimmten Figuren und Gegenfiguren, gehört beinahe schon zu den klassischen Tänzen. Sich nach seinen Regeln zu bewegen, setzt fast schon »tiefere seelische und sonstige Beziehungen« voraus. Der neue rock 'n' roll ist autark und macht autark. Wem es um letzte Perfektion geht, der tanzt ihn nicht in den banalen Varianten des »dog« oder »frug«, des »jerk« oder »bump and grind«, des »monkey« oder »mouse«, des »swim« oder »muli«, des »hitchhicker« oder »woodpecker« oder des »popeye« ... der steigt, wie der gußeiserne Bismarck oder eine bronzene Jeanne d'Arc auf einen Sockel, steht dort einige Sekunden still oder schüttelt wie ein Athlet vor dem Start kurz die Muskeln und erwartet gespannt den Ausbruch des lautlichen Vulkans, um sich dann auf engstem Raum aufs äußerste zu exaltieren.

Das ist wie ein Monolog, die schwierigste Form der Selbstinterpretation also, und wer eben nur die Talente eines Choristen vorweisen kann, soll auf nicht mehr als ein mitleidiges Lächeln rechnen. Wer jedoch voll in der Gunst der Muse – Terpsichore heißt sie bekanntlich – steht, der kann auf diesem halben Quadratmeter echte Triumphe feiern – wie etwa jene junge Negerin vom Broadway, die in einem großen Lokal voller abgestumpfter, biertrinkender, kaum noch der Lüsternheit fähiger Yankees unter fünf oder sechs Statuetten die hübscheste und anmutigste war:

Schlank, zauberhaft gewachsen, mit schelmisch-kindlichem Lächeln, das zwei Reihen makellos geformter Zähne frei gab, beinahe ebenholzschwarz, in einem weißen Kleid, das eben Bewegungsfreiheit ließ, aber doch die Linien des Körpers nachzog, bewegte sie die Glieder in überschäumendem Temperament, einer elementaren Lust an der Bewegung, in einem Rausch, der

151

narzißhaft und zugleich von jener gewinnenden Gefallsucht war, die auf die Freude der anderen abzielt. Ihr dunkles Gesicht leuchtete, der Schweiß perlte wie Tau aus der samtenen Haut, die Augen blitzten, die Zähne funkelten – das ganze Wesen war Kraft, Genugtuung, Freude, Leben, Grazie, Jugend; es ging eine Bezauberung von ihr aus, die jeden Widerstand, jedes Unbeteiligtsein hinweglächelte. Hier war die Körperlichkeit einer Gazelle, die immer wieder ihre Sprungmuskeln prüft, mit naivem, aber subtilem Kunstverstand gepaart. Dieses Geschöpf war zum Tanz geboren; der Tanz war ihr Leben, ihr Wesensausdruck, ihre Selbstbestätigung. Man hätte ihr zugetraut, daß sie die paar Dollar, die sie an einem Abend verdient, gelassen in den Hut eines Bettlers werfen könnte, der ihr ein uneingeschränktes Lob spendet. Bei aller Gegenwart und Gegenständlichkeit dieses gesunden schönen Leibes – er schien den stieren Blicken der trägen Männer so fern wie der Orion einem Komposthaufen. Ein leibhaftiges, blutvolles Perpetuum mobile, tanzte sie unermüdlich – mit dem Instinkt ihrer Rasse, von der ja alle mitreißenden Akzente stammen, die das negrofeindliche Amerika aus seiner puritanischen und dummen Selbstgefälligkeit reißen.

Denn auch dieser Tanz hat seine Wurzeln im Süden, in den Südstaaten, und seine Melodien wurden gespielt von Negern für Neger: in den Bars und Kneipen des Mississippi-Deltas, eine von schweren, regelmäßigen Klopfrhythmen untermalte, aus dem Kummer erwachsene, monologische Musik, »rhythm and blues« geheißen, voller Gospelklagen und Aufschreie. Dann wurde der Rhythmus (the beat) betont und verstärkt. Elektrische Gitarren und Schlagzeuge trieben nach dem Krieg die »Entwicklung« weiter voran, bis dann der junge Mann mit den wedelnden Hüften und der überschnappenden Stimme, Elvis Presley, Millionen von Teenagern zum »flippen« brachte und die männlichen von ihnen zu Lausejungen-Exzessen anregte, denen Konzertsäle und Stadthallen zum Opfer fielen.

Diese Folgen oder Begleiterscheinungen machten den neuen Tanz nicht gerade sympathisch, was die Welt der Erwachsenen betraf. Von Pablo Casals bis Frank Sinatra und Bing Crosby schleuderten die Musiker ihren Bannfluch gegen diese rock 'n' roll-Musik, die aus Hunderten von Diskotheken plötzlich aufscholl und den night clubs das Wasser abgrub. Es wurde sogar ein amerikanischer Senatsausschuß bemüht, um einen Zusammenhang zwischen Jugendkriminalität und rock 'n' roll festzustellen (oder herzustellen), und Untersuchungen ergaben zumindest, daß die rock 'n' roll-Fans einen niedrigeren Intelligenz-Quotienten beibrachten als andere Jugendliche. Elvis Presley wurde zur Army nach Deutschland eingezogen, und der Verkauf der rock 'n' roll-Platten sackte darüber auf ein Drittel seines Höchststandes ab.

Aber da kam die Rettung – ex occidente! Vier hochmusikalische nicht unwitzige junge Engländer, mit hohen Absätzen, ziemlich engen Anzügen und »so vielen Haaren, daß man ein Sofa damit hätte polstern können« . . . retteten die neue (alte) Tanzmusik. Und sie schafften es, obwohl von Fachleuten glaubwürdig versichert wird, daß es in den USA einige Dutzende von Bands – negro bands vor allem – gibt, die mit ihrem Gesang und Spiel musikalisch die englischen Beatles noch in den Schatten stellen. Sie schafften es durch ihren Humor, ihre Selbstpersiflage, mit denen sie allen (oft schwerblütigen) Konkurrenten den Wind aus den Segeln, den Schlegel von der Trommel nahmen. Ihr einzigartiger Erfolg in den Staaten basiert auf der Tatsache, daß sie – bei aller Frechheit, allem Zauber, den sie veranstalteten – sich selbst nicht ernst nahmen. Als ein amerikanischer Reporter den Ringo fragte, weshalb er so viele Ringe an den Fingern trage, lautete die Antwort: »Weil ich sie mir nicht alle durch die Nase ziehen kann.« Und solche Schlagfertigkeit sollte die Witz und Understatement liebenden Yankees nicht für diese Tommies einnehmen?

So kam es, daß nicht nur seit dem Auftreten der Beatles die Schallplatten-Industrie einen neuen Auftrieb erfahren hat – auch eine neue Geselligkeitsform, ein neuer Treffpunkt für die Liebhaber heißer Musik war gefunden: die Diskothek. Es mag sein, daß das Beispiel des Pariser »Whisky a Go-Go« Pate stand bei dieser neuen Welle. Auf jeden Fall erstanden innerhalb eines Jahres mehr als fünfhundert Diskotheken zwischen Los Angeles und San Francisco, Chicago und New Orleans. Allein Manhattan hat heute mehr als vierzig Diskotheken anzubieten, von denen manche nach Theaterpremieren oder Konzertabenden, Ausstellungseröffnungen oder Kongressen aufgesucht werden wie früher die Dachgärten der großen Hotels oder die internationalen Bars.

Nichts also fehlt mehr an Reputation. Die elegante Welt rockt und rollt nicht weniger als die ordinäre, und den Teenagern tun es die Eltern nach. (Nothing is sacred anymore. I mean, we no sooner develop a new dance or something and our parents are doing it.) Wie mit Preßlufthammern stampft der neue Tanz durch dieses Jahrzehnt. Seine Akzente? Eine Kette von Explosionen. Seine Melodik? Die Wiederholung und Verschiebung von Intervallen. Seine Varianten? Ständiges Fortissimo. Sein Ziel? Sich ausgeben, verlieren, vergessen. Ein Psychiater aus Harvard hat gesagt, diese Tänze seien Ventile für Unruhe, für unausgesprochene und unterdrückte sexuelle Wünsche; er halte sie für gesund. Andere Kollegen wollen in dieser Tanzerei eine »Sex-Verklemmung, die in einen Schausport verwandelt wird«, erkennen. Der Deutungen sind viele. Warum sollen nicht auch der Motive und Aspekte mehrere und verschiedene sein ... Es kündigen sich in der Anlage und Melodik etlicher »Neuschöpfungen« neue Ansprüche, neue Einfälle an. Manches wird doch differenzierter. Die Sentimentalität hat sich zwar in die neue Folklore- und Protestmusik geflüchtet, aber sie wird sich dort ebensowenig unzensiert halten, wie sich die Folklore nicht vor der totalen Rhythmik des rock 'n' roll schützen kann. Beide durchdringen einander, wirken auf einander ein, schleifen einander wie Mühlsteine ab.

Aber fürs erste weckt das Tanzen der neuen Generation, wo es in der Menge geübt wird, in der Monotonie der Bewegungen, dem Narzißmus der Tanzenden, dem Überschuß an Sex und dem Mangel an Grazie und Erotik, in seinem Verlöschen des Bewußtseins, in seiner mechanischen Beziehungslosigkeit nicht wenige Assoziationen an den »Veitstanz«. Weil es jedoch ein Tanzen aus der Kraft, aus Lebensfreude und aus der Fülle heraus ist, muß man gleich hinzusagen, daß es ein »Veitstanz« von Gesunden ist.

Auch in der Menge gibt es natürlich da und dort Anmut und Witz. Unter den phantasielos und lokomotivenähnlich dahinstampfenden Duos, die kein Duett, und Paaren, die keine Gleichung sind, gibt es immer wieder jene einzelnen, deren Talent gerade aus der Konfrontation mit diesem wilden und primitiven Rhythmus künstlerische Formen und Figuren entwickelt. Die Herausforderung dieser Musik ist groß, bedrängend, beinahe terroristisch. Sie zwingt die Herde zu einer Art von Gleichschritt, zum Trab, zum Einmaleins und Einerlei. Den Tänzern von Geblüt aber fordert sie das Äußerste ab.

Auf engstem Raum, beinahe wie ein Tier im Käfig – manchmal umgrenzen Stäbe wie mathematische Linien den gedachten Tanzraum – oder hinter Glas, lassen sie ihre Glieder spielen – in ortloser Choreographie. Der veitstänzerischen, in den Lärm flüchtenden Menge zeigen sie die Blüte einer lautlosen Grazie.

Auch unter den Kindern Veits gibt es solche, die auserwählt sind.

Ein Musical von O'Neill

Wer kein Auto besitzt, bedient sich in Deutschland und Europa, will er längere Strecken zurücklegen, der Eisenbahn. Wer in den Vereinigten Staaten nicht motorisiert ist, den tragen die »Windhunde« von Küste zu Küste, von Milwaukee nach Miami, von Seattle nach New Orleans, sofern er die genannten Ziele anstrebt. Es mag Käuze geben, die keinen Wagen fahren können oder wollen und sich des Flugzeugs bedienen. Aber von solchen ist hier nicht die Rede, sondern von den sogenannten kleinen Leuten, die ihre Groschen oder Cents zählen müssen, ehe sie Pläne oder Reisen machen.

Wahrscheinlich würden auch diese »kleinen« Amerikaner es vorziehn, wie die Deutschen oder Italiener auf dem Schienenweg zu reisen. Aber die amerikanische Eisenbahn fällt als alltägliches Verkehrsmittel so gut wie ganz aus. Der ausgedehnte Kontinent läßt einmal kein so dicht gewobenes »Netz« von Eisenbahnlinien zu, und zum anderen sind die Entfernungen derart, daß eine übliche chemin de fer oder ferrovia nicht ausreichen würde. Die Züge in den USA sind darum für unsere Begriffe fast durchweg Luxuszüge. Wer von Portland nach Boston oder New York fahren will, braucht etwa drei Tage und Nächte und muß seine Fahrkarte im voraus bestellen. Zwar ist die Eisenbahn drüben noch immer billiger als das Flugzeug, aber da Zeit auch Geld ist, können in den Staaten eigentlich nur Leute mit dem Zug fahren, die beides in ausreichendem Maße besitzen: Geld und Zeit. Sie sind die eigentlich Reichen dieser hektischen Welt.

Als ich das erste Mal durch Nordamerika reiste, war ich wie ein Rohrpostbrief: ich hatte mich um nichts zu kümmern und bewegte mich, von freundlichen sponsors gelenkt oder geleitet, auf den Achsen der Expreßzüge oder mit den Flügeln der Flugzeuge durch das Land. Nur bei einem privaten Seitensprung von San Francisco nach Palm Springs und nach Carmel benutzte ich einen Reisebus. Aber das brauchte nur drei oder vier Stunden, und die Reiseziele schienen mir auch keine für Hinz und Kunz. Diesmal wollte ich es wissen und hatte mir einige Greyhound-Fahrten vorgenommen, darunter eine, die unausweichlich war und von der hier die Rede ist.

Mistress und Mister Coulder hatten die soziologischen Studien vereitelt, die ich auf der Reise von Denver nach Berkeley hatte treiben wollen. Aber die Reise von Montreal zu den Studenten von Middleburry in Vermont und dann nach New York fand statt. Auch in diesem Fall geschah freilich das Berichtenswerte in den Pausen.

Der Bus war nur schwach besetzt, als ich ihn in Montreal bestieg. Aber mit André Gide glaube ich an den Wert der kleinen Zahl. Eine Tragödie oder ein Drama kann sich zwischen zwei Personen abspielen. Und die eine saß schon im Greyhound: eine ältere, etwas schrullig angezogen Dame mit einem antiken Blumenhut, leichter Nervosität um die Nase, köstlich gepudert und etwas kurzsichtig. Die anderen – fünf oder sechs – waren Statisten.

Die Fahrt zur Grenze währte etwa eine Stunde; dann kamen die Schlagbäume. Wie immer ist die Ausreise – die DDR ausgenommen – einfacher als die Einreise; der kontrollierende amerikanische Beamte ließ es uns fühlen. Er sah sich die Pässe an und winkte erst ihr, dann mir, den Wagen zu verlassen und ihm ins Büro zu folgen, wo er – mit einem Kollegen – hinter einer bürokratischen Holzbarriere amtete. Es entspann sich zwischen ihm, den ein Schild als Mister O'Neill auswies, und der alten Dame, die ein gutes Französisch und ein sehr merkwürdiges Englisch sprach, etwa folgender Dialog:

»Wohin wollen Sie reisen, Madam?«

»Nach Burlington, mein Herr.«

»Was werden Sie dort tun, Madam?«

»Ich werde dort Musikstunden geben, mein Herr.«

»Was sind Sie von Beruf?«

»Musiklehrerin, mein Herr.«

»Wo wohnen Sie, Madam?«

»In Montreal.«

»Wieso geben Sie dann Musikunterricht in Burlington, Madam?«

»Ich habe dort vier Schüler, mein Herr, die mich erwarten.«

»Was wollen diese Schüler von Ihnen lernen, Madam?«

»Einige wollen singen lernen . . .«

»Sie können gut singen, Madam?«

»Ich habe früher recht gut gesungen, mein Herr. Aber heute unterrichte ich nur noch.«

»Warum wohnen Sie nicht in Burlington, wenn Sie dort unterrichten, Madam?«

»Ich unterrichte auch in Montreal, mein Herr!«

»Wenn Sie in Montreal unterrichten, – warum kommen Ihre Schüler aus Burlington nicht nach Montreal, Madam?« Mister O'Neill stellte diese törichtste seiner Fragen mit der Beharrlichkeit eines ehrlich Beschränkten und sah die Musiklehrerin dabei so streng an, daß diese perplex schwieg und ratlos auf einen schäbigen Stuhl sank, der neben ihr stand.

»Sehen Sie, Madam«, sagte O'Neill, »darauf wissen Sie keine Antwort. Ich weiß nicht, ob ich Sie einreisen lassen kann.«

Die Musiklehrerin schüttelte ein paar Mal den Kopf, als wolle sie sich eines Alptraums entledigen, erhob sich wieder und sagte in ihrem französisierenden Englisch, das dem Beamten offensichtlich auf die Nerven ging:

»Ecoutez! Hören Sie, werter Herr. Ich reise jeden Monat für einige Tage nach Burlington und unterrichte dort meine Schüler: Miss Sowieso und Miss Sowieso, Mister Soundso und Mister . . . –«

»Kann eine weibliche Person, I mean, kann eine Musiklehrerin Männer in Gesang unterrichten?« Mister O'Neill verbarg nicht, daß er diese Frage für irgendwie ausschlaggebend hielt.

»Theoretisch . . .«, begann die Kanadierin, wurde aber sofort, weil O'Neill Praktiker war, unterbrochen:

»Praktisch! Praktisch – meine ich! Ich wiederhole meine Frage: Können Sie als Frau . . .«

»Oui, oui, oui! Yes, yes, yes! Ich könnte und ich kann! Aber ich tue es nicht. Ich unterrichte die beiden jungen Herren im Klavierspiel, mein Herr!«

Mister O'Neill gab zu erkennen, daß damit ein neuer Gesichtspunkt auftrete, der den Fall komplizierte. Er sah sich gedankenvoll in seinem Dienstraum um, als könne da wider alles Erwarten ein Klavier aufzutreiben sein, das diese so miserabel englisch parlierende Kanadierin der Unaufrichtigkeit überführe. Aber da war keines.

»Ich glaube nicht, daß ich Sie einreisen lassen kann, Madam«, sagte O'Neill ernst.

»Aber mon dieu!« sagte die Musiklehrerin verzweifelt. »Ich fahre seit zwei Jahren einmal im Monat mit diesem Greyhound nach Burlington, und niemand hat mich bisher verdächtig gefunden! Was soll denn an meinem Beruf auch Verdächtiges sein? Die Musik verbindet die Menschen, macht sie besser und edler . . .«

»Glauben Sie im Ernst, Madam, daß kanadische Musiklehrerinnen aus uns Amerikanern bessere Menschen machen werden? Glauben Sie das?«

Die Kanadierin sank wieder auf den Stuhl. Mit tonloser Stimme sagte sie: »Es ist zum Weinen . . .«

»Was meinten Sie?« fragte O'Neill mißtrauisch, da er nicht Französisch verstand – die Musiklehrerin hatte muttersprachlich geseufzt.

Hier nun schaltete ich mich ein.

»Die Dame könnte weinen – sagt sie. Aber Sie, Mister O'Neill, könnten verhindern, daß sie das tut. Oder muß sie weinen, um nach Burlington reisen zu können?«

O'Neill sah mich sichtlich befremdet, aber doch etwas unsicher an. Dann fragte er die Musiklehrerin in neutralem, rein dienstlichem Ton:

»Haben Sie irgendwelche Beweise für Ihre Tätigkeit in Burlington, Ihre Tätigkeit überhaupt? Irgendwelches Material, das mir beweisen könnte . . .?«

»Meine Noten! Soll ich sie holen?«

»Bitte, Madam, holen Sie, was Sie zu Ihrer Entlastung vorweisen können!«

Die Gute enteilte.

»Und Sie, mein Herr«, fragte O'Neill, »was suchen Sie in den Vereinigten Staaten?«

»Ich möchte die letzte von etwa zwanzig lectures dort halten und dann von New York aus schleunigst nach Europa zurückkehren. Der Flug ist schon gebucht. Hier sind meine gesamten Flugkarten.« Ich überreichte das Bündel. Mister O'Neill studierte die Kollektion.

»Warum reisen Sie heute mit dem Greyhound ein?«

»Weil ich heute abend in Middleburry, in Vermont, zu tun habe. Es gibt dort ein sehr angesehenes amerikanisches College, aber keinen Flughafen. Außerdem ist es interessant, einmal mit dem Greyhound zu reisen. Man erlebt dort einiges.«

»Was sollte da schon Wichtiges passieren . . .« Ich hatte den Eindruck, daß Mister O'Neill sich langsam auf eine größere Konzilianz einpendelte.

»Darf ich Sie etwas fragen, Mr. O'Neill?« sagte ich, mich um äußerste Harmlosigkeit und Liebenswürdigkeit bemühend.

»Bitte!«

»Sind Sie etwa verwandt mit dem bekannten Playwriter gleichen

160

Namens, der 1953 verstorben ist und auch in Europa sehr angesehen war? Sein Vorname war Eugene. Eugene O'Neill.«

»Ich glaube nicht. Mir ist nichts von diesem Eugene O'Neill oder einer Verwandtschaft mit ihm bekannt. Warum fragen Sie das?«

»Ich habe mit wachsendem Interesse, fast mit Bewunderung den Dialog verfolgt, den Sie mit dieser konfusen Kanadierin führten. Warum sagte sie denn nicht, daß es bequemer, billiger und vernünftiger sei, wenn ein Lehrer zu vier Schülern nach Burlington fährt, als wenn vier Schüler von dort nach Montreal reisen? – Sie beherrscht die Kunst des Dialogs nicht! Aber Sie, Mister O'Neill, beherrschen diese Kunst – beinahe wie ihr berühmter Namensvetter.«

Über meine beiden letzten Sätze war die Musiklehrerin wieder eingetreten, eine Mappe unter dem Arm.

»Zeigen Sie, Madam!« sagte O'Neill in beinahe schon gütigem Ton, schlug die Mappe kurz auf und gleich wieder zu. Dann stippte er einen Stempel in die vor ihm liegenden Pässe, in den kanadischen, den deutschen, und sagte erklärend:

»Jeder hat seinen Beruf. Jeder muß seine Pflicht tun. Reisen Sie gut!«

Und so reisten wir in die USA ein, und anderthalb Stunden später, in Burlington, betrat die Musiklehrerin unbehelligt nordamerikanischen Boden. Gegen drei Uhr erreichten wir Monkton, wo uns eine knappe Stunde Rast gewährt wurde. Der Driver schloß den Wagen ab und eilte schnurstracks davon. Wohin ging er? Hatte er Verwandte hier? Freunde? Eine Amour? Während ich eine Suppe löffelte und eine Salatplatte anschloß, malte ich mir die Geschichte eines Bus-Drivers aus, der irgendwo auf seiner Tour ein verbotenes und verborgenes Verhältnis hat – bis er eines Tages überrascht, niedergeschlagen oder gar getötet wird von dem hintergangenen Rivalen, und der Greyhound steht und steht, und die Passagiere warten und warten ... Als aber die Abfahrtszeit schlug, saß unser Fahrer brav am Steuer und lenkte sein Gefährt in die zauberhafte Herbstlandschaft von Vermont. Keine Story. Kein Abenteuer. Der ältere abgeschabte Herr mit dem ständigen Zucken im Gesicht und einem merkwürdig zischenden Geräusch beim Atmen war eingeschlafen. Ein Negerehepaar schwatzte leise miteinander und kicherte zuweilen. Eine Großmutter mit Enkel wurde dauernd um ein neues Bonbon angebettelt. Irgendwo stiegen ein paar Leute zu. Gegen sechs Uhr abends kam ich in Middleburry an.

Ich verbrachte insgesamt sechs Stunden dort, aber es waren Stunden von besonderem Zauber. Vielleicht empfand ich an keinem Punkt dieser zweiten Reise solche Genugtuung und Freude an dem Beisammensein mit jenen jungen Menschen, die morgen die Aufgaben der amerikanischen Elite übernehmen sollen. Es war für diesmal die letzte Begegnung mit der studierenden Jugend.

Kurz nach Mitternacht bestieg ich in Middleburry den Greyhound nach New York. Auch dieser war nur schwach besetzt. Zwölf oder vierzehn Leute schliefen im Sitzen oder lagen wie halb aufgeklappte Taschenmesser auf den Sitzen. Zwei Stunden vor New York gab es noch einmal eine halbe Stunde Pause in einer Stadt, deren Namen ich vergessen habe und nicht mehr wissen will.

Ich trank eine Tasse Kaffee, vertrat mir die Beine und sah mich ein wenig auf der Station um. Es war wie wohl überall auf der Welt um diese Stunde: ein paar Nachtvögel, ein paar schlafende Betrunkene, einige Frühaufsteher, die müden Reisenden ...

What happened this night?

In New York erwartete – unerwartet – Albert, der Luxemburger, am Bus Terminal den Heimkehrer, und wir nahmen zusammen ein kräftiges Frühstück.

»Und die Greyhound-Fahrt, wie war sie?« fragte Albert.

»Außer dem ausgezeichneten O'Neill, den ich bei dieser Gelegenheit sah und der selbst mitspielte, gab es nichts, das der Erwähnung wert wäre.«

»Aber O'Neill ist doch längst tot. Oder irre ich da . . .?« Albert war ganz durcheinander.

»Ein kleiner O'Neill. Ein Namensvetter. Zollbeamter. Autor und Hauptdarsteller. Heldin eine kanadische Musiklehrerin. Ein kleines Musical sozusagen. Aber immerhin: ein Musical von O'Neill.«

Reverenz für eine New Yorkerin

Es liegt in der Natur einer Reverenz, daß man sie erweist, aber man schuldet niemandem Auskunft, weshalb man sie erweist, nicht einmal demjenigen, dem sie erwiesen wird. Ich wäre z. B. absolut außerstande, ein auch nur leidlich sachgerechtes Bild von New York zu entwerfen, und ich entschuldige dies auch keineswegs mit der Größe dieser riesigen Stadt. Mein Unvermögen ist ganz unabhängig von Umständen begünstigender oder widriger Natur. Ich habe keinen Orientierungssinn, keinerlei mnemotechnische Registratur, keinen Sinn für Monumente – es ist zwecklos, nach weiteren Unterabteilungen meines Unvermögens zu grübeln; ich würde es total nennen. Ich entsinne mich zuweilen sehr gut der Lektüre eines bestimmten Buches, einer Flasche Wein, eines Gesprächs und noch dieser oder jener Erfahrung, die ein Mann machen kann. Ich habe also wohl einen Sinn für das Sinnliche – in der ursprünglichen Bedeutung dieses Wortes. Aber schon beim Sinnigen endet dieser Sinn. Am hoffnungslosesten steht es mit Namen, Ortsangaben, Denkwürdigkeiten, Besichtigungszielen.

Eine Amerikanerin aus New York, die ein paar Jahre in Paris gelebt hatte, beschrieb mir die Lage ihrer dortigen Wohnung: vis-à-vis dem Café Deux Magots. Sie geriet dabei in Verzückung. Ich meinerseits geriet in ergebnisloses Grübeln.

Auf meiner ersten Reise war ich knapp vierzehn Tage in New York, zwei am Anfang meines Amerika-Aufenthalts, zehn oder elf am Schluß der Reise. Ich war in Museen, Theatern, Galerien, Konzertsälen, Restaurants, Universitäten, Colleges. Ich habe die Stadt durchstreift, aber man hätte mich hernach nicht nach Namen oder wissenwerten Einzelheiten fragen können. Nicht einmal den Namen des Hotels hätte ich nennen können, in dem ich die ersten vier Tage wohnte. Ich behalte nur Dinge, mit denen niemand außer mir etwas anfangen kann.

Zum Beispiel ist mir die Straßenecke noch heute gegenwärtig, an der ich bei meinem ersten schüchternen Ausgang zwei Jungen um eine kleine Auskunft bat. Sie sahen mich spöttisch an und winkten einer weiteren Gruppe Halbwüchsiger, Boys und Girls, die – sie waren offenbar auf dem Heimweg von der Schule – herbeikamen und denen ich meine Frage wiederholte. Da brachen alle in ein ausgelassenes, merkwürdiges Gelächter aus. Es waren Taubstumme, die sich ungemein erheiterten, daß ich mich gerade an sie wendete. Normalerweise sind Taubstumme ein Gegenstand menschlicher Nachsicht und Bemitleidung. Hier war der Sprachbegabte für die Taubstummen ein Gegenstand der unfreiwilligen Komik.

Ich denke an das riesige Apartment-Hotel, in dessen einem Zimmer – hoch oben über dem Hudson – die rothaarige Dichterin Claire Goll, die Lebensgefährtin des Dichters Ivan Goll, wie ein gefangenes Vögelchen in seinem Bauer saß und sich in Sehnsucht nach Paris verzehrte. An die beiden Steaks, aus denen sie ein Abendessen bereiten wollte, ohne genau zu wissen, wie das anstellen. (Ich habe sie ihr dann gebraten.)

Ich habe noch die Stimme im Ohr, die Stimme der Chansonette, die in einer Burleske der Paris-Helena-Affäre in der Schaukel saß und sang:

It's such a lazy afternoon . . .

Und dann kam der trojanische Prinz in einem Ballon, um die schöne Helena zu entführen – aber an ihn kann ich mich überhaupt nicht mehr erinnern.

Viel besser an Audrey Hepburn als Giraudoux' »Undine«, wie sie sich grazil auf der Bühne und dann im großen Netz bewegte; an den unglaublich komischen winzigen König und die aus dem Boden wachsende Venus, die ganz zweifellos nach den

Maßen derer von Milo aus einem großen Aufgebot herausgemessen war. An den Mann hernach, der auf einer Kiste stand und gegen den Katholizismus polemisierte auf ernsthafte, gewissermaßen theologische Art, nachts nach 23 Uhr – und mehr als zwanzig Leute diskutierten mit ihm. An die Germanisten-Runde der Columbia-University, die mich wie eine Zitrone ausquetschte, um über »lebende« deutsche Literatur etwas zu erfahren. An die Kunstausstellung unter freiem Himmel – jeder kundige Thebaner kennt den Namen des Platzes (vor der New York-University), an den ich mich schon deshalb so gut erinnere, weil mir die an einem Steintisch Schach spielenden Männer noch so gegenwärtig sind, daß ich sie malen könnte, könnte ich nur.

Aber – wem wäre mit solchen Hinweisen und Einzelheiten gedient? Man muß wissen, daß der feine Mann in Rom seinen Negroni auf der linken Seite der Via Veneto bei Rosati nimmt. Man muß in Paris ganz bestimmte Cafés kennen, in Stockholm einmal im »Güldenen Freeden« gespeist, in Athen im »Grand Bretagne« geschlafen haben, um gewissen Leuten zu genügen. Wo immer man war, – ohne ein gelochtes Billett solcher Art vorweisen zu können, war man nicht dort. Und da ich den Broadway oder die Third Avenue nicht als Objekte intimer Kennerschaft anführen kann, war ich vierzehn Tage in New York, ohne dort gewesen zu sein. Wahrscheinlich verwechsle ich New York mit Charlotte Pekary.

Sie hatte eben ihren Sechzigsten gefeiert, als ich, amerikamüde und New York-hungrig, bei ihr eintraf. Aber ich hatte sie gleich am ersten Tage meines Aufenthalts kennengelernt; sie hatte mich »aufgepickt«. Als Professorin der New York-University für deutsche Sprache und Literatur hatte sie ein gewisses Recht darauf, und sie nahm es wahr.

Ich sprach mit ehemaligen Studentinnen von ihr – jeden Tag lief einem eine über den Weg (»ne braune oder blasse«) –, und beinahe jede meinte: Miß Pekary sei nicht typisch für Amerika oder eine Amerikanerin. Sie sei außergewöhnlich, eine in ihrer Art und ihrem Beruf einmalige Erscheinung. Aber es läßt sich nicht leugnen, daß sie Amerikanerin ist von Geburt an, auch wenn die Großeltern oder Urgroßeltern vermutlich aus Ungarn eingewandert sind.

Sie tauchte am ersten Nachmittag wie ein Torpedo auf und traf mich mittschiffs durch zwei oder drei Manhattans und die Kenntnis meiner Bücher. Und so getroffen, ließ ich mich dann, als ich New York erobern wollte, von ihr ins Schlepptau nehmen. Sie hatte in ihrer hübschen kleinen Wohnung ein Zimmerchen gerichtet, und so saß ich denn in ihrer Falle. Es war die angenehmste Falle, in der ich je saß.

Zwei-, drei- oder gar viermal mußte sie am Tage rasch auf die naheliegende Universität. Aber sie erledigte das anscheinend immer dann, wenn ich mich rasierte, ein Kino aufsuchte oder mich mit Bekannten traf. Im Grunde schien sie nur für mich da zu sein. Erst allmählich bemerkte ich, daß sie noch ein ganz hübsches Nebenpensum erledigte. Sie flickte an angeknackten Ehen (ihrer einstigen Studentinnen) herum, beriet zum Examen Verurteilte, ging zur Schneiderin, holte Geld von der Bank (es rann ihr sofort durch die Finger in meine und ihre Kehle), machte Einkäufe, richtete einen Braten, bereitete eine Party vor, sang zwischendurch negro-spirituals am Flügel – und immer, wenn sie neben mir herlief, dachte ich: wie ist sie nur so frisch, wie macht sie das nur? Wie eine Fregatte mit gefüllten Segeln trieb sie, geschickt steuernd, auf den Wogen einer offenbar allgemeinen Sympathie. Ihre näheren und entfernteren Kollegen schienen ihr allesamt wohlzuwollen (was »unter Kollegen« ja wohl ein Montblanc an Kollegialität ist), ihre Studenten verehrten sie, die Studentinnen liebten sie – und was da sonst in ihren Sog geriet, trieb mitgerissen im Kielwasser. Sie war der unmittelbarste, unverstellteste, unbekümmertste Mensch, der mir begegnete. Als sie ein Jahr später im pädagogischen Austausch nach Köln kam, an ein Knaben-Gymnasium, verhielt sie sich nicht anders – sie konnte ja nicht. Sie trampelte sämtliche Zäune nieder oder setzte kühn über sie hinweg, verstieß gegen eine Vielzahl von Konventionen und siegte auf der ganzen Linie. Sie gab einen Abschiedsabend – eigentlich wurde er ihr gegeben –, bei dem sie diskutierte, redete, sang, steppte. Der Abend mußte wiederholt werden. Sie vollbrachte ein Wunder: sie eroberte die Herzen ihrer Jungen, der Kollegen, der Eltern.

Ihre beste Kulisse freilich war wohl zeitlebens New York. Sie brauchte keine Furcht vor Harlem zu haben; die Neger witterten sofort, daß da ein Mensch kam und kein Weißer. Sie lockte die lyrische Sibylle Marianne Moore von Brooklyn zu einem Rendezvous, sie kutschierte mich ins Hunter-College, wo damals noch Professor Shuster, der einstige bayrische Landeskommissar präsidierte, sie trommelte die entferntesten Kollegen zusammen und hatte auch die richtigen Theaterkarten besorgt. Sie spürte auch die guten Weine auf, verstand schmackhaft zu kochen, und genoß, wenn man genoß.

Es wird mir unvergessen bleiben, wie wir nach Eliots »Confidential Clerk« nach Hause kamen (wir fanden ihn »eigentlich doch recht interessant«) und uns über Lobster hermachten, den sie nachmittags gekocht hatte. Das rote Vieh lag auf dem Tisch, die Mayonnaise stand reichlich dabei, und neben ihrem Teller lag das Buch, das sie auf dem Heimweg rasch noch irgendwo gekauft hatte (man verkauft ja solange in New York manche Dinge, wie sie eben gekauft werden). Und dann las sie so ein paar Stellen vor, während wir die Gebeine aussogen und das weiße Fleisch freilegten. Manchmal krachte es von Zangendruck oder Hammerschlag – es war ein enormes Biest –, und die Hunde im Haus rebellierten. Den kleinen Finger der rechten Hand hielt sie peinlich sauber; mit ihm blätterte sie um. Und weil es uns so gut schmeckte, kam auch der Eliot gut weg. Man sollte

Eliot immer mit Lobster lesen. Alle Schriftsteller sollte man mit Lobster lesen. Und den Rezensenten sollte man Lobster verordnen. Wieviel Charme, wieviel Lebensweisheit entwickelt ein Schriftsteller, wenn der Leser Lobster ißt. Und wie vielen deutschen Rezensionen merkt man den vielen Kartoffelsalat an.

Ich persönlich kann mich des Argwohns nicht erwehren, daß die Gute kein Verhältnis zum Geld hatte. Aber sie hatte wohl stets ein Verhältnis zum Leben. Als sie – vor vielen Jahren einmal – in Europa war und immer wieder Überweisungen von ihrer Bank forderte, ohne Ausgaben und Guthaben jemals zu vergleichen, erhielt sie eines Tages vom Direktor der Bank ein Telegramm. Der Text lautete:

Charlotte, go easier!

Das scheint mir eine bezaubernde Formel für Bankvermahnungen, und ich bediente mich ihrer zuweilen, wenn sie mir gar zu sehr über die Stränge zu schlagen schien. Aber dann lächelte sie nur wissend. Sie packte den Wunsch – den eigenen und den vermuteten des anderen – immer sofort beim Schwanz. Sie wußte, daß man alles, was einem nicht entgehen soll, gleich packen muß; und da es ja schon im Augenblick der Wahrnehmung zu fliehen beginnt, packte sie also den Schwanz und mit diesem das Ganze.

Wollte ich von ihren Fehlern sprechen – denn auch sie hatte natürlich einige, zumal für europäische Nerven –, käme ich mir wie Beckmesser vor. Sie war als Mensch so kompakt und komplett wie ein großes Los. Wer fragte denn da, ob ein Eckchen fehlt. Seit ihre alte Mutter tot war, lief sie sozusagen mutterseelenallein durch die Welt. Aber nie sah ich jemanden, der allein war und von dem so viele Menschen Kraft und Mut entliehen. Natürlich würde sie gern alles für einen geliebten Lümmel von Sohn hingegeben haben. Da sie diesen nicht hatte, nährten sich hundert andere von ihr.

Es mag an ihr gelegen haben, daß ich mich in New York so wohl fühlte. Aber ich entsinne mich meines ersten morgendlichen Gangs – es war Sonntag –, den ich allein tat und an dem mir diese unmenschlich große Stadt sehr menschlich erschien. Ich spürte plötzlich wahrhaftig etwas von Paris. Es sind ja zuweilen ganz nebensächliche Dinge: ein Straßenzug, ein Lichteffekt, ein einzelner Hauseingang, ein Laden, eine menschliche Type, die eine Erinnerung aufrufen. Es gibt keine Wiederholungen, nur Annäherungen, Assoziationen. Und die sind eben höchst subjektiv und unverbindlich. Auch Paris ist, auf seine Art, ein Moloch, ein französischer freilich – mit einem internationalen Akzent. Sollte New York vielleicht ein internationaler Moloch mit einem amerikanischen Akzent sein? In San Francisco wirkt das China-Viertel wie eine Attraktion. In New York gehört es einfach dazu.

Eines Abends war ich auch in das deutsche Quarter von New York geraten; aber es war keine sehr glückliche Begegnung. Ich räume ein, daß ich entzückt war, in Salt Lake City plötzlich einen deutschen Fleischer – einen unverfälscht sächselnden Mormonen – zu entdecken und mich auf angestammte Weise einmal bei ihm satt zu essen. Aber das Bratwurst-Deutschtum von New York irritierte mich tief. Nirgends daheim – so wollte mir scheinen – trifft man auf so massierte deutsche »Provinz«, wie in dieser internationalen Stadt. Hier scheint »deutsche Treue« zu einem Eintopf der Wahl- und Geschichtslosigkeit verkocht zu sein. Man wäre kaum verblüfft, in irgendeinem der deutschen Bratwurstglöcklein Kaiser Wilhelm, Friedrich Ebert, Adolf Hitler und Konrad Adenauer, Doppelkopf spielend, bei Löwenbräu anzutreffen. Ein absolut unverdächtiger »arischer« deutscher Arzt, den ich fragte, wo man denn so etwas wie deutschen »Geist« in New York aufspüren könnte, meinte lächelnd: »Da müssen Sie sich wohl an die emigrierten deutschen Juden halten. I hate to tell you« – schloß er –, »aber es ist so.«

Aber dieser Bauch von New York frißt und verdaut eben unendlich viel: die irischen Steaks, die italienischen Spaghetti, die deutschen Bratwürste, den Matzen, das ungarische Gulasch, die asiatischen Reisgerichte ... Und möglicherweise ist dieses modern anmutende Babel ein riesiger Humushaufen von Provinzialismus, auf dem einige herrliche, wahrhaft internationale und auch amerikanische Sonnenblumen wachsen. In dieser Hinsicht ist New York nur bedingt eine amerikanische Stadt (ich meine, viel »amerikanischere« gesehen zu haben drüben) und viel eher eine Weltstadt – in dem Sinn etwa: daß nirgends so viele Rassen, Arten, Völker und Naturen in einem Gemeinwesen zusammenleben, zusammenleben können, ohne einander das Leben schwer zu machen. Sicherlich die umfangreichste Ansammlung von Fleiß und (legalem oder illegalem) Betrug, von Ernst und Narretei, Hoffnung und Verzweiflung, Kultur und Unbildung, Weltläufigkeit und Provinzialismus. Ein Tummelplatz der Erfolgslüsternen – aber auch eine Insel der Schiffbrüchigen. Und wenn man es leise sagt: gewiß auch ein grandioser Spielplatz der Freiheit, jener alltäglichen und »kleinen« Freiheit des einzelnen in einem freiheitlichen Land. Diese Freiheit ist sogar einigermaßen unabhängig von politischen Strömungen, von Parteiregimen, jeweiligen Präsidenten. Sie meint einfach den Umgang der Menschen untereinander, die Haltung des kleinen Mannes vor dem größeren, die Freiheit von Liebesdienerei, geheucheltem oder erlittenem Respekt. Furchtlosigkeit, den offenen Ton, das offene Ohr. Diese Leute wissen, daß die eigene Freiheit dort aufhört, wo die Freiheit des anderen beginnt.
Bei aller Monstrosität und »Unmenschlichkeit« scheint mir New York hinter den Kulissen doch eine sehr menschliche Stadt zu sein.
Wenn ich mir freilich vorstelle, ich hätte jene ersten zwei Wochen dort allein zubringen müssen, befällt mich noch nachträglich ein Alpdrücken. So aber lief ich wie ein verwöhntes Adop-

tivsöhnchen am Ariadnefaden der unverwüstlichen Charlotte kreuz und quer durch das Labyrinth New York. Und den Faden hielt sie bis zur vorletzten Stunde fest in der Hand.

In der allerletzten freilich verloren wir ihn beide, indem wir, in der Zubringer-Station der TWA, die Abfahrt des Busses überhörten, der mich zum Flughafen bringen sollte. Die Zeit verstrich, und ich wurde unruhig. Sie beruhigte mich und redete weiter. Aber schließlich ging sie doch und erkundigte sich: der Bus war längst abgefahren.

Das freilich verhalf ihr zu einem letzten rasanten Auftritt, der sie an die 10 Dollar kostete. Mit einer rasch herbeizitierten Taxe jagten wir beide durch das nachmittäglich verstopfte Babel. Immer wieder mußte der Driver stoppen, um dann wieder – von ihr ermuntert – mit hundert Kilometern und mehr Stundengeschwindigkeit loszupreschen. Die Fahrt ist wirklich mit »Hängen und Würgen« treffend charakterisiert. Aber wir schafften es noch.

»Charlotte, go easier . . .«, sagte ich zum Abschied, weil mir das Sprechen etwas schwer fiel. Sie hatte ein Tränchen im linken Auge und lächelte. Sie sah etwas hilflos aus, aber nur einen Augenblick lang. Denn mit einem Male schlug sie wie ein Polyp ihre Arme um mich und küßte mich ungeniert auf den Mund. Dann fuhr New York nach New York zurück.

*

Aus der Reverenz für eine Lebende ist inzwischen eine Reverenz für eine Tote geworden: die vitale, kontaktfreudige Menschenfischerin, die ihr Wissen, ihre Energie und nicht zuletzt einen Teil ihres Einkommens großzügig dort verschwendete, wo ihr pädagogischer Eros auf junge begabte Menschen (gleich welcher Rasse und Nationalität) traf, die das Leben liebte, zu leben verstand und der deutschen Sprache und Literatur in unbeirrbarer

172

Sympathie anhing, ist im Alter von 72 Jahren nach einem Schlaganfall, der sie wie ein Blitz fällte, in New York gestorben. Sie hatte zweiundvierzig Jahre als Universitätslehrerin gewirkt – eine bewundernswerte körperliche und geistige Frische hat ihr eine Tätigkeit bis an den Tod erlaubt. Keiner der Lebenden, die ihr begegnet sind, wird sich mühen müssen, sie nicht aus dem Gedächtnis zu verlieren.

Da denken und danken im Deutschen nahe verwandt sind, ist dieses Buch ihrem Andenken gewidmet.

Der schielende Löwe

Es gilt, Abschied zu nehmen – nicht nur von George und Clarence, unseren schielenden Freunden, oder der symbolisch für eine Nation paradierenden Bestie, sondern möglicherweise – auf weitere Sicht – von der Gattung des panthera leo überhaupt.

Als Wappentier ist der Löwe – wenn wir von dem hochverdienten, aber eben doch provinziellen bayrischen Löwen absehen dürfen – britischer Nationalität. Aber wie die meisten dieser auf Repräsentanz dressierten Existenzen ist auch diese im Laufe des letzten Halbjahrhunderts etwas degeneriert. Selbst der kosmopolitische Metro-Goldwyn-Meyer-Löwe ist, mag er noch so majestätisch das brüllende Maul aufreißen, nicht mehr der alte – die Television hat ihm einen Großteil der Show gestohlen.

Für Republikaner und Demokraten gibt es indessen – so möchte es den Anschein erwecken – hochfliegendere, wenngleich nicht unbedingt harmlosere heraldische Bestien – wie zum Beispiel den Adler. Den deutschen, der sich in den dreißiger Jahren und danach wie ein Aasgeier aufführte und darüber so viele Federn lassen mußte, daß er heute neben dem gallischen Gockel (der sich wie ein Pfau spreizt) nur eine mäßige Figur abgibt, lassen wir am besten ganz aus dem Spiel. Ebenso den österreichischen. Es ist von den Vereinigten Staaten Nordamerikas die Rede, und auch die führen den »Eagle« im Wappen – oder im Schilde. Einen ziemlich martialischen sogar, man hätte es kaum gedacht. Vor lauter Sternen und Streifen hat man den Adler offenbar allzu lange übersehen, der ein Bündel von Blitzen in den Krallen der einen Klaue hält, und vergessen, daß derjenige, der in den Bereich dieses »Segens« gerät, nichts zu lachen hat.

Aber wie immer eine Nation (oder wer ihr) die Embleme wählen mag – diese Art »Selbstdarstellung« ist zu vordergründig und zufällig, als daß man sie ernsthaft in Betracht ziehen könnte für eine Nation, die sich fortwährend verjüngt, ergänzt, umbildet, von allen Nationen, Völkern und Rassen dieser Erde mit Nachschub versorgt wird, naseweis genug ist für die größten Kühnheiten und Dummheiten, aber auch alt genug für Verantwortung und Mitsprache, reich genug, um anderen Hilfe zu gewähren, nicht immer klug und erfahren genug, die richtige Auswahl zu treffen, gerüstet genug, um die Welt in Schrecken zu versetzen, weise genug, es nicht zu tun, mächtig genug, viele in Furcht zu halten, liberal genug, Freundschaft zu suchen, groß genug, um für sich allein bleiben zu können, mutig genug, sich zu engagieren; großzügig und geschäftstüchtig, fortschrittsgläubig und stockkonservativ, wagehalsig und unsicher in eins, grandiose Techniker und kühne Pragmatiker, beharrliche und oft starrsinnige Politologen – ein Kosmos von Talenten und Tugenden, Energien und guten Vorsätzen also, der durch einen entsprechenden Aufwand an Schwächen, Versäumnissen und Vorurteilen in gleichsam stagnierendem Gleichgewicht gehalten wird. Ein Konglomerat von Impulsen und Unbeweglichkeit, gutem Willen und Engstirnigkeit, Opferbereitschaft und Nützlichkeitsdenken, hinreißendem Ehrgeiz und verwirrender Desinteressiertheit ... es gibt keinen einfachen, eindeutigen Nenner, auf den man diese »Nation außerhalb der Nationen« bringen könnte, die vielleicht beispielhaft ist für eine künftige, unvermeidliche und möglicherweise vom Schicksal und der Natur gewollte Verschmelzung der Rassen und Völker zu der *einen,* mit sich selbst endlich ausgesöhnten »Menschheit«.

Denn wie immer man die Bedingungen, Voraussetzungen und Möglichkeiten des einzelnen in den Vereinigten Staaten einschätzen und veranschlagen mag – bei aller Gefährdung und bereits eingetretenen Deformierung des bis zum Aberglauben technomanischen Menschen bleibt einem Bürger der USA immer noch jener entscheidende Spielraum, in welchem das Menschliche ähnlich sein Recht findet und gedeiht wie das Animalische auf freier Wildbahn. Der sowjetrussische Bär, so stark, urwüchsig, imponierend er immer sein mag, lebt – als Individuum – in einem Zwinger. Ein amerikanischer Adler oder Löwe aber, selbst wenn er wie Clarence (und George gestern) die Welt nicht mit parallelem Blick sieht, lebt in Freiheit. Das ist sein Vorzug, sein Vorrang, und niemand kann ihn übersehen und hinwegschwatzen, der sich auf diesem Stern umgesehen und dabei gelernt hat, natürliche Anmut von angelernter Geste, spontanes Handeln von berechnender Aktivität, freies Desinteressement von auferlegtem Schweigen zu unterscheiden. Man mag »den Amerikaner« – in der Pauschale, als Typ – vielleicht weniger sympathisch oder gar liebenswert finden als andere Spielarten des Menschen – um seine Möglichkeit, sich unbehindert auszuleben, darf man ihn beneiden. Den Russen – auch als Typ – kann man, muß man vielleicht lieben; aber man findet ihn doch zu einem guten Teil so liebenswert, weil das politische System, unter dem er lebt, ihn als einzelnen und Menschen so wenig respektiert.

Ein sehr angesehener russischer Schriftsteller hat mir einmal versichert, daß seine Landsleute von ihrem Naturell her nicht begabt seien, einer westlich verstandenen absoluten »Freiheit« teilhaftig zu werden, weil ihnen eine uneingeschränkte Freiheit allzu rasch zum Chaos entarte. Daran ist gewiß etwas Wahres. Aber ich argwöhne doch, daß hier die Not durch eine Untugend legitimiert werden soll. Würden dem Russen ähnliche Möglichkeiten offen stehen, wie sie sich jedem italienischen, irischen, jugoslawischen, asiatischen Einwanderer in den USA bieten – ich bin sicher, er würde sie wohl zu nutzen wissen. Könnte sich die sowjetische Regierung nur entschließen, ihren Bürgern in den eigenen vier Wänden so viel private Initiative und individuelles Engagement zu erlauben, wie sie bei den Jugoslawen seit Jahren gang und gäbe sind, würde sie ihre Sowjetbürger nicht wiedererkennen. Aber der grundsätzliche Unterschied zwischen Ideologen und Pragmatikern ist eben der, daß die einen die Welt für das nehmen, was sie sich wünschen, und die anderen für das, was sie ist. Es bedarf keiner Frage, wer unter solchen Umständen zu besseren Ergebnissen gelangen muß.

Daß sich Europa, soweit es frei über sich selbst verfügen kann, den Pragmatikern dieser Welt näher verbunden weiß als den Ideologen, kann darum nicht wundernehmen. Die eigentliche Tragik der europäischen Situation besteht eher darin, daß man sich zu lange mit dieser Alternative abgefunden hatte, ohne den dritten und natürlichen Weg zu beschreiten: Europa als eigenständige Potenz auf- und auszubauen und ins Spiel zu bringen.

Aber ehe Monsieur le Général nicht den größten aller Särge im Invalidendom bezogen hatte, war da wenig zu tun. Die fünfte französische Republik glich da allzu lange gewissen Frauen, von denen Balzac sagte, daß sie die Männer zu Handlungen inspirierten, welche auszuführen sie sie dann hinderten . . .

Als John F. Kennedy mit seiner Jacqueline noch im Weißen Haus regierte, schien eine neue Epoche des politischen Amerikanismus angebrochen. Aber sicher wirkten da mehr Spekulationen und Emotionen mit als vom Sachverstand her begründet waren. Immerhin ist unbestreitbar, daß sich der Enthusiasmus, mit dem die außeramerikanische Welt den Vereinigten Staaten begegnete, unter Johnson und Nixon beträchtlich abgekühlt hatte, was zweifellos auch mit dem glücklosen Krieg zusammenhing, in den die USA so lange auf dem asiatischen Kontinent verstrickt waren.

Daß dieser Krieg schon existierte, als Kennedy ermordet wurde, mag bei manchen in Vergessenheit geraten sein, vor allem weil der intellektuelle Präsident in skeptischer Einschätzung der Lage und Möglichkeiten mit gedämpfterem Trommelklang zu Wege ging als der draufgängerische Texaner Johnson, der sich auf eine Eskalation einließ, von der herunterzusteigen weit mehr Intelligenz erforderte als der Anstieg. Daß diese »Politik der Stärke«

nicht nur die sogenannte Weltmeinung spaltete, sondern auch zunehmend in den USA selbst umstritten wurde, weiß jedermann. Die südvietnamesischen Verbündeten erwiesen sich in dieser Hinsicht als zu kostspielige Verbündete. Als Henry Kissinger schließlich unter Nixon das leidige Kapitel abschließen konnte, war viel verspielt im außenpolitischen wie im innenpolitischen Bereich. Daß es nicht dabei blieb, sondern (Stichwort Watergate) die Krise sich bis zur Suspendierung des Präsidenten zuspitzen mußte, mag seine innere Logik haben; für eine Rückbesinnung auf bessere Praktiken und Maßstäbe waren *diese* Anstöße entbehrlich. Es macht allerdings den Anschein, daß man sie genutzt hat oder zumindest: daß sie »moralische« Impulse auslösten, die einem da und dort leicht angeschlagenen Selbstbewußtsein wieder auf die Beine helfen mochten.

In diesem Lande, dem man nicht zu Unrecht »unbegrenzte Möglichkeiten« nachsagt, haben sich freilich zu allen Zeiten Widersprüche und Gegensätzlichkeiten nebeneinander gefunden, ohne daß dieses Selbstbewußtsein je entscheidend beeinträchtigt gewesen wäre. Und so treibt, indes der Isolationismus noch immer wie ein unentdeckter Virus herumspukt, der Ehrgeiz, den Weltverbesserer und Weltpolizisten Nr. 1 zu spielen, ebenso seine Blüten, wie sich der Haustyrann »Puritanismus« neben Sex und Sexualismus, die vom exklusiven »Herren«-Journal bis an die Wände der schäbigsten Tankstelle die Augen terrorisieren, weiter behauptet. Man hat nach wie vor seine Probleme mit der schwarzen Minderheit (die vor allem sozial ganz hinten rangiert), aber man engagiert sich auch energisch für die schwarzen Mehrheiten in Südafrika und Rhodesien. Auf jeden Ukas setzen sie einen Lukas, für jeden Kennan haben sie einen McCarty, für jeden Oppenheimer einen Pappenheimer, für große Präsidenten erfolgreiche Attentäter . . . es sind erstaunliche, manchmal erschreckliche, sehr umgängliche, gelegentlich auch verbohrte Leute, die manches mit uns gemeinsam haben, die wir das Pulver erfunden haben, um ihnen die Atombombe zu überlassen, und Marlene Dietrich dazu, damit sie mit teutonischem Charme die attraktivste aller amerikanischen Großmütter spiele.

Wir bleiben auf sie angewiesen in gewissen entscheidenden Bereichen (was manche nicht wahr haben wollen), und wo dies nicht der Fall ist, ahmen wir sie ausgiebig und freiwillig nach, wenn es sich auch nur um Alltäglichkeiten handelt wie blue jeans, Redewendungen, Schlagertexte oder Kaugummi.

Coda

Das Leben ist eine Summe von zahllosen Augenblicken. Manche, addiert, ergeben eine kleine oder größere Geschichte. Andere bleiben Augenblicke, aber dennoch unvergeßlich.

Als ich zum ersten Mal einem Bildschirm gegenüberstand – in der Wohnung eines amerikanischen Majors –, sang Nat King Cole »Answer me«. Zwei Tage später sang er leibhaftig in Washington, und ich hörte ihm zu, wie er, in schwarzseidenem Tropical von elegantestem Schnitt, das Mikrophon mit den Leitungsschlangen souverän zähmend, auf dem Planquadrat der versenkbaren Mittelbühne auf und ab, vor und zurück, von rechts nach links schritt, mit lässigem Schwung die Schnüre ordnend, und sang: rauchig-weich, zärtlich, pathetisch, sorgfältig artikuliert, ekstatisch, groschenhaft, künstlerisch, kabarettistisch, schmelzend, verseufzend – einer, der zu singen versteht und dem man zuhört und der *weiß,* daß man zuhört und dessen Eitelkeit darüber in glückliche Unbefangenheit umschlägt: er singt und singt.

Er sang und sang. Und die schwarzen Sklavinnen und Prinzessinnen, Othellos, Balthasars, Onkel Toms lauschten ihm, anbetend fast: einem der ihren, verachtet einst, Außenseiter, Privilegierter jetzt, dunkler Orpheus, Stimme ihrer Stimmen – ach, wie sie an seinen Lippen hingen, seine törichte, sentimentale, leere Botschaft schlürften, ihn auf ihren beifälligen Händen trugen, den King Nat Cole, Orfeo negro, die Zikade im Ebenholz – – –

Tot und stumm jetzt. Vom Krebs aufgezehrt. King ohne Stimme und Thron. Cool, kalt, tot. . .

Wer tröstet die überlebende Desdemona?

*

Ich sah ihn eines Aprilmorgens in der Wüste oder vielmehr in der Oase von Palm Springs, das von Wüste umgeben ist. Ich saß in einem Liegestuhl, unweit eines blühenden Strauchs. Hibiskus – es verlockte, diesen klingenden Namen wie eine Fahne herauszuhängen. Aber die herzstechende Schönheit der Wahrheit bedarf keiner erfundenen Dekoration. Es war ein Strauch, der in einer tief lachsroten Färbung blühte, und die Blüten waren glocken- oder kelchförmig und standen aufrecht oder schräg gegen das Sonnenlicht, das Luft, Erde und Wasser entzündete.

Ich war aus dem teuflischen Los Angeles geflohen, reisemüde, nach Wärme, Selbstbesinnung, Menschlichkeit, Ruhe begierig ... und die Blüte darf namenlos bleiben, in die er seinen Rüssel senkte, plötzlich auftauchend wie eine fleischgewordene Engelsseele, ein kleinstes Vögelchen, ein vogelhafter Schmetterling vom Geschlecht der Hubschrauber ...

Er war da, plötzlich, stand in der Luft, unbewegt (wie es schien), ein Augenblick, der sich nie wiederholt und doch Ewigkeit darstellte: zeitlos, nicht meßbare Seligkeit, selige Geschöpflichkeit. Ein Gruß, ein Anflug, eine Unwägbarkeit von Einverständnis und Überraschung. Eine Inkarnation des Glücks, das uns plötzlich streift, greifbar scheint und uns schon wieder nimmt, was wir eben zu empfangen meinen.

Keine erkennbare Farbe und Gestalt. Ein Schwirren von abstrakter Buntheit, körperloser Schönheit. Ein staunenmachendes, kosmisch gegliedertes, von einem winzigen Herzen angetriebenes, seiner selbst kaum bewußtes Wesen. Der erste, bisher einzige Kolibri meines Lebens. Ein Lamm hing im Dornbusch. Eine Flamme tanzte ohne Nahrung in der Luft, die plötzlich von unwiederholbarer Zärtlichkeit gesättigt schien. Ein Lächeln ohne jegliche Erwartung.

Ein Kolibri.

*

Er hieß Kurt Nußbaum, trug eine Hornbrille und schien oft nahe daran, vor Lachen zu bersten, wenn ich eine meiner täuschend echten, aber vorgetäuschten Nies-Serien in Unterprima startete. Sein Vater unterhielt in einem benachbarten Harzstädtchen einen Kleider- und Kurzwarenladen. Sein jüngerer Bruder hatte eine pfirsichfarbene, sehr zarte Gesichtshaut.

Ich sah Kurt Nußbaum, nach fast 40 Jahren, in Seattle wieder, wohin ihn sein rechtzeitig ausgewandertes Brüderchen im letzten Augenblick gerufen hatte, und der Gedanke, daß er um ein Haar in den Gasöfen von Auschwitz ausgelöscht worden wäre, schien ihn noch heute zu erregen. Irgendwann vor Jahren hatte er sich mit einem anklägerischen Brief gemeldet. Nun stand er freundlich, nach Mitternacht, vor der Tür des Konsuls und holte mich ab, um mir sein Haus, seine Frau und die Fotos zweier erwachsener Kinder zu zeigen. Er ließ Whisky bringen und sprach mit mir über diesen und jenen Lehrer oder Mitschüler, um über kurz oder lang immer wieder bei der Frage zu landen: ob der jeweils Erwähnte ein Nazi gewesen oder geworden sei – oder nicht.

Das Merkwürdigste an dem nun amerikanischen Bürger Nußbaum war seine Stimme. Schon am Telefon hatte sie mich verwundert, ja bestürzt ob ihrer Tiefe. Aber der Baß, in dem er sprach, war noch tiefer und abgründiger, da ich ihm nun gegenüber saß.

Ich erinnerte mich, daß er Tucholsky und Ossietzky las und eigentlich das zu werden versprach, was man einen Intellektuellen nennt. Er hatte ein Jurastudium begonnen und eine »Karriere« erhofft – um nichts zu werden als amerikanischer Bürger, Bürger mit Vorrang: fleißig, erfolgreich, leidlich wohlhabend, unermüdlich tätig, mit Television, Pantoffeln, Fotoalben, einer gehorsamen Frau, gelehrigen Kindern, einer versäumten Karriere und einem »geschenkten« Leben. Und mit dieser unwahrscheinlich sonoren, tiefen, abgründigen Stimme, die wie aus einem

Grabe kam. Einem Grab in irgendeiner Erde. Einem Grab in den Lüften . . .

*

Kein Zweifel: dies war das Deutschlandlied. Nach fast drei Monaten Reise vernahm ich es in Boston, gegen 18 Uhr abends, an einem Wochentag. Ich schlenderte durch die Straßen, betrachtete Passanten, Auslagen, Kinoreklamen – da traf mich die Haydn-Melodie, die mir immer mehr gewesen ist als der Text, oder die dem pathetisch-naiven Text diese leicht schmerzende Innigkeit verleiht.

Wer? und wo? – Ich ging den Klängen nach und stand vor einer Tür, die kein Portal war, aber doch in eine Kirche führte. Gerade als ich, noch ehe ich's voll begriffen hatte, vorsichtig eintreten wollte, wurde sie weit geöffnet und ein bürgerlich gekleideter Herr empfing mich mit einem strahlendfreundlichen »Come in, sinner!«

Ich versuchte, mich zu erklären . . . die vertraute Melodie . . . ich wolle nicht aufdringlich sein – aber er schritt schon voraus, der stärker erklingenden Melodie entgegen, durch einen schmalen Gang, der – unverhofft – von einem zweiten Gang gekreuzt wurde, an dessen Ende ich einen Ausgang zu erkennen glaubte. Den Bruchteil einer Sekunde zögerte ich – es scholl, gesungen, so vertraut und verlockend –, dann machte ich eine rasche Wendung nach links, beschleunigte die Gangart und entwischte durch den Seitengang – »Deutschland, Deutschland über alles« als Kirchenlied – dem amerikanischen Heilsangebot, Heide trotz Haydn.

*

183

Die Amerikaner sind auf Sauberkeit bedacht: selbst hier am Pazifik, nahe dem anlaufenden Ozean, haben sie neben der spartanischen Sitzgelegenheit eine Abfalltonne aufgestellt, auf deren Grund das kleine Tier hockt: schwarz, mit buschigem Schweif, von dem aus ein gelber Streifen bis über die Stirn läuft, von dünneren Parallelstreifen begleitet. Ein junger Skunk offenbar, der hungrig die Tonne erklomm, hineinsprang und dann nicht wieder herausfand. Angstvoll und mißtrauisch kauert er in diesem teuflischen Rund der Tonne, die keine Ecke kennt. Schnuppert argwöhnisch an dem Keks, den ich hineinfallen lasse, frißt ihn jedoch nicht. Stellt sich tot, zittert aber in Furcht. Möchte entwischen, kann aber nicht.

»Freiheit, die ich meine, gibt es keine ...« meinte Ringelnatz. Aber hier geht es um einfache Befreiung.

Aus der langsam umgelegten Tonne enteilt das zwischen Eichhörnchen und Igel angesiedelte Wesen mit hektischen, von Zweifel und Unglauben unterbrochenen Sprüngen, dem nahen Highway zu, hinter dem der endlose Wald wartet.

*

Alles fand ich im Yosemite-Park: Berge, Gletscher, Schneegipfel, Abstürze, Täler, Schluchten, Bäche, Wiesen, Grandioses neben der Idylle, Sonnenauf- und -untergang, eine deutsche Kellnerin, zwei beschwipste Witwen – nur keine Bären.

Jeder weiß, daß es sie gibt – Hunterttausende von Touristen haben sie gesehen, fotografiert, gefilmt, gefüttert. Ich habe eine Geschichte, eine jägerlateinische, über die Yosemite-Bären geschrieben, sie den Forstbeamten gleichgestellt, ihre Friedfertigkeit, Naschhaftigkeit, Trinkfestigkeit, Fahrkunst gerühmt – nichts konnte sie bewegen, ihre Verstecke zu verlassen und mir auch nur die abgewetzte Kehrseite ihrer eingesessenen Existenz zu zeigen. Sie haben mich nicht mit Verachtung gestraft – wie hätte ich es genossen! –, sondern mit Abwesenheit.

Sie hätten sich nicht grausamer rächen können.

*

In Durham/North Carolina aß ich, in Gesellschaft der beiden Salingers und der negrophilen Barbara Bode, das größte Steak meines Lebens. Das heißt: ich aß es *nicht* auf. Kein gewöhnlicher Sterblicher kann so ein Carolina-Steak auf einmal bewältigen. Deshalb wird ein gewisses Verpackungsmaterial gleich beigeliefert für den respektablen Rest, der für eine normale häusliche Mahlzeit ausreicht. Jedermann, vor allem aber jede Frau nutzt diese Gelegenheit, sich auf einmal zwei Mähler zu sichern – ohne entsprechenden Aufwand und Zeitverlust. Da die B. B. als junge Dozentin in der Mensa ißt und ich am nächsten Morgen nach Columbus flog, könnte der verbliebene Rest für drei Mähler beziehungsweise die beiden Salinger-Töchter mit gereicht haben.

*

Wäre noch der Scheck zu erwähnen, den mir Charles Hoffman nach der lecture in Columbus (Ohio) übergab und den wir fünf Minuten später einlösten, ohne den Wagen zu verlassen: der Professor lenkte den Ford an eine Art Pförtnerloge, in der ein Bankmensch amtete, der den Scheck mitsamt Paß an sich nahm – um ihn, vierzig oder fünfzig Sekunden später, mit der entsprechenden Dollar-Summe wieder herauszureichen.
Hoffman hatte nicht einmal den Motor abgestellt.
Wäre noch . . . wäre noch . . . wäre noch . . . Wie viele Augenblicke liegen unter dem Lid der Jahre verborgen, um zu irgendeiner Stunde ihr Auge aufzuschlagen und wieder gegenwärtig zu sein! Das Unauffällige kommt immer zu kurz, und das Vordergründige drängt sich alleweil auf. Es gibt kleine Landstädte, Gebirgsflecken, einsame Ranches, die keinen Namen mehr haben, Nester mit putzigen Hotels, merkwürdigen Kirchen und Poststationen, Dörfer mit rührenden Häuschen, mit Windmühlen-Brunnen und Holzkohlen-Meilern, Ausblicke – vom Glacier

point – in die Grenzenlosigkeit eines über Schneekuppen verglühenden Novemberhimmels, Einblicke in Fischgründe mit springenden Forellen, Steppenstücke, die wie das Fell verwilderter Rinder sind, verwelkte Prärie, die golden glänzt, Holz wie Zunder und solches wie Eisen oder Kupfer, Wasser gleich geschmolzenem Silber und Wasser wie flüssiger Schatten, Luft wie Hoffnung und Luft wie Fluch, rote, gelbe, braune, graue, schwarze Erde, Berge wie Sagen oder Kapitel des Alten Testamentes und Berge wie künftige Revolutionen, Straßen wie Aufbruch, Panthersprung, Posaunenton und Degenklingen und Straßen wie Rückzug, Krankheit und Grabgesang ... man sieht sie, man geht sie, man fährt sie – durch protestierende Gewitter, sieghafte Morgen, gelangweilte Regengüsse, eifersüchtige Winde, lallende Abende, prosaische Nächte, lyrische Dämmerungen – und entdeckt plötzlich, nach Vertrautem suchend, unverhofft das Bodetal der Kindheit mit einer sich darüber erhebenden mächtigen Klippe, die der Hexentanzplatz sein könnte, oder sieht sich inmitten eines herrlichen Waldes, der an die »Dicken Tannen« des Harzes erinnert.

Ist es der Wunsch (der dies wahrnehmen möchte), irgendwo zu Hause zu sein, da der Reisende auf diesem schier unübersehbaren Kontinent nun einmal kein »Zuhause« weiß ...?

Die Puppen in der Puppe

Dem Andenken RICHARD GERLACHS

1899–1973

Die Puppen in der Puppe

In Moskau und Tula, in Leningrad und Puschkin, vor dem
Flugplatz von Kiew wie vor dem von Adler am Schwarzen
Meer . . . an vielen Orten, Plätzen und Straßenecken trifft man
in Rußland auf Frauen in weißen Leinenkitteln, die etwas ver-
kaufen: Obst oder Limonade, Andenken oder Bücher, gelegentlich auch die schmackhaften heißen Piroggen und – in der wärmeren Jahreszeit – das aus gegorenem Brot hergestellte und in
kleinen Tankwagen mitgeführte Volksgetränk Kwaß.
Alle diese Frauen tragen farbige Kopftücher wie die meisten
oder doch sehr viele weibliche Wesen in der Sowjetunion; aber
da sie diese Tücher zu den gleichen Kitteln tragen, wirkt auch
diese Kopfbedeckung einheitlich. Ja, selbst die Gesichter dieser
Frauen, umrahmt von ihren Kopftüchern und über den weißen
Kitteln, scheinen etwas Gemeinsames oder doch Typisches zu
besitzen: meist waren sie rund und nicht selten ein wenig gerö-
tet (denn es war ja schon herbstlich-kühle Jahreszeit), und sehr
oft sahen aus den Leinenkitteln die Ärmel von Strick- oder ge-
steppten Jacken hervor.
Solche Jacken »tragen auf«, wie unsere Damen zu sagen pflegen,
und da die Russen ein bäuerliches Volk sind und viele Russinnen mehr oder weniger wohlgenährten Bäuerinnen ähneln, gewannen die Verkäuferinnen noch an Fülle, und schon am zweiten Tag in Moskau kam mir der Gedanke, daß ich – sofern ich
ein Puppenfabrikant wäre – eine Puppe dieses Typs kreieren
würde. Sie würde den Namen »*Poshaluista*« tragen, weil ihre lebendigen Vorbilder dieses Wort – *Poshaluista* heißt zu deutsch
»bitte schön« – am Tage zahllose Male auf die verschiedenste
Art und Weise aussprechen.
Zwei oder drei Tage später sah ich, daß es eine ähnliche Puppe
schon gab, allerdings nicht vom Typ der geschilderten Verkäufe-

rinnen, sondern von dem einer farbig gekleideten Bäuerin. Puppen aus Holz, mehr oder weniger gelungen bemalt, aber bunt; manche eine knappe, andere wieder eine gute Handspanne hoch. Alles war rund an ihnen, rund und bunt; und an Stelle einer Taille hatten sie einen Einschnitt, den das Auge zunächst kaum wahrnahm. Aber diese kaum wahrnehmbare Einkerbung deutete auf ein Geheimnis: hier war das russische Mütterchen oder Mütterchen Rußland beweglich, ja teilbar. Mit einer entschlossenen Drehung löste sich der Oberkörper vom Unterkörper, und – eine zweite Puppe wurde sichtbar, ähnlich der ersten, nur etwas kleiner. Und auch diese hatte die zarte Kerbung am Äquator und unter ihrer Außenhülle noch ein Inneres: eine dritte Puppe gleicher Gestalt, aber verschiedener Färbung und natürlich kleiner. Aber wiederum doch nicht so klein, daß sie nicht eine vierte Puppe enthalten konnte, die man schon Püppchen hätte nennen müssen, würde man damit nicht der fünften Inkarnation vorgegriffen haben, die sich noch in der vierten Gestalt verborgen oder auch bereit hielt; bereit für denjenigen, der auszieht, durch die Wände zu sehen, zwischen den Zeilen zu lesen und zwischen den Worten zu lauschen, von Fragen auf Wünsche, von einem Schweigen auf Einverständnis, von Funktionären auf die Parteilinie und von Menschen auf die Volksmeinung zu schließen; verborgen für denjenigen, der weiß, was er wissen oder auch überhaupt gar nicht wissen möchte.

Und nun, nachdem diese kürzeste und zugleich weiteste von drei größeren Reisen hinter mir liegt, nachdem ich den toten Lenin im Kreml-Mausoleum und das Grab des unsterblichen Tolstoi in Jasnaja Poljana besucht habe, nachdem ich an einem Abend den greisen Strawinskij speisen und den stämmigen Oistrach geigen sah, mit dem einarmigen Zoowärter von Tiflis Champanskoje und dem Leiter des Sagorsker Priesterseminars Kaffee getrunken habe, nachdem ich die Wahrheitsliebe der »Prawda« nicht weniger anzuzweifeln lernte als die Segnungen der

Planwirtschaft, die Favorisierung aller Bildungsmittel – Schulen, Universitäten, Bibliotheken, Bücher, Schallplatten – nicht weniger bewunderte als das Moskauer Ballett und die Bässe der Staatsoper, nachdem ich meine Überzeugung öffentlich preisgeben, aber dreimal nur mit Mühe den Ankauf meines Regenmantels abwehren konnte, nachdem . . . nachdem . . . nachdem . . .

Nach allen diesen verschiedenen und höchst unterschiedlichen Erfahrungen und Beobachtungen, Eindrücken und Begegnungen will mir scheinen, es gebe für dieses Land, dieses Volk, diesen Staat kein gemäßeres und aufschlußreicheres Symbol als diese zunächst recht einfach aussehende und fast einfältig dreinschauende Holzpuppe.

Und: die Puppen in dieser Puppe.

Good will people unterwegs

Ich hätte nicht angenommen, auf der Reise nach Moskau ausgerechnet die Bekanntschaft mit Mr. Mergenthaler zu machen – aber vielleicht war auch dieser Zufall kein Zufall, sondern eine sinn- und augenfällige Fügung, die mir einmal mehr deutlich machen wollte, daß ein großer Teil der Auseinandersetzungen und Entscheidungen über das Schicksal unseres täglich kleiner scheinenden Erdballes zwischen den beiden jungen Riesen ausgehandelt wird, welche Amerika und Rußland heißen. Denn Mr. Mergenthaler ist Amerikaner, und zwar einer von rund vierzig Yankees, die mit uns auf dem Brüsseler Flugplatz in die bereitstehende viermotorige Düsenmaschine der AEROFLOT kletterten, welche uns auf dem Weg über Amsterdam in die Hauptstadt der Sowjetunion tragen sollte.

Mir ging der spezielle »Charakter« dieser Reisegefährten eigentlich erst in Amsterdam auf. Ich hatte, nach einem Nachtbummel durch Köln in Gesellschaft eines jugoslawischen Kollegen, das erste Abenteuer unserer Reise – den Hubschrauberflug von Köln nach Brüssel – trotz allem Gedröhn sanft verschlafen, und wenn mich dann eine Reisegesellschaft hätte interessieren können – eine amerikanische ganz gewiß nicht. Ich war auf Russen eingestellt, Ukrainer, Usbeken, Georgier, Kalmücken, Mongolen. Aber es gab nur Amerikaner außer uns. Nicht einmal die Besatzung des Flugzeuges kam uns zu Augen – ausgenommen natürlich die beiden Stewardessen.

Möglicherweise hielten die uns auch für Amerikaner. Auf jeden Fall sprachen die freundlichen Genossinnen englisch auf jeden ein, der durch den merkwürdig an eine anatomische Tabustelle erinnernden Touristeneinstieg den eisernen Vogel betrat. Und auf einen fragenden Blick oder die geäußerte Frage nach einem Platz kam die liebenswürdige Auskunft von ihren Lippen:

»*Any seat in this saloon!*«
Oder auch:
»*Any seat you like!*«
Später, in Rußland selbst, stellte sich heraus, daß man durchaus nicht immer sitzen konnte, wo man wollte; etliche Male war eine bestimmte Platznummer schon auf dem Flugbillett vermerkt. Aber hier war äußerste Freiheit gewährt Und die Mienen der Stewardessen leuchteten bei dieser Formel in leise triumphierendem Stolz: Seht Ihr's nun, Ihr voreingenommenen, übelredenden Yankees und Westler, wie es bei uns zugeht, wie nett wir sind, wie liberal!? *Any seat in this saloon! Any seat you like!*
In diesem fliegenden Salon also saß auch Mr. Mergenthaler, noch unerkannt von mir, und mochte gleich uns die Blicke schweifen lassen über die bei aller technischen Vollkommenheit höchst malerisch anmutende holländische Küstenlandschaft, die mit Kanälen, Flußläufen, Werften und Hafenanlagen, kleinen und größeren Schiffen in der Septembersonne wie im Sonntagsstaat heraufglänzte. Die Maschine flog ruhig – mir wollte scheinen »maschineller« und mit härterer Regelmäßigkeit, steifer, trockener, konsequenter, unbeirrter als unsere westlichen. Ich mißtraute diesem Eindruck zunächst und verdächtigte mich eines beziehungsvollen Kurzschlusses. Aber dieser Eindruck wiederholte sich noch einige Male im Verlauf der kommenden drei Wochen. Vielleicht lag es an der einfacheren Machart im Innern und der bescheideneren Verköstigung, daß sich diese Empfindung immer wieder einstellte; denn der übertriebene Aufwand »westlicher« Luftfahrtgesellschaften macht ja aus dem Flug eine Serie von Schlemmer- und Verdauungsstunden und läßt den Reisenden eher glauben, er sei zu Gast in einem luxuriösen, originellen Restaurant als unterwegs nach fernem Ziele. Hier hatte offenbar der Zweck den Vorrang. Dies war eine »Maschine«.
Es währte nicht viel mehr als eine halbe Stunde, da wurde die Landung angesagt; wir hatten auszusteigen. Und während die-

ser halbstündigen Wartezeit im Amsterdamer Flughafen trat Mr. Mergenthaler in mein Bewußtsein ein, als er nämlich mit einem anderen Landsmann die Anschriften austauschte. Diese Handlung aber deutete darauf hin, daß die amerikanischen Rußlandfahrer einander nicht samt und sonders kannten, sondern eine mehr oder weniger zusammengewürfelte Gesellschaft darstellten. Was aber vereinte sie, was war ihnen gemein? – Eine große blaue Plakette aus Emaille verriet es, die unterhalb eines Namensschildes jeden Revers zierte und auf der zu lesen stand:

GOOD WILL PEOPLE

Ich las den Namen Mergenthaler, und Mr. Mergenthaler, der meine Aufmerksamkeit wahrnahm und von Naturell her einer jener älteren Amerikaner ist, die ein Maximum an unwiderstehlicher Kontaktfreudigkeit ausstrahlen, nickte freundlich, streckte mir seine Rechte hin, nannte seinen Namen und auch gleich, mit gewissem Stolz, sein Alter dazu – *Seventy three!* – und war meiner Aufmerksamkeit dadurch um so sicherer. Man begegnet an allen möglichen und unmöglichen Orten und Plätzen der Welt so vielen wohlondulierten, reichgeschmückten, leicht spinneten weltreisenden amerikanischen Witwen, die mit aufreizendem Behagen ihr Erbteil genießen, daß man jeden überlebenden Witwer oder Junggesellen von drüben mit spontaner Freude begrüßt.

Während Mr. Mergenthaler nach weiteren landsmännischen Kontakten ausspürte, erstand ich zwei holländische Käse. Wäre ich auf dem Heimweg gewesen, hätte ich mich dabei auf eine feste Gewohnheit berufen können: aus jedem Lande, das für seinen Käse berühmt ist, ein Stück, eine Schachtel oder eine Rolle mitzunehmen. Aber knapp vier Stunden nach der Ausreise aus dem Vaterlande . . .?

Böll meinte, es handele sich um einen typischen Angstkauf, und in einem weittragenden und abgewandelten Sinn sollte er recht behalten: der in rotes Wachs gekleidete und darum weniger anrüchige Edamer begleitete uns bis Leningrad und verduftete dort endgültig bei zwei nächtlichen Flaschen Champanskoje, die wir zu dritt vor dem Abflug nach Tiflis auf die Gesundheit des in Leningrad zurückbleibenden Heinrich Böll leerten. –

Als wir aufgerufen wurden, unsere Maschine wieder zu besteigen, konnten wir wahrnehmen, daß nun *»any seat in this saloon«* besetzt war: etwa fünfzig Sowjetmenschen stiegen mit uns zu und veränderten schlagartig Klima und soziale Struktur des Salons.

Eine gedrungene, kräftigere, eine proletarisch-bäuerliche Rasse herrschte jetzt vor. Einige Pykniker entledigten sich sofort der Jacken, forderten in recht unverbindlichem Ton Zeitungen oder Zeitschriften von den Stewardessen und vertieften sich darein. Andere, die möglicherweise von den Freiheiten und Verlockungen des Westens allzu eifrig gekostet hatten, stellten ihre Sitze gleich auf Schlafwinkel und fielen binnen kurzem in erholsamen Schlummer.

So auch mein Nachbar zur Rechten, ein jüngerer Mann mit festen Arbeiterhänden, adrettem Haarschnitt und gebräuntem, gemäßigt slawischem, angenehmem Gesicht, das auch im Schlaf nicht seinen Reiz verlor.

Um zwölf Uhr mitteleuropäischer Zeit starteten wir und brausten donnernd gen Osten, unerschüttert von irgendwelchen Luftströmungen. Bis Riga etwa hielten wir Kurs über die offene See; dann war nur Festland unter uns.

Dieses Festland, daran war kein Zweifel, gehörte zu jenem Sechstel der Erde, das die Union der Sozialistischen Sowjetrepubliken beherrschte und das von einer Weltanschauung und von politischen Praktiken regiert wurde, die ich für unannehmbar hielt, seit ich ihnen – in der DDR – unmittelbar begegnet war.

Aber: muß ein Deutscher, der vier Staatsformen in vier Jahrzehnten erlebt und die Bewährungsprobe seiner Landsleute unter diesen verschiedenen »Regimen« beobachtet hat, nicht argwöhnen, daß diesem ebenso begabten wie törichten, ebenso redlichen wie maßlosen Volke alles und jedes auf unsere deutsche Art exorbitant mißraten muß: der Faschismus wie der Kommunismus, die Monarchie wie der Liberalismus, der Föderalismus und die schon wieder recht geschundene und waidwunde Demokratie? Muß er nicht die Möglichkeit, ja Wahrscheinlichkeit in jede seiner Rechnungen einsetzen, daß andere es anders machen, anders und vielleicht – besser?

Ein freundliches Geschick hatte mich davor bewahrt, zwanzig Jahre zuvor dieses Land mit Kommißstiefeln betreten zu müssen, das nach den Rezepten eines deutschen Juden aus Trier die Regeneration einer in Eigennutz erstickenden Welt zu betreiben versuchte – seit nun bald sechzig Jahren. In diesen Jahrzehnten hatte die Revolution ihre Kinder zu Hekatomben verschlungen. Aber hatte wirklich die »Revolution« sie verschlungen? War es nicht vielleicht dieser georgische Finsterling gewesen, der die in ihrem Namen erschlichene Herrschaft in ein dreißigjähriges Schreckensregiment ausgeweitet hatte? Nun war dieser Stalin ausgestanden, seine historische und vor allem moralische Rolle entscheidend reduziert. Hunderttausende, die er hatte in Haft halten, verbannen, foltern, töten lassen, waren wieder redlich gesprochen. Ein »bürgerliches« Gesetzbuch war erarbeitet worden, das einige Rechte mehr verbürgte als das, rechtlos wie ein Hund vor die Hunde zu gehen. An die Stelle des permanenten revolutionären Krieges war die These von der »friedlichen Koexistenz« getreten. In der Literatur wagten sich neue Töne hervor. Hatte es nicht sogar schon einmal »Tauwetter« gegeben?

Freilich, freilich. So schnell, wie die Leute des fast ewigen Eises und Frostes ledig sein wollten, ließen es auch die Nachfolger

Stalins nicht tauen. Als das Eis gefährlich in Bewegung geriet, gab es bittere Rückschläge. Aber als alle wieder in Reih und Glied gebracht waren, konnte man es wohl wieder ein wenig tauen lassen ... Nicht allzuviel. Man mußte Vorsicht walten lassen.

Wie immer man es motivieren wollte: da schien einiges in Bewegung geraten; man vermeinte es sogar draußen zu spüren. Sollte unser im *status quo* allmählich erstarrendes Denken darauf nicht seine Aufmerksamkeit lenken? Und wenn wir schon tagtäglich um die Erhaltung dieses Waffenstillstandes, dieses Friedens auf Abruf zitterten – lohnte es da nicht, ein wenig guten Willen zu investieren, anstatt immer nur den Frommen zu spielen, den der böse Nachbar nicht in Frieden leben läßt, und jeden Gedanken an ein mögliches eigenes Versäumnis, eine mögliche eigene Herausforderung auszuschließen? Guter Wille – war das nicht der Preis allen Friedens seit alters her?

Zwei Stunden vor unserer Landung in Scheremetjewo, dem Flughafen für den Auslandsverkehr, erwachte mein Nachbar aus dem Schlaf, und ich versuchte, ihn in ein Gespräch zu ziehen. Aber da er keiner Fremdsprache und ich nicht des Russischen mächtig war, stieß die Verständigung auf erhebliche Schwierigkeiten. Immerhin wurde klar, daß er mit anderen Insassen an einem Motorradrennen bei Garmisch-Partenkirchen teilgenommen und dort einen dritten Platz belegt hatte. Er kam aus Taschkent und reiste auch dorthin zurück.

Wir rauchten eine Zigarette zusammen und erwiesen uns ein paar bescheidene Artigkeiten, als ein kleiner Imbiß serviert wurde. Er verstand, daß ich Po-ätt sei und Delegierter; und einer Delegazija anzugehören, heißt in der Sowjetunion, umfassender Privilegien teilhaftig zu sein. Moskau war voll von Delegationen, die mancher wie Abgesandtschaften des Himmels – Friedensengel gewissermaßen – respektierte. Für den Rennfahrer und Monteur aus Taschkent war ich jedenfalls ein hochzuehrender Gast. Als ich ihm zum Abschied die Hand gab, drückte er sie fest und herzlich. Er gehörte auch ohne Plakette zur Kategorie der gutwilligen Leute. –

Der Tag ging zur Neige. Die bevorstehende Landung, noch ehe sie angesagt war, kündigte sich durch den Höhenverlust der Maschine an. Eine Art Havel-Landschaft wurde unter uns sichtbar, Wald- und Flußlandschaft in herbstlicher Färbung, die durch die letzten Strahlenbündel der sinkenden Sonne noch farbiger aufleuchtete. Vereinzelte kleine Häuser wurden sichtbar; die weißen Stämme der Birken ließen an Finnland denken – unsere Erinnerung schwatzt uns ja immer leise in die neuen Erfahrungen hinein. Aber als die Maschine aufsetzte, wußte ich, daß sie auf russischem Boden, in sowjetischem Machtbereich gelandet war und daß das eigentliche Abenteuer nun begann.

Wir waren zu viert – denn mit Richard Gerlach, Heinrich Böll und mir reiste die Dolmetscherin Inga Meister – und sahen uns von mindestens dem doppelten Aufgebot von sowjetischen Kollegen erwartet und begrüßt, von denen die meisten deutsch sprachen. Sie waren groß und klein, mächtig und schmächtig und im Typ genauso verschieden voneinander wie H. E. Holthusen von Kesten oder Hans Werner Richter von Peter Handke. Auch zwei Damen waren dabei: Frau Romanowa, die zweite Vorsitzende der Auslandskommission des Schriftstellerverbandes der UdSSR, und Ludmila Tschornaja, die Übersetzerin der Böllschen Romane und zu Zeiten des Dritten Reiches von Goebbels die »Hexe im Kreml« getauft – wegen ihrer offenbar gefürchteten deutschsprachigen Gegenkommentare. Aber dies alles und die Namen und Tätigkeiten der einzelnen traten erst später in mein Bewußtsein ein. Jetzt waren sie nichts als »Kollegen«, freundliche und hilfsbereite Leute, die geduldig warteten, bis sich die Formalitäten dem Abschluß genähert hatten, oder durch Fürsprache deren Rhythmus beschleunigten.

Schon schien der Aufbruch nahe – da erinnerte sich unser Senior der sowjetischen Devisenbestimmungen, die vorsehen, daß eingeführte ausländische Valuta vorgewiesen, behördlich notiert und das betreffende Papier bei der Ausreise vorgelegt werden soll. Die sowjetischen Kollegen winkten zwar ab; aber deutsche Gründlichkeit bevorzugte das getroste Schwarz-auf-Weiß. Jeder füllte seinen diesbezüglichen Schein aus, unterschrieb – und dann machte sich die Dolmetscherin auf, die Papiere an den Mann zu bringen, der sie abstempelte. Gospodin Gerlach begleitete sie.

Ich blieb auf dem Fleck, auf dem ich mein Papier aus der Hand gegeben hatte, um der Rückkehr der beiden zu harren, nur drehte ich mich um 180 Grad, weil ich hinter mir die Stimme von Mr. Mergenthaler vernahm, der auf einer der Wartebänke saß und mit zwei anderen älteren Herren das Ende der weitaus umständlicheren Prozedur abwartete, der das vierzig Köpfe zählende Volk des guten Willens unterworfen wurde.

Ich muß ihm erläutern, was wir hier treiben und welche Art Bücher ich schreibe – und warum soll ich ausgerechnet ihm verschweigen, daß ich zum Beispiel auch eines über eine Reise durch die Staaten geschrieben habe? – und dann, wie etwa die Reiseroute verlief *and so on* und so weiter. Es ist ja ein tröstliches Gefühl, in einem fremden Lande, dessen Sprache man nicht spricht, mit wildfremden Menschen ein Gespräch führen zu können. Möglicherweise tröstet es auch Mr. Mergenthaler ein wenig. Aber wahrscheinlich irre ich da.

Es waren darüber vielleicht acht, vielleicht auch zehn Minuten verstrichen, und ich hielt Ausschau nach den beiden Landsleuten: die »Meisterin« ist fast 1,80 Meter groß, auffallend blond, trägt eine dunkle Hornbrille, und der Tier- und Menschenfreund Gerlach mit dem weißen Haar, den roten Bäckchen und der stattlichen Taillenerweiterung konnte sich auch nicht so leicht verstecken.

Aber ich kann sie nicht entdecken. Vermutlich sind sie aufgehalten worden und noch in irgendeinem Büro, und die anderen gingen derweilen wohl ins Freie.

Ich warte also weitere fünf Minuten; Mr. Mergenthaler wird mir Gesellschaft leisten; seine Plakette verpflichtet ihn dazu. Aber insgeheim steigen in mir Zweifel am *good will* des Sowjetischen Schriftstellerverbandes auf; desgleichen an der Berufung unserer Dolmetscherin, der ich unversehens mütterliche Pflichten zudiktiere. Und nachdem weitere fünf Minuten verstrichen sind, bin ich sicher, daß sie allesamt – Sowjets wie Bundesrepublikaner – in flotter Fahrt nach Moskau unterwegs sind. Sie sind mit drei oder vier Wagen gefahren, und alle haben gedacht – soweit sie gedacht haben –, ich säße wohl im anderen Wagen . . . Ich gestand Mr. Mergenthaler diesen endgültigen Verdacht, und der riet kurzerhand, mit einer Taxe hinterdrein zu brausen. Aber da ich keine Ahnung hatte, in welchem Hotel wir wohnten, war das ein sinnloser Rat. Darüber begann mir auch der gute Wille dieser Reisegesellschaft fragwürdig zu werden, zumal sich manche ihrer Mitglieder für mein Gefühl recht undiplomatisch, beinahe arrogant bei der nun einmal unvermeidlichen Zollkontrolle aufführten.

Sie hatten allerlei bei sich, das nicht nur dem Zollbeamten, der sachlich und seinen Unmut beherrschend arbeitete, Rätsel aufgab. Zum Beispiel führte der eine Amerikaner eine größere Schachtel mit dünnen Tonröhren bei sich. Verständlich machen konnte man sich nicht. Aber der Zollmensch wollte Sinn und Charakter dieser »Einfuhr« erfahren.

Schließlich holte der Amerikaner aus einem anderen Gepäckstück einen zweiten Karton, der eine Art Eierbecher zu enthalten schien, und der Russe, um nichts schlauer geworden, begehrte ernstlich zu wissen, was das denn nun für Dinger seien.

Da steckte der Befragte triumphierend die Röhre in den Eierbecher, und da war das Ganze eine Tonpfeife. Und dreißig der vierzig Yankees wieherten wie die Lausejungen über diesen Scherz. Auf ähnliche Art gestalteten sie die dadurch um so mühsamer fortschreitende Untersuchung zu einem billigen Sketch, der den Sowjetmenschen vom Zoll innen und außen verletzen mußte. Was nützt, dachte ich bei mir, aller plakatierter guter Wille, wenn die Talente fehlen . . .

Aber ich hatte meine eigenen Sorgen und pirschte mich schließlich schüchtern an eine Russin heran, die offensichtlich als Dolmetscherin und Helferin der Flugbehörde Dienst tat. Sie erwies sich als äußerst beschäftigt und – zunächt wenigstens – keineswegs liebenswürdig. Nach fünf Minuten jedoch erschien sie wieder und ließ sich meinen Kummer beichten. »*You are like a little boy who has lost his mother's hand . . .*«, meinte sie belustigt, führte mich zunächst an einen Wechselschalter (der offizielle Kurs berechnete den Rubel mit 4,45 DM) und dann in das kleine Flughafen-Restaurant, in dem ich mir zwei Gläser einer wohlschmeckenden Limonade erstand, die einer jener gläsernen Rieselkisten entnommen wurde, wie sie bei uns in den Bahnhofskiosken der größeren Städte gang und gäbe sind. Das gibt es hier also auch, dachte ich anerkennend.

Da saß ich denn nun, bestellt und abgeholt und am Ende doch nicht abgeholt, und malte mir aus, was denn wohl wäre, wenn ich jetzt meinen Mantel zuknöpfen und davongehen würde, ohne jemandem zu verraten, ja ohne selbst zu wissen, wohin. Einige Rubel hatte ich in der Tasche und – außer deutschem Geld – noch 30 Dollars, die hier gewiß einen Liebhaber finden würden, wenn das not täte. Paß und Visum waren in Ordnung. Irgendein Bus würde vom Flughafen in die Stadt hinein fahren, und dann begänne das Abenteuer.

Wem würde ich in die Hände fallen? Da ich in einem sogenannten Polizeistaat war, vielleicht sofort der Polizei? Dann wäre das Abenteuer schon vorbei. Aber das müßte nicht sein. Vielleicht stieße ich auf einige Studenten, und wir würden miteinander essen und trinken oder auf irgendeines »Bude« gehen und in irgendeiner Sprache über Gott und die geteilte Welt reden, und am Ende schliefe ich auf irgendeiner Couch oder einem alten Wachstuchsofa und trollte mich am anderen Morgen. Oder ein Mädchen – kein leichtes, denn so etwas gab es hier in Moskau ja nicht –, ein gutmütiges und gerade verlassenes, griffe mich auf, und wir gingen stundenlang durch das nächtliche Moskau. Vielleicht würde es gerade eine helle Nacht (weil ich mich bei diesem Gedankengang an Dostojewskijs »Helle Nächte« erinnerte) und am Ende doch eine kleine Liebesgeschichte geben, eine ganz verhaltene und harmlose, mit Händedrücken und Stirnkuß. Und zu guter Letzt käme dann vielleicht doch ein Genosse Polizist und nähme mich in Gewahrsam . . .

Wie immer es ausgehen würde – schlecht konnte es eigentlich kaum ausgehen. In Rußland herrschte jetzt Ordnung. Und ob ich nun dies oder das erleben würde, *eines* würde sich auf jeden Fall und zu meinem ingrimmigen Vergnügen ereignen: ich würde vermißt werden. Ein Schriftsteller ist kein gewöhnlicher Mensch, den man – wie zum Beispiel in Besatzungszeiten – ersetzen kann, wenn er verlorenging, indem man einfach einen Vorübergehenden kurzerhand aufgreift und mit ihm die gebuchte oder vorgeschriebene Zahl wieder auffüllt. Man muß diesen nur einmal existierenden Vermißten wieder beibringen, und zwar lebendig. Sonst gibt es ein Aufsehen und Demarchen und Noten und Ansprüche und abträgliche Kommentare. Eine wirklich verteufelte Situation, in die man da geraten ist . . . wie wird man sie meistern?

»*Poshaluista!*« sagt die gerade wiederkehrende russische Helferin, nun die Liebenswürdigkeit in Person, und gibt mir einen Zettel in die Hand, den ich nicht lesen kann. Es sei angerufen worden, soeben. Man bedauere und bitte um Entschuldigung. Ich möge mich in ein Taxi setzen und ins Hotel fahren lassen. Sie werde mir behilflich sein.

Sie geleitet mich an ein Taxi, und weil ich sie habe rauchen sehen, bitte ich sie, ein Päckchen belgischer Zigaretten anzunehmen. Oh, das findet sie reizend, zumal sie leider zuviel raucht. Und wohin *ich* denn führe? »Peking!« sagt sie laut und vernehmlich, wirft – *attention please!* – den Schlag zu, winkt kurz und enteilt.

Der Fahrer läßt den Motor an, und wir fahren los. Er ist schweigsam; das macht, weil er nur Russisch spricht und sonst kein einziges Fremdwort, wie ich rasch herausbekomme. Er wird mich also keinesfalls nach China fahren können, obwohl ich meine, eindeutig »Peking« verstanden zu haben.

»Peking?« frage ich.

»*Da, da. Pekin.*«

Eine halbe Stunde später werde ich zum zweiten Male vom Löwen (Lew) Kopelew empfangen, in der Vorhalle des Hotels Peking, und in den Speisesaal geführt, eine Art chinesisches »Café Vaterland« mit allen Draperien, zu denen der Name verpflichtet, mit dreisprachiger Speisekarte und doppelter Küche – russischer wie chinesischer –, mit einer Bühne, die ein fleißig und gut, aber nicht zu ausschweifend westlich jazzendes Orchester bevölkert, mit weißgedeckten Tischen und speisenden oder tanzenden Paaren, mit sachlich arbeitenden, weißbejackten Kellnern, die akkurat bedienen und schließlich bringen, was bestellt worden ist, von uns und den vorsorglichen schriftstellerischen Gastgebern: Sauerbrunnen und Limonade, Bier und Wein, zur Einführung eine Art Hors d'œvre und – natürlich – Kaviar, eine gute Fleischsuppe und ein Hauptgericht. Für mich ein Rebhühnchen zum Preise von 1 Rubel 70 Kopeken – was nicht teurer als in Freiburg oder München ist, wenn man offiziellen Kurs rechnet, aber recht preiswert sogar, wenn man die inländische Kaufkraft des Rubels ansetzt.

Aber ich denke gar nicht in Rubeln an diesem ersten Moskauer Abend (ich bin ohnehin Gast), sondern freue mich des gedeckten Tisches, des annehmbaren Weines, des vom besten Willen des Kochs zeugenden Rebhuhns, der freundlichen Kollegen, der speisenden und tanzenden Russen. Das kleine Purgatorium auf dem Flughafen hat mich dankbar gestimmt.

Mein »Abenteuer« habe ich zwar versäumt. Aber selbst im glücklichsten Fall hätte ich nicht auf so gefällige und entgegenkommende Menschen, auf so freundliche und anregende Umstände treffen können.

Und am Ende komme ich sogar doch noch zu einer mondbeschienenen Moskwa, wenn auch in ausschließlich männlicher Gesellschaft. Kopelew und der uns zugedachte Reisemarschall Steshenskij fahren mit Böll und mir noch hinauf zur Lomonossow-Universität, von deren Vorplatz aus man einen ergiebigen Blick über die Stadt nehmen kann.

Jetzt lag sie fast im Dunkel. Unter uns nahm der Fluß, der hier eine fast geometrische Kurve zieht, seinen lautlosen Weg. Zur Rechten ragte eine riesige Sprungschanze gegen den mitternächtlichen Himmel.

»Sie sind in Moskau . . .« sagte Kopelew und legte leicht seine Hand auf meine Schulter.

Der liebe Gott ist sterbenskrank

An einem wunderschönen Oktobertag, dem einzigen, an dem die Sonne sich vom Morgen bis zum späten Nachmittag am blaßblauen Himmel behauptete, fuhren wir nach Sagorsk, das etwa anderthalb Fahrstunden nordöstlich von Moskau liegt und eine der spärlichen Oasen christlicher Gottgläubigkeit ist, die der Sowjetkommunismus in der schier endlosen Wüste der Gottlosigkeit duldet. Das Land lag im späten Herbst. Weiden wechselten mit lichten Waldungen, die noch gilbendes Laub trugen, und nach den Wolkenkratzern und Zementburgen, die das Gesicht des modernen Moskau bestimmen und, überall an seinen Rändern neu aufschießend, mit neuen Zügen versehen, muteten die Holzhäuschen der wenigen an der Straße liegenden Dörfer beinahe wie Antiquitäten an, Überbleibsel abgelebter Epochen – man glaubte, in die Zeiten Ljeskows oder Tolstois zurückversetzt zu sein.

Was weiß man denn auch von Rußland, wenn man einige riesige Städte kennt? New York ist nicht Amerika, Paris nicht Frankreich. Wieso sollte es mit der Sowjetunion anders sein? War nicht schon die Stadt Tula, die wir zwei Tage zuvor auf der Fahrt nach Jasnaja Poljana passiert hatten, ein recht kümmerliches Nest gewesen, mit aufgerissenen oder verschlammten Straßen, tristen Häuserfronten und recht bescheidenen Staatsläden? Es regnete monoton vom grauen Himmel, und auf der mehr als 150 Kilometer langen Anfahrt, während der wir etliche Städte und Städtchen durchfahren hatten, war es nicht möglich gewesen, eine einzige Kirche aufzutreiben, in der Genrich, der »praktizierende Katholik«, seiner Sonntagspflicht hätte genügen können.

Einige wenige hatten unser Gesichtsfeld gekreuzt. Die eine schien mir zerstört und nicht wiederhergestellt. Eine andere »arbeitete« nicht, wie unser Reisemarschall sich ausdrückte. Eine dritte schien anderen Zwecken zu dienen; der Eingang war vermauert. Das Vorhaben jedenfalls, »irgendwo rasch noch einer stillen Messe beizuwohnen«, scheiterte in Ermangelung der Gelegenheit. Hätten wir nicht in Jasnaja Poljana dann die Scharen der zu Tolstois Grab wallfahrenden Russen erlebt – es wäre im äußersten Sinn dieses Wortes ein wahrhaft gottverlassener Sonntag gewesen.

Aber nun schien die Sonne, und in Sagorsk seien, wie uns angekündigt worden war, etliche Kirchen beinahe Tag und Nacht »in Betrieb«. Schöne Kirchen, berühmte Kirchen, ein Kloster sogar, ein Priesterseminar – wir würden staunen.

Wir kamen in Sagorsk an – unser Fahrzeug hatte als erstes das Ziel erreicht – und hatten noch den zweiten Wagen abzuwarten, in welchem Böll, der russische Schriftsteller Melnikow (der gerade ein Buch über den 20. Juli beendet hatte) und seine Frau Ludmila Tschornaja saßen. Dennoch sahen wir uns schon erwartet.

Vor dem Portal, durch das man in den von hohen, dicken Mauern umzirkten kirchlichen und – wie sich herausstellen sollte –, vorwiegend musealen Bereich eintreten mußte, stand ein junges, blondes, einfach gekleidetes Mädchen, das sich freundlich lächelnd als Natascha vorstellte. Sie gab jedem von uns die Hand, auch denen, die nach uns kamen, und jeder mochte meinen, sie wäre eine Bekannte des anderen. Sie ging mit uns in die Kirche, in das Museum, zum Empfang ins Priesterseminar; sie saß stumm und lächelnd an der Kaffeetafel, quetschte sich hernach bescheiden in einen der Wagen bei der Rückfahrt und gehörte in allen uns noch verbleibenden Moskauer Tagen unauffällig und geheimnisvoll zu uns wie das Lächeln zur Gioconda. Sie verdient ein Kapitelchen für sich.

Schließlich waren wir alle beisammen und gingen durch das große Tor, hinter dem uns eine andere, eine neue – oder vielmehr eine alte, versunkene, gläsern und unwirklich anmutende Welt erwartete. Der Unterschied zu der, aus der wir kamen, war so kraß, so bedrängend – es verschlug einem fast den Atem. Die Wege, die Gebäude, der Rasen, selbst die Bäume – alles verriet sorgsamste Pflege, geradezu Wohlstand. Man glaubte sich in ein Märchen verzaubert oder in ein kleines Fürstentum versetzt. Eine nie erwartete Sauberkeit, ja Erlesenheit empfing uns. Friedhöfe sind so weltentlegen, Museen so abgeschirmt.

Gleich zur Linken befand sich ein kirchlicher Bau, vielleicht einst Teilstück eines größeren sakralen Gebäudes, vielleicht auch eine selbständige kleine Nebenkirche – auf so weiträumigem klösterlich-ekklesiastischem Gelände finden sich mancherlei Abwandlungen von Gotteshäusern, bis hin zur Laubhütte.

Gesang war zu vernehmen, Wechselgesang; wir traten ein. Eine Kirche, die »arbeitete«, die erste – welche Sensation. Zudem an einem Wochentag. Später, in Leningrad, in der Alexander-Newskij-Kathedrale, sollte uns der Zufall in einen Gottesdienst führen, der sich kaum von einem solchen in Athen oder Konstantinopel unterscheiden mochte. Die Gläubigen sahen aus wie überall in der Welt: wenige Junge, sehr viele Frauen, aber nicht nur alte; und Männer, zum Teil mittleren Alters. Es war eine Gemeinde, wenn auch möglicherweise eine der wenigen, die in der Millionenstadt Leningrad und in ihrer näheren Umgebung noch anzutreffen waren. Aber hier in Sagorsk sah man nur Frauen, ältliche, alte und ganz alte, die grauen Gesichter ins graue oder doch dunkle Kopftuch gefaltet, in grauen oder braunen Röcken vergraben, mit Filzstiefeln an den Füßen, geschlechtslose Wesen schon, vom Leben abgeschrieben und dem Tode schon zugesprochen – und sie standen oder knieten im Kreis um einen Popen, der aus monoton-selbstsicherer, herausfordernder Kehle einen Text sang, den er aus einem großen Folianten ablas, und sie antworteten ihm mit ihren dünnen, glanz- und kraftlosen, leicht plärrenden Stimmen; es klang wie selbstvergessenes, unstillbares Weinen, und das Herz krampfte sich zusammen bei ihrem Anblick und ihrem Gegrein, das zwar fortfuhr, als der Pope, von einem anderen Popen angesprochen, seine Partie zwei- oder dreimal auslieẞ, sich aber dann hilflos verhedderte und zu ersterben drohte, so daẞ der geistliche Vorsänger lehrerhaft und mit trompetendem Knödelton wieder einfiel und den klagenden Singsang wieder ins verläẞliche Bett musikalischen Taktes lenkte. Ihr stimmloses Weinen und sein fühlloses Tönen machten erschauern.

Und drauẞen schien wieder die Sonne vom blaẞblauen Himmel, und wir gingen schweigsam weiter; eine Tür tat sich uns auf – es war eine Vergünstigung, daẞ es geschah –, und wir betrachteten eine museale Ausstellung von kirchlichen Schätzen. Es waren Dokumente, Handschriften, biblische und kirchliche Texte aus vergangener Zeit, aber auch Gefäẞe, Geräte, Gewandungen, wie sie jeden Tag in allen Kirchen der Welt im Gebrauch sind. Dazu eine Reihe von Ikonen – ich sah zwei, die von Giotto oder Fra Angelico hätten stammen können: eine »Kreuzauffindung« und »Die drei Engel des Abraham«. Aber niemand kennt die oder den mönchischen Künstler, der sein Gemisch aus Gold und Quecksilber auf den hölzernen Grund geblasen und vielleicht nur einmal eine Darstellung von so überirdischer Schönheit zustande gebracht hat.

Ich kehrte einige Male zurück, diese Ikonen zu betrachten, und die »Hexe aus dem Kreml« hatte es längst wahrgenommen, daẞ ich da meinen eigenen Gedanken nachhing.

»Schön ist das, nicht wahr?« sagte sie lächelnd. »Oh, Sie müẞten zu *uns* kommen. Ich kann Ihnen Ikonen zeigen in Moskau – die Augen gehen Ihnen über.« Eine warme Begeisterung lag auf dem Grunde ihres Blickes. Aber es war vielleicht eine Begeisterung, wie man sie angesichts des Aphaia-Tempels auf Aegina empfinden kann, wo das Alte unvergänglich im Lichte steht. Für mich war dies alles von Katakombenluft umwittert.

Als wir das »Museum« verließen, war es gegen zwei Uhr mittags. Auf den Bänken saßen die grauen Weiblein wie ausgediente Gnomen und verzehrten hier und dort einen mitgeführten Imbiß. Dohlen und Tauben kreisten am Himmel, und die Lärchenbäume hielten ihre vergilbten Nadeln ins Licht. Zuweilen fuhr ein sachter Windstoß in ihre Zweige und löste einen zögernden, sanften Nadelfall aus: es war, als stäubte Gold in der Luft. Eine unendliche Wehmut überglänzte den Tag, eine funkelnde, das Herz stechende Trauer.

Während wir eine Art Refektorium besichtigten, hieß es, der Leiter des Priesterseminars habe von unserem Besuch gehört und sei bereit, uns zu empfangen; auch ein bescheidenes Mahl warte auf uns. Im Hintergrund nahm ich einen vielleicht fünfunddreißigjährigen geistlichen Abgesandten wahr, der uns ins Seminar geleiten sollte, einen zurückhaltenden, elfenbeinhäutigen, etwas jüdisch aussehenden Mann, der sehr sorgfältig gekleidet war. Ich hätte in ihm eher einen jungen Rabbi als einen Popen vermutet.

Ich sprach ihn an – das Englische schlug die Brücke – und ließ mir einige Zahlen nennen. Etwa 200 Studenten studierten hier Theologie und bereiteten sich auf den Priesterberuf vor. Und wenn ich mich recht erinnere, wohnten etwa 80 Mönche hinter den Mauern des Klostergebäudes. Ob es noch andere solcher Plätze und Seminare in der Sowjetunion gebe, fragte ich.

Noch einige.

Größere oder kleinere?

Ähnliche.

Ich verschonte ihn mit weiteren Fragen

Der Direktor des Seminars, zu dem wir geführt wurden, mochte fünfundsechzig Jahre alt sein – er berichtete später, daß er hier, in Sagorsk, vor vierzig Jahren Theologiestudent gewesen sei, auf dem gleichen Seminar, dem er nun vorstehen dürfe. Er empfing uns stehend und mit einer kleinen Ansprache in einer Art Konferenzzimmer, das – wie alle Flure und Räume, die wir auf dem Wege zu und von ihm passierten – von jener betulich gebohnerten altjüngferlichen Makellosigkeit war, wie man sie von katholischen Pfarrhäusern her kennt. Er trug eine randlose Brille, durch welche blaue, etwas wässerige Augen auf uns blickten, und hatte gelichtetes aschblondes Haar, das nur im Nacken noch voller war und dort auch wohlfrisiert abstand.

Nachdem wir seine kleine Begrüßungsansprache angehört hatten, wurden wir gebeten, an dem länglichen Konferenztisch Platz zu nehmen. Wie es hieß, sei der Seminardirektor jetzt bereit, etwaige Fragen zu beantworten.

Er wäre bereit, sollte es wohl genauer heißen; denn es stellte sich heraus, daß er es nicht war, oder zumindest, daß er etwaige Fragen im vorhinein zu vermeiden trachtete, indem er sofort – in einer Mischung von Leutseligkeit und Zuvorkommenheit – das Wort ergriff und über das Seminar zu sprechen begann, über seine Studenten, die hier Ausbildung und Vorbereitung auf ihren Beruf fänden, die Sprachen, die man sie lehre, die Fächer, die man besonders pflege, ihre Anzahl, den Tagesablauf – und weil ihm der Umstand, daß unser Reisemarschall und Dolmetscher Steshenskij jeden gesprochenen Satz in sein stets treffsicheres und zugleich doch operettenhaft russisches Deutsch übertragen mußte, genügend Zeit ließ, sich auf jeden zu sprechenden hinreichend zu konzentrieren, und weil er darüber hinaus offensichtlich von seiner Natur her ein mit unerschöpflicher Suada begabter Herr war, spann er Faden um Faden, kreuzte und verknüpfte, und wie die Spinne am eigenen Faden hängt, so hing er schließlich an dem Faden, den er spann, nicht mehr Schöpfer, sondern Geschöpf – und am Ende vielleicht gar gefangenes Opfer des Netzes, das er unaufhörlich und unverdrossen wob . . .? Gott bewahre! Er verfing sich nicht, und er fing freilich auch niemanden; wollte vermutlich auch niemanden fangen in diesem leise und geduldig gewobenen rhetorischen Netz, dessen gefällige, aber gestaltlose Struktur zunächst wohlwollende Aufmerksamkeit, dann aufsteigendes Bedenken, zunehmendes Befremden und schließlich Trauer und Widerwillen weckte und das nicht gewoben war, um andere zu fangen, sondern zu eigenem Schutz – als eine Art Tarnnetz gewissermaßen.

Er saß allein in der Mitte der einen Längsseite; wir anderen verteilten uns über die Gegenseite. Steshenskij saß an der äußersten Linken und dolmetschte, anscheinend unbeteiligt und der Sache ergeben, aber – wie *mir* scheinen wollte – mit Behagen.

»Kirche gett gutt«, hatte er ein paar Tage zuvor auf eine diesbezügliche Frage geantwortet. »Läbt von Spänden von Gläubigen und värdient viel Gäld.«

Es war kein Zweifel, daß er nicht zu den Spendern zählte. Er schien mir ein Freigeist von Natur; Kirche und Popen lagen außerhalb seines Interesses und seiner Wertskala. Was ihn nicht hinderte, den Katholiken Heinrich Böll zu bewundern und seine Bücher zu lieben. (Um seinetwillen hatte er sich um die Rolle des Reisemarschalls beworben.) Aber der Schwanengesang dieses Kirchenmannes – ich mußte an Carl Orffs »Carmina burana« denken und die köstliche Arie des gebratenen Schwanes »Olim lacus colueram« – mußte wie ein Sommerregen über seine verleugnete Seele gehen. Hört ihn doch, wie schön er singt! – so mochte er denken. Kann einer ein schöneres Lob des Bolschewismus singen? Hört nur, hört! Was wird er jetzt Vorteilhaftes zu sagen wissen?

Daß die reinliche Scheidung von Staat und Kirche auch der Kirche bedeutende Vorteile bringe. Sie bewahre sie vor abwegigem, der christlichen Urlehre widersprechendem Machtstreben, vor politischen und allzu irdischen Ambitionen.

Daß man die Religion und die Tröstungen der Kirche nicht wie eine tägliche Freisuppe ausgebe, das mache sie kostbar und erziehe diejenigen, die sich von der Kirche angezogen fühlten, zu wissenden und bekenntnisfreudigen Christen.

Daß die Kirche im sozialistischen Staat einer ernsten Selbstprüfung ausgeliefert sei, das könne zu ihrer Gesundung an Haupt und Gliedern beitragen.

Daß man die Kirche nicht wie eine staatliche Institution besolde, sondern sie dem Opfersinn der Gläubigen anvertraue, das mache sie frei und bewahre sie auch vor staatlicher Einflußnahme. Und nicht nur dies: es erhalte sie auch in echter Nähe zu den Gläubigen, in jener gesellschaftlichen Nähe und Verbundenheit, welche die alte Kirche leider oft habe vermissen lassen und auf die mit Nachdruck hingewiesen zu haben das unbestreitbare Verdienst des sowjetischen Staates sei. Es liege ja vieles im argen auf dieser Welt, das weder im Namen der Kirche noch nach sittlichen Gesetzen gutgeheißen werden könne.

Und so weiter und so fort . . .

Wahr gesprochen, wahr gesprochen – hätte man vielleicht bewundernd in sich hineingeflüstert, würde ein abendländischer Kirchenfürst so tiefschürfende, erbarmungslose Gewissenserforschung betrieben, solche Analyse kirchlicher und religiöser Situation gegeben haben. Aber an diesem Ort, zu dieser Stunde, in dieser Runde klang es kastratisch, auf eine niederschmetternde Weise gefällig, ja opportunistisch. Und daß dies alles nicht mit falschem und sich dadurch selbst ironisierendem Pathos vorgetragen wurde, sondern wie wohlmeinende, von Einsicht und Erkenntnis getragene Überzeugung, hinter der – vielleicht ungewußt und kaum noch erlitten – eine vier Jahrzehnte lange Entwöhnung von Freiheit und Persönlichkeit stand, machte alles nur noch trauriger. Der Diener Gottes und der Kirche redete und redete, seine Bäckchen röteten sich mehr und mehr, seine Augen gewannen an Farbe, und seine Gesten wurden zuweilen so lebhaft, daß der silberne Kruzifixus an seinem Hals gelegentlich einen erschreckten Hopser machte, ehe er sich, gewissermaßen kopfschüttelnd, wieder auf der Brust des Kirchenmannes eingewöhnt hatte, in welcher ganz gewiß zwei Seelen wohnten, wenn auch die eine sich damit abgefunden hatte, der anderen nicht mehr ins gesprochene Wort fallen zu dürfen . . .

Schließlich verstummte der Redselige doch für einen Augenblick. Er hatte alle Fragen beantwortet, die nach seiner Meinung gestellt werden konnten. Wer würde die Taktlosigkeit begehen, wirklich noch eine Frage zu stellen?

Der Seminardirektor blickte uns – wenigstens uns Bundesrepublikaner – prüfend an.

Ob noch jemand eine Frage habe?

»Wie hoch er – etwa – die Zahl der gläubigen Christen in der Sowjetunion gegenwärtig schätze? So ungefähr wenigstens . . .« tönte es in unverfälschtem, konziliantem Kölsch freundlich, aber unüberhörbar in den Raum.

Ich rechnete mit einer nachdenklichen oder gar verlegenen Pause. Denn wiewohl Steshenskij kaum in den Verdacht genommen werden konnte, ein Spitzel oder gar ein Denunziant zu sein: diese Frage war ebenso heikel, wie die Antwort vage sein mußte. Selbst wenn die Kirche aus empfangenen Spenden Schlüsse auf die Zahl der ihr ergebenen Gläubigen hätte ziehen können – würde man solche Schätzung je preisgeben?

Aber die Pause währte kürzer als mein Gedankengang. Die Antwort kam sofort und ohne Zögern:

Wie überall im Leben, so lautete sie etwa, wohne das Schwergewicht auch in dieser Sache nicht in der Quantität, sondern in der Qualität. Das eben sei der eindeutige, wenn auch nicht näher zu beziffernde Vorteil der russischen Kirche, daß sie keine lauen Mitläufer habe, die zwar statistisch eine gute Figur machten und der allerchristlichsten Bilanz in anderen Ländern ein so vorteilhaftes Gesicht verliehen, sondern nicht zu zählende, aber überzeugte und opferfreudige *Gläubige!* Was heiße das denn überhaupt: Gläubige?! Wie könne man sie zählen und abwägen?! Eins, zwei, drei, vier, fünf . . .? Nein, nein. So einfach sei das denn nun doch nicht. Da müsse er uns eine Geschichte erzählen, die augenblicks deutlich machen werde, wie es um die Zählbarkeit der Gläubigen in dieser Welt stehe. Und im Vorgenuß dieser Geschichte rieb er emsig die Handballen gegeneinander.

Sei er doch vor einiger Zeit – das Jahr spiele keine Rolle dabei – in Konstantinopel gewesen zu einer Zusammenkunft von orthodoxen Kirchenfürsten, und da sei ihm folgendes widerfahren:

Er habe den Frühgottesdienst besucht und dann beim Frühstück in seinem Hotel gesessen, als der Archimandrit von . . . – nun, das solle des Taktes wegen nicht genauer bestimmt sein – hereingekommen sei und sich gleichfalls zum Frühstück niedergelassen habe. Er – der Seminardirektor – habe sich in der Meinung befunden, daß der Archimandrit ebenfalls den Frühgottesdienst besucht habe. Aber im Gespräch sei plötzlich offenkundig geworden, daß der Archimandrit die Zeit verschlafen und überhaupt den Gottesdienst versäumt habe.

»Ein Archimandrit! Stellen Sie sich vor, der den Sonntag nicht heiligt! Ein Vorbild und Seelenhirt der Gläubigen! Bei allen Erleichterungen, die uns die Kirche auf Reisen zugesteht – ein solches Versäumnis ist nicht mehr entschuldbar. Ich frage Sie aber: Wenn das nun am grünen Holze geschieht . . .?«

Die Frage schwebte eine Weile im Raume und dann genau auf den jüdisch aussehenden Theologen zu, der unbemerkt eingetreten war und zu melden wußte, daß die Kaffeetafel gerichtet sei.

Der Lenker aller Sagorsker Theologen erhob sich und lud uns freundlichst zu einem bescheidenen Imbiß, und wir erhoben uns gleichfalls und strebten dem Ausgang zu.

Ich richtete es so ein, daß ich mit unserem Reisemarschall Steshenskij an der Tür zusammentraf.

»Kirche geht gut!« sagte ich leise zu ihm.

»Nicht wahr!« lächelte er belustigt zurück. »Gett sogar wunderbar, wie Sie sähn. Hätte ich nicht geglaubt . . .«

Unter dem Pantöffelchen der Natascha

Ich kann nicht sagen, ob Goethe der jungen Geliebten Faustens den Namen Gretchen gab, weil dieser vor anderthalb Jahrhunderten schon als typisch deutscher Mädchenname empfunden wurde, oder ob durch Goethes Gretchen bei uns und in aller Welt erst die Vorstellung erweckt wurde, dieser Name sei untrennbar mit deutschem Wesen verbunden. Ich weiß nur mit Sicherheit, daß die Namen, welche die Dichter aller Völker ihren schönen Heldinnen geben, für alle, die deren Geschichte bewegten Herzens nachlesen, zu zärtlichen Symbolgestalten werden, in denen vor allem der Fremde die Frauenwelt eines Landes am idealsten und liebenswertesten verkörpert sieht.

Wen umweht nicht ein Hauch aus Italiens blühenden Zitronengärten, wer sieht nicht im grünen Laub die Goldorangen glühn, wenn er die Namen Guilia oder Francesca vernimmt oder den der zierlichen Mignon? Louise Labé kommt im *pas de deux* mit Luise Millerin daher, die Dichterin selbst mit dem Geschöpf eines Dichters. Hesses schöne weiße Elisabeth hat ihr dunkelhaariges Gegenbild in der gleichnamigen Barrett-Browning, der von übermächtigem Leiden durch mächtigere Liebe geheilten englischen Poetin. Kann man den Namen Mary Anne hören, ohne an ihren Sänger Barnes, den Namen Lenore, ohne an Edgar Allan Poe und des Raben düsteres *»Nevermore«* erinnert zu werden? Und »bringt der Ost mir frohe Kunde . . .«, ohne daß ich Suleikas gedächte?

Und so hat auch Natascha unzählige Schwestern und Basen gleichen Namens in den Städten und Weiten Rußlands und steht doch für viele von uns, die einmal ihren Tolstoi gelesen haben, immer wieder in der Mädchengestalt der Natascha aus »Krieg und Frieden« vor unseren Augen auf, und für mehr noch gewiß in der zierlichen Figur der Audrey Hepburn, die uns vor etlichen Jahren als Natascha in dem amerikanischen Monstrefilm entgegentrat. (Der erste Teil hatte durchaus Proportion und Qualität; der zweite war dafür total mißglückt.) Warum sollten wir unsere Geliebten und Heldinnen nicht einmal leibhaftig oder doch bildhaft vor uns sehen wollen? Unsere Großeltern und deren Großeltern ergötzten sich an theatralischen Drucken; wir sind süchtig nach der flimmernden Leinwand und dem wabernden Bildschirm. Gestellt bleibt gestellt, ob unbewegt oder bewegt, schwarzweiß oder farbig. Die Wirklichkeit widerspricht zumeist unseren Vorstellungen und Erwartungen.

Natascha zum Beispiel, wie sie da etwa auf dem höchsten Punkt des weit anlaufenden Platzes von Sagorsk steht, auf dem in früheren Zeiten Buden und Stände für die unzähligen Wallfahrer aufgebaut sein mochten, auf unser Eintreffen wartend (und selbst von niemandem erwartet), ist weder dunkeläugig und schwarzhaarig noch gertenschlank, sondern weizenblond, blauäugig, ein ganz klein wenig sommersprossig – aber man sieht es eigentlich kaum – und eher etwas mollig als schlank. Sie trägt sogar eine Hornbrille, aus sehr hellem Horn allerdings, und ein schwarzes Kleid, das aus dem aufgeknöpften Mantel hervorsieht, der auch von irgendeiner so dunklen, wenig leuchtenden Färbung ist, daß ich ihn gar nicht mehr sehe. Ich sehe nur die hellen, in der Sonne leicht blinzelnden Augen, die ebenmäßig abgerundete Gestalt; und weil sie uns die Hand gibt, nehmen wir sie, und ich denke: das ist vielleicht ein junges Mädchen aus Sagorsk, das uns führen wird. Aber das stellt sich bald als irrige Annahme heraus; führen wird uns ein kleines, vergilbtes, fest verpacktes, von der Männerwelt gewiß gänzlich übersehenes Wesen, das über der Oberlippe schon ansehnlichen Flaum angesetzt hat, eine drollige Baskenmütze, derbe Schuhe und einen sackartigen Mantel trägt und so gar nicht in diesen schönen Tag, aber so ganz in die wehmütig beschlagene Atmosphäre dieses kirchlichen Reliquiendaseins von Sagorsk paßt.

Dabei mag sie kaum zehn Jahre älter sein als die vielleicht einundzwanzig- oder zweiundzwanzigjährige Natascha, die sich uns anschließt, als sei das alles so abgemacht, immer ein wenig lächelnd, aber auf Gioconda-Art – man weiß gar nicht genau, ob sie lächelt oder ob irgendein Grübchen, eine naturgegebene Faltenstellung um den Mund herum diesen Eindruck erwecken. Sie geht mit uns in die Kirche, wo die alten Weiblein so kümmerlich singen und der Pope so aufdringlich dröhnt, besichtigt das »Museum« mit uns, das Refektorium, und auch ins Priesterseminar kommt sie mit.

Na, na . . . denke ich bei mir. Da sieht man doch, wie die Leute unter dem Bolschewismus die bescheidensten kirchlichen Regeln verlernt haben. Aber da die Tschornaja, die ja in Begleitung ihres Mannes ist, uns auch ins Seminar nachfolgt und wir ohnedies als Dolmetscherin ein weibliches Wesen bei uns haben, ist wohl auch gegen Natascha in einem russischen Priesterseminar nichts einzuwenden. Sie gibt dem Direktor ruhig die Hand und hört seine Rede an, sie sitzt mit uns an dem Konferenztisch und sagt kein einziges Wort. Nur lächelt sie manchmal mit ihrem schöngeschwungenen, ungeschminkten Mund, wenn man sie freundlich ansieht.

Sie nimmt später auch an der Kaffeetafel teil, wieder ohne ein Wort zu sagen, verfolgt aber alles aufmerksam mit diesen hellblauen, etwas kurzsichtigen Augen. Sie fährt mit uns nach Moskau zurück, nun in unserem Wagen – ein Klappstühlchen ist noch frei –, und weil der Imbiß in Sagorsk so mager ausgefallen ist – ein paar Waffeln und dünner Kaffee –, plädieren wir für frühe Abendmahlzeit, und ich frage, ob sie mit uns essen will. Sie nickt erfreut, sagt »ein wenig . . .«, und so haben wir sie auch am Abendtisch, der sehr reichlich bestückt wird, weil wir ja eine Mahlzeit nachholen müssen.

Natascha ißt wirklich sehr wenig, eigentlich wie ein Spatz – was gar nicht zu ihrer durchwachsenen Stabilität paßt. Sie läßt zwei

Drittel des Fleisches auf ihrem Teller, was mich ein wenig ärgert, weil ich es unerzogen finde: ein so junges Ding, das seinen Teller nicht abißt. Sie ist doch eingeladen . . .

Ich entdecke noch ein paar andere kleine Fehler an ihr. Sie ist zum Beispiel nicht sehr sorgfältig frisiert. Das hängt freilich mit dem Knoten zusammen, zu dem sie das etwas strohige Haar hinten gebündelt trägt – da machen sich immer ein paar Strähnen selbständig. Sie hat auch, will mir scheinen, sich ein bißchen schlampig und unachtsam angekleidet. Es machte mir schon vorhin den Eindruck, als sie nach Abgabe ihres Mantels vor mir herging, als habe sie morgens beim Anziehen nicht alles richtig »hineingesteckt«. Es gibt da Stauungen, Schwellungen, Linienunterbrechungen – natürlich geringfügigster Art. Wäre sie meine Tochter (was sie durchaus sein könnte), würde ich sagen dürfen: »Natascha, du mußt das Unterhemdchen etwas sorgfältiger über den Leib verteilen. Und: der Gürtel ist verdreht. Du solltest dich nicht nur morgens, sondern auch zwischendurch – zum Beispiel jetzt – einmal kämmen.«

Aber ich habe weder das Recht, noch im letzten Neigung zu solcher Beckmesserei. Sie ist auf eine so gewinnende, kunstlose, lautlose Art ein junges Mädchen, daß es fast strafwürdig wäre, dieses unverbildete Menschenkind zu dressieren. Eine sanfte, kluge Mutter könnte das ohne Schaden tun; auch eine ältere Schwester vielleicht. Aber ein Mann . . .? Im übrigen holt sie jetzt vielleicht das vorhin Versäumte nach; denn sie erhebt sich und geht hinaus.

»Wer ist das sympathische Mädchen, das Natascha heißt?« frage ich den guten Steshenskij, der darauf erstaunt aufsieht. Wenn wir sie nicht kennen – *er* kennt sie nicht.

Und da finde ich ihn denn doch überaus liebenswert, diesen volksdemokratischen Gentleman in seiner Großzügigkeit und Menschlichkeit. Hatte nicht gerade wenige Wochen zuvor deutsches »Protokoll« verhindert, daß der Bürgermeister eines Bodenseestädtchens acht oder neun afrikanischen Diplomaten mit zwei Winzerinnen einen Willkommenstrunk kredenzte, weil der Dienstplan es nicht vorsah? Und hier gelang einem unbekannten Mädchen in der Sowjetunion der Einbruch in eine offizielle Delegation.

»Ist vielleicht eine Studentin«, schloß er dann. Aber als sie wiederkam, nun wirklich ein wenig frisierter, fragte er sie nicht. Erst zwei Tage später erfuhren wir durch ihren menjoubärtigen Dozenten, daß Natascha im zweiten Semester Deutsch bei ihm studiere und nach unserer Vorlesung in der Universität mit zwei anderen Studentinnen den Wunsch an ihn herangetragen habe, ihnen eine Fahrt nach Sagorsk zu organisieren, damit sie uns dort bei der geplanten Kirchenbesichtigung begleiten könnten. Das habe er – aus Gründen der »Rücksichtnahme« auf uns – abgelehnt, und das Trio sei daraufhin entmutigt zerfallen. Nur Natascha habe geäußert, es werde schon einen Weg nach Sagorsk geben. Wie sie es geschafft habe, sei ihm ein Rätsel.

Natascha stand auch am nächsten Vormittag gegen zehn Uhr am Eingang des Moskauer Zoologischen Gartens und begleitete uns schweigend, zuhörend, wenn Gospodin Gerlach die Geheimnisse des Tierkörpers oder gar der Tierseele vor uns lüftete, wenig verstehend (das stand außer Zweifel), nie fragend, aber auf jede an sie gerichtete Frage hin mit angestrengt gekrauster Stirn, tiefem Atemholen und ein paar deutschen Wörtern um Antwort bemüht. Ihre blauen Augen wurden dabei ganz weit und schienen ein bißchen nach irgendeiner Hilfe auszuschauen, denn das Gehirn konnte ja nicht mehr hergeben, als es nach gut einem Semester zur Verfügung hatte. Aber was sie nicht zu sagen wußte, ließ sie nicht durch andere sagen.

»Ich serr schlecht deutsch«, entschuldigte sie sich mit einem Lächeln, das um Nachsicht und Vergebung bat. Es genügte ihr, dabeizusein, uns reden und lachen zu hören. Und manches verstand sie auch. Und was sie nicht verstand, verstand sie eben nicht. Nur wenn ihr ein Scherz und das nachfolgende Lachen ganz unerklärlich blieben, trat zuweilen eine leise Trauer in ihre Züge, weil sie sich nicht mitfreuen konnte; und wenn dann einer sagte: »Das müssen wir Natascha erklären . . .«, dann leuchtete es dankbar auf in ihren Blicken, die Augen wurden jetzt vor Aufnahmebereitschaft weit, und wenn sie alles verstanden hatte, lachte sie auf eine gedämpfte, aufatmende Art nach.

Ein kleiner Nachhall des schönen Wetters vom vorhergehenden Tage erreichte uns gegen Mittag, als wir aus dem Bereich des Zoos wieder in die Stadt gelangten: die Sonne brach plötzlich durch und ließ das spärliche Herbstlaub aufleuchten. Wir bummelten ein paar Straßen entlang, und Böll und ich, die wir meist an überdurchschnittlichem Durst litten, entdeckten plötzlich eine »Poshaluista« mit einem Kwaßwagen. Wir hatten schon etliche Male nach einer Gelegenheit ausgeschaut, endlich dieses Volksgetränk Kwaß kennenzulernen.

»Da gibt's Kwaß«, bestätigte Steshenskij, und Natascha freute sich aufrichtig, daß wir endlich zu unserem Kwaß kommen sollten. Aber es stellte sich heraus, daß der Wagen eben geleert worden war.

»Wird schwer sein, Kwaß zu finden«, bedauerte Steshenskij, »Zeit ist vorbei.«

Wir hatten uns damit abzufinden. –

Und so kam der nächste und der übernächste und wieder ein neuer Moskauer Tag – wir blieben im Trab. Aber irgendwann und irgendwo an fast jedem dieser Tage tauchte das sanfte, gute Gesicht von Natascha auf. Wie ein freundlicher Mond goß sie helles, lautloses Wohlwollen über unsere Runde, trank eine halbe Tasse Tee, aß ein halbes Tellerchen mit uns, ging neben uns durch die Straßen Moskaus, und wenn sie wirklich an einem dieser uns noch verbleibenden Tage nicht erschienen war, so saß sie ganz gewiß am darauffolgenden Morgen am Frühstückstisch. Ihr Vater war General – das hatte sie eines Tages bei einem ge-

meinsamen Gang verraten. Aber er war in einer weit entlegenen
Garnison der Sowjetunion. Sie erzählte in Brocken ihre Fami-
liengeschichte: daß der Vater Russe, die Mutter Polin, die
Großmutter väterlicherseits Ukrainerin, der Großvater Russe,
die Großmutter mütterlicherseits Litauerin, der Großvater Ich-
weißnichtwas war.

»Ja«, nickte sie ein paarmal mit dem Kopfe und schloß dann in
heiterer ironischer Selbstanklage:

»Ich Kosmopolit.«

»Bist du auch Komsomolzin, Natascha?« fragte ich.
Sie nickte lächelnd.

»Wie oft habt ihr Dienst im Monat?«

»Einmal«, war die Antwort.

Der Tag kam, da wir nach Leningrad aufbrechen sollten, und
Natascha versäumte nicht, uns eine gute Reise zu wünschen,
während wir am Frühstückstisch saßen. Erst später erfuhren wir,
daß sie trotz ihrer wiederholten Auftritte in diesen Tagen und
Wochen keine ihrer Vorlesungen versäumt hatte. Sie wohnte
weitab vom Hotel »Peking«, und auch die Universität lag nicht
in nächster Nähe ihrer Wohnung. Vielleicht hatte sie manchmal wirklich kaum Zeit, ihr Leibchen zu glätten, alle Knöpfe
zuzumachen und jeden Gürtel zu richten.

»Was werden wir ohne Natascha machen?« sagte ich in zärtli-
chem Spott und fuhr fort: »Und was wird Natascha erst ohne
uns tun? Ich glaube, sie wird am Ende sogar ein paar Tränchen
um uns vergießen . . .«

Ich hatte das eben gesagt, da wurde ich ans Telefon gebeten;
und als ich zurückkam, war Natascha verschwunden. Man hatte
ihr meine Rede übersetzt, und da waren ihr wahrhaftig die Tränen in ihre wasserblauen Augen gestiegen; sie war rasch aufge-
standen und ohne Gruß und Wunsch davongelaufen. –

Als wir zurückkamen – Böll aus Leningrad, Gerlach und ich aus Tiflis –, erschien beim ersten Frühstück Natascha, ein wenig sorgfältiger als üblich gekleidet, gekämmt, und begrüßte ihre heimgekehrten Freunde. Sie sagte nicht viel und fragte auch nichts, nahm wie immer Platz zwischen Genrich und mir, trank ein halbes Täßchen Tee, krauste die Stirn, wenn wir sie fragten, lächelte, wenn wir etwas sagten, das sie verstand, und gehörte wieder zu uns wie die Gabel zum Messer, das Lächeln zur Gioconda. Wir hatten nicht allzuviel Zeit in diesen letzten dreieinhalb bis zum Rand mit Einladungen und Treffen gefüllten Tagen, Nataschas sporadische, mit Opfern geleistete, mit Lächeln gewährte Gegenwart entsprechend zu vergelten. Aber wollte sie denn überhaupt ein Entgelt?

»Entgelt wofür denn?« – hätte sie verwundert gefragt.

Freilich hatte sie uns beschenkt – es war von Tag zu Tag offenbarer geworden. Das kommt ja zuweilen im Leben vor, daß die Rollen unversehens ins Gegenteil vertauscht werden, vor allem, was den Handel zwischen jüngeren und älteren Menschen betrifft. Der junge Mensch kommt zum älteren, will erfahren, bewundern und verehren, und mit einem Male verkehrt sich das Verhältnis: der Zauber der Jugend, der Schuldlosigkeit, Unerfahrenheit, Demut teilt sich dem Älteren als ein Geschenk, eine unverhoffte Beseligung mit. Natascha, die Schweigende und Zuhörende, die Sprachunkundige und Nehmende, war – ohne ihren Willen, ihr Zutun, ohne unser Wissen – zu einer beredten Gebenden geworden. Unmerklich hatten sich die Gewichte verschoben.

Und wie reich, wie aufmerksam diese junge Seele war, sollten wir am letzten Tage erfahren, da sie ganz früh aus ihren Federn kroch, sich eine teure Taxe nahm und zum letzten Male an unserem Frühstückstisch erschien, blaß, ein wenig übernächtigt, aber vom Eifer jugendlichen Gemütes erhitzt, um uns Lebewohl zu sagen und jedem von uns ein kleines Abschiedsgeschenk zu überreichen. Mir hatte sie ein aus Birkenrinde geflochtenes Pantöffelchen zugedacht, einen Schuh, wie ihn die Bauern in der Tundra, den Sumpfgebieten des nördlichsten Nordens tragen, eine kunstvoll-einfache handwerkliche Konstruktion, die das fast Unmögliche – das Gehen über Sümpfe – möglich macht. Es war eine Kindergröße; und wer kann schon Kinderschuhe ansehen, ohne der eigenen Kindheit oder der Kindheit von Kindern und Kindeskindern zu denken und ohne davon berührt zu sein? Und für uns beide hatte sie dann noch je eine Flasche Kwaß. Sie hatte unsere Enttäuschung angesichts des geleerten Kwaßtankwagens im Gedächtnis aufbewahrt und nun in eine letzte Überraschung umgewandelt.

Es erging uns einigermaßen merkwürdig mit diesen beiden Flaschen Kwaß, die ich in meine Manteltaschen stopfte und dann in die Sitztasche der skandinavischen Maschine über Stockholm nach Kopenhagen trug.

Ich hatte tatsächlich noch keinen Tropfen Kwaß getrunken; aber Genrich hatte in Leningrad doch noch Gelegenheit gefunden, das Getränk zu probieren.

»Es schmeckt fad, geradezu scheußlich, so rührend es ist«, hatte er die Spende Nataschas kommentiert. Und so ließ ich denn eine der beiden Flaschen gleich in der Tasche meines Flugsitzes stecken. Die andere schleppte ich mit bis Kopenhagen – aus Pietät.

Und dort, im Büro eines Bekannten, öffneten wir sie – zu fünft! – und, o Wunder: das Zeug schmeckte vortrefflich, beinah köstlich, auf jeden Fall erfrischend.

»Es muß eine Art Edelkwaß sein . . .« meinte Genrich kopfschüttelnd. »Wirklich, das in Leningrad schmeckte fürchterlich. Aber dies hier läßt sich tatsächlich trinken.«

Und so gedachten wir in Kopenhagen noch einmal unserer sanften Kosmopolitin, deren Birkenpantöffelchen mich noch oft über die weglosen Sümpfe der scheinbar heillosen Politik tragen wird, wenn meine Gedanken auf die Reise gehen nach Puschkin und Leningrad, Sagorsk und Jasnaja Poljana, nach Tiflis und Moskau, zu flüchtigen oder dauernden Freunden und einem liebenswerten Mädchen mit Namen Natascha.

Wer Ohren hat zu hören

Als wir den Eingang des Germanistischen Seminars der Moskauer Universität betraten, grüßte uns ein handgemaltes Schild:

GUTEN TAG,

LIEBER HERR BÖLL,

LIEBER HERR GERLACH,

LIEBER HERR HAGELSTANGE!

. . . und ich muß gestehen, daß mich diese unmittelbare, naive
Anrede rührte; auf jeden Fall überraschte sie. In einem Lande,
das so viel offiziellen Haß ausstrahlt, kommt jede freundliche
persönliche Anrede einem Sonnenstrahl bei bedecktem Himmel
gleich. Auf jeden Fall bescherten uns die beiden einzigen halbwegs öffentlichen Veranstaltungen eine sympathische und er-
mutigende Begegnung mit zwei Auditorien, die zu erkennen
gaben, daß die Russen – jüngere wie gereiftere – aller Bevor-
mundung zum Trotz durchaus Ohren haben, zu hören, und
auch ihrerseits verdienen, gehört und verstanden zu werden.
Es ging wenig sensationell zu in dem einfachen, gut besetzten,
aber keineswegs überfüllten Hörsaal. Wir wurden von Lew
Kopelew, der auch zum größten Teil die Funktionen des Dol-
metschers übernahm, willkommen geheißen und vorgestellt,
und dann begann Heinrich Böll die Lesung. Jeder sollte etwa
eine Viertelstunde aus seinen Arbeiten vortragen; am Schluß
würden die Studenten Fragen stellen und mit uns diskutieren.
Böll hatte ein Insel-Bändchen »Als der Krieg ausbrach . . . Als
der Krieg zu Ende war . . .« und las den zweiten Teil. Er las ruhig, sachlich, was den eingesprengten Sarkasmen zu guter Wirkung verhalf; Kopelew lächelte zuweilen befriedigt und ver-
ständnissinnig herüber. Aber da Böll das Stück zum ersten Mal
vorlas, hatte er sich verschätzt, unterbrach sich nach 25 Minuten

und entschuldigte sich, daß er noch lese – man bat ihn, zu Ende zu lesen.

Das Auditorium verhielt sich musterhaft ruhig – was gar nicht so selbstverständlich war, wie es scheinen mag; denn unter denen, die sich mit Fragen zu Bölls Lesung meldeten, war auch einer, der Kopelew bat: er möge doch in drei, vier Sätzen auf russisch sagen, was Böll vorgelesen habe.

Das forderte natürlich einen Heiterkeitsausbruch heraus; die Mehrzahl hatte verstanden, was vorgelesen war, und wußte die Naivität dieses Ansinnens zu schmecken – wie denn überhaupt die Reaktionen des Auditoriums auf gewisse Fragen oder Unterstellungen von erfrischender Spontaneität und Unbestechlichkeit waren.

Nach Böll las Richard Gerlach, der mit einigen kürzeren Versen aus einem Gedichtband »Salz des Meeres« begann und mit einer jener kurzen Betrachtungen schloß, in denen er ohne jegliches Pathos menschlicher Eigenart, menschlichem Verhalten und am Ende der Menschlichkeit selbst das Wort redet. Die Studenten hörten sehr aufmerksam zu.

Um eine gewisse Abwechslung in das Programm zu bringen, las ich zwei Balladen: »Der fremde Vogel« (mit einer Bemerkung, die den Charakter des Liebesgedichtes enthüllte) und »Bei den schwarzen Baptisten«; und zum Schluß das Gedicht »Lied der Jahre«.

Anschließend begann, sozusagen, die Fragestunde, die zunächst eine Reihe von einfacheren Informationen herausforderte. Es wurden dafür Zettel heraufgereicht, die sich an die einzelnen Vortragenden richteten und mancherlei Komplexe berührten: die Art zu arbeiten, die Thematik unserer letzten Bücher, den Anfang der literarischen Laufbahn, die Frage nach literarischen Strömungen usw. Ich habe zwei dieser Zettel aufbewahrt; den einen, weil er gewissermaßen eine radikale Summierung *aller* gestellten Fragen darstellt; den anderen, weil er einen besonderen

Komplex anschnitt und eine ganz bestimmte Reaktion auslöste, als er verlesen wurde. Der erste Zettel war übrigens in sehr unbeholfener Schrift geschrieben und offenbar von einem (einer) sehr fleißigen Russen (Russin) – er war ungelenk, aber fast fehlerlos abgefaßt. Der zweite Zettel war völlig fehlerfrei und in einer sehr gewandten Handschrift geschrieben, die mich vermuten ließ, daß hinter dem provokanten Fragesteller ein Student aus der DDR stehen könnte. Der Text Nr. 1 lautete:

»Herrn Rudolf Hagelstange. Ich bin von Ihrer Liebesballade sehr angenehm überrascht. Lesen Sie bitte noch ein, zwei kürzere Liebesgedichte. Mich interessiert auch, welche Lyriker Ihnen besonders gefallen. Erzählen Sie bitte ganz kurz, wie die Situation unter den ganz jungen westdeutschen Lyrikern zur Zeit ist, worüber sie hauptsächlich schreiben und ob es eine ›einheitliche Linie‹ in bezug auf die Gedichtform bei Ihnen gibt. Können Sie auch sagen, ob die Möglichkeit besteht, auf dem Wege des Austausches Ihre Arbeiten in der UdSSR und DDR erscheinen zu lassen? Arbeiten Sie auch mit jüngeren Lyrikern zusammen, etwa in Form von Interessengemeinschaften?«

Das war zwar nicht wenig für eine Frage; aber problematischer war die zweite, die sich auf ein Steckenpferd der sowjetischen Anti-Amerika-Propaganda bezog:

»Lieber Herr Hagelstange! Die Rassenhetze gegen die Neger in den USA muß Ihnen bekannt sein. Sind Sie tatsächlich der Meinung, daß Ihr Gedicht der Sache der Befreiung der Neger in den USA dient? Ich glaube, daß solche Gedichte die Neger eher vom Kampf gegen die Rassenhetze ablenken. (Ich meine das Gedicht über den schwarzen Baptisten.)«

Als Kopelew diese Frage verlas und ich mich zur Beantwortung stellte, erhob sich ein leichter Proteststurm, der sich gegen den Fragesteller wandte und mich von der Beantwortung dieser überflüssigen Frage befreien wollte.

»Der hat das ganze Gedicht nicht verstanden!«

»Auf eine so törichte Frage soll Herr Hagelstange gar nicht antworten!«

»Bitte, zur nächsten Frage weitergehen!«

»Sie brauchen auf diese Frage nicht zu antworten«, sagte Kopelew zu mir, »das Auditorium lehnt die Frage ab.« (Er übersetzte auch die Zwischenrufe.) Aber ich bestand auf einer Beantwortung dieser Frage, weil sie – wie ich erklärte – einen zwielichtigen, zweischneidigen und sehr aktuellen Komplex betreffe. (Ich dachte dabei auch an das Spiel, das wir am Abend zuvor im Puppentheater gesehen hatten und in dem – es war eine Hollywoodpersiflage – zwei Filmjuden aufgetreten waren, die so offensichtlich Streichersche Konturen trugen, daß man an die Hochkonjunktur des »Stürmers« erinnert wurde.) Ich sprach zunächst von der Rassenhetze – dies war das gegebene Stichwort – des Nationalsozialismus, die eine vom *Staat* verordnete, den Bürgern nahegelegte, ja durch »Gesetze« auferlegte, in ihren verbrecherischen Handlungen und Ausmaßen möglichst vertuschte Judenverfolgung betrieben habe, welcher Millionen von unschuldigen Menschen zum Opfer gefallen seien, und hielt dagegen eine im amerikanischen *Volke* hier und da auftretende Diskriminierung der Negerrasse, welche aber von *Staats* wegen mit allem Prestigeeinsatz bekämpft werde. Hier der Staat als Verfolger und Rechtsbrecher – dort der Staat als Rechtswahrer und Beschützer der Verfolgten. Das sei ein entscheidender Unterschied, und man möchte ihn bedenken, wenn man von »Rassenhetze in den USA« spreche.

Sofern es eine Anfrage gewesen war, war sie als solche schon von den Studenten abgewiesen worden. Nun aber sah man sehr nachdenkliche Gesichter. Das Gegenbeispiel vom Antisemitismus schien ein geheimes Tabu, vielleicht sogar eine wunde Stelle berührt zu haben.

Es gab weitere Fragen, nach dem Stand der deutschen und unserer Kenntnis der russischen Literatur; Fragen, die sich auf künftige Arbeiten und Bücher bezogen – und auch eine Frage, die sich auf die politische Vergangenheit bezog. Sie wurde an unseren Senior Gerlach gerichtet, und auch diesem sollte die Beantwortung von Kopelew erlassen werden, wohl weil dieser sie für zu persönlich und anzüglich hielt. Aber auch Gospodin Gerlach bestand darauf, diese Frage zu beantworten, und wurden dadurch die Voraussetzungen zu dem ersten öffentlichen »deutschen Gruß« nach dem Kriege auf Moskauer Boden geschaffen.

»Der Student«, so sagte Senior Gerlach etwa, »der die Frage an mich richtet, was ich denn während des Dritten Reiches gemacht habe, denkt vielleicht, ich hätte bei jeder sich bietenden Gelegenheit fleißig *so* gemacht und ›Heil Hitler‹ gerufen« – dabei nahm er stramme Haltung an und streckte den rechten Arm aus. Und dann sprach er drei oder auch vier Minuten lang über diese Zeit, ihre Erpressungsmethoden, über die Nachteile und Vorzüge eines sich viel mit Tieren beschäftigenden Schriftstellers, für den ein Ochse unter Stalin immer ebenso ein Ochse gewesen sei wie ein Ochse unter Hitler und Mussolini. »Oder wie die Herren sonst hießen oder heute heißen mögen.«

Es gab einige Lacher; aber die Mehrzahl machte sich offenbar auch über diesen Fragenkomplex Gedanken, die über den besonderen Anlaß, den Nationalsozialismus, weit hinausgingen. Der Name Stalin war nicht zufällig ausgesprochen worden. Auch diese jungen Menschen wußten von den Auswirkungen des Stalinismus und der unterirdischen Auseinandersetzung, die da im Gange war. Sie kannten die Verse Jewtuschenkos (oder sollten sie wenige Tage später in der »Prawda« lesen) in denen er die Regierung bittet, Wachsamkeit zu üben, daß Stalin in seinen Nachfolgern nicht wieder Auferstehung feiere.

Mir schien, sie hörten jedes Wort und erwogen es mit Bedacht, und vor allem schienen sie mir auch nachzudenken über das »Unausgesprochene« dieser beiden Nachmittagsstunden. Es waren ja samt und sonders junge Menschen.

In der Staatsbibliothek für ausländische Sprachen sahen wir uns, einige Tage später, einem »ausgewachsenen« Auditorium gegenüber, das sich aus den Lesern dieser Bibliothek, interessierten Moskauern und nicht wenigen anderen, zum Teil jüngeren Menschen zusammensetzte, unter denen sich Studenten, Lehrer und Professoren, Intellektuelle und – wie ich feststellen konnte – auch einige in der Sowjetunion jetzt heimische ehemalige Landsleute befanden.

Es mutete alles ein wenig improvisiert an – wie soll man auch drei Autoren, die Dolmetscher und die den Vorsitz führende Direktorin an einem einzigen kleinen, runden Tisch plazieren? Man mußte halt die Plätze wechseln und dankbar sein, daß man überhaupt einen hatte; denn der Saal war gepfropft voll – man saß bis auf drei Meter an das grüne Tischchen heran, und Späterkommende suchten hinter uns Platz.

»Soviel Leute – das ist aber schön!« sagte die reizende, etwa sechzigjährige, leicht silberhaarige Direktorin, die soeben den Fuß auf die Schwelle des Verzichtes gesetzt haben mochte. »Wie machen wir das nun . . .? Ich denke: jeder liest etwas vor – und dann soll er etwas von sich selbst erzählen, seinem Leben, seiner Arbeit, seiner Familie . . . Fangen Sie an, lieber Herr Böll. Ich begrüße rasch die Leute.«

Sie erhob sich und sprach ein paar russische Sätze (uns von den Interpreten ins Ohr gedolmetscht), die wie in eine Familie hineingesagt waren, Sätze von kunstloser Herzlichkeit, von mütterlich empfehlender Gestik begleitet:

»Das also ist Heinrich Böll, den Sie ja alle schon von Büchern und Bildern her kennen; und das ist Herr Richard Gerlach . . . usw. usw. Fangen wir an? Also, lieber Herr Böll, wir sind bereit und lauschen . . .«

Und sie lauschten wirklich, als ihnen nun etwas vorgelesen wurde, das überschrieben war: »Als der Krieg ausbrach . . .« Man soll ja beileibe nicht denken, das sei für die Russen eine längst vergessene, abgetane Sache. Einundzwanzig Millionen Menschen hat dieses Land verloren, und die Furcht vor einem neuen Krieg – einem Krieg, den natürlich diese verteufelten deutschen Stehaufmännchen, die trotz Teilung und zwei verlorenen Kriegen wieder die längsten Stiefel in Europa anhaben und schon wieder vorangehen, entfachen würden – ist echt; sie gründet sich auf Erfahrungen, Erlebnisse (die wir verdrängen) und wird fleißig von den Regierenden geschürt, die möglicherweise – nur unsere Phantasielosigkeit macht, daß wir *diese* Möglichkeit so selbstverständlich ausschließen – insgeheim bei sich selbst diesen Alpdruck kultivieren. Und was da noch fehlen könnte an Angst und Argumenten der Angst, liefern die Mauersetzer: die Sorge des einen ist der Sold des anderen.

Wer das kleine Stück nachliest, wird das raffinierte Hantieren des Obergefreiten Leo am Klappenschrank wohl als typischen Soldatengalgenhumor, keineswegs aber als Verniedlichung der Kriegssituation empfinden. Es war aufschlußreich, daß ein Hörer diesen Verdacht aussprach. Der Krieg, so glaubte er sagen zu müssen, ist eine zu schreckliche Sache – er schließe das Groteske eigentlich aus. In solcher Denkweise zeichnete sich ganz deutlich die Grenze einer kommunistisch verstandenen russischen Kunst ab. Aber auch in diesem Falle erwies sich das Auditorium solcher Denkweise überlegen: es erhoben sich sofort Einwände und Proteste.

»Sie haben das ganz falsch verstanden, Genosse!« hieß es von mehreren Seiten.

Heinrich Böll erklärte, daß hier nicht der Krieg verniedlicht, sondern die Absurdität der militärischen Apparatur persifliert werde.

Man horchte auf, nahm es hin; man nahm es mit nach Haus. Wer hätte von diesen Menschen erwarten dürfen, daß sie in frenetische antimilitaristische Beifallskundgebungen ausgebrochen wären? Ihre Armeen hatten das Vaterland gerettet, den fremden

Eroberer vertrieben; die Deutschen dagegen, die hatten den Krieg verloren und die vielen überfallenen Länder wieder verlassen müssen – da gab es wohl Unterschiede. Aber etwas Gemeinsames gab es natürlich doch auch; eine gewisse Absurdität haftet wohl jeder militärischen Apparatur an, hier wie dort und überall . . . Man spricht besser nicht darüber. Aber so, wie es gemeint ist, trifft es wohl zu. Es ist eigentlich nicht mißzuverstehen.

Auch die religiöse Substanz in den Büchern Bölls forderte einige Fragen und Mutmaßungen heraus. Jemand wollte ihn mit dem Franzosen Mauriac vergleichen. Eine junge Russin hätte gern erfahren, ob er nicht gelegentlich unter Glaubenszweifeln litte; eine andere, worin er den Sinn des Lebens erkenne.

Ach, sie fragten mehr, als neun Weise hätten beantworten können; aber es war nicht der geringste Zweifel, daß noch die zurückhaltendste Auskunft menschlich gewürdigt, respektiert und richtig verstanden wurde von diesem Auditorium. Vieles, was dieser ruhige, zögernde und so gar nicht auf Wirkung und Rechthaben bedachte Mann da sagte, wich von der alltäglichen, präpotent-propagandistischen Lesart nicht unerheblich ab. Zudem tat er etwas, und er tat es mit gelassenem Ernst, ohne Eiferertum, ohne Besserwisserei: er glaubte noch an Gott, ging vielleicht, in dem Empfinden und Erkennen, ein sündiger Mensch zu sein, zur Beichte, zum (wie sagen sie doch in ihrer gehobenen Kirchensprache) Tisch des Herrn . . . Ein eigenwilliger, interessanter, sehr glaubwürdiger und sympathischer Schriftsteller, dieser Mann. Wir haben uns nicht in ihm getäuscht. Wir haben doch Ohren, zu hören . . .

Diesmal lief ich auf der zweiten Bahn, und mir schlug das Herz nicht wenig, als ich meine Viertelstunde mit dem Vortrag der letzten sieben Sonette des »Venezianischen Credo« einleitete.

Nicht daß ich der Meinung gewesen wäre, moskowitischen literarischen Gourmets (die es wohl kaum gibt) damit etwas Extraordinäres zu bieten; aber ich hatte mir vorgenommen, an dieser Stelle nicht gefällig und bequem aufzutreten, indem ich in Moskau, der Hauptstadt der kommunistischen Weltrevolution, aussprach, was man in Leipzig nicht mehr drucken darf, das nämlich:

> » . . . Freiheit ist der Odem unseres Lebens,
> das Salz der Speise und der Wind im Segel,
> der Stolz des Löwen und das Glück der Vögel,
> das Recht des Mannes . . .«

Und es war für mich – man mag es belächeln – eine der spärlichen echten Genugtuungen, die uns das Leben schenkt, als ich an dieser Stelle das Glück des Menschen, auch des ärmsten, definieren durfte in der Formel:
»Ein Geist, zu sinnen, und ein Herz, zu lieben.«
Und das eigentlich Erregende war ja nicht, daß ich mit solchen Worten und Gedanken verzweifelt und abgeschlagen gegen den Strom angeschwommen wäre, sondern daß ich aussprach, was diese vielleicht zweihundert Menschen nicht weniger und nicht anders empfanden als ich. Und weil ich glaubte, ihr Ohr zu haben, und nun gehalten war, ein paar Daten und Fakten meines Lebens preiszugeben, nannte ich sie diesen Russen in Stichworten: Elternhaus, Schule, erste literarische Versuche, Journalismus, Berliner Zeit und dann Reisejahre, Krieg und Nachkrieg und damit der Beginn einer schriftstellerischen Laufbahn . . .
Und dann sprach ich von der Demarkationslinie und dem Stacheldraht, von den Schwierigkeiten, die ein junger deutscher Schriftsteller 1946 zu überwinden hatte, um von Mitteldeutschland nach Westdeutschland zu gelangen, von dem unbezwingbaren Bedürfnis, nach zwölf Jahren Hitlerdiktatur endlich ein freier und freizügiger Mensch zu sein. Ich ließ meine Zuhörer wissen, daß ich aus eben diesem Grunde mit meiner Frau und meinen damals noch kleinen Kindern diese sinnlose, gewaltsame

Grenze Ende 1946 überschritten hätte und nach Westdeutschland gegangen sei – als ein Mann, der von Jugend auf in fremde Länder gereist und dem Bewegungsfreiheit ein elementares Bedürfnis sei. Möglicherweise habe sich dieses Bedürfnis auch auf meine Kinder vererbt: meine Älteste wandere gerade, während ich hier in Moskau sei, für sechs Wochen mit drei anderen Studentinnen durch Griechenland. Wir seien wohl auch auf der Welt, um sie kennenzulernen, nicht aber, um sie durch Linien, Grenzen und Mauern unbegehbar zu machen.

Ich sprach möglicherweise gegen den Wind, vielleicht gegen da und dort aufstehende Feindschaft – denn sicher waren auch einzelne Beobachter und Funktionäre anwesend; aber da ich nichts als die Wahrheit sagte, eine wenig schmeichelhafte vielleicht, aber eine zurückhaltende, sich fast entschuldigende, hörte man mir mit gespanntester Aufmerksamkeit zu. Man verstand, was ich getan hatte, und mancher dachte vielleicht im stillen: so würde wohl auch ich gehandelt haben, wenn ich die Freiheit des Handelns gehabt hätte. Der Mensch sollte frei sein . . .

Ich spürte, daß sie zuhörten, und das machte mich ruhig und erfüllte mich mit einer inneren Heiterkeit, die vielleicht sogar das Wort »Glück« verdiente. Ich fühlte menschliche Nähe und Dankbarkeit dafür. Und ich sollte in den nächsten und vor allem an den beiden letzten Moskauer Tagen noch oft daran erinnert werden, daß mein Gefühl mich nicht getrogen hatte.

Ich vermochte an diesem Abend nicht mehr viel Aufmerksamkeit aufzubringen für unseren Senior, der einige Gedichte vortrug aus dem »Salz des Meeres«. Aber dann las er wieder ein kleines, sorgfältig gearbeitetes Stück über die Beziehungen der Menschen untereinander, das auf kaum wahrnehmbare, behutsame Art auch auf unsere Situation, auf die Vorbehalte, mit denen ein Deutscher in der Sowjetunion zu rechnen hat, und auf das Abtragen dieser Vorbehalte Bezug hatte. Und am Schluß leuchtete sie, allen sichtbar, aus dem Gestrüpp der Voreingenommenheit und der Vorurteile hervor: die Sympathie – die reife Frucht der Unvoreingenommenheit.

Hatten sie es gehört?

Ganz gewiß hatten sie es gehört. Es war die leiseste aller »Pointen« dieses Abends. Sie antworteten mit Sympathie.

Die Direktorin, die auf die gleiche sprudelnde, beherzte und unkonventionelle Art ein Schlußwort sprach, war ganz aufgeräumt, als wir ihr ins Büro nachfolgten.

Wie uns ihre Moskauer gefallen hätten? Waren sie nicht ganz besonders aufmerksam? Und auch gescheit? Und doch ohne jede Scheu? Nein, wahrhaftig, es war doch ein schöner Abend. Das müsse sie sagen. Und nun sollten wir uns ein wenig stärken dafür.

Ein georgischer Südwein wartete auf uns und ein Teller mit Konfekt.

Ob ich schon russisches Konfekt probiert hätte.

Nein, noch nicht.

Ich müßte aber.

Ich probierte also – es war das erste russische Konfekt in meinem Leben.

»Schmeckt es?«

»Ja, es schmeckt sogar gut.«

»Das freut mich!« sagte sie, griff mit beiden Händen in den Konfektteller und stopfte mir rechts und links in die Jackentasche ein knappes Dutzend von Konfektstücken.

»Nehmen Sie, nehmen Sie! Man muß nehmen, was einem schmeckt!«

Schließlich kam Böll – er hatte eine Reihe von Autogrammwünschen befriedigen müssen –, und wir brachen nach herzlichen Händedrücken, Dankessprüchen und mit Wiedersehenswünschen auf.

Als ich unten auf die abendlich dunkle Straße trat, kam eine junge Frau auf mich zu und sagte fragend meinen Namen.

»Sie entschuldigen«, sagte sie, »aber ich wollte Ihnen doch sagen, daß es sehr aufregend war, was Sie uns erzählt haben. Und: daß Sie es unbedingt aufschreiben müssen. Wirklich, Sie müssen es aufschreiben – nicht für sich, nein, für die anderen. Was für ein interessantes Leben müssen Sie führen! Sie haben eine Frau und vier Kinder. Sie schreiben Bücher. Sie reisen viel. Da lernt man die Welt und das Leben doch kennen. Schreiben Sie nur alles auf. Schreiben Sie's auf, damit wir es lesen können.«

Ich wußte nicht, was ich sagen sollte.

»Danke schön, danke schön«, sagte ich, um ein vernünftiges Wort verlegen.

»Nein, nein!« schüttelte sie ernsthaft den Kopf. »*Sie* müssen nicht danke sagen. Sie müssen nur schreiben. Ich wünsche Ihnen Glück für alles, was Sie tun, viel Glück . . .«

Ich spürte einen flüchtigen, schon enteilenden Händedruck.

Dann war ich wieder allein.

Was Moskau betrifft . . .

Ein Besucher Moskaus, dem das alltägliche Bild westlicher Haupt- und Großstädte vertraut ist, ob sie nun Hamburg oder Berlin, Paris, Rom oder London heißen mögen, und der für einen ersten Gang sein Hotel verläßt, mag sich fragen, ob denn vielleicht gerade dies der Tag sei, an dem die Bevölkerung des umliegenden weiten Landes gewohnheitsmäßig in die Metropole ströme, um ihre Einkäufe zu machen. Er erinnert sich daran, daß zu gewissen Zeiten, bei Märkten oder Messen, selbst charaktervolle Städte ihr Aussehen verändern, wenn in großer Zahl einströmende Gäste die Straßen beleben und um so mehr tonangebend werden, als es die Eingesessenen wie in unausgesprochenem Protest vorziehen, in ihren Wohnungen abzuwarten, bis die Invasion »deplacierter Personen« sich wieder verlaufen hat.

Es brauchte ein paar Tage, bis ich mich von solcher Vorstellung und Mutmaßung befreit und daran gewöhnt hatte, das ländlich einfache, jeder großstädtischen Eleganz entbehrende Bild, das Moskauer Straßen und Plätze abgeben, für das normale zu nehmen. Ich hatte vergessen, daß ich mich in der Metropole der proletarischen Revolution befand, im Vaterland der Werktätigen, im Staat der Arbeiter und Bauern; oder ich hatte diese Vokabeln nicht mehr ernst genommen, deren sich ja alle Volksdemokratien bedienen, ohne – bei aller Rigorosität der Umschulung – einen ähnlichen Weg zurückgelegt zu haben wie dieses Land, das sich seines Adels und seines Bürgertums in blutigstem Aderlaß entledigt hatte. Hier waren die Arbeiter und Bauern noch wörtlich zu nehmen. Und nicht allein der Typus war es, der vorwiegend für diesen Eindruck das Maß gab – obwohl der Russe bis in die intellektuellen Spielarten hinein viel Erdhaftes, Ländliches und Bäuerliches an sich hat –, sondern vor allem seine Kleidung, die Art, sie zu tragen, sich zu bewegen. Dies waren samt und sonders einfache, arbeitende Menschen, die unterwegs waren, um ihre paar Einkäufe zu erledigen. Und wenn sie auch ganz gewiß nicht allesamt Moskauer Bürger waren – da war kein Unterschied zwischen Einheimischen und Besuchern. Vielleicht fünf- oder sechsmal in zwölf Moskauer Tagen nahm ich im Straßenbild ein weibliches Wesen wahr, das elegant oder (im westlichen Sinne) sehr gut angezogen war und darum auch das Auge anzog, und nur ein einziges Mal eine (sagen wir) Hochgeschürzte, die ganz sicher keine Russin war. Sie trug einen wirklich provozierend kurzen Rock, einen braunen Kunstledermantel, hatte grellblondes Haar und befand sich in Gesellschaft eines ähnlich auffallend gekleideten Jünglings; und weil es auf dem großen Platz vor dem Kreml war, über den sich wieder eine lange Schlange von Mausoleumsbesuchern bewegte und den auch sonst viel Menschheit überquerte, machte sie wahrhaft Sensation. Alle drehten sich nach ihr um und äußerten Kritik, Widerwillen, ja Verachtung.

»Sieht sie nicht unmöglich aus . . .?«

»Welch unglaubliche Aufmachung!«

»Ich würde mich schämen, so unter die Leute zu gehen.«

»Wenn das meine Tochter wäre, ich würde sie durchprügeln.«

Nein, wer »die Moskauer« sagt, um damit irgendeine Note, einen bestimmten Akzent oder Pfiff anzudeuten, wie er etwa mit den Kennmarken die »Wienerin«, der »Berliner«, die »Pariserin« unmißverständlich anklingt, könnte ebensogut Plauen im Vogtland, Schwäbisch Gmünd oder Aurich in Friesland zum Vergleich heranziehen. Noch Wochen nach der Reise nahm ich in kleinsten deutschen Städten, ja in Dörfern mit kopfschüttelndem Staunen die Sorgfalt und die überlegte Gesamtabstimmung der Kleidung vor allem unserer Frauen wahr, obwohl der Bundesbürger im allgemeinen vielleicht nicht als ein Ausbund an gutem Geschmack gelten kann. Wer die spärlichen modischen Auslagen und den außerordentlichen Andrang, ja Ansturm auf

Textilien und Hüte in den Moskauer Kaufhäusern wahrnahm, das Kurzverfahren, in dem sich eine Sowjetbürgerin zwischen drei im Grunde unschicken Kopfbedeckungen oder wenigen Farbvarianten entscheiden muß, begriff recht bald, daß diese monotone, wenig anziehende, gelegentlich geschmacklose Kleidung zunächst einmal eine Folge der begrenzten Möglichkeiten sein dürfte.

Es mag sein, daß wir Westler einen übertriebenen Luxus treiben, was unsere Außenhülle, unser Ambiente und unser zivilisatorisches Zubehör betrifft. Aber ebenso sicher ist, daß die kommunistische Gesellschaftsordnung – einige Bevorrechtigte ausgenommen – ihren Bürgern noch immer jenes Minimum an schmückendem, den Alltag verschönendem Zubehör versagen muß, das dem Leben Grazie und dem Einzelnen persönlichen Zauber verleiht. Natürlich traf man im Bolschoi-Theater, im Konzertsaal, gelegentlich auch im Hotel auf jene Sorgfalt und bemühte Festlichkeit der Kleidung, die dem guten Bürger früher selbstverständlich war. Aber das äußere Bild des heutigen Moskau – Geschäfte, Menschen, Straßen und Plätze – ist von ernüchternder Schmuck- und Farblosigkeit.

Ich sah hier und dort Straßenabschnitte, stehengebliebene Einzelbauten, die an das alte Moskau erinnerten und vergangene Zeit nachempfinden ließen – Tolstois Winterhaus zählte zu ihnen. Es ist wohl unvermeidlich, daß dieses alte Moskau, von wenigen historischen und dokumentarischen Gebäuden abgesehen, von einem neuen, zweckmäßigen Moskau abgelöst wird; die zeitgenössische Massengesellschaft kann nicht in blockhausähnlichen Einfamilienhäuschen Platz finden. Aber auch auf diesem Gebiet öffentlicher Selbstdarstellung hat der Kommunismus noch nicht zu einer zeitgemäßen, modernen Ausdrucksform gefunden. Vielleicht in keiner Stadt der Welt wird soviel gebaut wie in Moskau. (Gerade diese ungeheure, jede Vorstellung übertreffende Bautätigkeit gibt einem die Überzeugung, daß dieses

Land alles andere wollen und gebrauchen kann, nur keinen Krieg.) Aber Tempo und Ausmaß des Wohnungsbaus schließen offenbar auch den Einfluß der Musen aus.

Wenn ich mich, meist weit nach Mitternacht, in mein Hotelzimmer und zur Nachtruhe begab, hörte ich noch im Einschlafen das summende Gedröhn der Wagen und Lastwagen, welche die breite Straße herauf- oder herunterdonnerten, und der gleiche, nicht an-, nicht abschwellende Ton drang morgens in mein Bewußtsein. Wann immer ich ans Fenster trat und auf die Straße hinuntersah, es war das gleiche Bild: leere oder beladene Lastkraftwagen, Tank- oder Baufahrzeuge, militärische Vehikel, Taxen, Lieferwagen und »Privatwagen« – ein nicht abreißender Verkehrsstrom, dem etwas Automatisches, Routinehaftes, Anonymes, gelegentlich sogar Pseudo-Geschäftliches anhaftete. Aus mir zunächst unerfindlichen Gründen wurde ich in diesen russischen Wochen immer wieder an meine Militärzeit erinnert. Der Sozialismus kommunistischer Prägung hat vieles mit dem Apparat des Militärischen gemein: die pathetisch-heroische Gestik, das Zuteilungssystem, die Unfreiheit, das Warten und Schlangestehen, die Uniformität der Lebensgewohnheiten, den erstaunlichen Leerlauf in vielen Bereichen, den Hang der Allgemeinheit zur Drückebergerei (dem sich der Trieb mancher Einzelner zum Karrieremachen wie ein schmaler Schattenwurf zugesellt), eine gewisse Müdigkeit, Lustlosigkeit und Unpersönlichkeit – und daneben wieder ein verborgenes, verkümmertes und bei gewissen Anlässen spontan geäußertes Bedürfnis nach menschlicher Wärme, das – wenn es Befriedigung fand – reizende, gelegentlich bewegende Dankbarkeit aufbrechen ließ.

Unser Hotel war in dieser Hinsicht ein kleiner sozialistischer Kosmos für sich. Alles war, bis in die Einzelheiten, genormt, eingeplant und kontrolliert. Den Schlüssel fürs Zimmer händigte uns nicht ein x-beliebiger Empfangschef oder Angestellter aus, der ja unmöglich alle Gäste kennen konnte, sondern man bekam ihn erst auf dem Stockwerk, auf dem das gemietete Zimmer lag, aus der Hand einer Frau, die – an einem Schreibtisch – so postiert war, daß alle Zimmereingänge zu überblicken waren. Dieser strategische Punkt war Tag und Nacht besetzt. Dort auch hatte man etwaige Wünsche anzumelden, zu deren Befriedigung einige Gehilfinnen bereit waren. Zu manchen Stunden waren es zu wenige, und man mußte lange warten; zu anderer Zeit wieder waren sie nicht »ausgelastet« und saßen plaudernd da – warum nicht? Aber ein uns ungewohntes Bild gaben sie denn doch ab. Die Revolution hat auch den Hotelangestellten einige »Rechte« erobert, was sich auch an der ganz und gar unservilen Sachlichkeit ablesen ließ, mit welcher die grünlivrierten Garderobenhüter einem Mantel und Hut abnahmen. Das Gieren nach dem sogenannten Trinkgeld, die berechnete Liebedienerei fehlten ganz und gar. Allerdings kommt dadurch wohl in den ganzen Hotel- und Restaurationsbetrieb etwas Mechanisches, Automatisches, Ungefälliges. Der Kult mit dem Gast wird ja nicht nur getrieben oder gern hingenommen, weil man Servilität gegen Geld austauscht bzw. sie dafür eintauscht, sondern weil der Gast Fürsorge empfinden, sich heimisch fühlen soll: ein Rest des heiligen Gastrechtes wirkt darin nach. Besonders geschulte und zuvorkommende Bedienstete zeichnet man dann durch höheres Trinkgeld oder gelegentliche Geschenke aus. Aber der besondere Charakter des Gastes, der in allen Ländern und vor allem in Rußland noch empfunden wird, wenn es um *persönliche* Einladungen, *private* Gastfreundschaft geht, geht dort täglich mehr verloren, wo es sich um den anonymen Routinegast handelt. Das spürt man seit jüngerem im westlichen Europa, seit längerem in den Vereinigten Staaten; wie sollte man es nicht in einer Gesellschaftsform spüren, die auch dem Kellner, dem Portier, der Zimmerfrau, der Garderobiere den Charakter von Staatsangestellten zuweist? Der Mensch *dient* nicht mehr – in dem Sinn, daß einer des anderen Last trägt –, er erfüllt eine

Funktion. Aber indem er damit aus der »erniedrigenden« Position des Dienenden erlöst scheint, verliert er an Individualität und Menschlichkeit.

Zuerst wollte mir scheinen, daß hier die Gäste mit den Hotelbediensteten im Grunde viel despektierlicher und kühler, ja hochmütiger umgingen, bis ich bemerkte, daß dies auf Gegenseitigkeit beruhte. Die sozialen Positionen sind abgegrenzt; man geht sich nichts mehr an. Ungefälligkeit wird nicht gerächt, Gefälligkeit nicht belohnt. Höflichkeit bleibt auf ein Minimum beschränkt. Unsere Gesellschaft, die ihre sozialen Ansprüche überall in der Welt täglich höher schraubt, bezahlt diesen zivilisatorischen Fortschritt – wie in vielen anderen Fällen – mit einer analogen Einbuße an Kultur und Humanität. Der einzelne kann diesem Schwund an menschlicher Beziehung hier und dort entgegenwirken, indem er sie durch ein persönliches Eingreifen – ein Gespräch, ein Geschenk, einen Gruß – herzustellen versucht. Als Ausländer hat man da freilich einige Hindernisse zu überwinden – nicht nur die der russischen Sprache. Man möchte auch sich selbst nicht in den Verdacht einer billigen Eigenwerbung begeben. Aber jeder von uns machte auf seine Weise die Erfahrung, daß schon eine geringe Geste freundlicher Zuneigung oder bescheidener Anerkennung Freude und Glück auslösten und herzlich bedankt wurden. Aber kann man die Lethargie einer Massengesellschaft durch private Gesten aufheben?

Nur einmal in diesen drei Wochen erlebte ich den Protest eines selbstbewußten und dabei keineswegs herausfordernden Sowjetbürgers gegen unfreundliche Bedienung: an einem Sonntagvormittag im riesigen Warenhaus GUM.

Es war in der Keramikabteilung, die unter Uninteressantem oder Wertlosem auch einiges Hübsche enthielt, von dem sich ein offenbar mit gutem Geschmack ausgestatteter Mann das Bessere ausgewählt hatte. Es war nicht auszumachen, ob ihn die Verkäuferin aus Sachverstand oder aus Gleichgültigkeit zögernd und mit einigen »Mißgriffen« bediente; auf jeden Fall sprach der Kunde plötzlich der Verkäuferin seinen Tadel aus: er protestiere gegen ihr gleichgültiges, unaufmerksames Benehmen. Sie sei hier angestellt, um mit Freundlichkeit und Gefälligkeit die Käufer zu bedienen. »Kommen Sie dieser Pflicht nach, Genossin! Ich erhebe Anspruch auf sachgemäße und höfliche Behandlung!«

Aber was'heißt schließlich sachgemäße und höfliche Behandlung in einem Warenhaus, das viele Tausende von Menschen, Leib an Leib, durchmahlen wie ein angeschwollener Strom, und das einer verzehnfachten Käuferschaft kaum ein Fünftel oder gar nur ein Zehntel des Materials zur Auswahl zu bieten hat, das für ein »kapitalistisches« europäisches Warenhaus als normal gilt? Als Gospodin Gerlach sich für sein silbernes Haupt eine Pelzmütze erstand und die wenigen Modelle aufprobierte, unter denen es zu wählen galt, umstanden uns vielleicht zwanzig oder fünfundzwanzig andere Interessenten für Pelzmützen und warteten höflich, aber mit unterdrückter Ungeduld auf eine Entscheidung, die vermutlich noch nie in solcher Eile getroffen werden mußte. Dabei war die Pelzmütze wirklich das, was man ein Objekt nennt; sie kostete etwa das Dreifache wie in Finnland. Wie aber mußte es erst in der Schallplattenabteilung zugehen, wo das Objekt im teuersten Falle nur vier Mark kostet und wo sich die weniger vermögende Jugend drängte . . .

Natürlich gab es keine Zellen, wo sich ein Musiknarr hätte entscheiden können zwischen dem Brahms-Violinkonzert, das David Oistrach, und dem, das zum Beispiel Nathan Milstein spielt. Es gab in jeder der drei oder vier Verkaufsabteilungen rechts und links einen Plattenspieler, auf dem je eine Platte kreiste – Jazz, Volks- oder Konzertmusik. Aber sie kreiste nur etwa sechs- oder achtmal ohne Unterbrechung; dann wurde sie unerbittlich dreißig, vierzig Rillen weiter aufgesetzt, kreiste einige Male, wurde geschickt angehoben und wieder aufgesetzt: jedesmal, wenn man dabei war, sich einzuhören oder überhaupt das Motiv zu identifizieren, griff die Staatsverkäuferin zu und veränderte die Laufspur der Nadel. Links Volksmusik, rechts Violinkonzert; nebenan, auf der einen Seite Chorgesang und Marschmusik; auf der anderen Seite eine Sprechplatte und ein Klavierkonzert. Davor sich stauendes Volk, Fragen, Nadelanheben, Wünsche, rasch erzwungene Entscheidungen, Kauf, Nadelanheben, Abrechnen, Abnehmen, Einpacken, neue Platte, Nadelanheben, *poshaluista,* die Rote Armee singt, 12,5 Takte Oistrach, 17 Takte für das Schostakowitsch-Konzert a-Moll (Nocturne), Sie wünschen, Genosse? Jawohl, Opus 99, Nadelanheben, Prokofjew? Nein. Bitte, die Listen an der Wand einsehen! Sechzig Kopeken, danke schön, Nadelanheben, zweiter Satz Scherzo, die Liebe ist kein Spiel . . .

Darauf mußte man ein Gläschen Champanskoje trinken oder ein Eis essen. Eine Runde Eis bereitete dabei weniger Schwierigkeiten als eine Runde Champanskoje für vier Personen. Überall standen die Verkäuferinnen in den Leinenkitteln mit den Eisportionen, die nach guter Hausmacherart schmeckten; und wenn einmal eine ihren Stand verlassen hatte, so holte sie gerade frisches Eis. Aber wie kann man als Deutscher in Ruhe eine Runde für vier Personen ausgeben, wenn man – da nur vier Gläser als Bestand eingeplant scheinen – damit für einige Minuten des Konsums alle gleichfalls durstigen Russen in den Zustand der Prohibition versetzt? Man fühlt Gewissensbisse; und nicht umsonst stieß man, wenige Schritte später, mitten im Warenhaus auf eine Wand mit Anschlägen und Fotos, vor der einige Leute standen, die neugierig Texte und Bilder studierten.

Ein kleiner Pranger war es. Die Genossin Sowieso hatte auf dem Bahnhof Soundso Bürgerinnen angesprochen und ihnen gegen ein Aufgeld kontingentierte Waschmaschinen angeboten. Sie ist als Schädling und Störerin der Planwirtschaft bereits der angemessenen Strafe zugeführt. Ebenso erging es dem Genossen Z., der versucht hat, unsaubere Geschäfte mit dem Gegenstand Y zu betreiben und dem Staat ein X für ein U vorzumachen. Geschäfte mit dem Überfluß – das ist selbstverständlich erlaubt. Aber der Spielraum für solche Geschäfte scheint sehr begrenzt. Die Versuchung, die Mangelsituation zum eigenen Nutzen auszuwerten, scheint das Gegebene.

Ich sehe mir die Leute ein wenig an, die diesen Pranger studieren. Sie verraten nicht eben seelische Erschütterung.

So, so, scheint der eine zu denken. Da kann man also doch rascher zu einer Waschmaschine kommen. Man muß nur etliche Rubel mehr drauftun. Ein bißchen riskant freilich.

Und eine ältere Frau mag denken: Wer weiß, ob meine Ludmilla nicht auf ähnlichen Abwegen wandelt. Das Täubchen hat mehr Rubelchen, als man ehrlich verdienen kann. Die Strafe ist happig. Wird nichts schaden, wenn ich ihr davon erzähle . . .

Und so studiert man und denkt; aber keiner läßt ein Wort fallen, weder des Beifalls noch der Verdammnis. Aber während ich mit der Meisterin Anschläge und Leute studiere, muß ein junger Mann neben mir unauffällig die Qualität meines Regenmantels begutachtet haben. Er folgt uns, denn er hat wahrgenommen, daß wir ungefährliche Ausländer sind, und erklärt sich. Er läßt die Blicke schweifen, ob nicht einer sein sträfliches Tun beobachtet. Aber in diesem Gewühl . . .

Er möchte den Mantel kaufen – also: wie viele Rubel? Da er unverkäuflich ist, interessiert ihn die dunkelblaue Wolljacke; und auch der Hut kommt in Frage, obwohl er eigentlich schon recht alt ist. Ich glaubte fast, er würde mich mit Hose, Jacke, Mantel, Haut und Haar kaufen, lasse ich ihm sagen.

Er nickt energisch. Alles würde er kaufen; alles kommt in Frage. Er verläßt uns und taucht unter in die Menge, um fünf Minuten später wieder neben uns aufzutauchen und sich Zwischenbescheid zu holen. Er lächelt bedauernd zu der freundlichen, aber endgültigen Absage und verschwindet.

Dasselbe spielte sich eine Woche später in Leningrad ab, wieder in einem Warenhaus, nur war die Szenenfolge kürzer und gehetzter, da es gegen Abend war und sich das Gros der Käufer schon verlaufen hatte. Wieder war es ein jüngerer Mann. Und auch die dritte Attacke – auf der Straße – ritt ein junger Mann.

Das Bedürfnis nach besserer, und das heißt wohl zwangsläufig westlicher Kleidung bei der etwas ehrgeizigeren Jugend und den Intellektuellen war unverkennbar. Mit welchem Stolz trug der kleine, sprachgewandte sowjetische Kollege, der im Frühsommer an der Florentiner Tagung des erst seit wenigen Jahren bestehenden Europäischen Schriftstellerverbandes teilgenommen hatte, den mit kleinen Ringen und Kettchen versehenen blauglänzenden Regenmantel! Und wie viele bewundernde Augen folgten ihm auf dem Weg zur Garderobe, aus dem Lokal! Bölls langhaariger grauer Lodenmantel lenkte manchen begehrlichen Blick auf sich, und die Fahrstuhlfrau im Leningrader Hotel berührte sogar einmal, als ich ihr einziger Gast war, mit ganz sachter, beinahe zärtlicher Geste den Revers meines Mantels und sagte ein anerkennendes: »Chorosch, chorosch!« (Gut, gut!) Man trifft kaum den Kern dieses Staunens, wenn man es als kindische Anbetung alles *Westlichen* auslegt. Der Wunsch, das Bedürfnis zielen tiefer. Die Menschen möchten nicht nur qualitativ besser, sondern auch *schöner* gekleidet sein. Sie möchten ihr Zuhause anziehender gestalten, ihre Kinder netter anziehen. Sie beneiden die wenigen Glücklichen, die ins Ausland reisen dürfen und niemals ohne eine augenfällige Bereicherung ihrer Kleidung oder Wohnung zurückkehren. Es fehlt ihnen nicht an Schönheitssinn, nicht an Grazie und Eleganz. Die sowjetischen Tänzerinnen und Turnerinnen gehören zu den anmutigsten Erscheinungen ihres Geschlechtes. Es fehlt ihnen an Gelegenheit, an Materialien. Der ungeheure Aufwand, zu dem sich die sowjetische Politik nach dem Kriege im Hinblick auf militärische Aufrüstung, Raketenforschung, Atombombenproduktion und so weiter entschlossen hat, läßt gewisse Lebensbereiche nur sehr spärliche und sporadische Fortschritte machen. Schönheit, Anmut, Geschmack, Erlesenheit haben fürs erste noch Seltenheitswert und stehen, wo sie vorgeführt werden, meist im Dienste propagandistischer Effekte. Die politische Schule, die *alle* für den Genuß dieser Welt reif machen wollte, hat das Schöne in den Ausnahmezustand versetzt, ihm geradezu – durch Mangel oder Seltenheitswert – sakramentalen Charakter verschafft.

Die große Frage aber stellt sich, ob diese Mangelerscheinung allein für den *russischen* Kommunismus kennzeichnend ist, der riesige Massen aus Armut, Leibeigenschaft und Unbildung zum Alphabetismus, zu einer gewissen Grundbildung und zu bescheidenem persönlichen Selbstbewußtsein führen mußte, oder ob sie – ausgehend vom sowjetischen Führungsanspruch – sich wie ein Mehltau, eine schleichende Pilzkrankheit, auf alles Leben legt, das in den Macht- und Einflußbereich der kommunistischen Praxis fällt. Die Idee, die Ideologie proklamieren gerade das Gegenteil. Die Wirklichkeit aber mutet oft wie ein Verrat dieser Idee an. Heißt Kommunismus (wobei man von der besonderen propagandistischen »Spitze« absehen muß) unter allen Bedingungen und zunächst einmal: Niveauverlust, Geschmacklosigkeit, Unästhetik, Spießbürgerkunst?

Diese Frage beschäftigte mich in diesen Wochen auf eine geradezu erregende Weise. Es gab zahllose Beispiele für das elementare Verlangen dieser Menschen nach Kultur. Ihr Interesse für Bücher wurde selbst auf der Straße sichtbar, wenn sie an den »Bouquinisten-Tischen« blätterten. Ihre Begeisterung für Theater und Musik, ihr Drang in die Museen, Galerien und Gedächtnisstätten, ihre Hochachtung vor dem Phänomen der Kunst und der Person des Künstlers, die wohlfeile Erreichbarkeit alles Künstlerischen und Geistigen – Bücher, Noten, Drucke, Schallplatten waren zuweilen für ein Viertel oder gar ein Sechstel uns gewohnter Preise zu haben –, die enorme Begünstigung des

Schul- und Bildungswesens – alle diese Neigungen und Möglichkeiten ließen den außerordentlichen Hunger fühlen, den dieses Volk nach dem Schönen zu erkennen gab. Warum schlug sich dies so wenig im äußeren Bilde nieder?

Manchmal wollte mir scheinen, als sei es wie im Märchen mit dem Aschenputtel: die hochfahrenden, eitlen, verzogenen Töchter Westeuropas und die kessen, aufgedonnerten amerikanischen Girls flanierten als Favoritinnen auf der Straße, indes die eigentliche Erwählte in der Herdasche sitzen müßte, damit nur ihr Wert und ihre Berufung nicht offenbar würden. Es mag den Konkurrentinnen gefallen oder nicht, daß das sowjetische Aschenputtel so wenig ansehnlich und anziehend wirkt, wenn ein Fremder es zu Hause aufsucht – seine Rolle zu verändern und zu verbessern, steht ausschließlich in der Macht des Sowjetkommunismus. Das großsprecherische Gerede von der Überbietung westlichen oder gar amerikanischen Lebensstandards nimmt sich angesichts des Erreichten – so respektabel es *relativ* sein mag – wie strafwürdige Volksverdummung aus.

Auf solchem grauen Grunde, den nicht einmal ein wenig Herbstsonne aufhellte – Moskau hatte schon einen völlig verregneten Sommer hinter sich –, hoben sich die festlichen Stunden an den Abenden um so denkwürdiger ab. Wenn die Lichter entzündet wurden, wurde auch das graue Moskau etwas farbiger und wärmer, selbst wenn es, gemessen an dem Lichter- und Farbenaufwand, den westliche Großstädte treiben, ein bescheidener Aufwand war. Es erging mir dann mit den Moskauern wie mit ihrer Untergrundbahn.

Wer hätte sie nicht, so oder so, rühmen gehört, diese überdimensionale, superwestliche und dabei gigantisch verkitschte Untergrundbahn, hätte nicht immer wieder Einzelheiten und Ausschnitte in Magazinen jeden Geschmacks angetroffen – man durfte fast schon verzichten auf eine persönliche Begutachtung der Wirklichkeit.

Vielleicht nehmen sich die Statuen, der Marmor, die glänzenden Metalle, die Beleuchtungsanlagen usw. wahrhaftig wie eine schreckliche kalte Pracht aus, wenn man sie ohne Menschen betrachtet. Ohne Menschen ist die Pariser Metro – die das Gegenteil von kalter Pracht, nämlich ein warmer Ausdünstungskanal ist – das Äußerste an Häßlichkeit und Gewöhnlichkeit. Aber man muß derartige Einrichtungen wohl im Zusammenhang mit ihrer Funktion sehen. Und da erging es mir mit der Moskauer Untergrundbahn recht merkwürdig. Nicht das Ambiente, sondern die Menschen schienen mir verändert, als ich, dreimal, in den Hauptverkehrszeiten durch die Schlünde eintauchte in die marmorne Unterwelt. An sich hätte eines vom andern abstechen und die Kontraste verstärken müssen – und das hatte ich erwartet. Aber das Gegenteil trat ein: der »festliche« Charakter wurde aufgesogen und teilte sich den Passanten mit. Wenn die Pariser in ihre Metro steigen, scheinen sie unter ihr gewöhnliches Niveau zu gehen. Die Moskauer gewinnen an sozialem Kredit. Ihre Kleider machen weiß Gott keine Leute aus ihnen – die U-Bahn schafft es. Vom Licht überstrahlt, das von den blanken Wänden reflektiert wird, gehen sie beschwingter und lassen sich im Strome mitführen. Ob die Anlage auch technisch ein Extrem darstellt, vermag ich nicht zu entscheiden. Die Entlüftung aber scheint vorbildlich zu funktionieren. Ich glaube, die Moskauer fahren gern in ihrer Metro. Zumindest *dieser* Luxus ist für sie wahrhaft alltäglich. –

Große oder gar luxuriöse Auswahl an Lokalen oder gar Vergnügungsstätten haben die Moskauer dagegen nicht; in dieser Hinsicht macht sich die Ausschaltung privater Initiative wohl besonders schmälernd bemerkbar. Welche köstlichen Blüten sprießen doch auf diesem Felde in allen Ländern der freien Welt wild auf und erfreuen den fremden Reisenden; denn gerade das kleine, sehr individuelle Lokal macht ja aus dem zahlenden einen geladenen Gast. Hier ist alles reglementiert. Aber man bekommt schmackhaftes Essen, wird höflich bedient, und zumeist dürfen die Ohren mitschmausen. Am originellsten wird man, in jeder Hinsicht, in georgischen Lokalen verköstigt, die sich offenbar über alle Verstaatlichung und Schablonisierung hinweg ein Air von Folklore und Stammescharakter erhalten konnten. Ob diese Originalität der Existenz oder gar der Gunst des georgischen Tyrannen Stalin zuzuschreiben ist – wer will das wissen? Ich fühlte mich in georgischen Lokalen am wohlsten.

Es war gewiß nicht Voreingenommenheit, dieser ewige Hemmschuh für echtes Erkennen, die mich hinderte, dieser Stadt Sympathie entgegenzubringen. Sie war erfreulich frei von den schreienden parteipolitischen Werbespruchbändern und Wandverkleidungen, die die Städte der DDR so verschandeln. Ihre Menschen begegneten uns mit Aufmerksamkeit und Freundlichkeit. Ballett und Oper begeisterten uns. Es gab Einladungen die Fülle, und russische Gastfreundschaft, die nicht umsonst sprichwörtlich ist, nahm uns in ihre festen, unentrinnbaren Arme. Was zuweilen eintreten kann: daß man der Reize einer Stadt nicht habhaft wird, weil man keine Führung hat, keine Gesellschaft, keinen menschlichen Teilnehmenden – eben dies war *nicht* der Fall. Wir hatten einen reizenden, oft drolligen, nie aufdringlichen Dolmetscher und Bärenführer, taktvolle und gefällige Kollegen als gelegentliche Gesellschafter und vertrugen uns – als *delegazija* und Kollegentrio – reibungslos wie eine uralte eingespielte Dreifaltigkeit, so daß uns fast schon Bedenken kamen ob der jeweiligen Individualität. Es konnte nicht an den Menschen liegen –; es mußte an der Stadt selbst liegen.

Manchmal auf meinen Gängen trat ich in einen der Staatsläden – eine Großbäckerei, eine Fleischerei – und nahm mir ein paar Nasen voll, um irgend etwas aufzuspüren an Atmosphäre, Würze, Eigengeruch. Es duftete gut, nach warmem Brot und Kuchen, nach frischem Fleisch und geräucherten Würsten. Alles war musterhaft, und es tat wohl, das zu sehen. Ich entsann mich dabei der Fleischerei meines Großvaters in der Altmark, in der mein Vetter, wie alle größeren Handwerksbetriebe enteignet, jetzt Direktor oder Leiter ist, und dachte gleichmütig: darauf kommt es offenbar nicht an; man kann auch als sein eigener Direktor gute Wurst machen. Ich hörte in der Bäckerei – wo man, wie bei Aschinger früher, an Stehtischen Kaffee und Kuchen nehmen konnte – zwei Frauen den Kuchen loben und den Kaffee tadeln. Hätte ich russisch reden können, würde ich gesagt haben: Liebe Damen, der Kaffee ist wirklich mäßig. Aber riechen Sie doch, riechen Sie doch. Im Himmel könnte es nicht schöner duften!

Ich aß morgens mit Begeisterung meinen Kefir und freute mich an der schwarzen Delegazija am Nebentisch, die schon dasaß, speisend, lächelnd, grüßend, redend, wenn ich hinunterkam, und noch beim Frühstück saß, wenn wir endlich aufbrachen; und wenn wir zum Essen wiederkehrten, saßen sie schon wieder da – speisend, lächelnd, redend, grüßend –, und wenn wir vom Tische aufstanden, saßen sie immer noch da und lächelten uns zu. (Es ist zu befürchten, daß sie – in ihren dunklen Erdteil heimgekehrt – vielleicht nicht mehr ganz sicher sind, ob sie in Moskau in einem Hotel »Peking« oder in Peking in einem Hotel »Moskau« waren.)

Mittags gab es die guten Fisch- oder Fleischsuppen, eine *Soljanka,* schmackhafte Hauptgerichte; das russische Bier ist nicht viel wert, aber georgischer Wein läßt sich trinken, und Wodka heizt gut vor. Und als wir endlich den trockenen Champanskoje entdeckt hatten, erfuhren wir erst, weshalb Kaviar dazu so bekömmlich ist. Ich schlief gut in meinem etwas komischen Alkoven, Kalt- und Warmwasser funktionierten – nein, es kann weder an den Menschen, noch an den Umständen gelegen haben, daß ich Moskau als Stadt wenig abgewinnen konnte. Denn so reaktionär möchte ich denn doch nicht sein und Moskau auf den Kreml und die Basilius-Kathedrale reduzieren.

Die Kathedrale ist originell, ja komisch genug; aber offenbar nur von außen zu betrachten. (Geöffnet ist sie nur im ersten Akt von »Boris Godunow«, wenn die Leute sie verlassen – Kirchen sind in der UdSSR möglicherweise nur noch zum Verlassen da.) Und über die Pracht des Kreml kann man sich an Hand von Bildbänden unterrichten. Soviel Geschmack und Kunst, Erlesenheit und Aufwand man dort auch bewundern kann – von Mauern umzirkt, als monströse Reliquie einer mit Schwert und Feuer ausgelöschten Epoche und vorwiegend Schauobjekt, ist dieser Teil Moskaus wie ein verkapseltes Geschoß, das ein Mann von Kriegszeiten her noch in seinem Leibe mitträgt. Eben weil der Bolschewismus, der in Leningrad die Macht eroberte, sein Schwergewicht und seinen Ehrgeiz nach Moskau verlegte, scheint es mir verfehlt, die Metropole des heutigen Rußland von den Zinnen des Kreml aus zu betrachten. Es wird von der Entwicklung des Kommunismus und seinen Ansprüchen an sich selbst abhängen, ob das Neue sein Gesicht finden wird oder ob es sich widerwillig mit der Totenmaske des Alten dekorieren muß.

Wenn ich mich heute, lange danach, dieser Stadt entsinne und absehe von dem großen Roten Platz, der sich über ihn auf das Lenin-Mausoleum zu bewegenden Menschenschlange und den Gebäudekomplexen des Kreml dahinter, und nach jenen summierenden, oft recht beschränkten oder seltenen Augenblicken frage, in denen sich Charakter, Reiz und Atmosphäre einer Stadt und Wesen ihrer Bürger ausdrücken, so sind mir deren vor allem zwei gegenwärtig, und beide klingen an jenes Puppenmotiv an, das sich mir schon in den ersten Tagen aufdrängte.

Die eine Szene spielte sich am Ende der Reise ab, als wir, vom Schwarzen Meer zurückkommend, Moskau im Taxi durchfuhren und eine Reifenpanne uns zum Halten zwang. Während der Ersatzreifen aufmontiert wurde, ging ich hundert Schritte zurück, wo ich eine Traubenverkäuferin stehen und eine Gelegenheit ersah, meinen Appetit auf Trauben, den ich groteskerweise am Schwarzen Meer nicht hatte stillen können, endlich zu befriedigen. Ich schloß mich an die kleine Schlange an und beobachtete die frostbäckige Poshaluista, wie sie mit Sorgfalt und Redlichkeit ihre Kunden bediente. Sie hatte sehr schöne rumänische Trauben, ausnahmsweise Handelsware I, würde ich sagen, unter denen sie stets die besten heraussuchte, und ich verfolgte ihr Tun mit zunehmendem Gefallen und Vergnügen, was sie wohl während einiger Aufblicke erspürt hatte. Gerade als ich an die Reihe kam, tauchte die Meisterin auf: der Reifen sei montiert.

»Ich glaube, er lacht mich aus«, sagte die Poshaluista zur Dolmetscherin. »Sagen Sie ihr, daß ich sie nicht auslache«, lautete meine Antwort. »Ich freue mich, weil sie so schöne Trauben hat und ihre Arbeit so ruhig und sorgfältig verrichtet, daß man immer nur mehr Appetit bekommt.«

Sie lächelte mir zu und begann die Auslese: ein Kilo für 90 Kopeken. Während der Arbeit kam eine ältere Kollegin, die ihr wohl hätte helfen sollen. »Geh, mach dich davon, an den Ofen. Es ist genug, wenn eine friert«, meinte sie gutmütig. »Ich mache das schon allein.«

Und dann war das Kilo fast voll, und da wir eilig waren, bedeutete ich ihr meine Zufriedenheit. Aber sie machte eine zur Geduld mahnende Bewegung, holte unter dem Tisch eine neue Kiste hervor, füllte das Kilo auf und wollte es mir – mit zehn Kopeken Rest – überreichen. Als ich aber abwinkte (weil ich ihr den Rest lassen wollte), suchte sie noch eine besonders schöne Traube aus der Steige und wog den Rubel korrekt aus.

»Laß dir's schmecken, Söhnchen!« sagte sie freundlich. »Es sind wirklich schöne Trauben. Iß sie mit Verstand . . .«

Die zweite Szene spielte sich in einer der Straßenunterführungen ab, die zuweilen den Verkehr unter den großen Plätzen Moskaus hindurchschleusen.

Ein Losverkäufer saß da, an einem Pfeiler, vor sich ein Tischchen mit einer Lostrommel, und vor dem Tischchen standen zwei kleine Mädchen von etwa fünf oder sechs Jahren und hinter ihnen wohl der Vater. Die beiden Mädchen waren angezogen wie zu Großmutters Zeiten – es war Sonntagvormittag; wahrscheinlich kamen sie vom Lande. Die kleinen runden Gesichter, von Kopftüchern eingerahmt, glühten vor Begeisterung; denn sie durften die Lostrommel mit immer neuem Wuppdich in Bewegung setzen.

»*Dawai, dawai!*« ermunterte der Losverkäufer und spornte die beiden antiquarischen Puppen an. »Vorwärts, feste, feste!«

Der Vater stand dabei und lächelte. Der Losverkäufer, der vielleicht gar kein Los an ihn verkauft hatte, lächelte. Und die beiden Puppen wetteiferten strahlend in unermüdlichen Anschlägen miteinander. Rechts und links lief der Mahlstrom des Verkehrs. Die Trommel drehte sich, die Lose sprangen.

Die Zeit stand still.

Unsere Kollegen

Von allen russischen Kollegen, die mir im Laufe dieser Wochen begegneten, hat mir Konstantin Simonow den nachhaltigsten und originellsten Eindruck gemacht, obwohl ich bis zu dem Tage, da ich ihn kennenlernte, keine Zeile von ihm gelesen hatte. Ich empfand Verehrung und Respekt – empfand sie vom ersten Augenblick an, da ich ihn sah – für den alten Konstantin Paustowskij und für seine feine, zurückhaltende und überzeugende Erzählweise, in der sich das Alte mit dem Neuen beinahe nahtlos verbindet. Er war ja einer der wenigen Überlebenden aus der Generation der Babel, Mandelstam und Majakowskij, und seine zierliche Gestalt war von Tragik umhaucht. Mutet es schon merkwürdig und bewegend an, alte Männer von Frühverstorbenen gleichen Ranges sprechen zu hören, so berührt es um so bedrängender, den Zeit- und beinahe Schicksalsgenossen von Verfolgten und Ermordeten zu begegnen. Aber Simonow, so hatte ich den Eindruck, war auf seine Art auch ein Überlebender, auch ein guter Künstler, mehr Lebenskünstler vielleicht, ein Mannsbild von Format, eine vitale »Intelligenzbestie« möglicherweise, wenn man die Intelligenz (oder Schlauheit) und die Vitalität auf je eine Schale der Waage verteilt. Denn zunächst einmal war jeder Zoll an ihm männlich. Dies war ein Kerl, ein Filou ... Steshenskij erzählte hernach, daß er die vierte Frau habe, daß er außer der Moskauer Stadtwohnung natürlich eine Datscha besitze – übrigens auch die vierte, da er je eine der vorher ihm gehörenden Datschen an jede der ihm vorher zugehörenden Frauen bei der Scheidung habe abtreten müssen –, dazu einen Gärtner, einen Chauffeur, einen Diener, ein Hausmädchen und – von der vierten Frau – zwei Kinder, die wir zwar nicht sahen, aber einige Male hörten, weil sie in ihrem Schlafzimmer »Tiger und Schlange« spielten, als wir an Simonows reichge-

decktem Tisch saßen, den seine blonde, vielleicht fünfunddrei-
ßigjährige Frau überreich gerichtet hatte. Die ganze Wohnung
hatte Stil, vorwiegend georgischen oder kaukasischen, denn Simonow hatte zehn Jahre lang, obwohl er nicht Georgier zu sein
behauptete, in Georgien gelebt – zu Stalins Zeiten nämlich.

Wir fragten ihn natürlich nicht nach den Gründen dieses längeren Fernbleibens von Moskau. Seine ganze Art verbot eigentlich
gezielte Fragen. Man fragt einen glänzenden Äquilibristen nicht
danach, ob er nachts auf der linken oder der rechten Seite
schläft. Ein Schriftsteller kann wohnen und arbeiten, wo er will
(*sofern* er es kann), und Georgien ist wohl das sowjetische Bay-
ern, die russische Riviera. In Zeiten der Gefahr bleibt edles Wild
gern im Dickicht.

Was verlangt man von einem Schöngeist, einem Künstler, unter dem Zepter eines Tyrannen? Daß er öffentlich widersage
und attackiere? Simonow kontra Stalin? Wie das ausgeht, ist bekannt. Es bereichert die Liste der Gedenktage; den Tyrannen
hebt es nicht aus dem Sattel. Da lobe ich mir das Widersagen
und die Attacke in einer modernen Republik wie der unsrigen.
Der Effekt gleicht jenem wie ein Ei dem anderen: es ändert sich
nichts. Aber – der Schöngeist behält wenigstens sein Leben.

Es ist nicht leicht, unter gut hundertfünfzig Schriftstellern, wie
wir sie an dem offiziellen Diskussionsabend im Haus der sowjetischen Schriftsteller versammelt sahen, einen Typus zu kreieren,
der, wenn auch nur teilweise, vorbildlich wäre. Ich sah mich
um; aber ich entdeckte keinen wie diesen Simonow. Dunkler
Teint, athletische Figur, apartes Schuhzeug (irgendeine Wildle-
derart), schwarze Hose, anthrazitfarbener Pullover, kurz ge-
schnittenes graumeliertes Haar – alle Modejünglinge hätten sich
wie Strichjungen neben ihm ausgenommen. Und die Tafel umgab ihn wie ein Rahmen. Die Wodkagläser hatten keinen Fuß –
er hatte sie aus Paris mitgebracht –, darum also standen sie kopf
und mußten auf einen Zug geleert werden. Die anderen Gläser

waren normal zu füllen und zu leeren; die verschiedenen Flaschen, meist georgischen Ursprungs, standen bereit. Dazu Gefäße mit teuflisch scharfen beziehungsweise belebend gewürzten Mischungen, Holzplatten mit aufgeschnittenen Wurst- und Fleischsorten, eine aparte Schüssel mit besonders zubereiteten Auberginen, mit einer Makrelenart, mit Salaten zunächst undefinierbarer, aber attraktivster Natur ... In konventioneller Rede sagt man: die Tafel bricht. Aber einmal sah ich noch nie eine zusammenbrechende Tafel und zum anderen nie eine von solcher Urwüchsigkeit, von solch anheimelnder barbarischer und gaumenanregender Vielfalt. Wenn Konstantin Simonow auch kein Kaukasier war, so hatte er doch von dort nicht nur die verschiedenen dekorativen Zu-, Unter- und Aufsätze, Bei- und Auflagen mitgebracht, sondern auch die überzeugende Art und Weise des Genießens, der Gastfreundschaft. Ich mußte mir im stillen sagen, daß eine bestimmte Kategorie von Mensch – sollte man nicht sagen: Gott sei Dank? – allen niederträchtigen Anschlägen und Gefährdungen enthoben ist durch ein überlegenes Temperament, durch die Gunst der Musen, den Stand ihres Sterns. Ich bezweifle, daß die Feigheit ein Plädoyer wert ist. Die Klugheit verdient gewiß eines.

Es war der erste Abend in einem »privaten Haushalt«, der erste zugleich, an dem mir russisches Wesen zu einer eindringlichen Erfahrung wurde, und nicht nur, weil es so vielfältig und gut zu essen und zu trinken gab – obwohl auch das im wahrsten Sinne des Wortes »besticht«. Wenn die Russen geben, scheinen sie weder zu zählen noch zu wägen. Und wo sie auf Vorbehaltlosigkeit treffen, lassen sie sich nicht beschämen.

Obwohl es mit der unmittelbaren Verständigung etwas haperte, weil Simonow – im Gegensatz zu seiner Frau, die ganz gut französisch parlierte – über keine besonderen Sprachkenntnisse verfügte, waren wir innerhalb einer Viertelstunde eine vergnügte Kumpanei.

»Was macht der Schriftstellerverband?« fragte er Steshenskij, der ihm wohl eine belanglose und zufriedenstellende Auskunft gab. »Da gibt es eine Treppe im Haus, auf der sich schon einmal ein Zar ein Bein gebrochen hat«, erzählte Simonow, ein paar Oliven zermalmend. »Könnten sich auch andere Leute vielleicht noch ein Bein brechen«, schloß er kopfnickend. »Sogar den Hals kann man sich auf einer Treppe brechen . . .« sagte ich anzüglich.

»Erst mal mit Bein probieren; genügt vielleicht schon«, war die lächelnde, vielsagende und dabei recht humane Antwort.

Er goß uns reichlich ein, aß selbst mit offenbarem Genuß, empfahl dies und jenes, tat auf, bändigte zwischendurch zweimal »Tiger und Schlange«, fragte, erzählte ein wenig von Reisen und Bekannten. Niemand, der mit an unserem Tisch gesessen hätte, ohne über unsere Gesellschaft unterrichtet zu sein, würde auch nur erahnt haben können, daß hier Literaten beisammen waren. Von allen möglichen Dingen war die Rede, nur nicht von der Literatur. Wahrscheinlich hatte er nie von Thornton Wilder gehört: Schriftsteller sollten nicht soviel mit Schriftstellern zusammen sein, sie sollten lieber mit Milchmann und Gemüsefrau sprechen – aber es sah ganz so aus, als lebte er nach solchem Wort.

Natürlich trank er uns etliche Male zu, und einmal trank er auch »auf deutsche Wiedervereinigung«, ohne Augenzwinkern, ohne Einschränkung, ohne Erläuterung.

Es war das einzige Mal in diesen Wochen, daß ein Sowjetbürger das leidige Problem der deutschen Teilung überhaupt berührte, wahrscheinlich weil jeder sich scheute, dies heiße Eisen anzufassen und dabei – so oder so – einen Mißgriff zu tun. Dieser Mann tat es auf die einfachste Art von der Welt und leistete damit doch eine Geste von echter Herzlichkeit – ohne sich die Finger zu verbrennen.

Mich wunderte es im stillen ein wenig, daß er, der Vielgereiste – in zwei Tagen brach das Ehepaar nach Paris und dann Neapel auf –, über relativ geringe Sprachkenntnisse verfügte. Hatte er keine höhere Schule besucht?

Zwölf Stunden später saßen Gerlach, Böll und ich in einem Raum, in dem – vor 25 Jahren – auch Konstantin Simonow gesessen hatte: im Maxim-Gorki-Institut für angehende Schriftsteller. Am Ende dieses Besuches wurden uns die Namen der erfolgreichsten Schriftsteller dieser »Dichterschule« genannt; darunter auch der seine.

Ein Gorki-Denkmal steht vor dem Institut, das, ähnlich dem Sitz des Schriftstellerverbandes, in einem alten Moskauer Gebäude untergebracht ist. Der Direktor, ein schlanker, vermutlich kriegsbeschädigter, zwischen Mißtrauen und Ironie hin- und hergeschleuderter Vierziger, empfing uns und erläuterte zunächst den Sinn dieser Dichterschule, welche Spätberufenen und vorwiegend aus anderen Berufen kommenden Talenten den Weg zu dem erstrebten Schriftstellerberuf ebnen will. Natürlich (ein Lächeln) seien Genies (ironisches Auflachen) nicht an der Tagesordnung. Aber die Aufgabe (nachdenkliche Sammlung) sei gestellt und müsse mit mehr oder weniger Geschick (entschuldigendes Lächeln) gelöst werden. Ob er uns seine Mitarbeiter vorstellen dürfe ... Und dann kamen sie herein, drei oder vier Herren verschiedenen Alters, gewiß auch verschiedener Intelligenz, von denen einer fließend Deutsch sprach, der sich unser mit beflissenem Eifer annahm; und wir gingen allesamt in die um elf Uhr beginnende Unterrichtsstunde, die durch unseren Besuch den Charakter einer festlichen Inspektion erhielt.

Das war nun wirklich ein Eindruck einmaliger Art, und sowohl den Schriftsteller wie den Menschen in mir ergriff ein nicht näher zu erklärendes Erschrecken vor dieser aus ehemaligen Matrosen, Soldaten, Arbeitern jeglicher Art und Rasse und beider Geschlechter bestehenden Ansammlung von »Proletariern«, die sich entschlossen hatten, Schriftsteller zu werden. In manchen Augenblicken, an manchen Plätzen und Orten der Reise empfand ich den klassenkämpferischen Charakter dieses Staates; aber an keinem trat er so herausfordernd, bedrängend, umwälzend in mein Bewußtsein wie in dieser Vormittagsstunde. Ohne auch nur einen Anflug von Hochmut (es war eher Mutlosigkeit, die mich umklammerte) empfand ich fürs erste in dieser Zusammenrottung von scheinbaren Musenvergewaltigern und zum Dichten Entschlossenen Furcht. War das nicht ein geradezu zum Himmel schreiendes Mißverständnis der Kunst? Eine Schulklasse von rund 40 Fünfundzwanzig- oder Dreißigjährigen, die Autos repariert, Maschinen gebaut, Vieh geschlachtet, Brot gebacken, Waffen bedient, Straßen gepflastert, Kranke gepflegt, Hemden genäht hatten und nun das ABC bis zum XYZ der Schriftstellerei lernen wollten, um die Welt mit Gedichten, Novellen, Romanen, Theaterstücken zu beglücken?

Wir wurden begrüßt und vorgestellt, und dann erging an die Schüler der Dichtkunst der Appell, Proben ihres Talentes zu geben.

Ein ehemaliger Matrose aus Leningrad meldete sich zuerst, ein sympathischer, gutgewachsener Bursche, der mit herzhaftem Pathos ein Gedicht von sich vortrug, dessen Thematik mir entfallen ist. Auch der Kalmücke oder Mongole, der sich anschließend zu Wort meldete und dessen Verse auch für die Mehrzahl der Schüler, die Russen waren, übersetzt werden mußten, hat in meinem Gedächtnis nicht mehr als eine Erinnerung an seine überernsten Züge und seine leicht gehemmte und stoßweise Vortragsart hinterlassen.

Aber dann kam ein halber Neger, Russe in der ersten Generation und (wie später verlautete) gern verwendeter Statist für Filmnebenrollen exotischer Natur, der mir eine Woche später, in Zarskoje Selo, wieder ins Bewußtsein trat, als wir die Bilder des Mischlings Puschkin sahen. Er trug das Gedicht seines Lebens vor: Ich habe zwei Mütter – Rußland und Afrika. *»J'ai deux amours: mon pays et Paris.«* Auf einmal hörte ich die Stimme von Josephine Baker und lauschte dem redlichen Vortrag des Filmstatisten gern. Dann aber erhob sich eine nicht mehr ganz junge, sehr blasse, etwas verkümmerte und zugleich fanatisch aussehende Proletarierin, einzige Überlebende einer im Kriege verschleppten, getöteten oder umgekommenen Familie, und sprach eine Art Nekrolog auf ihre »von den Faschisten ausgerotteten Eltern, Schwestern und Brüder«. Der Text wurde uns erst hernach übersetzt; aber der Inhalt und die Tendenz teilten sich mir beinahe körperlich während des Vortrages mit. Es war eine Anklage gegen uns – vielleicht eine, deren Vortrag mit dem Leiter der lyrischen Sektion besprochen war; vielleicht auch eine, die aus dem persönlichen Entschluß dieses Wesens kam, das in dieser Stunde ihre Anklagen sprechen wollte . . . Das war nicht nur eine fremde Welt, der wir uns gegenübersahen; mir wollte sie auch feindlich erscheinen. Aber können drei deutsche Schriftsteller von einer proletarischen »Dichterin«, die als einzige aus ihrer Familie den Vaterländischen Krieg gegen die deutschen Eindringlinge überlebt hat, ein Gedicht über den Vollmond oder die betörende Stimme der Nachtigal erwarten? Der Marxismus glaubt an die Manipulierbarkeit des Menschen in jedem beliebigen Sinn; warum sollte er nicht auch an gewisse Aneignungstalente glauben, selbst im Bereich der Kunst, die – zumindest unter Planern und Funktionären – als erlernbar oder nachahmbar gelten mag? Ein 230-Millionen-Volk braucht Lesestoff. So gewillt es immer sein mag – mit Literatur à la Joyce und Pound, Ionesco und Beckett wird es kaum etwas anfangen können. Der Schriftsteller in der Sowjetunion ist kein Außenseiter, kein Hofnarr oder Faschingsprinz, keine Absurdität; kaum ein Artist. Er soll Wege weisen, vorangehen – und die Klugen brauchen einen Klügeren und die einfachen Naturen einen tüchtigeren Einfachen. Hat auf einer dieser Bänke einst Simonow gesessen, so sitzen andere mit gleichem Recht darauf. Man wird sehen, mit welchem Erfolg. Wer will wissen, ob sich unter den dreißig, vierzig Außenseitern der proletarischen Gesellschaft nicht zwei oder drei Talente befinden, die über diese Dichterschule zu kritischem Verstand, zu Vergleichen, zu Maßstäben und schließlich auch einigen Ergebnissen kommen? Simonow hatte sich hier die Grundregeln der Schreibkunst angeeignet; ebenso einige andere, die es zu Namen und Erfolg gebracht haben und uns, gewissermaßen als kleine Schutzheilige des Instituts, mit einigem Stolz genannt wurden. Und hätte man sich zur Not nicht auch auf den stets mit Ehrfurcht und Bewunderung zitierten Goethe berufen können?

>Eines schickt sich nicht für alle!
Sehe jeder, wie er's treibe,
Sehe jeder, wo er bleibe . . .«

Auch Schriftsteller gehören in der Sowjetunion zum Volk, wie immer man es verstehen mag. Und fast immer, einige wenige ältere Überlebende ausgenommen, stammen sie auch aus der Masse: Simonow, Rosow, Nekrassow, Jewtuschenko.

Selbst der relativ hohe jüdische Anteil unter den Literaten – die Gesamtbevölkerung der UdSSR zählt etwa ein Prozent Juden, die Schriftstellerschaft dagegen zehn Prozent – verändert das volkstümliche Bild nicht, das zum Beispiel die gut hundertfünfzig sowjetischen Literaten abgaben, denen wir uns am fünften oder sechsten Tag unseres Aufenthaltes gegenübersahen. Nur die generelle Regellosigkeit der Typen verband diese sowjetische Gesellschaft von Literatur mit einer von »kapitalistischen« Schriftstellern; es gab physisch und physiognomisch sehr voneinander verschiedene Damen und Herren – alle aber einte (ob erzwungen oder freiwillig, mag offenbleiben) der Nenner der Weltrevolution, die sich in Organisationen, Gewerkschaften,

Verbänden auf das bürokratischste etabliert hat. Ein Homme de Lettres, etwa nach dem Muster der Herren, die der Académie Française angehören, und ein sowjetischer Schriftsteller unterscheiden sich voneinander wie ein schottisches Windspiel von einem ungarischen Hirtenhund. Der normale, »sterbliche« Literat in Rußland hat eine Funktion zu erfüllen – man denke an Stalins Wort von den »Ingenieuren der Seele« (wobei das Wort Seele in diesem Zusammenhang eigentlich einen sentimentalen Kobolz in abgelegte bürgerliche Vorurteile darstellt). Er ist eine Art staatlicher Angestellter im einfachen, im gehobenen Fall ein Beamter des Staates, der dann weniger arbeitet, aber größeren Einfluß und eine führende oder kontrollierende Funktion ausübt. Nur der wahrhaft »Unsterbliche«, der auch außerhalb von Einflüssen und Funktionen mächtige und vermögende *Könner* ist der Sorge ein wenig enthoben, kleine, aber notwendige Zweckarbeiten zu liefern. Sein Talent ist Repräsentanz über alle kleinen Zwecke hinaus; er lebt im Grunde am wenigsten angefochten und belästigt, sofern er »klug« genug ist. Wo andere ein ganzes (schwaches) Tendenzstück schreiben müssen, um sich als nützliches Mitglied der kommunistischen Gesellschaft auszuweisen, darf er ein gutes tendenzloses schreiben – ein gefälliger Nebensatz, den ein Kutscher sagt, kann dem politischen Soll möglicherweise genügen, wenn er nur nicht »staatsgefährdend« auftritt. Und war es nicht immer so? Am politisch gefälligsten müssen immer die Kleinen und Mittelmäßigen sein, die sich durch Hörigkeit einen Aufstieg erdienen müssen. Größeres Können bringt immer größere Freiheit. Der »joviale Mordwanst« Göring hätte sich, wie er selbst in Nürnberg sagte, sogar mit Thomas Mann eingerichtet.

Das Haus der Schriftsteller war ein neues, ein repräsentatives Gebäude; man führte uns nicht ohne Stolz zunächst in verschiedene Nebenräume, ehe wir auf der Bühne Platz nahmen, an einem längeren Tisch, der jedoch nicht lang genug war, weil jeder einen Dolmetscher neben sich hatte und zwei oder drei »Offizielle« das Gespräch lenkten, das mit den üblichen Fragen begann: nach unseren Kenntnissen der modernen sowjetischen Literatur, nach Tendenzen und Formvarianten der gegenwärtigen deutschen, nach dem Bestehen von literarischen Gruppen oder Strömungen, nach wichtigen Neuerscheinungen, nach den Organisationsformen unserer Schriftstellerverbände und so weiter.

Das ging anfangs recht natürlich und einfach zu: man fragte uns, und wir antworteten. Man fragte auch zweifellos aus Neugierde und ohne Tendenz, etwa uns zu beschämen oder zu verdächtigen. Es war ganz offensichtlich, daß jeder einzelne von uns von der russischen Literatur des zwanzigsten Jahrhunderts mehr Ahnung hatte als unsere sowjetischen Kollegen von der unsrigen. In Moskau und Leningrad wurde uns eine Reihe dringlicher Buchwünsche anvertraut, die darauf schließen ließen, daß den meisten bekannteste deutschsprachige Literatur wie Kafka, Musil, Benn, Frisch unbekannt oder doch unerreichbar war. Man wußte von ihr: aber man konnte sie zum größeren Teil weder erwerben noch einsehen – von der »exklusiveren« ganz zu schweigen. Aber was erfuhren die Moskauer Zeitungsleser und Funkhörer von diesem Sachverhalt? Es ist aufschlußreich, die offizielle TASS-Meldung daraufhin zu studieren, die in folgendem Wortlaut verbreitet wurde:

»Drei westdeutsche Schriftsteller in Moskau
(TASS/deutsch-englisch)
Heinrich Böll erklärte heute seinen Moskauer Kollegen, die, wie er erfuhr, seine letzten Romane *sämtlich* in russischer Übersetzung gelesen haben, er kenne die moderne Sowjetliteratur wenig. Er sprach die Hoffnung aus, daß man in der Bundesrepublik Deutschland mehr sowjetische Bücher übersetzen werde.

Er und zwei andere westdeutsche Schriftsteller, Richard Gerlach und Rudolf Hagelstange, sprachen bei einer Zusammenkunft mit zweihundert Moskauer Schriftstellern im Haus der Literaten über die russische Literatur, angefangen von Dostojewskij bis zu dem vor dreißig Jahren veröffentlichten Roman ›Der stille Don‹ Scholochows.

Böll, der erklärte, er verfolge die Entwicklung der russischen Kultur aufmerksam und sei erstaunt über ihren Reichtum und ihre Mannigfaltigkeit, führte die Aufzählung seiner literarischen Sympathie bis Jessenin, Majakowskij und Babel.

Das Gespräch dauerte etwa drei Stunden. Als ein sowjetischer Schriftsteller Böll einen Zettel schickte, in dem er seine Freude darüber zum Ausdruck brachte, daß der Kriegsteilnehmer Böll diesen Krieg überlebt hat, kam man auf Politik und Krieg zu sprechen. Der westdeutsche Schriftsteller bemerkte, er sei kategorisch gegen den Krieg und freue sich über jeden Menschen, der am Leben geblieben sei. Zu den Stimmungen der westdeutschen Jugend sagte Böll, die Jugend mißtraue dem Spiel, in das man sie hineinzuziehen sucht, und stehe den vergangenen dreißig Jahren sehr skeptisch gegenüber.«

Wie die Armut hier, der Reichtum dort, einmal Mangel, zum anderen bester Wille, die Unkenntnis in diesem, das Wissen in jenem Fall plaziert werden, ist schon bemerkenswert. Noch bemerkenswerter ist freilich, wie man Hitlerjahre und Nachkriegsjahre durch Addition »gleichschaltet«, wiewohl der Unterschied zwischen SS-Staat und Bundesrepublik um ein Vielfaches und Grundsätzliches bemerkenswerter sein dürfte als der zwischen der UdSSR unter Stalin und unter Chruschtschow bestehende. Selbst eine Aufwärtstendenz dort und eine Abwärtstendenz hier können über die elementaren Niveauunterschiede politischer Praktiken, Rechte und Institutionen nicht hinwegtäuschen.

Die Wendung des Gesprächs auf Krieg und Politik ging außerdem vom Podium aus; der wortführende Verbandschef führte sie herbei – man hatte das unabweisbare Gefühl, er entledigte sich damit eines propagandistischen Solls, das auf alle Fälle an sein Amt und seine Eignung geknüpft war.

Er warf wie einen Knochen zwischen friedliche Hunde den Begriff des Revanchismus in das Gespräch, das einmal mehr jene elementare Furcht des Russen vor seinen teutonischen Nachbarn zu erkennen gab, die zwischen den Polen der Eigenempfindung und öffentlicher Beeinflussung, persönlicher Erfahrung und übernommener Besorgnis wie ein ständiger Strom kreist. (Dieses Thema tauchte zu oft, auch in den privatesten Gesprächen und an den unverhofftesten Stellen auf, als daß man es als ausschließliches Leitmotiv antideutscher Propaganda bagatellisieren dürfte.) Natürlich haben wir alle zuviel Furcht voreinander. Das sprach ich auch aus. Das gegenseitige Mißtrauen lähmt die Geister, und der Mangel an Phantasie, die totale Unfähigkeit, sich in die Lage des Gegenübers zu versetzen, seine Sorgen und Erfahrungen für eine Stunde einmal als die eigenen zu empfinden und von *daher* die Reaktionen des anderen zu deuten, steht wie ein steifer Wind gegen jedes Vorankommen. Und sucht sich nicht jeder das Material heraus – und findet es auch –, das er für seinen Monolog braucht? Aber mußten wir hier, im Hause der Schriftsteller, als geladene Gäste, dieses Spiel der Scheuklappenpolitik spielen?

Es *mußte* offenbar gespielt werden, und so wehrten wir uns nach besten Kräften und mit besten Argumenten gegen die Pauschalthesen des Vorstandstisches, gegen das Verfahren, *uns* für ehrenhaft, aber nicht für glaubwürdig zu halten, wenn wir für unsere Landsleute sprachen, gegen die Methode, durch Wiederholung zu ermüden und so den Schein des Rechtbehaltens vorzutäuschen und Gleichgesinnten oder zumindest gutwilligen Kollegen die Rolle fragwürdiger Kontrahenten zuzuweisen.

Aber nicht nur uns, auch denen da unten im Saal, die hier und da in echter Besorgnis ihre Fragen gestellt hatten, wurde es am Ende zu viel. Je hartnäckiger der Vorsitzende – wir sahen ihn übrigens nur an diesem Abend – seine Attacken ritt, je länger er mit immer abgedroscheneren Einwänden konterte, um so mehr verschlossen sich die Mienen seiner bevormundeten Kollegen im Saal. Ich sah Stirnrunzeln und ironische Mundwinkel, opponierend sich verschränkende Arme, Kopfschütteln . . .

Auch dem Vorsitzenden entging es nicht, aber um sich zu rechtfertigen, verteidigte er seine Thesen, untermauerte sie, fiel in eine hohle Gestik und redete längst allein – mit vollem Recht, denn es war ein propagandistischer Monolog.

Ich versuchte, einen der Dolmetscher zu einer Zwischeninformation zu bewegen und hörte ihn ärgerlich sagen:

»Diesen Unsinn übersetze ich nicht.«

Irgend jemand erhob sich und ging aus dem Saal (es war gar kein »Irgendjemand«, es war ein bekannter Dramatiker); ein anderer rief in den Monolog:

»Genosse Vorsitzender, hören Sie doch auf damit!«

»Es sind wichtige Fragen, Genosse! Sehr wichtige Probleme . . .«

»Schon, schon – aber Sie haben sich verrannt. Sie argumentieren zu einseitig.«

Ein anderer rief:

»Kehren Sie bitte zum Thema zurück. Wir wollten über Literaturprobleme sprechen.«

»Auch das gehört zur Problematik der Literatur heutzutage . . .«

Aber er war schon abgeschlagen; es ging ihm nur noch um hinhaltenden Widerstand, um einen leidlichen Abgang. Sein Assistent zog die Aufmerksamkeit auf sich: zwei-, dreimal spielten sie sich den immer schlaffer werdenden Ball im Rückzug noch zu. Ein paar Leute unterhielten sich ostentativ. Dann war das Propagandagewitter abgezogen, der Himmel der Kunst klärte sich; irgendeine kleine, dicke, schwarze Dame erkundigte sich nach der Frauenlyrik in der Bundesrepublik. und zwischen Menschheitsidealen und Auflagenziffern von Gedichtbänden pendelte das Gespräch allmählich in friedlicher Atmosphäre aus.

Aber was will man machen? Wir waren in Moskau, in der Hauptstadt der kommunistischen Bewegung, im eigens erbauten »Haus der Schriftsteller«, – es gehörte wohl einfach zur Weihe des Hauses, daß man den westdeutschen Gästen hier eine Lektion zu erteilen versuchte. –

Die Leningrader Kollegen indessen ließen ihren »zweiten Rang« schon dadurch erkennen, daß sie nur eineinhalb Etagen in einem älteren Bürgerhaus für ihre Repräsentation zur Verfügung hatten; daß sie allesamt mit uns zunächst um einen großen runden Tisch Platz fanden – wie eine Familie, die Gäste hat; daß ihr Vorsitzender Dudin gewiß ein guter Kommunist war – wie wäre er sonst Vorsitzender? –, aber keinerlei Ehrgeiz verriet, uns die Leviten zu lesen, viel eher den, mit herzhaftem Pathos und ausladenden Gesten humane Thesen und eigene Gedichte vorzutragen; daß sie uns – nach der unvermeidlichen offiziellen Introduktion, auf die kein Verlag, kein Verband, kein Institut verzichtet – an die Bar luden und dann wieder an einen gemeinsamen Tisch (einen langen, rechteckigen diesmal), wo sich, bei Kaffee, Kuchen und Kognak, etwas für mich besonders Anheimelndes, Belustigendes, Rührendes und am Ende geradezu Bezauberndes entwickelte, das an die »Lyrische Tafelrunde«, erinnerte, welche die zum Geburtstag der Droste nach Meersburg geladenen Dichterinnen deutscher Zunge alle zwei Jahre im Meersburger Rathaussaal abzuhalten pflegen. In Meersburg fehlt der Kognak, der Kuchen und der Kaffee; dafür gibt es ein Überangebot an Literatur. In Leningrad war lyrischer und anderer Konsum ausgeglichen. Das männliche Element überwog auch bei weitem. Einer der intelligentesten und informiertesten Gesprächspartner war der (heute in Paris lebende) Germanist E. Etkind.

Den Anfang freilich machte auch hier eine jüngere, vielleicht fünfundzwanzigjährige Dame, die ein beschauliches Gedicht vortrug, in dem Tauben, ein Leningrader Platz, belaubte, rauschende Bäume und manch schmückendes Zubehör mehr vorkamen und das in der reizenden, jedermann und jedem Mann verständlichen Zeile gipfelte: »Ich möchte eine Familie gründen.«

Dann trug der Vorsitzende, der mich immer wieder an einen in Fahrt gekommenen Matrosen erinnerte, der auf der »Großen Freiheit« in Hamburg eine Runde nach der anderen spendiert, ein thematisch erstaunliches Gedicht vor, eine gereimte Ballade, die von einem Soldaten handelte, der in einem Kino sein Schicksal von einem Schauspieler gespielt und abgewandelt sieht und sich – nach mancherlei kritischen Gedankengängen – entschließt, sein Schicksal ohne oder gegen die Filmvorlage zu Ende zu spielen. Er schnarrte und grollte, gestikulierte und skandierte, daß es nur so rauschte. Aber trotz allem wirkte er keineswegs lächerlich. Die Russen haben ja ein Pathos, das, so merkwürdig und überzogen es manchmal anmutet, auf rätselhafte Weise unangreifbar, unverwundbar ist.

Da einige fließend deutsch sprachen und die lyrische Ader zu fließen begonnen hatte, mußten auch Gospodin Gerlach und ich unser Scherflein beitragen, und da jedes Gedicht Zeile für Zeile gewissenhaft und, wie mir schien, recht gut übersetzt wurde, wuchs das gegenseitige Verstehen zur Sympathie an. Mein Gegenüber sprach sehr gut deutsch; der Nebenmann ließ sich meine Rede zumeist von ihm übersetzen. Als ich jedoch unbeabsichtigt einige Sätze ohne Rücksichtnahme in deutscher Sprache gesagt hatte und innehielt, um Zeit zum Übertragen zu lassen, sagte der Sprachgewaltige: »Reden Sie ruhig deutsch weiter. Er muß nicht alles verstehen, was wir reden.« Und so gab es über das allgemeine Palaver noch da und dort ein recht persönliches Gespräch, in dem es weder um Rechthaben noch um Belehrung ging, sondern allein ums Gespräch. Das ganze Elend dieser Welt ist ja dies: daß diejenigen, die einander etwas zu sagen haben, keine Gelegenheit zum Gespräch finden, und diejenigen, die miteinander sprechen sollten, sich nichts zu sagen haben.

Mein Matrose, der Vorsitzende, sorgte indessen dafür, daß auch die Stimme der Gemeinschaft nicht verstummte. Er erzählte Späße aus der Praxis des Schriftstellerverbandssekretärs, der unter mancherlei Aufgaben auch die hat, bei Todesfällen von Mitgliedern für Klärung der anfallenden geschäftlichen und technischen Probleme zu sorgen.

»Hatten wir mal einen Schriftsteller, der sehr groß war, aber keiner wußte genau, wie groß – ob 1,94 Meter oder 1,99 Meter oder 2,01 Meter gar. War auch lange krank und vielleicht inzwischen etwas eingeschrumpft. Zeiten waren noch schlecht, Sparsamkeit dringend empfohlen, Sarg mußte in diesem Fall länger vorausbestellt werden. Geht unser Verbandssekretär zum todkranken Kollegen, deckt ihn auf und zu, redet gut zu, macht Kissen glatt und sagt ermutigend: ›Alles wird noch gut, lieber Freund, alles wird gut werden‹ – und hat dabei unauffällig mit Zollstock Maß genommen.«

Rechts neben mir sitzt die russische Übersetzerin von Rilke. Sie trägt noch schwer daran, daß ich am runden Tisch auf ihre Frage nach dem Einfluß Rilkes aufrichtig, aber ahnungslos von einer stark absinkenden Rilkemanie gesprochen habe. Als ich mich bereit erkläre, ein Gedicht von ihr meinen Landsleuten in besserem Deutsch, als sie zu sprechen glaubt, zu übersetzen, ist mein *crimen laesae majestatis* gesühnt.

»Er ist doch ein großer Dichter – glauben Sie nicht?« fragt sie, wieder hoffnungsvoll gestimmt.

»Ein sehr großer sogar . . .« bestätige ich kopfnickend. »Ich war einige Male an seinem Grab.«

»Oh! Was Sie sagen . . .«

»Ich habe in seinem Arbeitszimmer gearbeitet.«

»Nein – wirklich? In Muzot etwa?«

»In Muzot.«

»Oh, dort hat er die Elegien zu Ende geschrieben, die ich übersetzt habe«, sagt sie; es klingt, als habe Rilke sie eigens für diese Übersetzung geschrieben.

»Es war ein Sturm . . .« zitiert sie und fährt fort: »Es muß ein Sturm gewesen sein. Er hat tagelang nichts gegessen, denken Sie!«

»Er hat seine Mahlzeiten eingenommen wie immer. Einige Male ist er zehn Minuten später zum Abendessen heruntergekommen.«

»Wie wollen Sie das wissen?!« Sie ist beinahe empört.

»Seine Haushälterin hat es mir erzählt, die Frieda Baumgartner!« sage ich freundlich. »Meinen Sie, es kommt auf die Mahlzeiten an?«

Nein, darauf kommt es gewiß nicht an. Aber sie muß diese ernüchternde Wahrheit erst verdauen. Schließlich sagt sie:

»Er hat Rußland sehr geliebt.«

»Er reiste in angenehmster Gesellschaft.«

»Er hat Rußland verstanden.« Jetzt glaubt sie, das rechte Wort gesprochen zu haben.

»Er hat es verstanden«, bestätige ich.

»Wer es versteht, muß es lieben«, sagt sie leise, aber fast apodiktisch.

Dann jedoch nimmt ein anderes Thema unser beider Aufmerksamkeit in Anspruch: der ehemalige Panzerschütze und derzeitige Lyriker Sergej Sergejewitsch Orlow – er trägt wegen erlittener Gesichtsverbrennungen einen Vollbart – erhebt sich und wird ein längeres Gedicht sprechen.

Es könnte eines sein gegen die faschistischen Horden oder die SS-Banditen, denen er sein verunziertes Gesicht zu verdanken hat. Oder ein weltanschauliches und revolutionäres, zum Beispiel ein lyrisches Denkmal für Lenin – wir sind schließlich in Leningrad.

Aber nein. Der lyrische Panzerschütze a. D. hat ein reizendes

Poem geschrieben auf eines der Kernmaterialien der russischen Ernährung, den zu spaltenden Globus der sowjetischen Küche, den Kohlkopf.

Wer die Gerichte und Suppen geschmeckt hat, die dieses Gewächs gehaltvoll macht und anreichert, und seine Nähr- und Würzkraft, Symbolträchtigkeit und seinen Substanzreichtum zu würdigen weiß, kann dieses Gedicht nicht hören, ohne des Ausspruchs der Rilkeübersetzerin zu gedenken:

Wer Rußland versteht, muß es lieben.

DIE KOHLSUPPE

Ein aus dem Gemüseladen erstandener
Kopf Kohl – das ist geballte
Poesie, wenn auch keine gefeierte,
da sie ja nur einem – Kohlkopf entstammt.

Ein Kopf Kohl – das ist Gold
von Regenfällen, von taumelnden, heißen,
widerborstigen, in der Sonne zerbröselnden Tagen,
knirschend zu einem Knäuel gepreßt.

In ihm ist das Lied der Vögel, der Umtrieb der Winde,
des Schattens Kühle, der Duft der Minze,
die erste Frühlingswärme und der
metallische Klang des Spatens,

die Frische des Tautropfens, der wie ein Diamant
reich und durchsichtig aus dem roten Kattun
eines Mohnkelches bei Tagesanbruch
auf das gelackte Blatt des Setzlings fällt. –

Und nun wird die Poesie publiziert:
Alles beginnt wie eine Herausforderung.
Blauer Stahl einer geschmiedeten Streitaxt
und darunter der hölzerne Fechtboden.

Das Wasser in der Kupferkasserolle braust auf,
empört sich in schäumenden Kreisen,
es zischt des Herdes schwarzer Planet
in bläulich sprühenden Farben.

O ihr Dahlien des Gasherdes,
eiserne Blumen der Brenner!
Ein Kopf Kohl wird auf Beschluß
eines kunstfertigen Verstandes

hergerichtet für die Nudelsuppe und
mit Sternen karstigen Salzes bestreut,
und Lorbeerblätter werden dazugegeben,
und gepfeffert macht sie uns schluchzen.

Und die Dampfschwaden wölken,
duftende, geifernde, weihräuchernde.
Die Kohlsuppe brodelt gewaltig,
Himmel und Winde ausatmend.

Aufgeschlagen wie eine Bibel liegt der Brotlaib.
Die Blumen auf der Schüssel ersterben in Ehrfurcht.
Und nun kommt sie, sehnlichst erwartet, angefüllt
mit dem abgeschlagenen, lebenspendenden Krauthaupt!

Ärzte für Gesunde

Wer die Männer und Frauen im Straßenbild Moskaus oder Leningrads auf Gangart, Haltung und Bewegungen hin studierte, um sich Aufschluß zu verschaffen über Neigung und Eignung dieser Menschen, würde kaum zu dem Schluß gelangen, die Russen seien ein besonders sportliches, sportbegeistertes oder gar sportbegabtes Volk. Aber der Eingeweihte weiß nur zu gut, daß das äußere Bild trügt und zumindest einen Tatbestand nicht offenkundig werden läßt: daß sich aus dieser scheinbar amorphen und wenig »smarten« Masse im Laufe von kaum zwei Jahrzehnten eine echte Elite entwickelt hat, die es auf jedem Felde – von ganz wenigen mehr oder weniger luxuriösen Sportarten wie Golf, Polo, Segeln etwa abgesehen – mit den Eliten anderer Völker aufnimmt, ja insgesamt vielleicht um ein nicht geringes über die Gesamtheit dieser Elite triumphiert. Die Ergebnisse der letzten Olympischen Spiele – angefangen etwa mit denen von Helsinki – und der Europa- und Weltmeisterschaften seitdem zeigen auf vielen Gebieten die Athleten der Sowjetunion in Führung oder in ebenbürtigem Kampf um diese Führung. Russische Turner, Schwer- und Leichtathleten, Eisschnell- und Eiskunstläufer, Skiläufer und Boxer sind, wie es im Sportjargon heißt, »Weltklasse«. Auch in den Ballspielen mischen sie kräftig mit, und das gilt nicht nur für den auch in der UdSSR sehr populären Fußballsport, sondern selbst für entlegenere, eigentlich uneuropäische Spielarten wie Volley- oder Basketball. Vor allem aber führen sie – vom Schwimmen einmal abgesehen – im Frauensport.

Die oft gegen unser Gefühl verstoßende Auslegung der sogenannten Gleichberechtigung der Frau wirkt sich auf diesem Felde natürlich zum Vorteil der proletarischen Weltanschauung aus. Wo die Frau von der Pflicht zur Schwerarbeit nicht ausgeschlossen wird, kann ihr auch das Recht zu einer Art »Schwerathletik« nicht bestritten werden. Damit ist nicht auf die Übungs*arten* dieser Kategorie angespielt (die sowjetischen Frauen boxen und ringen und stemmen nicht), sondern auf die *Formen,* in denen sich das allgemeine Training abspielt. Während in England oder Deutschland schon eine Leichtathletin in den Verdacht geraten kann, eine Art Männin oder Mannweib zu sein, verraten gewisse Leistungen russischer Sportlerinnen im Radfahren, Eisschnellauf, Skilauf und auch in der Athletik eine Konstitution, die schon maskuline Trainingsmethoden voraussetzt. Bei den letzten Länderkämpfen der USA gegen die UdSSR trugen regelmäßig die russischen Frauen einen überlegeneren Sieg über die Amerikanerinnen davon, als die Yankees ihn über die sowjetischen Leichtathleten erzielen konnten. An einem kühlen Oktobersonntag in Leningrad begegneten uns auf den Ausfallstraßen mehrfach Radrennfahrer im Trainingsdreß; aber es waren nicht Männer, sondern Frauen. Und unter den Skiläufern, versehen mit skiähnlichen Gebilden, die auf kleinen Rädern über den Asphalt der Straßen liefen, die wir ebenso etliche Male auftauchen sahen, waren auch nicht wenige Frauen. Das eigentlich Überraschende aber war, daß sie nicht in Trainingsgruppen auftraten, sondern als Einzelgänger. Es schienen die gleichen »Narren«, die man – zumindest was die Radsportler angeht – auf den Straßen Italiens, Hollands oder Frankreichs antrifft, besessene Einzelne, die ihren Ehrgeiz mit der Erfüllung eines Hochtraumes, der Erringung einer Meisterschaft zum Beispiel, befriedigen möchten, die Nachfahren der alten Fakire, jener Kreuzung aus Asketen, Märtyrern und Gladiatoren, die unserer Epoche so gut zu Gesicht steht. Niemand hat das Recht, sie zu verachten – er müßte denn Testpiloten für Düsenjäger, Astronauten, Zirkusakrobaten, Hungerkünstler, Kanalschwimmer, Fallschirmrekordspringer, Höhen- und Tiefentaucher und was es sonst an physischen oder technischen Extremisten auf dieser modernen Welt gibt, auf dem Inquisitionsscheiterhaufen hochmütiger Intellektualität verbrennen. Die Welt ist bunt, und nicht nur der Lorbeer der Berufsathleten ist schmutzig.

Es gibt das Wort vom sozialistischen Staatssportler, und wer die Entwicklung des Sports innerhalb der letzten vier Jahrzehnte nüchtern und ohne altväterliche Wehmut betrachtet, wird zugeben müssen, daß auch ein Phänomen wie der Sport nicht von jener Verhärtung und Potenzierung, Sozialisierung und Säkularisierung verschont bleiben konnte, wie sie fortlaufend auf anderen Kraftfeldern und Spannungsebenen stattfanden und stattfinden. Auch der Schöngeist ist zum Teil hochdotierter Professional geworden; die Philosophie wirft ihre Honorare ab, und der multiplizierte Wohllaut erzielt Rekordsätze. Ob eine zahlungskräftige Industriefirma, ein pharmazeutisches Werk, eine Genossenschaft talentierten Athleten die Möglichkeit verschafft, die wenigen Jahre höchster Leistungsfähigkeit ohne drängende ökonomische Sorgen zu nutzen, ob ein vermögender Kapitalist seine für Eiskunstlauf hochbegabte Tochter oder den für Tennis talentierten Sohn auf entlegene Trainingsplätze und in die Obhut von Weltklassetrainern entsendet, oder ob der kommunistische Staat einem Spitzensportler ein Sportstudium schenkt (so, wie er den für wissenschaftliche Fächer geeigneten anderen Studenten ihre fachliche Ausbildung von Staats wegen ermöglicht), macht im Grunde keinen Unterschied. Schon vor vierzig Jahren stellte die deutsche Reichswehr die besten internationalen Springreiter, ohne daß jemand ihren Amateurstatus in Zweifel zog oder solchen Umstand als ehrenrührig empfand. Ebenso stellte die Reichswehr hervorragende Leichtathleten und moderne Fünfkämpfer. Möchte jemand das absolute Nichts, das die bisherigen Verteidigungsminister in dieser Hinsicht hinterließen, etwa als moralisches Plus eines Amateurstandpunkts ausgeben? An der Neben- und Aschenputtelrolle, die unserer Kultur in der Bundesrepublik zugewiesen ist, hat auch die etwas bescheidenere Körperkultur teil. Es wäre kindisch, wollte man eine sich über zweieinhalb Jahrzehnte erstreckende Liebesarmut und Impotenz als Tugend der Keuschheit ausgeben. Wir schluckten mit Begeisterung alle Invektiven, Torheiten und Schlauheiten des französischen Generalissimus – von seiner Anerkennung der Oder-Neiße-Linie bis zur Torpedierung der EWG –, aber von einer sportlichen »Restauration« Frankreichs nahm man keinerlei Notiz. Nicht überall in der Welt wird den Fragen der Kultur, der Volksgesundheit, der Körperkultur so wenig Aufmerksamkeit gewidmet wie in unserem in jeder Hinsicht klein gewordenen Vaterlande. Nicht überall freilich scheint man diesem Sachgebiet auch mit soviel Akribie, wissenschaftlichem Eifer und »nationalem« Elan nachzugehen wie in der Sowjetunion und, von ihr belehrt und angeführt, den anderen »Volksdemokratien«.

Ich mußte aus einer vielleicht recht aufschlußreichen Besprechung im Zeitschriftenverlag für Ausländische Literatur vorzeitig ausscheren, um die Verabredung einzuhalten, die für mich mit dem Institut für Körperkultur getroffen worden war. Irgend jemand hat mir weismachen wollen, mein Besuch würde nicht zustande kommen, weil gerade dieses Institut einer wohlgehüteten Gralsburg gleichkomme. Und als unser Taxichauffeur nach drei vergeblichen Anläufen den Wagen noch immer nicht vor den Eingang des Instituts bugsiert hatte, war ich fast bereit, an gezielte Sabotage zu glauben. Aber am Ende erwies sich sein Fluchen als aufrichtig: er hatte etliche Sperren und Neubauzonen zu umfahren – plötzlich waren wir an Ort und Stelle.

Ich hatte mich auf irgendeinen aufwendigen Neubau, im Stile der Moskauer Untergrundbahn vielleicht, gefaßt gemacht und sah mich überraschenderweise vor einem relativ altmodischen Gebäudetrakt abgesetzt, der sich später tatsächlich als ein nach der Revolution übernommenes und umgebautes gräfliches Besitztum erwies. Wir wurden, die Dolmetscherin und ich, bereits erwartet: ein jüngerer Herr mit Bürstenschnitt, sympathischem Gesicht, von mittelgroßer, schlanker Statur, führte uns zunächst in einen Raum, der eine Art Museum darstellte, in dem einige Sportgeräte zu sehen waren – unter anderem die Bambusstange, mit der ein Russe irgendwann einen Weltrekord aufgestellt haben soll, von dem ich niemals etwas erfahren hatte. (Es hieß denn auch, zu jener Zeit habe die Sowjetunion noch nicht am internationalen Sport teilgenommen.) Des weiteren das Trikot, mit dem Wladimir Kuz seine Olympiasiege in Melbourne herausgelaufen hatte, und manches andere mehr an Geräten, Fotografien, Siegespreisen und Ehrenzeichen. Es war ein wenig rührend, und mir schien denn auch, als erwarte mein Führer keine besonderen Kniebeugen von mir in dieser Krypta sowjetischer Sportheiligtümer. Immerhin förderte die Frage nach dem sowjetischen Stabhochsprung-Weltrekordmann die verbindende Tatsache ans Licht, daß der Subdirektor, jetzt knapp 40 Jahre alt, als beste Leistung seiner Sportkarriere einen Stabhochsprung von genau vier Metern aufzuweisen hat; und daß wir demnach von der gleichen Fakultät waren, er es aber 19 Zentimeter höher gebracht hatte, ließ mich Teilhaber jener hochherzigen Sympathie werden, die Sportsieger immer für ihre besiegten Konkurrenten empfinden.

Der Subdirektor führte uns dann in andere Zimmer des Institutes, die mit Tabellen, Lehrmaterial, Farbtafeln und mancherlei graphischen Darstellungen und Meßgeräten angefüllt waren; aber da es inzwischen bereits später Nachmittag geworden war, fanden wir diese Räumlichkeiten fast samt und sonders menschenleer vor.

Dann aber gerieten wir in die sportmedizinische Abteilung und begegneten dort einem etwa fünfunddreißigjährigen Arzt von imponierender, eigentlich westlicher Art, der für eine knappe Viertelstunde die Führung und den Kommentar übernahm. Er war groß und schlank, gut gekleidet, im Typ nicht unbedingt russisch – er hätte eher Belgier oder Westschweizer oder Süddeutscher sein können. Ohne eine Geste der Propaganda, der Besserwisserei, des Außerordentlichen erklärte er Herztabellen, Leistungskurven, Formentwicklungen, überhaupt Statistiken verschiedenster Art, organische Befunde, physiologische Messungen, psychologische Einflüsse und Derivate; es war ein Vergnügen, ein intellektueller Genuß, ihn reden zu hören in einem geschmeidigen Russisch, das er zuweilen aufgab, um ein nicht übel klingendes Französisch als vielleicht nicht gleichwertigen, aber schneller faßbaren Ersatz anzubieten. Und als es ihm des Statistisch-Tabellarischen genug schien, führte er uns in einige andere Räumlichkeiten, wo man gerade an lebendigen Objekten Messungen vornahm. Es lagen da einige Athleten, die zuvor irgendeine körperliche Anstrengung auf sich genommen hatten und nun mit Hilfe einer am Kopf befestigten Elektrode, die eine kurvenmäßige Aufzeichnung der Aktionsströme des Gehirns ermöglicht, auf ihre Reaktionen hin gemessen wurden. Ich entsann mich dieser Athleten etwa vierzehn Tage später in Suchumi (am Schwarzen Meer), als wir die große Versuchsstation der 1500 Affen besichtigten und an einer bestimmten Stelle gebeten wurden, haltzumachen, weil wir auf dem Wege zu mit bestimmten Krankheiten infizierten Schimpansen waren, deren traurigen Anblick man uns ersparen oder auch verheimlichen wollte. Aber im Augenblick unseres Besuches hier schien, was das Versuchsobjekt Mensch betraf, nichts Entmutigendes oder Inhumanes an Eindrücken befürchtet zu sein.

»Es ist außerordentlich interessant und aufschlußreich«, formulierte etwa der Sportmediziner, »die Zusammenhänge seelischer Konstitution und körperlicher Leistungsfähigkeit zu beobachten. Der Mensch ist alles andere als ein Roboter. Er unterliegt den feinsten Schwingungen des Seelischen, die entweder parallel oder diagonal oder senkrecht auf seine physische Form oder Gestimmtheit auftreffen. Es gibt Situationen der Enthusiasmiertheit, die sich wie eine Potenzierung der normalen physischen Disposition auswirken können. Und es gibt außerphysische Depressionen oder Vorbehalte, die sich – selbst im Falle äußerster Kondition – lähmend oder doch einschränkend auswirken. Der Laie hat keine Ahnung von den psychologischen Voraussetzungen einer außerordentlichen Leistung. Wir wissen, daß es selbstverständlicher Vorgaben von körperlicher Eignung und Fähigkeit bedarf, um bedeutender sportlicher Leistungen fähig zu sein. Die Ärzte wissen aber auch, daß – glücklicherweise – unsere Athleten oft gar nicht in der Lage sind, ihr Handicap oder ihren Vorteil einzukalkulieren. Der Athlet ersetzt ja den Intellekt durch Instinkt – was zuweilen für den mehr handwerklich arbeitenden Künstler auch zutrifft. Man denke an Bildhauer und Maler zum Beispiel oder auch an Schauspieler: es gibt ja ausgesprochen dumme, aber instinktsichere Komödianten. Der Instinkt ist gewissermaßen der Intellekt des einfacheren Menschen. Wenn Sie jemals größere Sportwettkämpfe miterlebt haben, werden Sie wissen, wie zuweilen in diesen Wettbewerb körperlicher Kräfte ein unerwarteter Zug jägerischer, klassisch zu nennender Klugheit kommt, wie sich uralte Triebe und Instinkte verbinden mit unseren nüchternen Berechnungen und Beobachtungen. Der gesunde Mensch ist ja ein Kunstwerk ohnegleichen. Und wir sowjetischen Sportmediziner betrachten uns auch gewissermaßen als Ärzte am gesunden Menschen.«

Ich kann mich nicht entsinnen, jemanden intelligenter über Lust, Launen und Lähmungen des menschlichen Körpers durch Geist oder Seele oder beides reden gehört zu haben.

Wir verabschiedeten uns von dem intelligenten Mediziner und gingen mit dem Subdirektor, die weiträumige Sportanlage zu besichtigen.

Irgendwo versuchte ein »Narr«, 16 oder 17 Jahre alt, sich an einer Grube im Hochsprung, möglicherweise inspiriert durch den

Weltrekord, den Valerij Brumel zwei Tage zuvor im Lenin-Stadion mit 2,27 Metern gesprungen hatte. (Sein Nachfolger war erst bei etwa 1,65 Metern angelangt.) An einer anderen Stelle übten etwa fünfzehn Jünglinge sich im schwierigen Diskuswurf. Es war ein Lehrgang von Fußballspielern, die sich, natürlicherweise, nicht allein auf ihr Fußballspiel beschränken durften. Einseitigkeit sei ja der eigentliche Hemmschuh auf dem Wege zu großer sportlicher Leistung . . .

Ich mußte an die Tenniskämpfe denken, denen ich, zwanzigjährig, am Hundekehlensee in Berlin beiwohnte, als der athletische Engländer Perry den klugen, aber schwerfälligen Daniel Prenn besiegte; an die nie voll ausgespielte Rolle des klassischen, aber nicht athletisch gebildeten Gottfried von Cramm; an die mangelnde Standfestigkeit glänzend begabter deutscher Sportler »im letzten Gefecht«, das verlorenging, weil ein kurzsichtiger teutonischer Verstand sein Heil stets im forcierten Spezialtraining, aber nie in dem Bemühen um eine athletische Grundkondition sah; an die Spiele unserer Fußballmannschaft und an manches andere mehr. Verscherzte Sportsiege bedeuten nicht die Welt; aber falsche Methoden schmerzen wie fehlerhaftes Klavierspiel. Die Jünger der Weltrevolution machen, zu unserem Heil, aber ohne unser Verdienst, auf dem Sektor des Ökonomischen, der wirtschaftlichen Organisation, der Planung und Verwaltung die dümmsten und (auch für sie) verhängnisvollsten Fehler. Was aber den Bereich der Volksgesundheit, der Körperkultur, der Ausbildung einer repräsentativen Elite betrifft, sind sie uns eindeutig überlegen: an Systematik, an Methoden, an Wissenschaftlichkeit, Breitenarbeit, Spezialistenschulung – es wird schwierig sein, in diesem Bereich ein Eckchen zu entdecken, wo sie uns nicht den Rang abgelaufen haben.

An einer Stelle der weiträumigen Anlagen tobte sich eine Schar von Schulbuben aus. Die Anlagen des Institutes standen ja nach Abschluß des Dienstplanes, also ab 17 Uhr etwa, der Allgemeinheit zur Verfügung. Da kann denjenigen, der sich gewisser, ans Groteske grenzender Kompetenzstreitigkeiten zwischen Vereinsfunktionären, Stadt- und Schulbehörden erinnert, nur ein Jammern ankommen.

Natürlich stellte ich auch die Frage nach jenen sowjetischen Athleten, die ich im Verdacht hatte, Staatsamateure zu sein, in der Annahme, alle wirklich führenden Athleten der Sowjetunion wären, wie man gemeinhin glaubt, Studenten des Institutes. Aber es stellte sich heraus, daß nur ein geringer Teil der besten Athleten Mitglieder beziehungsweise Studenten des Institutes waren. Einige, deren Namen ich kannte und nannte, hatten ihren Beruf und gehörten nur Moskauer Sportvereinen an. Andere wohnten in Städten der Provinz und gingen dort ihren Beschäftigungen nach.

Wer will sich verbürgen für den Amateurcharakter von Athleten? Wo große sportliche Leistung als Testfall für die Überlegenheit kommunistischer Weltanschauung gewertet wird, darf man mit staatlicher Vorleistung rechnen. In vielleicht bescheideneren Grenzen favorisieren freilich auch westliche Staaten ihre Olympiakämpfer und Weltmeisterschaftskandidaten. Und wenn sich der Staat versagt, gibt es – Gott sei Dank – private Mäzene.

Wer je eine Spanne Zeit auf einer Hochschule für Leibesübungen oder irgendeinem Lehrinstitut sportpädagogische Talente zu erwerben trachtete, weiß im übrigen zur Genüge, daß gerade das Alltägliche, Selbstverständliche, Gewohnheitsmäßige – die permanente Leibesübung – den Todeskeim für Höchstleistungen in sich birgt, daß also die Vergünstigung, ein Sportstudent zu sein, eine zweischneidige Vergünstigung darstellt. Es mag gewisse Übungen geben, die durch ein besonderes Ausmaß an Training zu einer langanhaltenden Hochform erziehen können – Geräteturnen etwa, Langstreckenlauf, technische Kraftakte –, aber für die Mehrzahl athletischer Höchstleistungen sind ursprüngliche Impulse, Spontanreaktionen und eine Grundsub-

stanz an Enthusiasmus, ja Exaltiertheit unentbehrlich. Gerade
die Olympischen Spiele lassen ja immer wieder erkennen, daß
kalte Routine und statistisch belegtes Favoritentum am Ende
sehr oft von dem Instinkt und der Jungfräulichkeit unver-
brauchter Außenseiter überspielt werden. Die Serie sowjetischer
Sporterfolge in den letzten drei Jahrzehnten läßt nicht darauf
schließen, daß man die Tugenden und Vorteile des echten Ama-
teurs, die auch heute noch oft genug ausschlaggebend sind für
Leistung und Erfolg, in der Sowjetunion nicht mehr zu schätzen wüßte. Vieles, was wir – um besser schlafen zu können –
nur dem Professional- oder Staatssportler zutrauen, kommt aus
ideellen Affekten, aus dem Bereich sozialistischer Begeisterung.
Der Umstand, daß wir an diesem System entschiedene Kritik
üben, daß wir es für verfehlt und im letzten inhuman halten,
lähmt weder die allgemeinen noch die persönlichen Impulse
und Ambitionen dieser Menschen. Sie haben nun einmal keine
Freiheit, zu wählen. Sie haben nur die »Freiheit«, sich zwischen
stupidem Gehorsam und energischem Elan zu entscheiden.
Da sie ein junges Volk sind, wählen sie den Elan.

Himmelsmacht Kunst

Das Gebiet der Sowjetunion, das 22,4 Millionen Quadratkilometer zählt, ist dreimal so groß wie Australien, gut doppelt so groß wie die Vereinigten Staaten von Amerika, größer als Südamerika und nur wenig kleiner als Afrika. Aber soviel Erdfläche dieser Staat auch bedeckt, er ist ein Erdteil ohne Himmel.

Man versteht, wie das gemeint ist. Die Sterne stehen oder wandern wie überall auf der Welt über dem Land, gelegentlich um einen künstlichen vermehrt; die Sonne scheint, und der Mond läßt sich in regelmäßigen Zeitabständen sehen; aber der Himmel über Rußland ist ein Himmel ohne Götter. Die Sowjetunion erzieht ihre Bürger dazu, keine Götter über sich oder neben sich zu dulden. Der Gott der Sowjetunion ist der Mensch.

Wer auf dem Standpunkt steht, der jedem geistigen Menschen selbstverständlich ist, daß nichts auf dieser Welt so geheiligtes Menschenrecht sein sollte wie ein religiöses Bekenntnis, wird nicht in der Überzeugung eines Atheisten ein Bekenntnis zu Unmoral, Gewaltanbetung oder Gesetzlosigkeit erblicken. In der langen Reihe bedeutender und wegweisender Vorbilder, welche uns die Geschichte der Menschheit überliefert hat, finden sich gute wie laue Christen, Juden und Buddhisten, Freireligiöse wie Atheisten und sogenannte »Andersdenkende« in buntem Wechsel. Wäre der Atheismus in der Sowjetunion Privatsache statt Staatsreligion, das will sagen, wäre ein einfacher Bürger, der sich zum Theismus, zu einer Kirche oder Sekte bekennen möchte, wenigstens so frei wie der Atheist Max Bense in der Bundesrepublik, so könnte man dem sowjetischen Staat schwerlich verübeln, daß er seine Fundamente – zu denen die Gottlosigkeit zählt – propagiert, deutlich macht und zum Lehrstoff erhebt. Das gleiche tun auch die sich auf christliche Fundamente berufenden Staaten des Westens, wenn auch mehr *de jure* oder

de nomine als *de facto;* denn die Idee der persönlichen Freiheit –
der religiösen wie politischen – ist weniger eine Frucht von In-
quisition oder Reformation als vielmehr eine der (französischen)
Revolution und der Aufklärung. *Cuius regio, eius religio* – das ist
keine Erfindung von Atheisten und Marxisten. Wohl aber haben diese die Gefahr erkannt, die einem auf Glaubenslosigkeit
aufgebauten staatlichen Gefüge durch einen Glauben erwachsen
kann, der sich um ein Übernatürliches, Über-irdisches konzentriert, in Gestalt zum Beispiel der Kirche. *Cuius religio, eius regio*
– so lautet darum wohl die sowjetische Variante des alten
Spruchs. Der Freiheitshunger des Menschen ist unabweisbar –
das wissen auch die heutigen Herren im Kreml. Dieser Hunger
macht den Menschen zu jeder Zeit gefährlich und aufsässig.
Da ist kein Zweifel, daß unter der Asche der verordneten Glaubenslosigkeit noch Funken tiefer Religiosität, alter Frömmigkeit, unverwelkter Treue zur Kirche glimmen. Aber die um ihres Glaubens willen leiden müssen in der Sowjetunion, scheinen
so dezimiert, so in der Minderzahl zu sein, daß man sie kaum
noch wahrnimmt im großen Bild. Mehr als vierzig Jahre konsequenter Erziehung zu einer atheistischen Weltanschauung haben aus der Kirche ein Museum, aus Christus eine Sagenfigur
werden lassen. Sprach noch jemand von Gott? Nein, außer dem
Direktor des Priesterseminars in Sagorsk sprach keiner von der
Kirche, und von Gott hat selbst er – taktvollerweise – nicht gesprochen; nur vom Glauben und von der Kirche sprach er.
Wollte er den anwesenden Russen das Anhören von Gottes Namen nicht zumuten? Aber wohin war diese uralte überlieferte
russische Frömmigkeit entwichen? Wo hatte sie Schutz und
Aufenthalt gesucht? Russische Ostern, Auferstehung, Umkehr,
Aufopferung – gab es das nicht mehr? Und wenn der Christen-
gott gerade unter den Leidenden lebendig ist – litten sie denn
nicht einmal mehr um seinetwillen? Brauchten sie ihn nicht
mehr? War er ihnen entbehrlich geworden?

Wer will eine Antwort auf solche Fragen wagen? Ich weiß keine. Die Kirche war im zaristischen Rußland immer auf der Seite der Herrschenden – wo wäre sie es nicht gewesen, solange die Herrschenden auf ihrer Seite standen. Die Zarin Katharina hatte gesagt: »Wenn unsere Bauern lesen und schreiben lernen, ist es aus mit unserer Herrschaft.« War das auch für die Kirche gesagt?

Ich mußte oft an dieses Wort denken, wenn ich russisches »Volk« unterwegs sah: auf den Straßen und Plätzen, in der Eisenbahn, in Museen und Theatern, im Konzertsaal, im Puppentheater und in der Oper, in Zarskoje Selo, das sie heute Puschkin nennen, und Jasnaja Poljana. Immer wieder fragte ich mich, ob denn dieses bäuerlich-proletarische Volk wirklich in solchem Sinne durch mehr Wissen zur Macht gekommen sei, da wir doch – aus guten Gründen – davon überzeugt sind, daß es machtlos, ja absolut ohnmächtig sei, machtloser als alle Völker der Welt ihren Regierungen gegenüber?

Freilich: von »Volk« zu sprechen im Zeitalter der Massengesellschaft ist in fast allen Fällen ein Anachronismus, der zu den Redewendungen der jeweils Regierenden gehört. Die Deutsch-Schweizer bezeichnen sich gern und mit einigem Recht als Schweizervolk. Aber das sowjetische Volk ist ja ein Verband von Völkern, ein Konglomerat von Verschiedenheiten. Und selbst auf die Russen beschränkt, denen die Führungsrolle zugefallen ist, bleibt die Frage bestehen: Ist der Unterschied zwischen dem russischen Volk von 1913 und dem von heute so groß, wie jenes Zarenwort vermuten läßt und kommunistische Propaganda uns einreden möchte?

Man kann es nicht glauben. Fast alle Zeugnisse der Vergangenheit – die Baudenkmäler, Literatur, Musik, Malerei – übertreffen die Zeugnisse der sowjetischen Gegenwart um jenen entscheidenden Grad, der Kunst von Propaganda, von Kunstgewerbe, von bemühtem Handwerk oder auch von hoffnungslosem

Kitsch trennt. Es gibt etliche Schriftsteller und Komponisten, die zu internationalem Ruf gekommen sind, und es macht den Anschein, als ob eine jüngere Schicht sich auch neueren Stilmitteln zuwende. (In der Literatur wird das »Neue« freilich eher in Gestalt einer liberaleren – zum Beispiel antistalinistischen – Thematik als in einem revolutionierten Stil sichtbar.) Das Bild aber, das russische Architektur, Malerei und Plastik öffentlich bieten (und diese Künste sind es doch, die das Gesicht der vielgerühmten Umwelt prägen), ist von Unsicherheit, Abgeschmacktheit und Monotonie gekennzeichnet. In diesem Punkt ähneln sich offenbar alle Diktaturen: die Musen strafen die Gewaltanbeter mit Entzug ihres Lächelns und bedenken sie dafür mit den Früchten der Lächerlichkeit. Man begegnet hier und dort Ausnahmen; aber die meiste öffentliche, repräsentierende Kunst ist von beklagenswerter Nichtigkeit; und je monumentaler sie auftritt, desto hohler wirkt sie. Die Werke des längst toten georgischen Rodinschülers Nikoladse atmen Gegenwart und Modernität, weil sie Kunst sind. Die Bildhauerkunst, die heute für die großen russischen Plätze arbeitet, scheint geradenwegs aus Fabriken zu kommen. Auch die Einfälle der Architekten, die sich in und auf den gigantischen Bauten manifestiert haben, können kaum überzeugen. Immerhin scheint die Abkehr von jenem monströsen Firlefanz, der bis in die Stalinallee von Berlin Nachäffer fand, doch vollzogen. Eine gewisse Sachlichkeit greift Platz. Offenbar ist Architektur in unserem Sinn – als Spiel mit Formen, Entwürfen, Varianten – in der Sowjetunion ohnehin Luxus. Die Statik rangiert vor dem Stil, die Zweckdienlichkeit vor der Schönheit. Man benötigt Häuser und Wohnungen in riesiger Zahl; es kommt nicht darauf an, daß die Leute »schöner wohnen« – sie müssen *wohnen* können. Es mag wie mit der Kleidung sein: Sitz und Schnitt und Farbkombination sind nicht ausschlaggebend, man muß etwas Wärmendes oder gegen Regen Schützendes auf dem Leibe haben. *Solche* Auffassung würde ich »sozialistischen Realismus« nennen; hier wäre der Begriff verständlich und anwendbar. (In den Gesprächen, die wir gelegentlich über ihn führten, wurde nie eine Definition angeboten; es gab sie wohl auch nie.)

Auf der fahlen Grundierung dieser Situation und im Rahmen dieser jedem ins Auge fallenden Verhältnisse freilich bietet sich dem unvoreingenommenen Beobachter ein erstaunliches, zum Teil rührendes, zum Teil bewegendes Bild: ein nach Kunst hungerndes, für Kunst begeistertes, auf Kunst eingeschworenes »Volk«, das offenbar alle seine Sehnsüchte und Ideale, Hoffnungen und Glaubensaffekte, seinen Opfersinn und seine Liebesfähigkeit, seine Mystik und Kindlichkeit, die vor Zeiten in eine tiefe Religiosität mündeten, auf dieses bewunderungswürdige, unerhört schöne und aufregende, tröstliche und den Alltag vergessen machende Phänomen Kunst wirft, welches so herrliche nationale Blüten hervorzuzaubern weiß wie das russische Ballett, die russische Oper, die (vorwiegend ältere) russische Musik. Die Lektüre von schönen Büchern, der Besuch des Theaters, des Kinos, des Puppenspiels, der Museen – ach, wie viele schöne Dinge hält doch die Kunst für den Menschen bereit! Ist sie nicht eine Art Oberwelt, Überwelt beinahe, etwas wie Metaphysik, ein Teil des besseren Menschen oder der bessere Teil des Menschen? Am Tage das Gebrüll der Maschinen – am Abend blüht ein Wald von Melodik aus hundert Instrumenten. Last und Mühe und Schmutz, vielleicht acht, neun Stunden lang – und nun schweben für zwei Stunden Nymphen und Sylphiden durch den Raum, der Schwerkraft spottend. Eben grauer Alltag – und nun die Welt der Oper: Liebesraserei, großes Handeln von großen Menschen, Auferweckung weltbewegender Geschichte. Was hat die Welt der Kunst doch an Erhebungen und Entzückungen zu bieten, die der sozialistische Alltag vermissen läßt! Wir wollen gern arbeiten, uns einschränken im Wohnraum, irdische Völlerei und fragwürdige ewige Seligkeit entbehren, wenn nur er uns offenbleibt und uns seine Wonnen nicht vorenthält: der Himmel der Kunst.

Und ist es nicht, bei aller Phantastik und Unnachahmlichkeit, ein recht faßbarer und gegenständlicher Himmel? Wenn sich der Vorhang öffnet und die Szenerie des ersten Aktes von »Boris Godunow« freigibt, weiß man doch, daß es dies alles heute nicht mehr gibt; aber in dieser Sphäre der Kunst steht es wieder auf, vielleicht reicher und vollendeter, wirklicher, als es je war. Fast vergißt man, daß es auf diesem wogenden Bild Handlungszüge gibt. Wie aus überdimensionalen Evangeliaren, aus alten Fresken und Ikonen, aus dem Unerreichbaren der Phantasie strömt und quillt es in nicht abreißender Folge und immer neuem Wechsel auf die geräumige Bühne: Geschlechter von Bojaren und Kirchenfürsten, in herrlichste Gewandungen gekleidet, mit erlesenstem Schmuck geschmückt – die Sinne können es weder wägen noch fassen. Die Prunk- und Schönheitslust von Epochen scheint in dieses eine Bühnenbild eingegangen wie eine Rosenflut in eine Phiole mit Rosenöl. Nie in meinem Leben habe ich auch nur entfernt Vergleichbares gesehen, weder auf einer Bühne noch auf einem Gemälde, weder bei kirchlichen noch bei staatlichen Hochfesten. Es war Reichtum und Erlesenheit in solchem Übermaß – es verstieß eigentlich gegen die Prinzipien des Schönen, das an Harmonie gebunden ist. Aber obwohl man dies wußte, mußte man widerspruchslos zugeben, daß kein Fehl an diesem lebenden Bilde zu sein schien, das Ausdruck eines überquellenden Nationalstolzes, einer maßlosen Eigenliebe war; begriff man, daß es ebenso großmütig wie überwältigend, hochmütig wie werbend war, und erinnerte sich, daß dieser unermeßliche Reichtum, der sich einst auf unermeßlicher Armut gründete, im Grunde heute noch auf Armut zielt. Dazu die Bässe und Chöre, mit unbeschreiblicher Genußsucht den Tiefgang der eigenen Stimme auskostend oder einander in schwelgerischem Falsett überbietend, der wie ein russisches Rad kreisende Kosmos der Mussorgskijschen Partitur: es war unvergeßlich. Auch das Publikum war fasziniert; man konnte es an dem Beifall ablesen, der diesen Aktschluß besiegelte. Boris Godunow ist die russische Nationaloper Nummer eins, und ich glaube nicht, daß wir in Richard Wagner etwa einen Gegenpol gefunden hätten. Vorgeschichte und Mythos sind etwas anderes als Geschichte. Nicht einmal Schiller scheint in der deutschen Historie ein hochdramatisches Sujet entdeckt zu haben, das etwa dem Schicksal Boris Godunows gleichkäme. (Bezeichnenderweise hat er in der russischen Geschichte seinen Demetriusstoff gefunden.) Aber gelegentlich scheinen die Reize des Optischen allen anderen – des Stofflichen, der Musik – den Vorrang streitig zu machen.

Eine Stunde später spielte sich am gleichen Ort etwas ab, das diesen Verdacht nur bestätigte: Der Vorhang tat sich auf, und man sah ein Bühnenbild, das an die galanteste Zeit des französischen Rokoko erinnerte. Zur Linken stand ein vornehmes Landhaus, im Hintergrund ein Tempelchen, im Vordergrund eine Gartenbank, die den dramaturgischen Treffpunkt eines Liebespaares abgab. Diagonal mußte ein gedachter Bach fließen; ein zierliches Brückchen deutete sein Vorhandensein an. Zur Linken der Brücke sah man die Statue einer jagenden Diana, weiter ab zur Rechten einen sich aufbäumenden, vom Pfeil der Göttin getroffenen Hirsch. Aber das eigentlich Beherrschende, die ganze Szenerie Überstrahlende und Umarmende war ein riesiger, schnee- und rauhreifbedeckter Baum. Ein herrlicher Baum, zugegeben, mit einer Gliederung der Äste und Zweige, die man paradiesisch hätte nennen müssen, würden Reif und Schnee nach herkömmlicher Lesart nicht paradiesischer Vorstellung widersprochen haben.

Der Vorhang also lüftete sich, und das mühsam mit einem Aufwand von fast hundertfünfzig Worten geschilderte Bild war mit einem Lidaufschlag sichtbar. Ein tiefes Atemholen ging durch die bis auf den letzten Platz besetzte Oper, und noch ehe die Instrumente einen Ton hatten hören lassen, rauschte einhelliger Beifall auf, und just da er aufrauschte, begann es auf der Bühne zu schneien, wie es nur im Märchen schneien kann. Eine behaglich fröstelnde Seligkeit erfüllte das Haus. Der Dirigent zeichnete mit seinem längst erhobenen Taktstöckchen einen imaginären Blitz in die Szene ein, und rauschend sprang das musikalische Gewitter in den lechzenden Zuschauerraum.

An einem anderen Abend des Moskauer Aufenthaltes sahen wir das Ballett; es war im Bolschoi-Theater, in welchem sich auch die Loge befindet, die bei Staatsvorstellungen die sowjetische Staatsführung mit ihren jeweiligen Gästen aufnimmt.
Es war ein Abend von jener auf Publikumswirksamkeit abzielenden Anlage: viele Kunststücke, aber wenig Kunst. Etwas für ein weniger sachverständiges und mehr auf Unterhaltung und Sensation eingestelltes Publikum. Hinzu kam, daß die erste Besetzung in den Vereinigten Staaten tanzte – was nicht gegen die Tänzerinnen und Tänzer, aber gegen das Programm sprach. Man sah ganz gewiß die Ballerinen von morgen, aber mit den Kunststücken von gestern und heute.
Das Publikum rief hier und da seine künftigen Lieblinge vor den Vorhang, und allgemein herrschte hochgestimmtes Entzücken über die Serie von tänzerischen Paraden, in denen Artistik und Akrobatik die Kunst übertrumpften. Das einzige Ballett des Abends war – wie die meisten Balletts – eine Liebesgeschichte, deren Erfinder Stendhal hieß. Ich kannte sie nicht und vermochte sie auch anhand der choreographischen Vorgänge auf der Bühne nicht zu dechiffrieren. Auch bei dieser Gelegenheit weckten die supranaturalistischen Bühnenbilder, die das Äußerste an bourgeoiser Kunst und kapitalistischem Luxus waren, hörbare Laute unverhohlenen Entzückens.
Aber: darf man diese so unrevolutionäre Sentimentalität dem

schönen Aufwand gegenüber nun ausschließlich mangelndem Kunstverstand zuschreiben? Freilich steht ein in fünfunddreißig Theaterjahren ergrauter Mitteleuropäer einigermaßen fassungslos vor der Wahrnehmung, daß diese die Welt in ihren Grundfesten erschütternde, über alle Opfer hinwegschreitende revolutionäre Bewegung am künstlerischen Fortschrittstrieb eines halben Jahrhunderts keinen Anteil gehabt haben soll. Er möchte resümieren, was naheliegt: daß das russische Proletariat nun in die Phase des Klein- oder Spießbürgertums einzutreten beginnt und sich damit – für lange wenigstens – die revolutionäre Erwartung und Berechnung als eine Utopie von desillusionierendem Ausmaß erwiesen haben. Aber – er zögert, so willkommene und bequeme Lesart anzunehmen oder gar auszugeben. Die Russen haben – wenn auch zumeist außerhalb Rußlands – ihren Anteil an der modernen Malerei, und mit der Musik steht es nicht anders. Jawlenskij, Kandinskij und Chagall sind ebenso russischer Herkunft wie Strawinskij und Prokofjew. Es hat großartige russische Filme gegeben in den zwanziger Jahren; auch das Theater war ausgesprochen experimentierfreudig. Über alle diese schöpferischen Impulse und Kräfte jedoch hat sich der Schatten des mörderischen Spießers Stalin gelegt, der zweieinhalb Jahrzehnte jeglicher Entwicklung abgebunden und zahllose Talente in die Wüste oder ins Jenseits geschickt hat. Wer aber will wissen, ob nicht irgendwo in der Ukraine, bei Leningrad, in Moskau Leute sitzen, die tagsüber Schuhe besohlen, Schrauben drehen oder Hotelportier spielen, abends aber Bilder malen, die sie nicht oder noch nicht ausstellen können? Es gibt Puppen in der Puppe.

Man wird auch nicht übersehen dürfen, daß die Menschen in der Sowjetunion, nicht zuletzt wohl des anderen politischen Klimas wegen, ein anderes Verhältnis haben zu dem, was Kunst ist oder was sie dafür ansehen: ein elementares, unmittelbares, ein pragmatisches oder auch religiöses. Von den »Herstellern«

einmal abgesehen, bedeutet Kunst dem sachverständigen oder doch tonangebenden Publikum des Westens eine gesellschaftliche Exklusivität, ein intellektueller Luxus, ein Hobby, ein Dekorum – auf jeden Fall vieles, das »putzt« (um eine Wendung Thomas Manns zu gebrauchen), aber doch nichts Unentbehrliches, Unabdingbares, auf den Tod Verteidigenswertes.

Auf einem Treffen mit afrikanischen Schriftstellern wohnte ich 1961 in München mit großem Vergnügen dem getanzten und gesungenen Poem bei, das ein katholischer Negerpriester vortrug und das ein Heldenlied auf einen tapferen, in einer Schlacht siegreichen Vorfahren war. Im Verlauf des Nachmittags wurde deutlich, daß die Literaten aus Afrika zum Teil drastisch enttäuscht waren, weil wir ihnen auf ihre drängenden und wiederholten Fragen nach *unseren* Themen, Problemen, Idealen so unzureichend und negativ antworteten. Sie hatten das Empfinden, daß wir weder Themen noch Ideale hätten und eine ganz müde und verrottete Gesellschaft wären. Schließlich sagte ich, daß die getanzte Ballade auf den heldenhaften Vorfahren in Afrika gewiß ihr Recht habe; aber wenn ich mit Gleichwertigem oder für unsere schwarzhäutigen Kollegen Verständlichem aufwarten wollte, müßte ich wohl ein Heldenlied über den Todesritt bei Mars-la-Tour schreiben, an dem mein Großvater teilgenommen habe. Und als es auch späterhin zu keinem rechten Verstehen kommen wollte, wurde mir klar, weshalb alles scheitern mußte: die jungen, eben befreiten Afrikaner fühlten sich am Morgen der Schöpfungsgeschichte, während wir geprügelten und skeptischen Mitteleuropäer am Abend unserer Kultur und Geschichte stehen. Wir leben auf derselben Erde, aber zu verschiedenen Weltstunden.

Mir scheint, daß die Russen sich in ähnlicher Lage befinden wie die Afrikaner. Uns ist die Kunst Hekuba; ihnen ist sie – im übertragenen Sinn – Madonna, Mutter des Heils. Sie glauben nicht mehr an den Gott der Kirchen. Sie lernten nicht glauben;

darum glauben sie nicht. Aber weil der Mensch glauben, verehren, anbeten möchte, wenden sie sich der Kunst zu, die ihnen so wohltuende, befreiende, beglückende Stunden verschafft. Ein gutes Buch ist für sie Brot. Ein Ballettabend lehrt sie fliegen. Ein Konzert schenkt ihnen Seligkeit. Ist der Mensch nicht wahrhaft groß? Er fliegt um die Erde. Das ist gewiß viel. Aber das Größte ist doch, daß er Kunst schafft, daß er eine Welt auferbaut, die keine Maschine umkreisen kann, daß er einen Himmel schafft, dessen man hier schon teilhaftig wird, wenn auch nur für Stunden. Die Kunst ist wahrhaft eine Himmelsmacht.

So sah ich sie in Moskau und Leningrad, und in Puschkin, dem alten Zarskoje Selo, nahmen sie sich besonders merkwürdig aus. Moskau gilt ihnen als ihre Stadt; aber Leningrad ist Erbe aus der Zarenzeit. Da gehen sie zögernd und langsam durch die gold- und prunkstrotzenden Räume und stehen vor den Bildern aus unbekannter Zeit und nie gesehenen Ländern. Einfache, sehr einfache Leute. Menschen, wie sie in unserem Lande nie in ein Museum oder in ein Konzert gehen würden.

Wer gibt uns das Recht, auf diese kindlichen, unverbildeten, ungebildeten Menschen herabzusehen, die von abends 18 Uhr bis 9 Uhr morgens um eine Konzertkarte anstehen, die auf dem Wege von ihrem Arbeitsplatz oder zu ihm hin in einem Roman lesen, der zwar seiner Aufmachung nach ein Groschenheft sein könnte, seinem Inhalt nach aber ein Stück renommierter Literatur ist: von Hemingway oder Dreiser, von Steinbeck oder Sartre, von Laxness oder Leonhard Frank? Kann man ihnen zum Vorwurf machen, daß die Auswahl sehr beschränkt und die Vorwahl ohne ihr Zutun getroffen ist?

Einer der uns bedienenden Kellner brachte eines Morgens ein Buch mit, das er, wie er sagte, mit großem Interesse gelesen habe und gern signiert sähe. Es war Bölls »Haus ohne Hüter«. Wer die vielen Büchertische in den Straßen Moskaus und der

Provinz und die Leute, die an ihnen haltmachen und blättern und prüfen, wahrnimmt, macht sich seine Gedanken. Es hat den Anschein, als ob die Leibeigenen der großen Katharina nicht nur schreiben, sondern auch lesen gelernt hätten.

Die Auflagen bekannter russischer Lyriker, die zahllosen Plätze, denen namhafte, in Bronze gegossene Poeten ihren Namen liehen, die mythische Verklärung, die Gestalten wie Puschkin, Jessenin, Blok, Majakowskij zuteil geworden ist, die Popularität, die ein Jewtuschenko, das hohe Ansehen, das die internationale klassische Literatur bei der russischen Philologie und Literaturgeschichte genießt – alle diese Merkmale wiesen der Literatur im allgemeinen und der Poesie im besonderen eine entscheidende Rolle zu. Ein Schriftsteller wie Tolstoi scheint unerschöpflich in seiner Anziehungskraft auf den russischen Menschen. Der Dichter ist ihm Wegweiser, Vor- und Leitbild, moralische und ethische Instanz, der sich – im glücklichsten Fall – die Gabe klingender, verzaubernder Sprachkunst beigestellt. In der Lyrik, so scheint es, verschmelzen die beiden Leidenschaften des Russen zu erlösender, gebändigter Einheit: sein missionarischer Weltverbesserungstrieb und sein rhythmisch-melodisches Schwärmertum.

Für uns Westeuropäer, zumal als Nachfahren oder Zeitgenossen der Mallarmé, Rilke, Benn, Eliot, Ungaretti und Montale, hat solche Verquickung reiner Sprach- und Wortkunst mit moralisch-ethischem, ja politischem Anspruch etwas Regel- und Kunstwidriges. Wir empfinden diese Verbindung als naiv, anfängerhaft, dilettantisch. Aber diese Naivität, die zu den Anfängen zurückkehrt oder von ihnen ausgeht, ist auch Chance, Zauber und Unverwelkbarkeit der russischen Lyrik. Zugleich ihre Gefahr: was das Melos nicht erreicht, muß die Moral, die Ideologie bewirken; und was dem Gedanken und der erzieherischen Gebärde an Schönheit abgeht, muß die Sprachmusik ergänzen. Wenn dies aber so ist: wäre dann nicht in der *Musik*, dieser selbstvergessen tönenden, bilderlosen, keiner Moral unterworfenen, keiner Idee und Ideologie verpflichteten, nur dem Wohlklang huldigenden, die sprachlose Seele ansprechenden Kunst, der Himmel des zeitgenössischen Russen gefunden?

Es war in Leningrad, am zweiten Abend, als uns Steshenskij eröffnete, er habe – entgegen allen Erwartungen – noch Konzertkarten ergattern können; ein berühmter Moskauer Dirigent werde die Leningrader Philharmoniker dirigieren und Oistrach ein Violinkonzert spielen.

Die Konzerthalle lag unserem Hotel gegenüber; etwa hundert Schritte genügten, in den noch vor der Jahrhundertwende erbauten Konzertsaal zu gelangen. Weiße Säulen mit vergoldeten Kapitellen, hellgraue Wände, rot-weiße Polsterstühle, dazu riesige Lüster, an den Seiten und von der Decke strahlend – es war ein Bild konservativster, unsozialistischer Festlichkeit, in das wir als eine Art dekorativer Statisterie versetzt waren.

Das Konzert begann mit der III. Sinfonie von Prokofjew, einem frühen Werk also, das einem modernen, überdimensionalen Berlioz ähnelte. Der Dirigent aus Moskau hatte die Leningrader Philharmoniker, die zu den sechs besten Orchestern der Welt gezählt werden, fest im Griff, aber das Publikum »saß auf den Händen« (wie Truman Capote es in seinem amüsanten Bericht über die »Porgy and Bess«–Aufführung in Moskau ausdrückt). Der Beifall war mehr als konventionell. Prokofjews Modernismen fanden wenig Anklang.

Es folgte Mozarts Violinkonzert Nr. 5; David Oistrach spielte den Solopart.

Ich erwartete eine Eingangsovation besonderen Ausmaßes; aber die blieb fast ganz aus. Ein abwartendes Mißtrauen, eine sachliche Neugier begleiteten den Auftritt des berühmten Virtuosen. Ich nahm einigermaßen erstaunt von soviel Reserviertheit Kenntnis. Der Schlußapplaus – so dachte ich – wird um so orgiastischer ausfallen. Ich freute mich im stillen auf die Selbst-düpierung des Leningrader Publikums.

Oistrach stand auf dem Podium, seinen Part erwartend, ein stämmiger Bauer, beinahe ein Stemmer, dem Stemmer der Duineser Elegie und des Picassobildes nicht unähnlich. Kein Lächeln, keine künstlerische Attitüde. Er spielte exakt, beinah preußisch exakt, auf den Kern bezogen. Es war ein korrekter, sehr sachlicher, aber auch sachgerechter Mozart, der zum Ende hin doch ungemein tänzerisch wirkte.

Als der letzte Geigenstrich getan war, erhob sich gezügelter Beifall. Keine Ovation, beileibe nicht. Ein Applaus, wie er in der Provinz jedem akkuraten Künstler zuteil wird. Weder die Anstrengungen eines begeisterten amerikanischen Ehepaares noch Gerlachs und mein demonstratives Händeklatschen vermochten die Beifallskundgebungen zu beschleunigen oder zu forcieren. Der stämmige David lächelte, verneigte sich und trat ab.

Es folgte ein Tongemälde von Tschaikowskij, »Francesca da Rimini«, und das weiß-gold-gerötete Haus erwachte aus seiner reservierten Lethargie. Ich bezweifele sehr, daß die Geschichte der Francesca aus Rimini die Seelen erwärmte. Ich argwöhne, daß sie der Mehrzahl der Hörer absolut unbekannt war. Aber das Tschaikowskijsche Tongemälde, von dem Moskauer Musterdirigenten in unnachahmlicher »Pastosität« aufgetragen, übte einen unwiderstehlichen Zauber aus.

Vor uns saßen einige Damen der reiferen Generation, die sich bei Prokofjew deutlich gesperrt und Mozart mit betonter Reserve aufgenommen hatten. Jetzt endlich löste sich ihr Wesen. Ein zages Schwelgen ergriff sie. Der Blaustrumpf begann zögernd zu schillern. Eine sanfte Dünung bewegte den vernachlässigten Busen. Ach, Tschaikowskij . . .

Der Maestro, von Beifall umspült, erfühlte die Gunst der Stunde. Sein festlicher Anzug schien sich enger an den wohlgestalten Leib zu schmiegen, seine Gesten wurden eleganter, verführeri-

scher, selbstherrlicher; er war ein Feldherr, ein Zauberer, ein be-
frackter Apoll, als er nun eine Orchesterskizze von Samuel Barber inszenierte, ein kanonisch-chromatisches Paradestück, das allen Teilen des Orchesters Gelegenheit bot, ihr virtuoses Musi-
kantentum zu demonstrieren: ein Musterstückchen für einen
Meisterdirigenten, der ein musterhaftes Orchester führt. Die
Luft flimmerte von lautmalerischen Pointen. Das war musikali-
scher Monet auf die Alpakatour von Liberace; aber jedermann
sah und hörte dabei, wessen dieses Orchester unter diesem Dirigenten fähig war. Und jeder feierte sie dafür. Laßt immerhin elf-
hundert Sowjetdelegierte Beifall klatschen, wenn es gilt, eine
Monstre-Rede des Parteichefs zu quittieren – echte Triumphe
feiert nur die Kunst.

Wie jammerschade, daß alles ein Ende haben muß, denkt man.
Aber man irrt; das Ende ist noch gar nicht gekommen. Die Le-
ningrader scheinen das zu ahnen, oder sie kennen den ehrgeizi-
gen, eleganten Moskowiter schon, der auf die geschmeidigste
Art von der Welt dankbar, auf die gefälligste glücklich, auf die
charmanteste bestechlich ist. Natürlich wird er sich nicht lum-
pen lassen. Samuel Barber – ein köstlicher Reißer, ohne jeden
Zweifel. Aber wer beendet mit Samuel Barber einen Leningrader
Konzertabend? Das ist doch pure Virtuosität, importierte dazu.
Ein brillantes Fegefeuer. Aber der Himmel? Towarischtsch
Roshdestwenskij, verdienter Tonkünstler der Sowjetunion zweifellos, hat sich unzählige Male mit formvollendeten Rumpfbeu-
gen für den Applaus bedankt, und jetzt, da die Leute die ersten
Anzeichen von Ermüdung zu erkennen geben, tritt er einen
Schritt vor, zieht an der blütenweißen Frackweste und macht
deutlich, daß er sich dem Übergewicht der Sympathie nicht län-
ger zu entziehen gedenkt.

Das Haus hält den Atem an und vernimmt, daß noch einmal
Tschaikowskij zu hören sein wird: eine Paraphrase, ein Tongemälde, eine Orchestersuite – ich verstehe nicht, welches oder

welche. Name ist Schall und Rauch. Musik ist alles. Musik, Musik vor allen Dingen . . .

Aber dann beginnt es, und über den ersten Arpeggios und Harfenzupfern dämmert in der Morgenröte zartester Bläsertöne der »Schwanensee« auf, und ich verstehe, weshalb diesen Menschen Prokofjew so wenig und Mozart nicht viel mehr galt. Dieser ist nicht von ihrer Art, jener nicht nach ihrem Geschmack. Aber Tschaikowskij – das ist reinstes Rußland: Weite, Macht, Zärtlichkeit, Süße, Sentimentalität, Rhythmus, Schweben, Dröhnen, Tanz, Werben . . .

Es wird eine lange Zugabe; wem könnte sie lang genug sein? Der genialische Komödiant, der nicht nur die Süße des Beifalls, sondern auch die der Kunst zu schmecken und schmecken zu machen weiß, führt die Leningrader Philharmoniker vom gehauchten Pianissimo zum sprengenden Fortissimo und schwingt sich auf zum Herrn über Raum und Zeit. Die weißgoldenen Säulen wiegen sich, die Kapitelle beginnen zu lächeln, die Lüster haben Tränen seliger Rührung in den Lichtaugen, die eilenden Minuten halten den Atem an, die Decke hebt sich – und hernieder senkt sich auf Gerechte und Ungerechte, Kommunisten und Kapitalisten, Russen, Amerikaner und Deutsche beider Vaterländer der Himmel der Kunst.

Lenin, Viktor und Leningrad

Tag für Tag – von den wenigen abgesehen, an denen das Mausoleum geschlossen bleibt – bewegt sich die riesige Schlange in wohldirigierten Windungen über den Roten Platz auf den dunklen, schmucklosen und sich vor dem Kreml merkwürdig fremd ausnehmenden Block zu, in welchem der Heilige der Weltrevolution, ihr Lehrer, Theoretiker und erster Führer Wladimir Iljitsch Lenin, dem Jüngsten Tage entgegenschläft, offenbar um sich beim ersten Trompetenstoß des großmächtigen Engels Gabriel von seinem Lager zu erheben und den letzten Sieg der Weltrevolution zu erstreiten. Das Himmelreich, so heißt es doch, leidet Gewalt, und wer wollte daran zweifeln, daß dieser vielleicht gebildetste, intellektuellste aller kommunistischen Revolutionäre zugleich ihr kältester Gewalttäter war.

Das Licht über ihm wirft einen magischen Kegel auf die sterbliche Hülle, die durch chemisch-balsamische Einflüsse der Verwesung entzogen ist, und übergießt Gesicht und Hände mit leichtem Phosphorschein. Die Miene ist Maske geworden, nicht Totenmaske, sondern Maske schlechthin. Sie stellt etwas dar, was sie nicht mehr sein kann. Die indianische Kindermumie, die ich in Santa Fé sah und die anderthalb Jahrtausende und älter war, beschwört mehr menschliches Schicksal, mehr Tragik, mehr Sinnbildlichkeit herauf als dieser Naturalismus gegen die Natur. San Zeno in Verona, unten in der Krypta, halb Mumie, halb Reliquie, von gelegentlichen Besuchern des edlen Bauwerks angestaunt, liegt im gläsernen Sarg ohne den Anschein eines Wunders, einer Besonderheit. Der tote Waldimir Iljitsch Lenin aber thront hier, von Soldaten bewacht, wie ein schlafender Regent, den die Schar der namenlosen Untertanen aufsucht, um einen scheuen Blick auf die Züge zu werfen, die endlich einmal ruhen, auf die Stirn, die sonst von trotzigen Gedanken und umwälzenden Ideen bedrängt ist, auf die Hände, die sonst Befehle, Gesetze, Ernennungen und Urteile unterschreiben.

Vieles hat man getan, um dem Auge den lebenden, nur scheinbar ruhenden Lenin darzubieten. Aber für den kritischen Blick bleibt unverkennbar, daß dies nicht nur die Hülle des toten, sondern vor allem des kranken Lenin ist. Was die Natur vorzeitig in Auflösung versetzte, können menschliche Kunststücke nicht wieder gesunden machen.

Aber die Menschen kommen von nah und weit, stehen geduldig in der Schlange und harren dem Augenblick entgegen, da sie ihn sehen, den großen Toten. Wer aus den Ländern der UdSSR und aus aller Welt nach Moskau kommt, versäumt nicht, sich eines Tages einzureihen und dem einbalsamierten Gründer des sowjetischen Staates seine Reverenz zu erweisen, die zwischen Neugier und Verehrung alle Stufen menschlicher Teilnahme durchlaufen mag. Man hat nicht viel Zeit, sich umzuschauen unter den Nachfolgenden oder Vorausschreitenden und ruhig abzuwägen, wo naives Staunen, kindliche Ehrfurcht oder auch Verehrung die Mienen beschleicht – die Sekunden der Wahrnehmung sind gezählt. Unter den prüfenden Blicken der Wachsoldaten, die am Eingang und vor dem Sarkophag stehen, verliert man die Unbefangenheit; sie scheinen, Elitetruppen zugehörig, durch Mäntel und Jacken in das Herz zu sehen und dort vielleicht die leiseste Falte von Skepsis zu entdecken. In keiner Kirche, keinem Tempel, die ich je betrat, fühlte ich die Ehrfurcht so nahe der Furcht verwandt. In italienischen Gotteshäusern sprechen die Frauen miteinander und tätscheln in Gedanken zärtlich die Gliedmaßen einer Marmorputte. Durch das »Tal der Gefallenen«, das Nationalheiligtum Franco-Spaniens, ging man schon wie durch einen deutschen Dom. Das Lenin-Mausoleum in Moskau aber gleicht einem Tabernakel. Und weil es mehr Ehrfurcht und Unterwerfung zu fordern scheint als irgendein Ort religiöser Verehrung oder kultischer Weihe, und weil doch der Marxismus aller Metaphysik abgeschworen hat, gewinnt alles für einen liberalen und einigermaßen weitgereisten Mitteleuropäer einen unleugbaren Anschein von Götzenverehrung.

War es nicht Stalin, der Usurpator des Erbes (das Lenin ihm durchaus nicht zugedacht hatte), der dieses Mausoleum erbauen ließ? Der Betrüger dem Betrogenen? Schon die »Heiligsprechung« ist mit dem Gift der Unwahrhaftigkeit getränkt. Dann das jahrelange Nebeneinander. Und dann die Verbannung des Usurpators. Wird Lenin nun als der Alleinseligmachende, der Alleinheilige der Weltrevolution das Mausoleum bewohnen? Oder gibt es Aspiranten, Spekulanten auf ein neues Nebeneinander?

Platz für Gräber an der Kremlmauer ist reichlich. Auch an ihnen führt der Weg vorüber. Sie nehmen sich freilich bescheidener aus und befremden darum nicht. Aber der Block des Mausoleums, vor dem so in jeder Hinsicht andersgearteten Kremlbezirk, bleibt befremdend, befremdend wie der tote Lenin.

Der Lebende hat einige wenige Zimmer in einem Verwaltungsgebäude des Kreml bewohnt, die von spartanischer Einfachheit sind. Eine Führerin, der man die überzeugte Marxistin-Leninistin auf den ersten Blick ansieht, läßt keine Zweifel daran aufkommen, daß alle Einfachheit aus der Askese, dem fanatischen Dienen (oder Herrschen), der proletarischen Moral her zu deuten ist. Und ganz gewiß verhält sich die goldstrotzende, alles gewohnte Maß überschreitende Überpracht des Zarenkreml, die Flut und Flucht kostbarster Räume, die man staunend durchwandert, zu diesen wenigen, karg und amusisch möblierten Arbeitszimmern wie Feuer zu Wasser. Man gewinnt eine Vorstellung von der Unerbittlichkeit, ja Unbestechlichkeit dieser Revolution, zumal, wenn man sich des Parvenütums gewisser »Arbeiterführer« aus dem Dritten Reich entsinnt. Wir wissen zu wenig von diesen Leuten – was ein Fehler von *uns* ist, weil wir uns für klüger halten als sie –, und *sie* wissen freilich zu wenig von uns – was jedoch ihr gutes Recht wäre, wenn sie wirklich dümmer wären als wir.

Nach Leningrad wollten wir mit der Eisenbahn fahren, obwohl das natürlich mehr Zeit und Umstände erforderte als ein Flug; man führte uns das auch eindringlich vor Augen. Aber wir blieben hartnäckig. Meine amerikanische Freundin Charlotte Pekary, die Professorin, fuhr in Deutschland immer zweiter Klasse mit der Bundesbahn: das sei die beste Gelegenheit, die Menschen eines anderen Volkes kennenzulernen.

Beinahe hätten wir den Zug verpaßt; die energische Kondukteurin rüffelte uns tüchtig, als wir erst drei Minuten vor Abgang des Nachmittags-Expreß auf dem Bahnsteig erschienen. Wir hatten kaum unser Gepäck in den Wagen dirigiert, da fuhr der Expreß ab.

Eigentlich reisten nur drei Schriftsteller; aber wir benötigten diesmal sechs Plätze. Außer Steshenskij und der Meisterin begleitete uns noch Viktor, ein etwa fünfunddreißigjähriger Russe, der neben Richard Gerlach saß und den ich zunächst für eine bemerkenswerte Zufallsbekanntschaft hielt. Ich hörte die beiden miteinander deutsch reden und dachte während der Fahrt hin und wieder: was es doch für sprachgewandte Leute unter den Russen gibt . . .

Die beiden saßen rechts von Böll und mir – die russischen Eisenbahnwagen haben den Durchgang in der Mitte –, Steshenskij und die Meisterin saßen hinter uns, Rücken gegen unsere Rücken. Böll hatte den Fensterplatz, und ihm gegenüber saß ein älterer Herr, der sehr müde schien; er schlief erst einmal anderthalb Stunden als Russe, um sich dann als ehemaliger Bürgermeister der neuseeländischen Hauptstadt Wellington zu entpuppen. Neben diesem, also mir gegenüber, saß ein Marineoffizier, ein Leutnant, der freilich sehr wenig westlichen Vorstellungen entsprach. Wie sich später herausstellte, war er, eine Art Findelkind, unter den herben Fittichen des Staates aufgewachsen, der sich des elternlosen jungen Vagabunden angenommen und ihn schließlich zu einem proletarischen Offizier erzogen hatte. Er sprach zwar, in Ermangelung von Talent oder Schulung, kein einziges Wort einer fremden Sprache, nahm aber ganz gewiß zuverlässig seine begrenzten militärischen Funktionen wahr.

Gerlach und Viktor gegenüber saßen zwei Frauen; eine von knapp fünfzig Jahren, die später nicht unkritisch die Äußerungen des Zuglautsprechers verfolgte, und eine andere von etwa siebzig Jahren, eine typische russische *babuschka*, deren Bewegungsraum durch ein mächtiges Paket, das sie unter ihrem Klapptisch plaziert hatte, sehr beengt war. Da sie indes selbst kaum fünfzig Kilogramm Körpergewicht haben mochte, war die Platzfrage weniger problematisch; problematischer schien mir, wie sie ihr Paket hernach bewältigen würde. Aber – bis Leningrad war ein weiter Weg. Vielleicht wartete dort ein Sohn. Wenn nicht, konnte man notfalls menschenfreundlich sein.

Der Zug fuhr, nicht sonderlich schnell, durch flache, spärlich besiedelte Landschaft – die Furcht, etwas zu versäumen, beschwichtigte sich bald. Man nickte ein bißchen ein und war erst wieder zu exakterer Wahrnehmung entschlossen, als der Russe aus Wellington seine Reiseverpflegung auf dem Klapptisch auspackte und damit einen allgemeinen geselligen Imbiß provozierte. Der Marineleutnant öffnete, als er unsere mageren grünen Äpfel sah, seinen mit herrlichen gelben Äpfeln angefüllten Pappkoffer, schob verächtlich unsere Früchte beiseite und bot jedem eine an, die dem Paradies (der Bauern und Arbeiter) Ehre machte.

Ein Neuseeländer in der Sowjetunion – das war nicht zu verachten. Es gab ein angeregtes, freundlich-kritisches Gespräch, während wir kauten und stopften, schnitten und bröckelten, und der Lordmayor entpuppte sich als gänzlich unsnobistischer Herr, der manches *very interesting* fand, ohne darüber die entdeckten Schwächen zu verschweigen. *»Service very slowly«,* bemerkte er elegisch.

Wir bauten gemeinsam den Proviant ab, den Steshenskij durch das Hotel »Peking« hatte anrichten lassen, holten im Nebenwagen, wo ein reizender Zugkellner (oder Schaffner, der im Nebenberuf kellnerte) Limonade verkaufte – sein »Bitteschön« hätte jede westliche Stewardeß beschämt –, etwas gegen den Durst und trudelten unter gelegentlich trommelfeuerartig auf uns einprasselndem Beschuß aus dem Zuglautsprecher in die Nacht hinaus. Das Mütterchen lauschte, zwischen Ergriffenheit und Schlaf hin- und hergerissen, einem Humor, dem ihre jüngere Nachbarin mit betonter Reserve begegnete. Aber manchmal lachte auch sie, beinah ärgerlich über sich selbst, während der Marineleutnant mit jedem Lacher offensichtlich mehr Vertrauen in die eigene Intelligenz gewann. Gibt es eine zuverlässigere Nagelprobe auf die Intelligenz und den Geschmack eines Menschen als seine Reaktion auf Witz und Humor?

Ich möchte diese sechs oder sieben Stunden Bahnfahrt nicht aus meiner Erfahrung streichen; aber als sie schließlich überstanden waren, atmete man doch auf. Der Komfort eines sowjetischen Expreßzuges ist bescheiden; einen Speisewagen gibt es nicht, Alkoholika werden ebenfalls nicht ausgeschenkt, und der Zwang, sich durch einen Lautsprecher, den man nicht einmal versteht, unterhalten zu sehen, erhöht das Wohlbefinden eines reisenden Ausländers auch nicht.

Wir wurden auch hier von »Kollegen« erwartet; man kümmerte sich um unser Gepäck. Wer aber würde sich um unser Mütterchen und das riesige Paket kümmern?

Meine Sorge war unbegründet. Das riesige Paket gehörte gar nicht dem schwachen, alten Mütterchen – es gehörte einem kräftigen, etwa vierzigjährigen Mann, der binnen weniger

Minuten acht oder zehn solcher Pakete, die er jeweils – offenbar lange vor Abgang des Zuges – unter den Klapptischen seiner Wagengenossen plaziert hatte, mit der Hilfe eines ihn erwartenden Kollegen aus dem Zuge wuchtete. Ich sah den Vorgang mit Erstaunen; aber er leuchtete mir ein. Ich habe keine Ahnung, welchen Inhalt die sehr großen, kräftig verschnürten Pakete bargen. Aber ich schätze, daß etwa sechs oder sieben Zentner Fracht auf diese Weise den kostenfreien Weg von Moskau nach Leningrad zurücklegten. Mangelware? Freie Spitze? Die geprüften Russen werden sich zu helfen wissen – in diesem wie in jedem anderen Falle.

Aber – Viktor soll uns jetzt beschäftigen; denn Viktor ist keine zufällige Reisebekanntschaft, wie ich zunächst naiverweise annahm, sondern ein uns zugeordneter zusätzlicher Reisebegleiter, ein sich auf bisher nie erlebte Art um unser Wohl und Wehe, unsere Ausgänge und Seitensprünge, Wünsche und Pläne kümmernder »Schutzpatron«, den eine bestimmte, aber von mir nicht bestimmbare Stelle für diesen Auftrag auserkoren hatte. Er war ein Kommunist *comme il faut* (oder *fallait*); möglicherweise sogar »Stalinist«, zumindest in dem Sinn, daß er alle entscheidenden Weihen zu Zeiten des Georgiers empfangen und vermutlich an diesen »geglaubt« hatte wie der Großadmiral Dönitz an den Führer. Darüber hinaus aber schien er von jener Korrektheit, Genauigkeit, Organisationslust zu sein, wie manche Beamte und Funktionäre des Dritten Reiches es gewesen sein müssen, auf deren Dienstwilligkeit und Ausführungstalente mancher auch heute noch nicht verzichten möchte. Er war mit einer Ärztin verheiratet, einer offenbar sehr attraktiven Frau, deren Bild er – nach entsprechender Aufforderung – uns nicht ohne Stolz zeigte. Er war sauber gekleidet, hatte allerdings versäumt, sich einen vernünftigen Mantel mitzunehmen, wohl weil er meinte, in Georgien und am Schwarzen Meer mit einer Regenhaut auszukommen. Daß aber vor diesem Ausflug in den

Süden vier Tage im nördlichen Leningrad bestanden sein wollten, lernte er erst an Ort und Stelle einsehen. Einen Tag lang
lehnte er hartnäckig das Angebot ab, meinen Wettermantel zu
tragen, den ich neben einem wärmeren Übergangsmantel mitführte. Er glaubte wohl, dem Ansehen der Sowjetunion oder des
Kommunismus solchen »Stolz« schuldig zu sein.

Schon während der Fahrt war mir aufgefallen, daß er der Anbie-
derung des Äpfel spendenden Leutnants und dessen Reden und
Fragen mit Reserve und leichtem Unbehagen begegnete. Er war
auch dagegen, daß ich dem alten Mütterchen etwas von unserem Imbißpaket anböte. »Sie hat zu essen, bestimmt, ganz bestimmt!« argumentierte er energisch. Und oft noch in der uns
gemeinsamen Woche sollte er versuchen, Mängel oder Nach-
teiliges vor uns zu verbergen, das Vorteilhafte zu unterstreichen,
die Schattenseiten des Bolschewismus aufzuhellen oder seine
Thesen und Politik zu rechtfertigen . . .

Das Gespräch mit Viktor wurde von mir eröffnet, als wir die
Kasematten der Peter-Pauls-Festung besichtigt hatten, in denen
eine Reihe von Revolutionären vom Zaren gefangengehalten
worden waren.

Wir wurden von einem jungen Studenten geführt, der außerordentlich dem jugendlichen Philipp IV. von Spanien ähnelte,
welchen Velazquez etliche Male gemalt hat, und der von ehrgei-
zigem Fanatismus beseelt schien. Er hatte die Geräumigkeit der
Zellen – sie maßen etwa vier mal sechs Meter im Quadrat – mit
der Absicht des Zaren erklärt, in den Gefangenen ein Gefühl
äußerster Verlorenheit aufkommen zu lassen. Tisch, Stuhl und
Drahtbett sollten diese Verlorenheit vermutlich noch erhöhen.

Mir ging solche Argumentation über die Hutschnur, und ich
erlaubte mir, draußen – nach Beendigung des Rundgangs – zu
dem neben mir gehenden Viktor zu sagen:

»Glauben Sie nicht, daß noch viele, viele Tausende am Leben
wären, wenn Stalin seine Gefangenen unter ähnlichen Bedin-

gungen in Haft gehalten hätte, wie sie in dieser Festung für die Revolutionäre galten?«

Viktor sah mich schockiert und zugleich verweisend an. »Was wollen Sie damit sagen?!«

»Daß Stalin mit seinen Gegnern ungleich unmenschlicher verfuhr als offenbar der Zar.«

»Das ist sehr schwer zu entscheiden . . .« sagte Viktor kühl. Er war spürbar bestrebt, das unbequeme Gespräch einfrieren zu lassen. Aber ich tat ihm diesen Gefallen nicht, sondern sagte: »Das Schlimme ist doch wohl, daß es nicht einmal Feinde und Gegner waren, die er einsperren und umbringen ließ . . .«

»Wie wollen Sie das wissen . . .?« Es klang wie ein strenger Verweis.

»Nun, es waren doch samt und sonders Kommunisten, Parteigenossen, Kampfgefährten, alte Revolutionäre, die er verfolgte. Das weiß man doch heute sehr genau. Durchaus keine Konterrevolutionäre und Staatsfeinde also . . . Schlimmstenfalls Rivalen.«

»Rivalen? Möglich. Ja, das kann man vielleicht sagen, daß es Rivalen waren. Das mag richtig sein.« Das Rivalenmotiv verlieh der Stalinschen Grausamkeit in seinen Augen wohl eine gewisse Legitimierung. Aber wahrscheinlich sah er in Stalin gar nicht Stalin, sondern die Sowjetunion und den Kommunismus attackiert; und *dagegen* verwahrte er sich.

Natürlich führte uns der Student mit der habsburger Unterlippe auch an die »ewige Liegestelle« jenes Panzerkreuzers, der die Revolutionäre bei ihrem Sturm auf das Winterpalais unterstützt hatte, und an das »ewige Feuer«, das zum Andenken an ihren Einsatz brennt, und einmal mehr zeigte sich die Schwäche der sowjetischen Atheisten für die Mystifizierung der unbeseelten Materie. Und selbstverständlich versäumte er auch keine Gelegenheit, auf die Rolle, die Person, die Verdienste Lenins hinzuweisen und uns dabei immer zu den parteigerechten Perspektiven zu verhelfen. Er hatte in seinem kurzen Leben vermutlich nie an »Glaubenszweifeln« gelitten, sondern strahlte geradezu jenen erbarmungslosen Fanatismus aus, der manchmal jungen Menschen eignet, die den Mangel an Erfahrungen durch ein Übersoll an Überzeugtheit aufzufüllen suchen. Als er von einem Lenindenkmal berichtete, das ein berühmter Bildhauer verfertigt habe und das sich auf einem Bahnhofsvorplatz befinde, fragte ich harmlos:

»Ist das nicht der Bahnhof, auf welchem wir ankamen?«

Er stutzte, überlegte und verneinte dann meine Vermutung energisch. Ich sagte im Tone leichten Protestes:

»Aber da befand sich ein großes Lenindenkmal!«

»Natürlich«, sagte er etwas ungehalten. »Es gibt viele Lenindenkmäler in unserer Stadt. Das ist ganz klar! Lenin ist schließlich der Begründer unseres Staates.«

Als wir uns nach Abschluß des Rundganges von ihm verabschiedeten, bat ich ihn, noch eine Tasse Kaffee mit uns zu trinken. Es reizte mich, im Gespräch zu untersuchen, ob sich hinter diesem vorzeitigen Inquisitor nicht doch ein Stück unbefangener Menschlichkeit verberge. Aber er lehnte die Einladung höflich und ohne Zögern ab.

»Ich danke sehr. Ich habe noch zu tun«, sagte er mit strenger Miene.

»Sie sind mit einem Mädchen verabredet«, sagte ich freundlich und verstehend. Und da flog eine leichte Röte über seine asketischen Wangen, und er lächelte flüchtig. »Guten Tag nochmals!« sagte er, ein wenig um seine Sicherheit gebracht, verbeugte sich knapp und entschwand.

In Moskau residiert der tote Lenin; Leningrad aber trägt seinen Namen. Dort führte er die Revolution zum ersten und entscheidenden Sieg. Aber so oft man auch die Namen von Städten auswechseln wollte – ihren Charakter kann man schwerlich ändern. Nicht einmal die Belagerung der Stadt durch die Deutschen hat

309

ihren Kern berührt. Hitler hatte schon die Eintrittskarten für die Siegesfeier im »Astoria« drucken lassen und das Programm der »Festlichkeiten« aufgesetzt. Am 7. November 1941 sollte die große Parade abgenommen werden – drei Orden waren gestiftet »für die Eroberung Leningrads«. Aber der Ring, der die Stadt lange in Bedrängnis und Hunger hielt, wurde aufgesprengt. Man sieht heute keine Spuren mehr; sie sind musterhaft getilgt. Aber: so viele Lenindenkmäler man auch auf Straßen und Plätzen, so viele Leninbüsten man in Hallen, Sälen und Gebäuden antrifft – ist man nicht doch im alten Petersburg?

Unser Student hatte recht; Lenin stand überall: in den Bahnhofsvorhallen, in der U-Bahn, in den Parks, an Straßenkreuzungen, eingangs der Städte, ausgangs der Städte, auf zahllosen Plätzen, vor den Flughäfen, auf den Schwarzmeer-Promenaden, in Theatern und Museen, Hotels und Bibliotheken – die halbe sowjetische Bildhauerschaft schien mit der Herstellung von Statuen und Büsten dieses einen Mannes »ausgelastet«. Aber mochte es auch halbwegs gelungen sein, aus Moskau eine kommunistische Metropole zu machen – Leningrad bleibt, Tausenden von Denkmälern, Bildern und Büsten zum Trotz, Petersburg, wie Potsdam Potsdam und Versailles Versailles bleiben, solange die Steine reden.

Niemand bezweifelt, daß dieser Lenin ein extraordinärer Kopf gewesen ist, daß er Geschichte gemacht hat, daß er seinem Nachfolger, dem Spießer Stalin, in allen Fragen des Geschmacks weit überlegen war – die Sowjetunion ist ohne ihn nicht zu denken. Aber seine Jünger und Erben behandeln ihn wie einen eitlen Duodezfürsten, indem sie, anstatt einige künstlerisch anziehende Denkmäler an bevorzugten Plätzen aufzustellen, seine konfektionierte Gestalt mit einer inflationistischen Regelmäßigkeit in die Stadtbilder einfügen, die man sonst Hydranten zugesteht. Über Geschmack sei nicht zu streiten, sagt man. Wollte man jedoch in diesem Bereich kritisch Maß an den Sowjetkommunismus legen – man käme zu niederschmetternden Schlüssen.

Aber man ist in – Petersburg. Die Eremitage erinnert daran, die Festung, die Peter-Pauls-Kathedrale und die Isaaks-Kathedrale, der große Konzertsaal, in dem wir Oistrach hörten, das Hotel, in dem wir wohnten, die breiten Straßen mit den alten, aber dauerhaften Bürgerhäusern, die mächtig dahinströmende Newa, die weiträumigen Plätze. Hier versuchte der Zarismus Gesicht zu zeigen; hier investierte er ungeheure Mittel und Materialien, auch Menschen, um eine Hauptstadt großen Stiles zu erbauen. Hunderttausend Menschenleben soll allein der Bau des Festungsgeländes und der Kathedrale gekostet haben, von deren Kanzel herab (die eine Ausnahme im Raum der russischen Kirchen darstellt) einst die Exkommunikation des Grafen Leo Tolstoi ausgesprochen wurde. Mit Menschenleibern und Menschenleben ist man in Rußland zu allen Zeiten großzügig umgegangen. Wer freilich sagt mir, ob ich den Bauern Teluschkin den hunderttausend Bauopfern zuzählen darf oder nicht?

Teluschkin nämlich, ein schlichter Leibeigener, hatte den Schneid aufgebracht, die 122 Meter hohe Turmspitze der Peter-Pauls-Kathedrale zu erklettern, um dort eine kleine Reparatur vorzunehmen, und war vom Zaren dafür mit einem Becher belohnt worden, den jede Schänke im Zarenreich ihm zu füllen hatte. Innerhalb weniger Monate hatte er sich zu Tode getrunken. –

Man ist in Petersburg, und es läßt sich nicht übersehen, daß da und dort noch alte Maße gelten. In der Eremitage zum Beispiel ist eine ostasiatische Ausstellung, die von den höchsten Höhen ältester Kultur bis hin zu den Niederungen gegenwärtiger chinesischer Zweckkunst führt. Man kann sie nicht ohne Staunen, Entzücken und – Beschämung sehen.

Das Palais ist voll einfach gekleideter Besucher, die schweigend von Saal zu Saal gehen: von Picasso zu Gauguin, von den Italienern zu den Niederländern, den älteren zu den neueren Russen. Und gibt es einen Maler, der so reich an reiner, gewinnender Humanität ist wie Murillo? Ich glaube, die schönsten Murillos gibt es in der Leningrader Eremitage.

Picasso staunen sie unsicher und zweifelnd an. Er soll Kommunist sein, heißt es. Aber seine Bilder verwirren. Vor den Murillos dagegen lächeln sie einander zu. Seine Bilder gehören, wie weniges Große in der Kunst, den großen wie den kleinen Leuten, den Reichen wie den Armen. Und daß sie in Leningrad hängen, macht diese Stadt nur noch anziehender. Sie ist eine Reise wert, auch wenn sie nicht unbedingt so weit und kostspielig sein muß wie die unseres neuseeländischen Expreßgefährten, des einstigen Lordmayors von Wellington.

Alle schmückenden Bauten und dekorativen Plätze freilich, alle historischen Denkmäler und zaristischen Reliquien reichen nicht aus, den besonderen Zauber dieser Stadt zu erklären.

Es ist wohl das nahe Meer, dem die mächtige Newa zuströmt, der kühlere »pfiffige« Norden, die Hansenatur und Weltzugewandtheit der Siedlung, ein Zustrom europäischen Geistes, westlicher Leichtigkeit und Umgänglichkeit ... unserem Wesen verwandte Züge also, die man spürt und begrüßt. Zwölf Tage waren wir in Moskau, ohne daß jemand uns auf offener Straße angesprochen hätte. In Leningrad mußte Viktor etliche Male gesprächswillige Studenten mit energischem »Tscho-Tscho-Tscho!« abdrängen. Und einige Male, als er nicht zur Stelle war, kam denn auch ein Frage- und Antwortspiel nicht unbedingt linientreuer Thematik zustande.

Helsinki war nah, Stockholm, Kopenhagen. Die große Freiheit lag zwar nicht vor der Tür, aber es wehte doch, wenn der Wind günstig stand, ein Hauch von ihr herein. Moskau liegt zentral, da gibt es kein Ausweichen. An der Peripherie aber erkühnen Blick und Seitenblick. Die Leningrader erschienen mir gewitzter, auch in ihrer Kleidung; auch tanzten sie kecker. Im Leningrader Konzertsaal sah man mehr gutangezogene Leute als in der Moskauer Oper. Das Hotel, wenngleich alter Bauart, war komfortabler, die Straßen waren belebter. Sogar in eine Art westlichen Cafés konnte uns Viktor führen, wo wir den besten Kaffee der Sowjetunion tranken und hervorragenden Kuchen erhielten – mir schien allerdings, daß Viktor die Bedienung mit unerbittlicher Anweisung versehen hatte. Nur der Hinweis auf ein Restaurant, in dem es tschechisches Bier geben sollte, erwies sich als trügerisch. Dafür war die Reaktion der Kellnerin um so imponierender und von jeder Duckmäuserei frei: »Tschechisches Bier? Seit Monaten haben wir keins mehr gesehen. Die Tschechen schicken überhaupt kein Bier mehr«, sagte sie herausfordernd, als wollte sie hinzufügen: Sie werden ihre Gründe haben. Was blieb dem erstaunten Viktor anderes übrig, als Champanskoje zu bestellen? Um so merkwürdiger war es, in dieser so augenfällig an Vergangenes und Bekämpftes erinnernden Stadt, die dazu einlud, die Gegenwart zu vergessen, sich fortlaufend daran gehindert zu sehen. Dieses aber vollbrachte Viktor in den ersten Tagen mit einer so plumpen Geschicklichkeit, daß wir allesamt Gefahr liefen, die Nerven und darüber die Lust an der Reise überhaupt zu verlieren. Zehn Tage lang hatten wir in Moskau und während aller Unternehmungen das Gefühl gehabt, umsorgt, geleitet, gefördert zu sein; mit einem Mal sahen wir uns bespitzelt, gegängelt und behindert. Ohne daß wir erklären konnten, wie es zustande kam, fiel uns plötzlich auf, daß wir nie mehr allein waren, nie mehr zu zweit oder zu dritt miteinander reden konnten.

Zunächst bot sich eine Erklärung an: Steshenskij, der in Moskau bei seiner Familie wohnte, mußte nun mit uns im Hotel wohnen; er war dadurch ständig präsent. Hinzu kam, daß wir nun zwei Reisebegleiter hatten an Stelle von bisher einem. Aber nach Ablauf der ersten vierundzwanzig Stunden war deutlich, daß unser Alpdruck – um mit dem Leiter des Sagorsker Priesterseminars zu sprechen – nicht eine Folge erhöhter Quantität, sondern verstärkter Qualität war. Des Unbehagens und Rätsels Lösung aber hieß – Viktor. Viktor erschien plötzlich als jener »zweite« Mann, der in der Methodik kommunistischer Politik als Schatten des ersten Mannes auftaucht und sich so lange in dieser Schattenrolle zu bewähren hat, bis ihm eines Tages die Rolle des ersten Mannes zufällt, dem sich dann wieder der Schatten eines zweiten zugesellt. Und da wir Steshenskij in diesen ersten zehn Tagen schätzen gelernt hatten und ihn nun durch die Zuordnung dieses viktorialen Schattens etwas entrechtet sahen, begannen wir, an Viktor zu leiden. Zugleich aber trachteten wir danach, ihn durch kleine Schachzüge mattzusetzen.

Während unseres ersten gemeinsamen Abendbummels durch Leningrad entdeckte ich plötzlich meine alte Vorliebe für Kohlrouladen, die in Form von bulgarischen Konserven in einigen Schaufenstern auftauchten. »Viktor«, sagte ich, vor einem Geschäft stehenbleibend, »ich sehe etwas, was es bei uns nicht gibt, was ich aber außerordentlich schätze.«

»Ich verstehe nicht, was Sie meinen. Ich sehe nichts Außergewöhnliches«, sagte Viktor, der argwöhnisch wahrnahm, wie die anderen sich von uns entfernten.

»Kennt man Kohlrouladen in der Sowjetunion?« fragte ich. Viktor kannte sie nicht; darum konnte ich sie ihm angelegentlich empfehlen. Und da der Preis nicht vermerkt, aber mein Interesse an dieser Konserve nicht abzuweisen war, mußte Viktor im Laden noch nachfragen, wie viele Rubel bzw. Kopeken diese bulgarische Einfuhr koste. Dann erst konnten wir der Vorausabteilung nachfolgen.

Als wir die anderen erreichten, fanden wir sie schon in einen kleinen Disput mit jungen Leuten verstrickt. Aber Viktors Miene, Haltung, Blick, Geruch – was weiß ich – unterbanden unmittelbar eine Fortsetzung des Gesprächs. Es war offenkundig:

Viktor »verkörperte« das System, den Staat, die Partei auf eine unmißverständliche Art. –

Da es uns nach sechsunddreißig Stunden noch nicht gelungen war, eine Unterhaltung unter Ausschluß der Kontrollorgane zu führen, verabredeten wir telefonisch ein extemporiertes Rendezvous an der nächsten Straßenecke und verließen in kurzen zeitlichen und räumlichen Abständen das Hotel. Wir waren noch nicht eine Minute beisammen, da kam Steshenskij aus dem Hotelportal und auf uns zu.

»Muß mal frische Luft schnappen . . .« sagte er leicht verlegen. »Geht ihr mit?« Aber nachdem er uns den gesuchten Champanskoje-Laden gezeigt und beim Einkauf geholfen hatte, verabschiedete er sich und ließ uns allein weitergehen. Dafür erwartete uns Viktor schon in der Hotelhalle: er hatte eine Abendmesse für Böll ausfindig gemacht und stellte sich als Begleiter zur Verfügung. Nicht zuletzt diesem absonderlichen »gemeinsamen Kirchgang« war es zuzuschreiben, daß unser Reiseprogramm eine bemerkenswerte Korrektur erfuhr.

Mephisto und Faust im Dom, Gretchen nachspürend – das hat seinen Sinn; auch der Teufel gehört auf seine Weise ins Gefolge des lieben Gottes. Aber Viktor und Genrich . . .?

Es kam, wie es – dank Viktors Temperament und Sendung – kommen mußte: der Atheist betätigte sich als Schatten des Katholiken. Ging Genrich zwölf Schritte vorwärts, folgte ihm Viktor. Trat jener in eine Seitennische, zog es diesen magnetisch nach. »Immer zwei Meter hinter mir. Es fehlte nur noch, daß er mit mir auf die Knie ging während der Wandlung. Ganz sicher bin ich nicht. Es war fürchterlich, immer diesen Mann im Rücken. Ich mach' dat nit mehr mit . . «

An diesem Abend kam uns der Zufall zu Hilfe: als Viktor in den Fahrstuhl folgen wollte, mit dem wir in unsere Etagen fuhren – wir waren diesmal auf verschiedenen Stockwerken untergebracht, und das war ganz gewiß kein Zufall –, mußte er zurückbleiben, weil die zulässige Personenzahl bereits erreicht war. Wir winkten dem Verdutzten gute Nacht und widmeten uns in meinem Zimmer den nachmittags erstandenen Flaschen und dem seit Amsterdam mitgeführten Käse. Zwei Flaschen leerten wir zu dritt; dann zog es unseren Senior ins Bett. Die dritte Flasche leerten wir zu zweit. Gewöhnung, Thematik, Umwelt und seelische Gestimmtheit ergaben gegen Mitternacht eine Vereinfachung der gegenseitigen Anrede auf die sogenannte zweite Person. –

Im Verlauf des darauffolgenden Vormittags ergab sich eine Umdisposition unserer Reise, die einer auftretenden körperlichen und seelischen Unpäßlichkeit Genrichs Rechnung trug. Diese Abänderung war von Steshenskij, der den auf Heimreise Gestimmten zu einer ärztlichen Untersuchung überredet hatte, vorgeschlagen und von Moskau akzeptiert worden: die Meisterin, Gerlach, Viktor und ich würden die geplante Reise nach Tiflis und ans Schwarze Meer antreten; Steshenskij würde mit dem der Schonung bedürftigen Böll noch einige Tage in Leningrad verbringen. Nach vier Tagen würden wir alle wieder in Moskau zusammentreffen . . .

Zuvor freilich stand noch ein wohlklingender Name auf unserem Programm: Puschkin – wie die Sowjets das einstige Zarskoje Selo heute nennen.

Die Anfahrt nach Puschkin führte über das Alexander-Newskij-Kloster. Unweit der Kathedrale, in der wir eine Gemeinschaft von Gläubigen versammelt sahen und einen Chor singen hörten, lag der alte Friedhof, den wir langsam durchwanderten, von Grab zu Grab. Fjodor Strawinskij, 1843–1902, so stand es auf dem einen zu lesen. Der Vater Igor Strawinskijs liegt hier. Auf einem anderen Grabstein entzifferte ich mühsam den Namen Mussorgskij. Dort drüben liegt Tschaikowskij, unweit davon Dostojewskij. Namen über Namen, Namen von Toten, die dennoch nicht tot sind; Namen der Gewaltlosigkeit oder der sanften Gewalt. Waren wir nicht in Leningrad, wo alles den Namen LENIN schrie? – Aber: einmal am Grabe Tschaikowskijs gestanden zu haben, wollte mir plötzlich unvergleichlich abenteuerlicher und bewegender erscheinen als im Sog der Massen und unter den Bajonetten der Wachsoldaten am einbalsamierten Lenin vorbeizudefilieren . . .

Es war ein Tag wie jener in Jasnaja Poljana; ein Tag, an dem das zeitlose Rußland Gestalt gewann. Das Wetter war freundlich, ohne Sonne zwar, aber von angenehmer, erfrischender Trockenheit. Das Land lag weit und flach vor unseren Blicken. Nur selten brachten Bodenerhebungen Abwechslung in das Landschaftsbild – auf einer erhebt sich die Sternwarte Pulkowo.

Ich wußte nicht, was uns erwartete. Puschkin? Ein Ort, nach Puschkin benannt? Hatte er hier gelebt, gedichtet?

In dem Museum, das seinem Andenken gewidmet ist, gibt es einen interessanten Kupferstich, der den Poeten zeigt, Gedichte sprechend, von den Damen und Herren des Hofes umstanden und umsessen, die ihm lauschen, dem Urenkel eines Negers, den alle Kenner als den sprachmächtigsten Dichter russischer Zunge rühmen. Eine Idealgestalt nun schon und als solche höchst willkommen und geeignet, durch ihren Zauber und ihren Ruhm ein wenig abzulenken von den überdimensionalen Bauten und Anlagen, den Galerien und Wandelgängen, Teichen und Wasserläufen, die in sanftem Fall auf die alles umgebende Waldung zuzustreben scheinen. Und gibt es schon der Attraktionen genug – der staunenden Besucher gibt es noch weit mehr.

Die Wohngebäude des Zaren – von einem Ausmaß, das allen Herrscherhäusern Europas fürstliche Bleibe gewährt haben würde – sind für eine Besichtigung nicht freigegeben. (Einige Flügel schienen von proletarischen Gästen – Parteikursen und anderen Schulungsunternehmen – bewohnt zu sein.) Aber die riesige Terrasse, auf der, vom blinden »Gomer« angefangen, sich die walhalla-ähnliche Front europäischer Geisteshelden in weißen Büsten präsentiert, kann man abschreiten und dabei nachdenken über Anspruch, Schicksal und Tradition von Imperatoren und deren Nachfolgern. Staunten die vielen Ausflügler, die auf dieser Terrasse auf- und abschritten, die auf den Teichen kahnten, auf den Wegen spazierten, nun einer großen und ihrem Selbstgefühl schmeichelnden *oder* einer feindlichen, ihre Einfachheit kränkenden Vergangenheit nach? –

Als wir uns auf laubraschelnden Waldwegen aus dem Bereich des zaristischen Versailles entfernten, kam uns eine Gruppe junger Mädchen entgegen, die aus dem bunten Ahornlaub Sträuße gebunden hatten und ein altes Volkslied sangen. Als sie uns begegneten, sangen sie leiser und schlugen zwischen Lächeln und Verschämtheit ihre Augen nieder, um dann wieder freier und lauter fortzufahren, als sie vorüber waren. Sie waren weder schön noch besonders anziehend gekleidet. Aber ihr einfaches Singen und die lautlose Stimme des rezitierenden Puschkin sind mir geblieben und haben die ganze Zarenpracht verdrängt. –

An diesem Abend hätte Viktor um ein Haar die Nationalfähnchen verwechselt, die in unserem Hotel die Tische zierten – man hatte uns dicht neben eine Delegation von deutsch-demokratischen Republikanern plaziert. Darum wechselten wir in eine andere Saalecke, wo ich später beobachtete, wie man den Sohn des Mannes, an dessen Grab ich am Vormittag gestanden hatte, in den Saal geleitete: Igor Strawinskij.

Ich hatte den Siebzigjährigen, zehn Jahre zuvor, in Paris seinen »Ödipus Rex« und ein Konzert dirigieren sehen: federnd, elastisch, con fuoco (wie die Musikanten sagen) – man feierte ihn lange. Jetzt war er ein Greis, der sich an Stöcken fortbewegte, noch einmal ins Vaterland heimgekehrt, von seinen Landsleuten gefeiert (von der Parteikritik mit einigen Einschränkungen), ein Viertelstündchen im Sitzen dirigierend, auf der Höhe des Ruh-

mes, am Ende einer großen Laufbahn. Und während er sich in
einem Seitensälchen, von zwei Herren gestützt, an einer festlich
gedeckten Tafel niederließ, spielte die Kapelle zum Tanze auf,
und Jung-Leningrad versuchte sich im Boogie-Woogie.

Einige Minuten lang beschäftigten mich der achtzigjährige Strawinskij, die Tragik menschlicher Hinfälligkeit, die Vitalität der
Nachgeborenen. Und darüber kam mir die Erinnerung an jene
unvergeßliche kleine Szene, die ich mit meiner Frau am Ende
des Konzertes, das der energiegeladene Siebziger den Parisern
damals gab, wahrgenommen hatte und die immer von neuem
auflebt, wenn der Name Strawinskij fällt:

Neben uns taucht, im Beifallstrieb dem Podium zudrängend,
eine üppige blonde, stürmisch und leidenschaftlich applaudie-
rende Französin auf, die von einem großen, schlanken, sanften
Neger begleitet ist. Auch er rührt sich fleißig, aber allmählich
verlangsamt sich der Takt seiner schlagenden Hände, und während die enthusiastische Blonde mit immer neuem Händewirbel
den russischen Maestro feiert, wagt der Schwarze eine kleine
Atempause.

Madame, dies wahrnehmend, hält abrupt inne im Applaus und
fragt, auf das höchste erstaunt:

»Vous êtes fatigué . . .?«

Ein verlegenes, sanftes, gefügiges, sich ausbreitendes Lächeln,
das eine Doppelreihe blitzender Zähne freigibt, und ein leise vi-
brierendes »Non, non . . .«, und Monsieur le nègre legt wieder
die rosigen Handflächen zueinander und fällt von neuem in
applaudierenden Trab.

Ein Lächeln – ein Widerschein – ein Kopfnicken.

Bravo! Bravo, Strawinskij!

Georgische Trinksprüche

Konstantin Simonow, der sich von langjährigem Aufenthalt in Georgien her auskennen mußte, hatte uns vor den dortigen Trinksitten gewarnt: »Ich habe einmal für die Fahrt von Tiflis ans Schwarze Meer, die man mit dem Wagen in sieben bis acht Stunden zurücklegen kann, fünf Tage gebraucht. Und dann habe ich noch drei Tage im Bett gelegen.«

Da uns für den Flug von Leningrad über Kiew nach Tiflis, den Aufenthalt in Georgien und am Schwarzen Meer und den Rückflug nach Moskau insgesamt nur dreieinhalb Tage zur Verfügung standen und die Gesellschaft unseres Pistoléros Viktor uns von jedem auch nur touristischen Diversantentum abhielt, brauchten wir so zeitraubende Konsequenzen nicht zu befürchten. Aber daß es wirklich seine Bewandtnis mit diesen Sitten hat, sollten wir zur Genüge erfahren.

Wir hatten gemeint, auf dem Fluge von Kiew nach Tiflis, der uns über die mondbeschienene Dnjepr-Landschaft trug, eine Stunde zu gewinnen; aber das Gegenteil war der Fall. Und da wir schon mit drei Stunden Verspätung in Leningrad auf die Reise gegangen waren, war es gegen 22 Uhr abends, als wir das erleuchtete Tbilissi (wie man in der Sowjetunion die Hauptstadt Georgiens nennt) unter uns wahrnahmen.

Wir waren zudem noch mit einem früheren Flugzeug erwartet worden – und zwar von insgesamt fünf Herren des georgischen Schriftstellerverbandes. Jetzt waren nur noch zwei zugegen, um uns zu empfangen und ins Hotel zu geleiten, untersetzte Gestalten mit dunkelbraunen Augen und dunklem Teint, denen nichts eigentlich Literatenhaftes anhaftete. Aber der Jüngere von beiden, der sich den Fünfzig nähern mochte, entdeckte sich anderen Tags als ein überaus angesehener und von vielen respektvoll gegrüßter Lyriker.

Die Herren führten uns in einen Warteraum, in dem wir aus unerfindlichen Gründen, aber der Bestimmung des Raumes gemäß, auf etwas warten mußten – möglicherweise auf eine Taxe. Immerhin verhalf uns das zu einer flüchtigen Bekanntschaft mit jenem amerikanischen Bassisten, der später in Moskau den Boris Godunow so wunderschön singen sollte, daß er von Väterchen Chruschtschow mit dem ungewöhnlichen Abschiedswunsch »Gott schütze Sie!« bedacht wurde. Jetzt und hier sollte er einige Baßpartien an der Tifliser Oper singen. Er war groß, ein sympathisch-prächtiges Mannsbild, trug schon eine fesche Pelzmütze und durfte sicher sein, durch Stimme und Erscheinung ein nicht zu unterschätzendes Guthaben an proamerikanischen Sympathien zu hinterlassen.

Schließlich brachen wir auf und strebten, an schemenhaft anmutenden, bereits verdunkelten Häusern und gähnenden Feldern vorbei, in knapp halbstündiger Fahrt unserem Ziele zu. Es war 23 Uhr, als der Wagen vor unserem Hotel hielt.

Es war alles anders als in Moskau: gemütlicher, etwas schlampiger, orientalischer eben – man vermeinte, in einem anderen Lande zu sein. Und weiß Gott, man war es ja auch. Grusien nennen's die Sowjets, vielleicht weil sie den heiligen Georg vergessen machen möchten. Aber die Grusier nennen's lieber Georgien; nicht weil sie unbedingt christliche Märtyrer-Ambitionen hätten, sondern weil sie die Umbenennung für überflüssig und albern halten mögen. Sie haben einen unverkennbaren Nationalstolz, der sich auf eine uralte Kultur, auf eine eigene Sprache und besondere Sitten berufen kann.

Mit tiefer Befriedigung sah ich unsere Dolmetscher – sowohl die Meisterin wie Viktor – in Sprachlosigkeit und Nichtverstehen versinken. Wir waren in den Händen der Georgier, die – als approbierte Literaten – natürlich auch des Russischen mächtig waren.

Towarischtsch Noneschwili, der das lyrische Wort führte, verdächtigte uns der Ruhebedürftigkeit, nachdem wir uns, gegen Abgabe der Pässe, in den Besitz unserer Zimmer gesetzt hatten. Aber wir wiesen solchen Verdacht weit von uns. Ich äußerte im Gegenteil den Wunsch, in einer volkstümlichen Schänke eine Flasche guten Weines zu trinken und überhaupt eine Prise unverfälschter georgischer Folklore zu nehmen.

Noneschwili dachte mit gefurchter Stirne nach.

Man könne hier im Hotel natürlich – es gebe da sogar eine Kapelle, die recht flott musiziere – es sei leider schon etwas spät . . . Und er suchte Rat bei seinem Kollegen, dem Jagdschriftsteller. Währenddessen guckte ich kurz in den Speisesaal des Hotels, wo noch viele dunkelhäutige, schnurrbärtige Georgier tafelten und tranken und die Musikanten eben wieder dröhnend aufspielten. Ich erwog bei mir, ob ich nicht auf die improvisierte Folklore verzichten sollte, um bei der routinierten den unumgänglichen Schlaftrunk zu nehmen – da wurde ich vor das Hotel zitiert, wo die deutsch-russisch-georgische Mannschaft schon in einem Taxi wartete. Mein Wunsch würde erfüllt werden, verhieß Noneschwili in entschlossener Aufgeräumtheit.

Die Straßen waren noch erleuchtet, aber kaum mehr belebt, der Verkehr auf einen Restbestand zusammengeschmolzen, von dem unsere Taxe ein Viertel oder Fünftel auf sich nahm. So kamen wir flott voran.

Das erstemal hielt der Wagen vor einem Etablissement, welches bereits geschlossen zu haben schien. Eine lautstarke Stimme aus dem verdunkelten Innern bestätigte den Verdacht. Das zweite Ziel, das nach kurzer Beratung angestrebt wurde, erwies sich als ein Hotel, das im Begriffe stand zu schließen und sich auch durch die blumenreiche Rede Noneschwilis nicht davon abhalten ließ. Wir stiegen wieder ein, und nun ging es mit wildem Elan steil bergan, über abenteuerlich holpriges Kopfsteinpflaster; ich gab mich schon Hoffnungen auf ein ungewöhnliches Erlebnis hin, weil die beiden Georgier, wie mir scheinen wollte, erregt um diesen Entschluß gerungen hatten. Aber es war wohl nur ein Disput um Sinn oder Sinnlosigkeit dieses Unternehmens gewesen. Denn als der Wagen vor einem ausladenden Glasportal bremste und Noneschwili eine triumphierende Bemerkung machte, erlosch plötzlich das Licht, und in demselben Maße, wie der Lyriker in sich zusammensank, reckte sich der Jagdschriftsteller auf.

Nach drei vergeblichen Versuchen und 40 Minuten währender Amokfahrt kehrten wir reuig ins Hotel zurück und nahmen unter Tambourgeschepper und Kniegeigengeschluchz an einem weißgedeckten Tisch Platz, und die beiden Georgier, entschlossen, den Ruf der Nation zu retten, bestellten Wodka, weißen und roten Wein, Limonade und Sauerbrunnen. Und:

»Eine Kleinigkeit zum Beißen.«

»Aber wirklich nur eine Kleinigkeit!« bat ich.

»Nur eine Kleinigkeit!« versicherte Noneschwili.

Und dann kamen die Flaschen und dann die warmen (oder doch aufgewärmten) georgischen Fladenbrote; und dann kam die »Kleinigkeit«: eine große Platte mit Wurst, eine Platte mit Schinken, eine Platte mit kaltem Fleisch, eine Platte mit Käse. Dazu weitere Kleinigkeiten in Gestalt von Zwiebeln, köstlichen Tomaten, Oliven, Rettichen, Salatrippen und anderen anregenden Zubußen.

Der Jagdschriftsteller goß die Gläser voll: einmal Wodka, einmal Wein, einmal Borshom, jenen ausgezeichneten, leicht schwefelhaltigen kaukasischen Naturbrunnen, den ganz Rußland trinkt, und ich wollte eben das erste Glas über die lechzende Zunge fließen lassen, als Noneschwili ein feierliches Gesicht machte und etwas sagte, das Viktor erstarren ließ. Der Russe nahm seine entschlossenste Miene an und übersetzte:

»Meine werten deutschen Schriftsteller!

Die georgischen Schriftsteller heißen Sie durch mich in der Hauptstadt ihres Landes auf das herzlichste willkommen. Die

georgische Literatur ist ein blühender Zweig am Baum der auf-
strebenden Literatur, unter dem die Völker der Sowjetunion
sich versammeln . . .«

Da jedes Wort zweimal gesprochen wurde und Viktor, ebenso
ungeübt wie gewissenhaft, für manche Wendungen zwei oder
drei Versuche benötigte, brauchte der Trinkspruch seine Zeit.
Er pries in seinem Mittelteil die Wohltat der Literatur im allgemeinen und der georgischen im besonderen, feierte dann die
Größe Goethes, Schillers und Heines und den Einfluß der deutschen Dichtung auf das russische Geistesleben und klang in der
Feststellung aus, daß die Vertreter der in aller Welt geachteten
deutschen Literatur und die der georgischen Literatur durch
gleiche Ideale verbunden seien. Noneschwili schloß:
»Ich trinke auf den Frieden und die Freundschaft zwischen unseren Völkern!«

Nun durften wir nicht nur trinken – wir mußten sogar: das
ganze Glas war auf einen Zug zu leeren. So erforderte es georgische Sitte. Es war übrigens ein Wodka-Toast, und weil Noneschwili mich bald darauf zum Weinglas greifen sah, ergriff auch
er das seine und begann einen neuen Toast, diesmal auf die
Frauen: die abwesenden der deutschen Schriftsteller, des Russen
Viktor und der beiden Georgier und – mit einer Verbeugung –
die anwesende deutsche Dolmetscherin. Wir leerten die Wein-
gläser und wendeten uns den Kleinigkeiten zu, die nach so vielen Umwegen um so köstlicher mundeten. Es habe seine Bewandtnis mit den Frauen in Georgien, erläuterte Noneschwili
dabei. In diesem Lande nämlich stünden die Frauen besonders
hoch im Kurs. Man ehre sie wie nirgends in Rußland und sonst
auf der Welt. Immer – um ein Beispiel zu geben – setze der
Georgier das weibliche Wesen voran. Nie sage er: Bruder und
Schwester; immer Schwester und Bruder, Frau und Mann, Mutter und Sohn. Und während er dies zum besten gab, formte sich
seine Rede wie selbstverständlich zu einem neuen Hymnus auf

die Mütterlichkeit der Frau und die Gestalt der Mutter überhaupt. Und da er so schön redete, stellten unsere Kaumuskeln automatisch ihre Tätigkeit ein. Viktor hatte längst seine Funktion als Dolmetscher wiederaufgenommen. Wir tranken auf unsere Mütter, die lebenden und toten.

Da wir so fleißig – und immer ein volles Glas – trinken mußten, erwachte der Appetit in uns; und der Umstand, daß wir gut aßen, beflügelte wiederum unseren Durst; und da wir wiederholt zum Glase griffen, hatte Noneschwili wiederholt Gelegenheit, einen Toast auszubringen. Nachdem wir unsererseits mit Nachdruck auf die georgische Gastfreundschaft getoastet hatten, brachte er einen Trinkspruch auf den georgischen Wein aus, landete dann aber wieder bei den urtümlichen Bindungen der Familie, indem er uns aufforderte, auf unsere Kinder zu trinken. Und dabei erfuhren wir – von seinem Kollegen –, daß Noneschwilis Frau, die Mutter seiner zwei Kinder, Medea heiße und eine recht strenge Gattin sei. Noneschwili lächelte versonnen und nickte einige Male wie im Selbstgespräch. Er sah auch, wie nebenbei, einmal auf die Uhr. Es machte den Anschein, als entsänne er sich nun wieder einiger Tatbestände, die ihm aus dem Gedächtnis gewichen waren, und halte es doch für gut, ihnen Rechnung zu tragen. Ich sah, wie er sein Weinglas mit Mineralwasser füllte und mir damit zutrank. Und als ich ihm Wein nachschenken wollte, wehrte er – mit einem Hinweis auf seinen kranken Magen, der ihm Mäßigkeit anrate – sanft ab. Seine Toastkraft war gebrochen. Und weil wir mittlerweile ein beträchtliches Quantum georgischen Weines und russischen Wodkas vertilgt hatten, durfte er mit gutem Recht die Rede auf das Programm des kommenden Tages bringen.

Der Abend eilte seiner Schlußapotheose zu. –

Am anderen Morgen schien die Sonne, auf die wir schon seit zwei kühlen Wochen unsere Hoffnungen gesetzt hatten; aber sie schien längst nicht so warm wie ersehnt: zwei Tage zuvor hatte es, ausgelöst durch ein mächtiges Gewitter, einen Wettersturz gegeben; auch in Tiflis war es Herbst geworden, wenn auch ein freundlicher und milder. Aber was sollten Georgien und seine Hauptstadt diesen überaus eiligen deutschen Schriftstellern denn auch bieten, die sechsunddreißig Stunden nach ihrem Eintreffen schon wieder aufbrechen wollten?!

Dies war der eine Schmerz für unsere Gastgeber, die sich auf etliche Tage und eine Reihe von ausschweifenden Unternehmungen – eine Jagd im Kaukasus, eine Weinernte auf einer Kolchose und so weiter – eingerichtet hatten. Der andere betraf einen Abwesenden: den in Leningrad verbliebenen Genrich. Er, dessen ersten ins Georgische übertragenen Roman ein Verlag in Tiflis vorbereitete und dem in Zeitungen und Zeitschriften durch Vorabdrucke schon der Weg zum Herzen der georgischen Leserschaft geebnet war, hatte versäumt, sich georgischer Gastfreundschaft auszuliefern. Es war nicht leicht, das mit Würde zu tragen.

Immerhin – Noneschwili war Lyriker; er achtete auch den deutschen Lyriker, in dessen leicht antiquierter Rolle ich mich nun schon eingerichtet hatte. Und Senior Gerlach, dessen Tierliebe und Interesse an Zoologischen Gärten ihm den unbestrittenen Ruf eines großen »Gumanisten« sicherten und dessen füllige Bonhommie ganz offensichtlich zur Verharmlosung und Vermenschlichung der revanchelüsternen Bundesrepublik beitrug, war ohnehin Gegenstand respektvoller Zuneigung. Man ließ uns nicht fühlen, daß wir ein Fragment waren.

Erster Programmpunkt unseres Tagewerkes war der Besuch des »Heiligen Berges«, den die beiden Wagen, welche uns aufnahmen, in kühnen Steilkurven erklommen und von dem aus man die Stadt ungeschmälert übersehen konnte.

Sie dehnt sich der Länge nach zwischen stumpfen und kahlen Hügelketten aus, die an andere vorderasiatische Gebirgslandschaften erinnern. Die Schneehäupter des Kaukasus waren weit und nicht sichtbar. Das Auge, das sich auf mehr »Romantik« eingerichtet hatte, sah sich ein wenig enttäuscht. Aber die Sendung des »Heiligen Berges« erschöpfte sich auch keineswegs in der Vermittlung einer schönen Aussicht. Dieser Berg war vielmehr ein Denkmal georgischer Größe, ein Walhall seiner Dichter, Künstler und Revolutionäre.

Dort liegen sie begraben, die Olympier der georgischen Literatur und Kunst, allen voran Nikolai Barataschwili, der Zeitgenosse von Byron und Mickiewicz, Gipfel der georgischen Romantik, durch Pasternak in die russische, durch Arthur Leist in die deutsche Literatur eingeführt. Ferner Schawkawadse, der »Lehrer der georgischen Nation« – ein Opfer des Zarismus; der Bildhauer und Rodinschüler Nikoladse und andere mehr. Daß auch Stalins Mutter hier oben ihr Grab gefunden hatte, war wohl ein Relikt aus der stalinistischen Epoche, die in den sechsunddreißig Stunden unseres Aufenthaltes von keinem Georgier diskutiert wurde.

Als der Name Schawlatadse fiel – die Mehrzahl der georgischen Namen enden auf -wili oder -adse –, erinnerte ich mich jenes sowjetischen Olympiasiegers von Rom im Hochsprung, Schawlatadse, und erkundigte mich beiläufig, ob man ihn oder seinen Namen zufällig kenne.

Und ob, sagte Noneschwili, und wartete gleich mit einem halben Dutzend weiterer georgischer Adses und Wilis auf, die dem sowjetischen Sport zu Ansehen und Weltruhm verholfen hätten. Und weil sich georgischer Stolz nicht nur in Ruhmesdurst, sondern auch in Bescheidenheit zu kleiden weiß, erfuhren wir dabei noch die Umstände, die der Stadt Tiflis zu einer Rodinstraße verholfen hatten:

Man wollte, noch zu Lebzeiten des Bildhauers Nikoladse, einer Straße seinen Namen geben und fragte ihn nach etwaigen Wünschen. Aber Nikoladse bat, Abstand von diesem Vorhaben zu nehmen, und schlug vor, man möge vor allem Sorge tragen, *den* Mann zu ehren, als dessen Schüler und Schuldner er sich zeitlebens betrachten werde. Und so kam Tiflis zu einer Rodin-straße und Nikoladse zu einer für ihn denkbar vorteilhaften, ja ihn geradezu auszeichnenden Anekdote. Denn so schöne und gekonnte Beispiele seiner Kunst wir auch sahen – keine verleug-nete das große Vorbild. Wir alle stehen auf den Schultern unse-rer Väter.

Nachdem wir georgischem Geistesanspruch gehuldigt hatten, mußte die Stadt besichtigt werden, Neues, Altes, eine beinahe tausendjährige Kirche nie gesehenen, vorchristlich anmutenden Baustils, ein stehender Zirkus, ein großer, sehr schön gelegener Stadtpark – und als Höhepunkt und Novität, auch für die anwe-senden Georgier, der Zoologische Garten von Tbilissi. None-schwili warnte vor übertriebenen Erwartungen; aber er warnte aus Unkenntnis. Gospodin Gerlach, der noch in jedem Zoo der Sowjetunion Seltenes und Unverhofftes an Tierbestand entdeckt hatte, kam auch hier auf seine Kosten. Den kleidsamen Bauch vorantragend, durchschritt er, einem auf Staatsbesuch weilenden Potentaten nicht unähnlich, den in einer sich bisweilen zur Schlucht verengenden Senke angelegten Tierpark, geführt von einem Tiermaler, den Noneschwili rasch herbeizitiert hatte, ge-folgt von einem einarmigen Zoowärter, den beiden Dolmet-schern und der georgischen und bundesrepublikanischen Rumpfliteratur. Die Anlage mutete ein wenig vernachlässigt oder doch unvollendet an; aber eben dies machte sie reizvoll. Sie endete in einem Flußtal, das von riesigen Eukalyptusbäumen be-schattet wurde.

Ich erinnere mich nicht mehr, welchen der im Tifliser Zoo ge-haltenen Exemplare von unserem Gumanisten sachverständig Seltenheitswert zugebilligt wurde. So nachhaltigen Eindruck auch der mächtige Bison oder der urweltlich anmutende Elch im Moskauer Zoo auf mich gemacht hatten, am reizvollsten schienen mir immer die Tiere im Familienverband. Diesmal eine Tigerfamilie mit zwei Jungen und ein unermeßlich dickes und rundes Nilpferd mit einem zwei Monate alten Baby, das unendlich nackt anmutete, unzüchtig und embryonal.

Während wir wanderten und schauten und Noneschwili im stillen auch den Zoologischen Garten von Tiflis in die Reihe georgischer Nationalverdienste aufnehmen mochte, hatte sich der Himmel verfinstert, vereinzelte Tropfen fielen, es traf sich gut, daß wir wieder dem Eingang zustrebten, der zugleich der Ausgang war, und neben dem eine kleine Restauration – eine Art offener Blockhütte – zum Unterschlupf lud. Es war, wie sich herausstellte, ohnedies vorgesehen, daß unsere Zoovisite hier mit Umtrunk und Imbiß beschlossen werde. Wir statteten noch im Vorübergehen zwei gesondert logierten, uns böse musternden Orang-Utans einen flüchtigen Besuch ab – da zuckte der erste Blitz über den bleiernen Himmel, und mit Donnerschlag entlud sich über der georgischen Metropole ein respektables Gewitter.

Wir ließen uns an einem großen, einfachen Holztische nieder, und der staatsangestellte Restaurateur nahm die Bestellungen entgegen: Champanskoje und eine Kleinigkeit zu essen. Auf die Kleinigkeit mußten wir etliche Minuten warten; aber der Champanskoje lag schon bereit, und zwischen zwei Donnerschlägen knallte der erste Pfropfen. Noneschwili bekam sein feierliches Gesicht und sammelte sich für den ersten Trinkspruch. Es war ein Trinkspruch auf die Gastfreundschaft, der ihm nur bedingt zustehe, weil er hier eben auch nur Gast sei; aber angesichts so ungewöhnlicher und liebenswerter Gäste dränge es ihn doch ... Wir nahmen einen langen Schluck; er mundete köstlich.

Der Tiermaler erhob sich, ging rundum, goß nach, setzte sich wieder und ergriff seinerseits das Glas, während der staatliche Gastronom die zweite Flasche herbeibrachte.

»Liebe Freunde«, sagte er etwa, »Freunde des Menschen und der Tiere. Es gehört zu den Irrtümern und Selbsttäuschungen des Menschen, seine Unarten als tierisch zu bezeichnen, seine Tugenden aber für ausschließliche Merkmale des Menschen zu halten. Wer die Tiere kennt, weiß sehr wohl, welche Anmaßung sich in solchem Irrglauben ausspricht.«

Viktor bekam das nicht sofort in den Griff, aber mit Hilfe der beispringenden Meisterin wurde der Sinn der Rede doch deutlich – was Gospodin Gerlach durch ein zustimmendes Nicken seines Hauptes bestätigte. Der Trinkspruch endete folgerichtig in einem Lob des Humanismus. Derweilen waren die »Kleinigkeiten« aufgetragen: Schinken, aufgeschnittene Wurst, Käse, Zwiebeln, Tomaten, Rettiche – die Fütterung der Humanisten begann.

Während wir kauten, bezifferte der Zoowärter, der blaß, stumm, aber mit leuchtenden Augen dabeigesessen hatte, den Ort und das Datum, an welchen er seinen Arm eingebüßt hatte. Da bei solchen Darstellungen alle Gesunden ein schlechtes Gewissen beschleicht, erlahmte allgemein der Appetit, und die verstärkte Aufmerksamkeit der Runde beflügelte den Zoowärter zu immer bewegterer Darstellung und Rede. Ein Trinkspruch auf den Frieden und die Freundschaft der Völker war längst geboten – der Zoowärter brachte ihn aus. Und zum Zeichen dafür, daß er es ernst meine und allen Zweiarmigen vergebe, ging er rundum und stieß mit jedem an. Das war in einem unverstellten Sinn rührend, und so bemächtigte sich der meisten denn auch eine echte Rührung. Am gerührtesten war der Zoowärter selbst. Der dritte Pfropfen knallte; aber ein Donnerschlag absorbierte den Gernegroß. Es war längst an der Zeit, zur Ehre der deutschen Sache das Wort zu ergreifen. Gumanist Gerlach tat dies, ohne sich an weltanschauliche Gesichtspunkte zu verlieren. Er verbringe jeden Tag seines Lebens – soweit das eben möglich sei – eine Stunde bei den Tieren und erhole sich dabei von den

Menschen. Die Tiere bedürfen des Menschen, wenn sie gefangen wären. Aber am meisten bedürfe der Mensch des Menschen, ob er nun gefangen oder frei sei. Und weil man auf den Humanismus schon getrunken hatte, endete der Toast in einem Gloria auf Georgien und seine schöne Hauptstadt Tbilissi.

Die Ovation schaffte etwas Raum für die wirklich vorzügliche Schinkenplatte, provozierte aber andererseits auch eine vierte Flasche Champanskoje. Da vier Flaschen Champagner für sechs Menschen schon ein recht reichlicher Apéritif sind und ich mich ein wenig um den Fortgang dieses einzigen kaukasischen Tages sorgte, bat ich, um den Konsum etwas zu beschleunigen, den staatlichen Gastronom, einmal mit uns anzustoßen. Er brachte eilfertig ein Glas, ließ es füllen und leerte es strahlend auf das Wohl so seltener und berühmter Gäste.

Während der Rest der Flasche verteilt wurde und Noneschwili den auch von uns ersehnten Abschluß des Umtrunkes zu begünstigen suchte, sammelte sich der einarmige Zoowärter zu einem sicherlich umkämpften, aber endlich triumphalen Entschluß. Er erhob sich plötzlich und verkündete, daß er die deutschen *pisateli* und die weiterhin anwesenden Georgier und Russen zu einer fünften Flasche Champanskoje einlüde. Und noch ehe sein Entschluß uns – überflüssigerweise – übersetzt wurde, gab er dem Gastronom diese Flasche in Auftrag, und der eilte, als ob er ein privater Nutznießer wäre, die fünfte Flasche zu holen. Aber – er durfte sie nicht öffnen. Die Allgemeinheit, angeführt und zu Worte kommend durch den höflich-geschmeidigen Noneschwili, entschied, es bei vier Flaschen bewenden zu lassen.

Der Zoowärter – er saß mir schräg gegenüber – vernahm die höfliche, aber energische Abweisung seiner hochherzigen Stiftung. Ich weiß nicht, was er an Tageslohn verdient – möglicherweise gerade so viel, wie eine Flasche Champanskoje in der Zoo-Gaststätte kosten mochte (zwischen drei und vier Rubel). Aber an diesem Tage, in dieser Stunde lag solche Überlegung bereits hinter ihm. Er war entschlossen, hochherzig zu sein, über seinen Schatten zu springen, auf sein Elend zu treten und diesen deutschen Schriftstellern zu zeigen, wessen ein einarmiger georgischer Zoowärter noch fähig sei. Und nun sollte ihm das zunichte gemacht werden. Warum? Warum?!

Er saß da, dumpf brütend, verletzt, verbittert – seine Kaumuskeln bewegten sich unheilvoll. Es war, als verschluckte er hundert Flüche und müßte jeden Augenblick darüber platzen. Ich nahm mein Glas und sagte:

»Liebe Georgier und Russen – es gibt ein deutsches Dichterwort, das lautet: Da, wo du nicht bist, ist das Glück. Das will ungefähr heißen, daß gerade das, was wir *nicht* bekommen, uns das Schönste zu sein scheint. So ergeht es uns auch mit der fünften Flasche Champanskoje, zu der uns unser Freund, der Zoowärter, soeben eingeladen hat und auf die wir zu unserem größten Bedauern verzichten müssen, weil wir noch ein beträchtliches Programm zu bewältigen haben. Die schönste Flasche ist diejenige, die er uns zugedacht hatte. Trinken wir auf unseren Freund, den Zoowärter!«

Und wir tranken auf ihn, den Bruder der armen Witwe, des verachteten Zöllners und des barmherzigen Martin.

Noneschwili hatte am Abend zuvor verlauten lassen, daß Museen immer auf eine hochnotpeinliche Weise nach Naphthalin röchen und daß er uns diesen Geruch ersparen möchte. Aber *ein* Museum müßten wir uns doch ansehen: das georgische Nationalmuseum, dessen Schätze von einer mehr als dreitausendjährigen Geschichte Zeugnis ablegten.

Da Noneschwili für ein Stündchen Urlaub erbeten hatte, besichtigten wir am Nachmittag dieses Museum ohne jede Führung und jegliches Geschwätz, und ganz allmählich dämmerte mir darüber das Gefühl für den historischen Ort, an dem wir uns befanden, die Zusammenhänge, die hier wirksam geworden waren: Prometheus – Kolchis – Medea und Jason. –

Als wir ins Hotel zurückkehrten, erwarteten uns dort etwa zwölf Herren, von denen zwei – zumal der Germanist der Universität Tiflis – ein nahezu fehlerfreies Deutsch sprachen. Nachdem sie uns ihres aufrichtigen Bedauerns versichert hatten darüber, daß Heinrich Böll nicht mit uns gekommen war, brachen wir allesamt auf und landeten genau vor jenem großen Milchglasportal, das sich zwanzig Stunden vorher so abrupt vor uns verdunkelt hatte. Es war der Eingang zu einer Zahnradbahn, die uns achthundert Meter über das Weichbild der Stadt hinaustragen sollte zu einem vielbesuchten und wohlrenommierten Eßlokal.

Oben pfiff der Wind; aber Tiflis lag wie der umgestürzte Sternhimmel unter uns.

Schließlich betraten wir das geräumige Restaurant, in dem die Mehrzahl der Tische schon von Speisenden besetzt war. Während uns an der Längsseite des Raumes eine festliche Tafel gerichtet wurde, lernte ich den georgischen Übersetzer Bölls kennen, der mir eine säuberliche Liste von etwa fünfzehn Böllschen Erzählungen präsentierte, die er allesamt in georgischen Zeitschriften und Zeitungen publiziert hatte. Er war ungemein sympathisch, und seine Trauer war echt. Er hatte diesem Abend mit Ungeduld entgegengesehen – nun war der Erwartete ausgeblieben. Auch der Universitätsprofessor hatte etliche Fragen und Wünsche, und als wir schließlich Platz nahmen, hatte ich beide neben mir.

Die Tafel, bestückt mit vielen verschiedenartigen Flaschen, Wurst- und Salatplatten, Brottellern, Gläsern und Geschirr, war eben durch die Reihe der Georgier und ihrer Gäste besetzt, als sich der vierschrötige, semmelblonde, ein wenig schielende Generalsekretär des Schriftstellerverbandes zu seinem ersten Trinkspruch erhob. Man kann nicht sagen, daß er sich durch besonderes oratorisches Talent ausgezeichnet hätte; mit Demosthenes hatte er indessen einen leisen Sprachfehler gemeinsam. Was er mit Literatur, Poesie, Prosa, Dramatik zu tun hatte – wer hätte es erraten können? Aber er war der Generalsekretär, und die Würde des Trinksprechers war in seinen Mund gelegt, und georgische Sitte billigt diesen Sprechern beinahe die Autokratie eines Papstes zu: er allein führt das Wort, und niemand führt das Wort außer ihm, und wer außer ihm das Wort führt, führt es nur durch ihn und in seinem Namen.

Und der Generalsekretär hob an und sagte:

»*Nemezkije pisateli!*«

»Deutsche Schriftsteller!« übersetzte Viktor und krauste in Vorahnung schwieriger Passagen die sonst so glatte Stirn.

Es war der Begrüßungstrinkspruch, und er dauerte nicht länger als drei Minuten, und die Atempause danach reichte gerade aus, die fleischerne Vorspeise zu vertilgen. Aber der zweite Toast fiel etwas ausgedehnter aus, weil der Generalsekretär der Literatur im allgemeinen einige Metaphern widmete. Er verglich sie nicht mit der übersichtlichen Figur eines Baumes, sondern mit einem wogenden Ährenfeld, kam auf taube und volle, reife und unreife Ähren zu sprechen und landete schließlich bei jener Literatur, die dem Menschen notwendig und unentbehrlich sei wie das tägliche Brot. Er ließ die deutsche und die georgische Literatur leben.

Ich leerte mit den anderen mein Glas; es war mit Rotem angefüllt, obwohl ich um Weißen gebeten hatte. Der Mißverständnisse an einem Tisch, da drei Spachen miteinander ums Verstandenwerden wetteifern, sind viele.

Derweilen wurde Stör aufgetragen mit einer wohlschmeckenden gelben Sauce. Da ich mich von meinem Nachbarn zur Rechten aufgefordert sah, die Liste der Böllschen Erzählungen dahingehend zu überprüfen, ob sie nicht vielleicht doch wichtige Stücke vermissen lasse, wurde ich vom dritten Trinkspruch des Generalsekretärs überrascht, noch ehe ich meinen Stör zur Hälfte verzehrt hatte. Es gelang mir aber, einen Zuguß von Rotem zu unterbrechen; der nachgereichte Weiße verdunkelte sich, mit dem verbliebenen Roten vermischt, zu einem kräftigen Rosé, den ich auf die Freundschaft der Völker leeren durfte.

Während die Fischteller abgeräumt und Teile von gebratenen Hühnern serviert wurden, gelang dem Generalsekretär noch ein Blitz-Toast auf den Weltfrieden. Dann aber senkte sich genüßliche Muße auf die nagende und knabbernde Tafel, und ich konnte mit Gospodin Gerlach durch einen flüchtigen Wortwechsel übereinkommen, daß er den nächsten Spruch zu unseren Gunsten verlauten ließe. Auf die georgische Gastlichkeit, versteht sich. Was konnte näherliegen?

Das Echo war lebhaft. Der Generalsekretär dankte sofort für unseren Dank und trank ohne ausschweifende Rede auf seine Gäste. Und weil ich mich gerade des in Leningrad verbliebenen Genrich entsann und im stillen bedauerte, daß er nicht unter uns war, entschloß ich mich, einiges über den leider abwesenden Helden zu sagen.

Ich teilte zunächst einige persönliche Fakten mit, welche das Familiäre, Herkommen und Wohnort, die Buchtitel und Bölls Vorliebe für Irland betrafen, kam dann auf seinen Katholizismus zu sprechen, seine Rolle als unbequemer, revoltierender Christ, seine zahlreichen Literaturpreise und seinen Erfolg in anderen Sprachen und versicherte, daß er bei all diesen Erfolgen und Versuchungen noch immer der liebenswerte und unverbildete Mensch geblieben sei, als den ich ihn vor zwölf Jahren etwa kennengelernt hätte. Und dann tranken wir allesamt auf sein Wohl.

Und auf einmal war er anwesend und entschuldigt zugleich. Man war sich der Einbuße bewußt, die seine Abwesenheit bedeutete, und fühlte sich doch entschädigt. Es war nicht nur ein guter Schriftsteller mehr auf dieser Welt, sondern auch ein guter Mensch. War es nicht einmal mehr erwiesen, daß die Poesie den Menschen besserte und die Welt verschönte?

Noneschwili gab diesem Empfinden, diesem Gedanken nach, indem er sich entschlossen erhob zu einem vermutlich unvorhergesehenen Trinkspruch auf die Poesie, die zum Leben gehöre wie der Duft zur Blüte, die Freundschaft zum Leben, das Lächeln zum Menschen.

Er sprach sehr ernst und etwas zögernd; wahrscheinlich war dieser Trinkspruch ein Übergriff, ein Eingriff sozusagen in die Rechte des Generalsekretärs. Aber ihn trieb seine Sendung, die Erinnerung an den Vorabend, da wir ihn so spruchmächtig erlebt hatten, und den Mienen der Anwesenden war abzulesen, daß man ihm gern zuhörte. Und weil er sich in seiner Schlußwendung geschickt auf ein Wort des Generalsekretärs bezog, erntete er uneingeschränkte Zustimmung. Er trank – wie ich bemerkte, wieder mit Borshom – auf das Glück des Menschen.

»*Pisateli!*« sagte der Generalsekretär, sich unmittelbar und spontan erhebend, und das galt nun für uns alle. »Unser Freund Noneschwili hat ein schönes Wort gesagt. Er hat auf das Glück des Menschen getrunken. Aber – der Menschen sind viele auf dieser Erde. Allein in der Sowjetunion leben 230 Millionen. Wenden wir uns daher den Menschen zu, die wir kennen und schätzen und lieben. Trinken wir gemeinsam auf das Glück unserer Familien – hier in Georgien, dort in Deutschland!«

Weiß Gott, sie meinten es gut mit uns, diese Trinker und Sprüchemacher aus dem Lande des Drachentöters, und man konnte es ihren Mienen ablesen, daß sie nach Bestätigung, nach Anerkennung und Gegenliebe verlangten. Was hatten wir ihnen bisher geboten? Einen Spruch auf ihre Gastfreundschaft und einen auf – Heinrich Böll. Ich füllte also mein Glas und meldete mich zu Wort. Der Generalsekretär gebot Schweigen. Der Germanist übersetzte – ins Georgische.

»In der Größenordnung dieser Welt«, sagte ich, »gibt es kleine

Völker und große Völker, so wie es im Leben mächtige und scheinbar ohnmächtige, einflußreiche und einflußlose Menschen gibt. Feldherrn zum Beispiel und Generale hält man für starke Leute; Dichter und Schriftsteller zählt man gemeinhin zu den schwachen. Aber mir will scheinen, daß diese Größenordnung sehr vordergründig ist. Man müßte danach ein Volk, das viele Eroberer und Generale hervorgebracht hat, schon für groß halten, und eines mit vielen Poeten, Philosophen und Künstlern für ein kleines. Im Deutschland der dreißiger Jahre hat man viele angesehene Schriftsteller aus dem Lande gejagt und sie nach und nach durch Generale ersetzt, damit aus uns endlich ein großes Volk würde. Und als Deutschland dann am größten schien, war es in Wahrheit am kleinsten. Und heute, da es so klein wie nie und geteilt ist, gilt es bei manchen Leuten schon wieder als ein großes Volk.

Das georgische Volk ist der Zahl der Einwohner nach ein kleines Volk. Aber wer einen Blick auf seine Geschichte wirft – und das habe ich heute nachmittag im Nationalmuseum getan –, der muß feststellen, daß Georgien ein kulturgesättigter Boden ist seit frühester Zeit. Zwei mythische Gestalten bleiben für immer mit georgischer Erde verbunden: der große Aufrührer Prometheus, der den Menschen das Feuer brachte, und Medea, die Kolcherin, die furchtbare Rächerin verletzter Frauenehre. Das Feuer des Prometheus ist nicht allein dasjenige, an dem wir unsere Hände wärmen und auf dem wir unsere Suppen kochen, sondern vor allem das Feuer unseres begeisterten Herzens, unserer erhellenden Gedanken, die Flamme unseres Geistes. Die Ehre, die das georgische Volk seinen großen Denkern und Dichtern erweist, und die Wertschätzung und Achtung, die die Gestalt der Frau in diesem Lande genießt, haben vielleicht ihre letzte Wurzel in den Urbildern menschlicher Größe und Tragik: in dem Kaukasier Prometheus und der Kolcherin Medea. Ich trinke auf die große Geschichte des kleinen georgischen Volkes!«

Nie in meinem Leben hatte ich einen Trinkspruch ausgebracht, der ein so dankbares Echo geweckt hätte. Eine Sturzwelle von Sympathieerklärungen überschüttete mich. Der Generalsekretär sprach plötzlich französisch.

»*Cher ami*«, sagte er, als wir bald darauf das Restaurant verließen, und nahm meinen Arm, »*vous êtes notre ami. Merci, mon ami. Je suis très heureux ... vos paroles ... vouz avez raison ... nous sommes un grand peuple ... allez bien, cher ami ...*«

Er suchte das vergeßliche Hirn nach allen möglichen Resten seines Schulfranzösisch ab, um mir von Mensch zu Mensch seine Wertschätzung und seinen Dank auszusprechen.

In aufgeräumtester Stimmung bestiegen wir die Zahnradbahn und ruckerten gemeinsam zu Tal, dem auf samtschwarzem Grunde der Nacht wie verstreutes Geschmeide blinkenden Tiflis entgegen.

Der Abschied in der Hotelhalle war herzlich. Ich grollte im stillen den Moskauer Zentralisten, die ein so eigennütziges und selbstherrliches Programm ausgeheckt hatten, das uns mehr als die Hälfte der Zeit Moskauer Pflaster treten ließ und uns nötigte, diese reizenden Leute so rasch wieder zu verlassen. Aber wer will wissen, ob die Flüchtigkeit des Augenblicks das Erfahrene nicht um so tiefer in die Zielscheibe der Erinnerung eindringen ließ?

Noneschwili umarmte mich und küßte mich auf beide Backen, was gar nicht so einfach war, weil er nahezu einen Kopf kleiner ist als ich. Er überreichte jedem von uns eine hübsche Nachbildung ältester Gefäßfunde mit dem Bemerken:

»Dies ist ein Gruß und ein Andenken an Georgien – von meiner Frau Medea.«

Am Schwarzen Meer

Ich bin nicht ganz sicher, ob die Moskauer Dirigenten unserer Reise dem fürsorglichen Viktor nicht nahegelegt hatten, den Seitensprung ans Schwarze Meer nach Möglichkeit zu vermeiden – auf jeden Fall blieb es bis zu unserer frühen Ankunft auf dem Flughafen von Tiflis und noch eine gute Stunde länger völlig ungewiß, ob wir eine Maschine finden würden. Es sei einiges im Luftfahrplan durcheinandergeraten, hieß es; Stürme und Regenfälle hätten im südlichen Teil der Sowjetunion ungünstige Bedingungen für den Luftverkehr bewirkt.

»Viktor«, sagte ich, »zwölf Tage insgesamt müssen wir in Moskau Pflaster treten; vier taten wir es in Leningrad, einen in Tiflis . . . jetzt möchte ich ans Schwarze Meer und einmal russisches Wasser und russische Sonne auf der Haut spüren. Es wäre wahrhaft eine Schande . . .«

»Wir werden alles versuchen!« unterbrach er mich. »Wir werden alles versuchen. Fahren wir zum Flugplatz!«

Da also waren wir schon; allerdings ohne gefrühstückt zu haben, was Gospodin Gerlach besorgt stimmte. Aber nach einer halben Stunde des Zuwartens wurde eine Kantine geöffnet; es gab Kaffee, Tee, Würstchen, belegte Brote – zumindest dieser Sorge war man ledig. Und die letzte Viertelstunde verkürzte uns noch der Jagdschriftsteller, der hochherzigerweise seinen Morgenschlaf geopfert hatte, um uns im Namen aller georgischen Schriftsteller »gute Reise« zu wünschen. Dann aber hieß es plötzlich, das Gepäck sei an den Schalter zu bringen – es flöge eine Maschine nach Guttaissi; wir müßten uns beeilen.

Nie gehört, dachte ich, aber nehmen wir's wörtlich: Gut, da is' sie. Es wird schon die richtige Richtung sein. Viktor ist zuverlässig.

Es dämmerte gerade, als wir einstiegen – es war eine Zweimotorige diesmal, Provinzverkehr sozusagen. Das Vögelchen erhob sich leicht schwankend, und ab ging's nach Guttaissi. Nach siebzig Minuten landeten wir.

Erst jetzt wurde man inne, daß die Sache mit den Wetterstörungen stimmte. Überall große Lachen am Boden; jagende Wolkenmassen am Himmel ... Wir aber flogen ins Helle.

Wir hatten umsteigen müssen, in eine andere, noch schwächere Maschine, in der es ein bißchen ländlich zuging und ein paar Kleinigkeiten auch leicht defekt waren. Als zum Beispiel der Befehl zum Anschnallen gegeben wurde, vermochte unser Senior den Gürtel nicht zu schließen – trotz größter Anstrengung wollte es nicht gelingen. Das rief bei den Insassen wohlwollende Heiterkeit hervor. Die Stewardeß bat ihn, sich des Mantels zu entledigen, und da klappte es denn auch. Es fehlte aber tatsächlich, und vermutlich schon länger, ein kleines Stück am Gürtel; freilich wurde es erst bei dieser Gelegenheit und von diesem Passagier zum ersten Male entbehrt.

Der Himmel riß auf, und die Schneehäupter des Kaukasus wurden in östlicher Ferne sichtbar. Unten dampfte das regenfeuchte Land um die übergetretenen Flüsse. Wir flogen und bemerkten es sogar. Denn was merkt der fliegende Passagier, wenn er mit 800 oder 1000 Kilometern Stundengeschwindigkeit durch den Äther geschossen wird? Man durfte sich dennoch in der Maschine bewegen – die ländliche Stewardeß hatte vollstes Verständnis –, die Plätze wechseln oder am Boden knien (vorn, wo zum Teil die Gepäckstücke plaziert waren) – der Blick aus dem kleinen Fensterrund traf auf eine frisch gewaschene Schöpfung, die der Bewunderung wert war.

Dann zogen wir eine Schleife über dem Blau der unter uns auftauchenden See, über der sich jetzt ein wolkenfreier Himmel wölbte, mit der er sich überschnitt, in die er einmündete, die er überholte und zurückließ – wir landeten in Suchumi am Schwarzen Meer.

Palmen gehören seit eh und je zu den botanischen Emblemen des Südens und zu den Symbolgewächsen bürgerlichen wie proletarischen Glücks. Unter Linden, Birken und Buchen geht man – unter Palmen wird gewandelt. Es war fast eine Blasphemie, daß wir so teilnahmslos rasch in einer Taxe zur Stadt fuhren. Aber Viktor genoß es trotzdem; er sah ja, daß *wir* sahen. Endlich benötigte man keinen Mantel mehr; endlich schien auch in der Sowjetunion einmal die Sonne, grüßten tropische Gewächse, lachte ein blauer Küstenstrich. Anderes Klima – andere Menschen! Wer hätte es nicht an sich selbst schon oft genug erfahren . . .?

Wir hielten an einem stattlichen und staatlichen Hotel »mit Seeblick« und quartierten uns ein. Das Zimmer, mit Balkon, war riesig; beinah ein Appartement. Auch ein Bad gehörte dazu, freilich eines von bescheidener Art. Aber macht die Sonne nicht auch in Italien und Griechenland so manchen Komfort entbehrlich? Ich wollte mich eben ausbreiten und baden, da rief Viktor an, daß er unten warte, um uns in die Stadt zu führen oder sonst nach Bedarf und Wunsch zur Verfügung stehen. Ich hatte fragen lassen, ob es nicht so etwas wie einen Markt gäbe – und es war tatsächlich gerade Markt, man müsse freilich die ganze Stadt durchwandern, um ihn zu erreichen. Was aber hätten wir Besseres tun können?

Ich bin voreingenommen für Landschaften und Städte, auf die zumeist die Sonne scheint. Ich meine, sie hätten nicht nur das Recht, sondern geradezu die Pflicht, weniger perfekt, geleckt und adrett zu sein als die Länder und Siedlungen des schattenreichen Nordens. Dieses Suchumi hätte ebensogut rumänisch wie bulgarisch oder auch griechisch sein können. Kleine Schusterhütten sah man, Obst- und Limonadenkioske, Eisverkäuferinnen, Büchertische . . . Waren das nur auch Staatsangestellte? Oder waren es kleine freie Handwerker?

Die Meisterin, unsere Dolmetscherin, immer und überall an russischen Büchern interessiert, blieb an einem dieser Tische stehen, studierte den Bestand und holte uns an der übernächsten Ecke wieder ein. Sie war ungemein erheitert und gab das Verhör wieder, dem sie unterworfen worden war, und den eindrucksvollen Abgang, den sie sich verschafft hatte – durch ein einziges Wort.

Während sie blätterte, hatte der Inhaber des Standes, dem gerade ein Freund oder Bekannter Gesellschaft leistete, sie gefragt:

»Sie sind sicher eine Ausländerin?«

»Ja«, hatte sie lakonisch geantwortet und weitergeblättert.

»Sie sind vielleicht eine Ungarin?«

»Nein.«

Pause.

»Aber eine Tschechin könnten Sie sein.«

Pause.

»Sind Sie eine Tschechin?«

»Nein.«

»Gewiß, Sie könnten auch eine Rumänin sein. Es gibt auch Rumäninnen, die so blond sind wie Sie. Kommen Sie etwa aus Rumänien?«

»Nein.«

Pause.

»Jetzt weiß ich's. Sie kommen aus Polen . . .?«

»Nein.«

Dazwischen immer wieder Blättern und Lesen in den Büchern, gleichgültig interessiert, die Neugier des Bouquinisten auskostend. Und endlich, mit gepeinigtem Aufseufzen die herausfordernde Feststellung:

»Dann können Sie nur noch aus der DDR sein.« Und dann, weil diese Schlußfolgerung ohne Bestätigung bleibt:

»Kommen Sie etwa *nicht* aus der DDR?«

»Nein.«

Und schließlich verzweifelt, beinah flehend:

»Ja, wo kommen Sie denn dann her?!«

342

Die Meisterin, die nichts Interessantes entdeckt hatte, sieht den Frager belustigt an und antwortet genüßlich und ihre einsilbige Pointe auskostend mit einem gedehnten:

»Aus Bonnnnn . . .«

Die beiden seien erstarrt. Und wahrhaftig: wie sie das aussprach, mit diesem echohaft sich vervielfachenden N, gewann der alltägliche und belanglose Städtename plötzlich jene nachhallende, groteske Dämonie, die man ihm in allen Politbüros jenseits des Eisernen Vorhanges zuschreibt. Viktor stimmte in unser amüsiertes Gelächter mit ein, und so schien selbst die verbiesterte und verbiesternde Politik unter der Sonne des Schwarzmeerhimmels einen freundlicheren Zug zu gewinnen. Er hatte sich an uns, wir hatten uns an ihn gewöhnt. Wir waren in das Stadium friedlicher Koexistenz eingetreten.

Wir trotteten gemächlich durch die Stadt, und ich sog den so lange entbehrten Anhauch von Balkan ein, diese köstliche Mischung von Laufenlassen und Sichdennocheinrichten, von Nachlässigkeit und Entgegenkommen, Korruptheit und Humanität, die genau die bekömmliche und ausgleichende Mitte trifft zwischen dem zuverlässigen Terror nördlicher Zweckmäßigkeit und Ordnung und der entnervenden Anarchie des Orients. Wenn doch die Leute nicht immer nur von Rassen und Nationalitäten, Stammeseigenschaften und Volkscharakteren reden und rätseln wollten! Das *Wetter* macht es, daß *Frisia non cantat* und die Neapolitaner so schön singen, daß der arme Spanier stolz ist, der Ire trinkt, der Deutsche so viel arbeitet und der Eskimo sich so zurückhaltend vermehrt. Mache einer in der Bonner Waschküche weitsichtige Politik oder behalte im heißen Südamerika kühles Blut! Und eine wieviel kontinuierlichere und friedlichere »friedliche Koexistenz« ließe sich von Sotschi am Schwarzen Meer aus treiben! Selbst Washington ist ja nicht der idealste Ort, vom Klima her gesehen. Es ist völlig sinnlos, daß die Leute jeden Abend den Berichten der meteorologischen

Anstalten und Wetterwarten zuhören wollen, um sich von der Variabilität des Variablen überzeugen zu lassen. Gutes Wetter macht man nicht; gutes Wetter muß man haben.

Suchumi hat es – wir schreiben Mitte Oktober und spazieren im Sonnenschein über den Markt, der zwar nicht so bunt und reich ist, wie es balkanische Märkte vor vierzig Jahren waren, als der Mangel noch nicht planmäßig vermehrt und der Überfluß noch nicht planmäßig gedrosselt wurde. Für achtzig deutsche Pfennige kann ich mir in einer deutschen Südfruchthandlung zwei herrliche Birnen erstehen; auf dem Markt von Suchumi kosten die beiden gar nicht so erlesenen und köstlichen Birnen einen Rubel, also mindestens 1,30 DM das Stück (nach offiziellem Kurs gar 2,10 DM).

Zwei Birnen gleich einer Langspielplatte (zum Beispiel Tschaikowskijs Violinkonzert) – es sind wahrhaft bemerkenswerte Relationen, in jeder Hinsicht.

Eigentlich suchte ich Trauben. War nicht Traubenzeit jetzt? Ich erhoffte schwellende Tische; aber man hätte das spärliche Angebot gewiß in einer Stunde nach Beeren auszählen können. Darum die Birnen. Aber die Sonne scheint freundlich und gleichmäßig auf kontingentierte Waren und freie Spitzen. Staatsläden und Warenhäuser wirken immer und überall seelenlos und anonym. Aber so ein Markt, wo hinter noch der bescheidensten Menge Gemüse oder Obstes der Bauer oder die Bäuerin stehen, die ihren bescheidenen Überschuß vom Lande in die Stadt gefahren haben, strahlt Originalität und Individualität aus, menschlichen Fleiß, menschliches Dienen. Hier spürt man das Aroma des Landes, die Seele des Volkes. Die Birne aus der Hand der Bäuerin, die sie pflückte, schmeckt nicht anders als diejenige, welche eine freundliche »Poshaluista« auf der Straße in Moskau verkauft. Doch es ergeht mir wie mit dem Glase, das der Winzer kredenzt, und dem, das ich mir aus einer Flasche eingieße, welche ich eben im Laden erstand. Man sagt, das seien altmodische Ansichten, Vorurteile. Aber wie viele Erfahrungen erscheinen dem Menschen der Massengesellschaft nur deshalb als Vorurteil, weil er nicht mehr die Gelegenheit erhält, selbst zu erfahren?

Natürlich stand auf dem Programm ein Bad im Schwarzen Meer, und das schloß sich denn auch sinnvollerweise an unseren Stadtrundgang an. Der Badebezirk lag am Südrand der Stadt und war säuberlich unterteilt; wir gehörten in die Abteilung »Ausländer«. Erst nachdem wir eine Weile auf der Pritsche gelegen und unsere Gesellschaft studiert hatten, wurden wir es inne, daß wir unter lauter Tschechen, Polen, Ungarn und anderen nicht-sowjetischen Volksdemokraten lagerten. Das Mißtrauen gegen alles, was aus dem Ausland kommt, ist zwar in den letzten Jahren einer etwas sachlicheren und offeneren Haltung gewichen; aber die Unterteilung noch der Badenden in inländische und ausländische Gäste beweist, daß alte Vorbehalte wirksam sind, die dann bei jedem – echten wie provozierten – Ausländerskandal von den Regierenden und der Presse neu belebt werden.

Immerhin gab es für Sonnenanbeterinnen ein Stück strengstens abgegrenzten und gesicherten Strandes, einen Streifen »Abessinien«. Wir hätten es nie erfahren, wenn nicht die Meisterin, die kein Badezeug mitführte, auf der Suche nach einer legalen Bademöglichkeit diesen Hinweis von unserer Aufseherin erhalten hätte. Ob mit oder ohne – es war wohltuend, den Leib in der Sonne zu räkeln, die sich so wenig von der über Sizilien unterschied wie ein Regen unter Hitler von einem Regen unter Stalin.

Unser Senior, ebenfalls ohne Badezeug, nahm ein legeres Zille-Sonnenbad; Viktor und ich aber wetteiferten mit den andern entblößten Volksdemokraten um den Platz an der Sonne.

Selbst hier, wo die Menschen einander in einfacher Körperlichkeit begegneten, war der Unterschied zwischen einer »kapitalistischen« und einer »sozialistischen« Badegesellschaft noch immer spürbar. Am augenscheinlichsten jedoch trat er am Abend in Erscheinung, als wir – auf dem Weg zu unserem separierten Speisesaal, in dem Viktor uns wohl gegen nachteilige Eindrücke und Einflüsse absichern wollte – einige Male den großen Tanzsaal durchqueren mußten. Da sah man sie sitzen und trinken und tanzen in aufgeräumter Stimmung, die neue Gesellschaft. Es war nicht allein der Mangel an Eleganz, der das allgemeine Bild wenig anziehend prägte – das Spießbürgerklima frappierte, die Hosenträger, die abgelegten Jacketts, die grellen Kleider, die allzu sorglose Haltung, das wenig graziöse Tanzen. Wenn Anmut und Schönheit bei denen wären, welche die Macht oder die Gewalt haben, müßte man daraus schließen, daß die sozialistische Massengesellschaft im Grunde eine machtlose, einflußlose Gesellschaft sei.

Aber noch schien die Sonne warm vom wolkenlosen Oktoberhimmel; und ob es nun der musterhaften Planung des sowjetischen Schriftstellerverbandes oder nur dem vielberufenen Zufall zugeschrieben werden mußte: auch in Suchumi wartete eine zoologische Attraktion auf unseren Tier- und Menschenfreund Gerlach. Und vielleicht, weil der Spielraum des Menschen in einem totalitär regierten Staat sehr eingeschränkt ist, verspürte auch ich während dieser russischen Wochen eine zoologische Neugier von zuvor nicht beobachteten Ausmaßen.

Je mehr uns die Maschine beherrscht, um so seltener, interessanter und köstlicher wird das Tier für denjenigen, der atmendes Leben liebt. Zuweilen hatte ich – auf Reisen in fremden Ländern –, wenn es sich günstig traf, während der letzten fünfzehn Jahre einen zoologischen Garten besucht, und noch jedesmal, wenn ich vor den Zwingern und Gehegen stand, ein leises Schuldgefühl verspürt und die unausgesprochene Anklage der Tiere empfunden, die dem Menschen, der sie ihrer Freiheit beraubt hatte, als Anschauungsmaterial dienten. Er ging stolz und frei und hochmütig vor den Behausungen ihrer Unfreiheit auf und ab und begutachtete sie: ein Zwerg den Elefanten, ein Kretin den Löwen. In den zoologischen Gärten von Moskau, Leningrad und Tiflis aber gewann eine andere Empfindung von Mal zu Mal die Oberhand. Ich sah den Wisent, den Bambusbär, den Tiger, Löwen, Elch und Wolf und dachte: Man hält euch gefangen, und ihr leidet daran. Aber niemand fordert von euch, daß ihr eure Wärter besingt, eure Gefangenschaft als paradiesisches Geschick preist. Selbst die Hyäne im Leningrader Zoo hat bei aller Unfreiheit doch die Freiheit, in einer viele hundert Male am Tag wiederholten stereotypen Bewegung gegen ihr Gitter anzulaufen. Wie häßlich war sie doch in ihrem schmutzig gefleckten Fell . . . Am Halse pendelte ein Gewächs, wie ein Kettchen, hin und her; der Kopf war plump und unschön – ein erbarmungswürdig abstoßendes, ausgestoßenes Geschöpf der Schöpfung. Dennoch war ihr die Würde des Widerstandes geblieben, und ihr monotoner Protest erschütterte. Welches Recht aber – zu widersagen, zu widerstehen – hatten diejenigen, die gutmütig, gutgläubig, neugierig, nachdenklich vor den Käfigen auf und ab schritten – die domestizierten Menschen vor den domestizierten Tieren, denen ihre Stummheit und Wildheit ersparte, ihren Gefängnisaufsehern und -wärtern zu schmeicheln?

Man sagte uns, daß etwa 1500 Affen in Suchumi für Forschungszwecke gehalten würden, und der Aufstieg durch ein parkähnliches Gelände ließ denn auch die Größe der Anlage und den »tödlichen« Ernst dieses Forschungsinstitutes erahnen. Neugier und Unterhaltungsbedürfnis lockten viele Feriengäste an die zum Teil riesigen Käfige und Anlagen, in denen viele Hunderte von Affen verschiedenster Rassen und Größe ihr Wesen und Unwesen trieben.

Am groteskesten berührte das Gehege der Paviane, in dem ein betagter Regent mit schneeweißer Mähne auf die Gunst von etwa hundert Weibchen hätte zählen können, würde er sie nur annähernd wahrgenommen haben können. Daß keiner der Zuschauer und Besucher diese groteske Unterstellung auch nur in Gedanken mit nach Hause nähme, dafür sorgten die vernachlässigten Damen, die untereinander den Ausfall an Männlichkeit durch Täuschungs- oder Vortäuschungsmanöver auszugleichen suchten.

Eine Assistentin des Instituts führte uns, eine einfache, aber sachkundige Frau, die nicht der Prüderie verdächtigt werden konnte. Am Ende des Rundgangs führte sie uns an ein Gehege, das jungen Rhesusäffchen vorbehalten war, die uns mit einer Anteilnahme begutachteten, die der unsrigen nahezu entsprach: und so endete der Rundgang in Gelächter und Affengekreisch.

Ehe wir uns, ins Hotel zurückgekehrt, zum Abendessen und zum fälligen Streitgespräch mit Viktor niederließen, fuhren wir noch mit einem Dampfer, der etwa die Größe der respektabelsten Bodenseeschiffe hatte, für eine Stunde aufs Schwarze Meer hinaus.

Es war gegen neunzehn Uhr; die Sonne war gesunken, und die Nacht dämmerte mit den ersten Sternbildern herauf. Suchumi hatte seine Lichter entzündet, die wir zurückließen, neben uns das dunkle bewegte Wasser, über uns den Himmel. Wir zogen eine große Schleife, die immer neue Rückblicke auf die Stadt erlaubte, eine Stunde lang; für dreißig Kopeken.

Als wir weit draußen schwammen, fragte ich Viktor, ob er ein Streichholz habe; ich wollte mir eine Zigarette anzünden. Daraufhin bot ein uns gegenübersitzender Arbeiter, der mich einer Zigarette bedürftig glaubte, mir eine solche an, und als ich ihm dafür durch Viktor danken ließ, der einiges Nähere über unsere Reise und Nationalität verriet, überreichte er mir eigens eine unangetastete Packung mit dem Bemerken, die Feindschaft zwischen unseren Völkern müsse ein Ende haben, wir müßten Freunde werden. Er war gar nicht aufdringlich, aber unerbittlich in dem Vorhaben, mir dies kleine Geschenk zu machen, das damit über etliche Metamorphosen die Rolle der gemeinsam zu rauchenden Friedenspfeife übernahm.

Am nächsten Morgen mußten wir unser Frühstück, da wir sehr früh aufbrachen, in einer kleinen Pantry einnehmen, die in der zweiten Etage des Hotels lag, und ich würde der fünf oder zehn Minuten währenden hastigen Mahlzeit auch kaum gedenken, wenn mir nicht die heitere und ungemein gewinnende Art des Wirtes den frühen Morgen so nachhaltig überglänzt hätte.

Diese freundliche Erfahrung und der blaue Himmel geleiteten uns auf der Fahrt zum Flughafen Adler, für die wir gut sechs Stunden Zeit hatten. Vier davon waren für die Fahrt und zwei für ein Bad im Schwarzen Meer eingeplant.

Der Fahrer wich bald von der flachen Küstenstraße und lenkte sein Gefährt hügelan, am Saume des Gebirges entlang, das vom Schwarzen Meere aus anstieg. Dann kehrte er ins Flache zurück; dann wieder veränderte sich die Landschaft und wurde kühn wie die zwischen Sorrent und Amalfi. Eine kurze Rast, von einem Imbiß ausgefüllt, machte uns mit ihrer natürlichen Schönheit vertraut, die ohne die lichterfüllte Nähe des beinah unbewegten Meeres nicht denkbar ist. Einfache Häuschen, zum Teil auf Pfählen errichtet, lagen hier und dort über die Landschaft verstreut. Ketten mit Zwiebeln und Paprikaschoten hingen am Gesims. Letzte Blumen blühten in den winzigen Gärten. Das Land, die Landschaft, das Landleben prägten das Bild.

Viktor aber schwärmte Gagra entgegen, dem Bad der neuen sowjetischen Gesellschaft, in dem auch er sonnige Wochen mit seiner Frau verbracht hatte, im letzten Sommer. Gagra galt offenbar als Mekka, Taormina, Cannes, Travemünde der Russen und anderer Volksdemokraten. An Kollektiv-Datschen des sowjetischen Schriftstellerverbandes vorbei – der russische Spitzname dafür war etwa mit »Gschaftelhubereien« zu übersetzen –, die ich nur zu gern mitsamt ihrer Belegschaft besichtigt hätte, kamen wir schließlich in Gagra an.

Viktor wies den Fahrer an, ein Stück mit dem Wagen vorauszu-
fahren, und nahm mit uns – über eine Promenade hinweg – den
Weg zum Strand. Irgendwo machte er uns noch auf ein Gebäude aufmerksam, das ein deutscher Prinz oder Herzog vor dem ersten Weltkrieg erbaut hatte. Dann aber standen wir im Ange-
sicht des Meeres an einem Punkt, den Viktor möglicherweise
von seinem Sommerurlaub her für den günstigsten halten
mochte. Auf jeden Fall blieb er plötzlich stehen, sah uns an,
blickte aufs Meer, sah uns wiederum an und sagte bedeutungsschwer und herausfordernd ein einziges Wort:

»Nun . . .?«

Es war wie die auf einen Schuß verkürzte Frage: »Was sagt ihr
nun, ihr verwöhnten Westler, zu diesem sowjetischen Muster-
bad Gagra? Seid ihr nicht beschämt? Verstummt ihr nicht angesichts dieser landschaftlichen Schönheit? Gibt es etwas Besseres,
Vollkommeneres auf dieser Welt?«

Viktor und ich nahmen ein Bad; der Strand war steinig und
flach, aber das Wasser war eine köstliche Belohnung für den
mühsamen Einstieg. Es hatte vielleicht achtzehn oder neunzehn
Grad. Trotzdem rief neben uns eine Landsmännin aus der Nach-
barrepublik, die sich ins Wasser begab:

»Awer gald isses . . .«

Schließlich war es Zeit, aufzubrechen: in Adler würde gegen
vierzehn Uhr die Maschine nach Moskau starten, und Viktor
hielt auf Sicherheit. Noch einmal trug uns das gemietete Vehikel in hügeligem Kehrauf, Kehrab die Küstenstraße entlang.
Die Sonne schien warm; der Himmel blaute, die Landschaft
leuchtete in herbstlichem Verfall, und das Schwarze Meer ruhte
unbewegt in sich selbst, von Abermillionen Lichtreflexen überglänzt. Einmal begegnete uns ein Hirt mit einer kleinen Herde;
ein andermal rasteten einige Holzfäller am Weg und verzehrten
ihr mitgeführtes Mahl. Meist lag die Fahrstraße unbelebt im
Mittagslicht. Viktor hatte vorsorglich die landschaftlich wohl

ergiebigste Route wählen lassen. Obwohl es Oktober war, leuchtete die Landschaft in altersloser Schönheit.

»Gefällt es Ihnen?« fragte Viktor, der für seine Organisations-talente nur zu gern ein lobendes Wort ersehnte.

»Ein wundervoller Tag, Viktor . . .« sagte ich. »Ein überaus ge-lungener Abschluß dieser Reise.«

»Sie sehen: auch Rußland ist schön«, sagte er voller Stolz.

»Ja«, bestätigte ich. »Es gibt überall Schönheit auf dieser Welt, Viktor. Es kommt nur darauf an, was die Menschen aus dieser schönen Welt machen . . .«

»Sehen Sie!« sagte er. »Wir verstehen uns doch!«

Die Kognakschlacht

Wir waren bei etwa fünfundzwanzig oder sechsundzwanzig Grad Celsius in Adler am Schwarzen Meer in die vollbesetzte Maschine geklettert – als wir in Moskau landeten, zeigte das Thermometer neun Grad an. Ein kalter Wind pfiff uns um die Ohren. Der Himmel war bedeckt. Vor der Einfahrt in die Stadt grüßte eine riesige rote Tafel mit der Aufschrift: Es lebe die Kommunistische Partei der Union der Sozialistischen Sowjetrepubliken! Dann hatte unsere Taxe eine Panne, die mir zum Traubenkauf verhalf. Und dann landeten wir wieder im »Peking«, wo Steshenskij und Böll schon auf uns warteten und Viktor, dessen Auftrag erfüllt war, uns mit besten Wünschen entließ.

Auch eine Einladung wartete auf uns, eine gekoppelte sozusagen, die gerade Zeit ließ, das Hemd zu wechseln: in einer Stunde würde im Gorki-Institut für internationale Literatur eine Feier zum Gedenken an Leonhard Frank stattfinden, für die man unsere Teilnahme und von Heinrich Böll einige deutsche Gedenkworte erbeten hatte; im Anschluß an diese Feier seien wir beim Leiter des Institutes zum Abendessen gebeten.

Wir begaben uns also ins Gorki-Institut – Maxim Gorki als »Klassiker« der Weltrevolution gibt unzähligen Instituten, Bibliotheken und Schulen seinen Namen – und wurden dort von Professor Anissimow und seinen Mitarbeitern freundlich empfangen. Ich kannte Anissimow von einem Essen her, das die Stadt Stuttgart der sowjetischen Delegation, die zwei Jahre zuvor die Bundesrepublik bereiste, im Restaurant des Fernsehturmes gegeben hatte.

Wir begaben uns in den Vortragssaal des Institutes, der etwa zu einem Drittel besetzt war; das Auditorium hatte vorwiegend auf den hinteren Reihen Platz genommen. Eine riesige, expressionistisch gestaltete Gorki-Büste beherrschte den Hintergrund. An einer Seitenwand waren Lichtbilder von internationalen Literaten montiert: Dreiser, Hemingway, Rolland, Johannes R. Becher, Shaw, Laxness, Nexö . . .

An einem langen Tisch nahmen wir Platz: Anissimow als Lenker des Ganzen, die vorgesehenen russischen Referenten und wir wiedervereinigten drei, um jeweils einen Dolmetscher gedoppelt. Anissimow eröffnete den rhetorischen Reigen mit einigen sachlichen Hinweisen. Schließlich gab er das Wort den Rednern der Gedenkfeier, die nacheinander, jeder etwa zwanzig oder fünfundzwanzig Minuten lang, Leonhard Franks Schaffen beleuchteten; selbstverständlich unter Gesichtspunkten und nach Maßstäben, die der Marxismus-Leninismus empfahl.

Aber weder der schlanke, blasse, jüdisch anmutende Lektor des Zeitschriftenverlages für ausländische Literatur, noch der beleibte Chefdogmatiker, noch die unheimlich perfekt und hemmungslos palavernde junge Germanistin vermochten dem bescheidenen Auditorium auch nur die Andeutung einer Zustimmung oder eines Beifalls zu entlocken. Jeder spulte seinen Faden ab und schien nicht auf Dank zu rechnen. Und die da hinten schienen zu wissen, daß da vorn Routinearbeit geleistet wurde: ein unumgängliches Soll, im Grunde weder der Rede noch des Echos wert. Manchmal sah man sie Bemerkungen austauschen, die kaum bewundernder Art sein konnten, eher kritischer oder gar abschätziger Natur. Keiner der Redner hatte das Ohr seiner Zuhörer. Der Lektor sprach halb schräg zum Vorstandstisch gewendet. Die Germanistin schien ebenso ins Blaue wie zu sich selbst zu reden . . . (Ich sprach ihr hernach meine Bewunderung für eine so hemmungslose Suada aus, was sie mit der Versicherung quittierte: sie könne eigentlich überhaupt nicht reden, sie überspiele nur redend ihre außerordentliche Schüchternheit.) Und Professor S. war wohl allen schon seit Jahrzehnten als nie fehlender und fehltretender Äquilibrist bekannt, so daß alle ihn hinnahmen wie den Punkt hinter dem Satz und das Amen in der – Parteiversammlung.

Die Meisterin, die mir zu dolmetschen versuchte, mußte vor dem Mechanismus der approbierten Rede kapitulieren – und warum sollte mich interessieren, was das Auditorium offensichtlich kaum interessierte? Sie wollten wissen, was sie noch nicht wußten, und darum rührten sie plötzlich lebhaft ihre Hände, als ihnen Genrich in fünfzehn oder zwanzig einfachen Sätzen Schicksal und Tragik dieses aus der Emigration in ein ständig vor sich selbst emigrierendes Volk zurückgekehrten Schriftstellers schilderte.

Anissimow dankte Böll, und wieder rührten die anderthalb Stunden hindurch unbeteiligt Dasitzenden lebhaft ihre Hände. Die Gedenkfeier war zu Ende. Wir brachen auf.

Es war das zweite Mal, daß wir in einer russischen Familie zu Gast waren, auch wenn es die kleinste Form einer Familie war, da Anissimows im Jahre zuvor ihren einzigen Sohn verloren hatten. Und wieder erwartete uns eine reich und mit Geschmack gedeckte Tafel, deren Köstlichkeiten zum größeren Teil von der Hand der Hausfrau und nach eigenen Rezepten zubereitet waren. Vor allem die Salate waren von verführerischer Würze. Am gelungensten schien mir der einfachste, ein Krautsalat, dessen Rezept ich mir von Frau Anissimow erbat: gehobeltes Kraut (weiß), eine geraspelte Mohrrübe, ein geriebener saurer Apfel, etwas grüner und weißer Sellerie, saure Sahne, Zitrone und »sehr bißchen Zucker«.

Sie sprach ganz gut deutsch, und das erlaubte Einblicke in ihr Wesen, das – bei allem geheimen Schmerz, an dem sie tragen mochte – von jener ungezwungenen Freundlichkeit, Fürsorge, Nachsicht und Teilnahme war, die den Gast ermuntern, einbeziehen und ihm das wohltuende, wärmende Gefühl unmittelbarer menschlicher, ja geschwisterlicher Nähe verleihen – ein Gefühl, das alle Russinnen dieser Altersstufe (die Endfünfzigerinnen und Frischsechzigerinnen) zu wecken wußten, ob es sich nun um die Führerin im Dostojewskij-Museum oder die Direktorin der Bibliothek für ausländische Literatur, die Verwalterin des Tolstoischen Winterhauses oder die liebenswürdige Germanistin Tamara Motylowa, die Anissimowa, die Romanowa des Schriftstellerverbandes oder die etwas jüngere Tschornaja handelte. Sie alle strahlten unaufdringlich Mütterlichkeit aus. Ich habe verläßliche Freunde, welche während des Krieges Zwangsreisende und ungebetene Gäste in Rußland waren, die Reinheit und Keuschheit der einfachen Russinnen rühmen hören. Da Tadel und Selbstlob in diesem Bereich an der Tagesordnung sind, möchte ich solchem »Lob des Fremden« trauen. Diese gereiften Russinnen, die hier und dort zur Fülle neigen, lassen etwas ahnen von den großen russischen Tugenden der Geduld, des Erbarmens, der Nächstenliebe. Sie sind näher am Leben, an der Wirklichkeit, am Menschen als ihre von Ideologie und Utopie terrorisierten Männer.

Anissimow, durch Stellung und Vergangenheit hinlänglich ausgewiesen, verschmähte es, den im Institut gewohnheitsmäßig angeschlagenen Ton fortzusetzen; er war ein freundlicher Gastgeber, der seinen Gästen, vor allem der Dolmetscherin, die er von der Deutschlandreise her kannte und mit dem Vornamen anredete, jede Aufmerksamkeit erwies und mit dem stillen Vergnügen des gedienten Ehemannes die Sympathie wahrnahm, die seiner liebenswürdigen Lebensgefährtin von allen Seiten zuströmte. Wir fünf – die Meisterin, Wolodja Steshenskij, Gerlach, Böll und ich –, nach vier Tagen der Trennung wieder beisammen, freuten uns der anheimelnden Atmosphäre, berichteten jüngst Erlebtes, gaben ein paar Auskünfte über unsere Familien und näherten uns darüber, unbewußt vielleicht, auch der eigenen Häuslichkeit, der wir gut achtundvierzig Stunden später wieder zustreben würden. Aber da gab es noch einen weiteren

Gast in unserer Runde, den Towarischtsch – sagen wir – Samowarin, den Chefreferenten des Nachmittags, Professor für Ger-
manistik, insonderheit für mittelhochdeutsche Literatur, einen
Sechziger etwa mittlerer Größe, von behäbig-gewaltiger Korpu-
lenz, mit kurzgeschnittenem, ergrautem Bürstenhaar, genuß-
freudiger Mundpartie, kräftigen, kurzfingrigen Händen, die –
hätten sie es nur umfassen können – ein Krokodil erwürgen
könnten, mit listigberechnenden grauen Augen, kräftigen Bei-
ßern und Kinnbacken, ansehnlichem Bauch und überhaupt von
der Statur eines Findlings; ein Goliath, ein Bär, ein Walroß vom
Körperlichen her gesehen – aber in dieser Fleisch- und Muskel-
masse nistete, auf hundert Schleichwegen geübt, die Seele eines
Fuchses, einer Otter, einer Schlange; und der Weg zu diesem
Innenleben (ich zitiere ohne Urheberschaft: »Der hat seine Seele
schon so oft verraten, daß er keine mehr hat«) oder dem nach-
gelassenen Hohlraum führte durch eine Kehle, die geräumig
war wie die eines bayrischen Biertrinkers und ausgetrocknet wie
ein balkanisches Flußbett im August.

Samowarin saß mir gegenüber; zwischen uns an der Schmalseite
des Tisches war Gospodin Gerlach plaziert; beinah wie eine Art
Schiedsrichter. Preis der Weisheit und dem Maß des silbernen
Haares! Unser Senior hielt lächelnd die Hand über das Glas, das
Samowarin ihm zum dritten Mal einschenken wollte, und lenk-
te damit alle Angriffslust des trinkfreudigen Barbaren auf mich.

Wie immer begann es mit Wodka – was wäre auch dagegen einzuwenden? Wodka regt den Appetit an, und der Speisen waren
nicht wenige und immer verlockendere – ein weniger opferfreudiger Magen würde schon nach einem Drittel aller möglichen
Proben kapituliert haben. Aber Wodka eben stimmt einsatzfreu-
dig, opfermütig, aufnahmebereit.

»Greifen Sie zu, meine Freunde! Was auf dem Tisch steht, gilt
als verloren. Meine liebe Frau hat den ganzen Tag an diesem Gemälde gearbeitet, das Sie vor sich sehen. Greifen Sie zu!«

»Eine Schande wär's«, sagte Samowarin (er soll Junggeselle sein), »das nicht zu würdigen. Mein Arzt hat mir Mäßigkeit verordnet; denn ich bin zumeist ein kranker Mensch. Aber heute abend fühle ich mich gesund. Prost, sage ich darum. Ihr Kognak hat es mir angetan, Anissimow. Ein herrlicher russischer Kognak. Ein Labsal. Sie müssen probieren, meine Herren. Sie müssen!«

Eigentlich bin ich auf den georgischen Weißen eingestellt, der da ebenfalls auf dem Tische wartet; aber Samowarin setzt die große Kognakflasche wie eine Maschinenpistole auf meine Brust, senkt sie und füllt mein Glas mit braunem Kognak. »Zum Wohl!« sagt er und rezitiert:

> »*Uns ist in alten mæren/ wunder: vil geseit*
> *von helden lobebæren/ von grôzer kuonheit . . .*«

»Sie kennen Deutschland?« frage ich.

»Demokratische Republik. Leipzig, Dresden, Weimar . . . Sie trinken nicht, Herr Görlach? Sie wollen – wie sagt man – überspringen? Bitte sehr. Wir aber trinken. Oder schmeckt er nicht?«

Ich gestehe, daß ich eigentlich Weintrinker bin, aber natürlich – der Kognak ist gut. Ich wußte gar nicht . . .

»Bundesrepublik weiß zu wenig von Sowjetunion. DDR weiß mehr. Trinken Sie, lernen Sie! Russischer Kognak ist vorzüglich.« Er gießt wieder ein, bis an den Rand. Er gießt auch sich ein.

»Kollege Anissimow?«

Aber Anissimow winkt ab. Er muß maßhalten; er spricht es nicht aus, aber er tut es. Samowarin sollte maßhalten, er spricht es aus; aber er tut es nicht. Er ißt und trinkt mit dem Heißhunger eines gefangenen Raubtiers, das sich plötzlich in Freiheit gesetzt sieht. Anissimows Abstinenz spricht ihm die Rolle des Anführers zu.

357

»In Rußland muß man austrinken!« mahnt er streng, als ich das vierte Kognakglas in zwei Etappen zu bewältigen trachte.

»Oder wollen Sie auf zwei deutsche Staaten trinken? Ich trinke auf Bundesrepublik.«

Da muß ein Bundesrepublikaner wohl austrinken.

Wer viel trinkt, muß gut essen. Der Kochkunst unserer Gastgeberin wird allseitig Ehre und Zuspruch erwiesen. Auch Samowarin ißt, was er nicht essen sollte. Mit Verachtung und Genuß zugleich. Manchmal spielt er mit seinen Kaumuskeln. Dann wieder leckt er genießerisch die vom Kognak feuchten Lippen und rezitiert ein Stückchen aus dem Mittelhochdeutschen:

> *»Unter der linden an der heide*
> *dô unser zweier bette was . . .«*

Aber das sind flüchtige Anwandlungen, nicht der Rede wert. An diesem Abend gilt es nicht zu zitieren, sondern zu trinken, sei es auf Kosten des Gastgebers, sei es auf Kosten der Gesundheit, sei es auf das Wohl der Gäste . . . Eine unheimliche Gier spricht aus allen Griffen und Gesten, eine tödliche Genußsucht. »Trinken Sie, mein Freund! Trinken Sie doch. Kognak ist besser als Wein, konzentrierter . . .«

Er spielt damit auf mein zweites Glas an, das ich gelegentlich mit Wein fülle, in der Hoffnung, daß mir demnächst doch die Umstellung auf dieses leichtere und bekömmlichere Getränk gelingen möchte, während er sein zweites Glas immer wieder mit Sauerbrunnen füllt. Und weil er auf diese Weise die rastlose Kognakzufuhr etwas unter Kontrolle behält, während ich mich einer zwiefachen alkoholischen Zerreißprobe ausgesetzt sehe, neigt sich die Schale des Sieges mehr und mehr auf die Seite des sowjetischen Chefgermanisten. Ich halte zwar durch fleißigen Verzehr ein annäherndes Gleichgewicht; aber während er mit unverminderter Wollust die braune Flüssigkeit aus der zur Neige gehenden Flasche in die rauhe Kehle fließen läßt, schlucke ich den neunten oder zehnten Kognak schon wie verordnete Medizin. Der Stumpfsinn der Trunkenheit läßt mich weiter mithalten, aber der Genuß des Trinkens ist längst ertötet. Ich trinke und weiß nicht warum. Ich nähme gern ein Glas Wasser zwischenhinein; aber das meine ist ja mit Wein gefüllt – also gieße ich Wein auf den Kognak.

Zwei- oder dreimal wische ich ihm eins aus, so unauffällig – ich spüre ja, daß sein Zugießen und Zutrinken nicht von selbstverständlicher Freundschaft, sondern von geheimer Schadenfreude ausgelöst ist. Professor Samowarin fühlt wie alle Gesinnungsroutiniers und Linienrichter, daß ich ihn durchschaue und kaum um seine Talente beneide.

Trotzdem läuft alles reibungslos. Die Unterhaltung bleibt lebhaft, und es geht kreuz und quer, herüber und hinüber. Auch die anderen füllen und leeren ihre Gläser, wenn auch nach eigenem Belieben. Das Ehepaar Anissimow freut sich seiner Gäste. Ganz offensichtlich herrschen Freundschaft und Frieden – wie sollte es auch anders sein. Die Kognakschlacht findet unterirdisch statt. Nicht unter Ausschluß der Öffentlichkeit, beileibe nicht – alle sehen ja, wie oft Samowarin und ich uns zuprosten. Aber wer kann hinter unseren Stirnen lesen . . .

»Zur Gesundheit!« sagen wir und denken: »Zur Hölle mit dir, Bursche!«

Wir brechen auf, gen »Peking«, heiter bewegt vielleicht; aber das Handküßchen für die liebenswerte Anissimowa sitzt, und man geht durchaus gerade. Man wünscht einander »gute Nacht« im Hotel und rüstet zur Nachtruhe. Das Zimmer ist neu, das Bad eigentlich schöner als jenes der ersten Moskauer Periode. Man sollte es ausnutzen.

Irgendein merkwürdiges Gefühl sitzt in mir, vielleicht vom abrupten Klimawechsel her; vielleicht möchte das Salz des Schwarzen Meers abgewaschen sein; vielleicht will eine Erkältung aufkommen. Unerklärlichen Trieben folgend, lasse ich die Wanne vollaufen, wohltemperiert, und steige – leicht schwankend – in das Bad. Kein Gedanke an Samowarin; keine Feindschaft, kein Übelwollen noch Übelsein. Wohlige Wärme umfängt mich.

Dann aber, nach einer genüßlichen Weile, tritt irgendein Gesetz in Kraft – ob nun ausgelöst durch das warme Bad oder vom Schicksal mit diesem gnädig gekoppelt –, und alles, was an diesem Abend an konsistenten oder flüssigen Materialien in mich einging, wird nach dem Prinzip, das Herakles den Augiasstall bewältigen und reinigen ließ, dem Sog des abfließenden Bades anvertraut. Man weiß, wie lästig und belastend solche Entlastungen auf dem Trockenen sind. Gepriesen aber sei das reinigende und fließende Wasser . . .

Erst der nächste Tag macht die Niederlage offenbar. Um zwölf Uhr soll ein Empfang in der deutschen Botschaft für uns und einige russische Kollegen sein. Es heißt, es sei das erste Mal, daß sowjetische Schriftsteller in die deutsche Botschaft geladen werden. Aber alle meine Versuche, die Horizontale für mehr als fünf Minuten mit der Senkrechten zu vertauschen, mißlingen. Ich drücke mir Trauben aus, Stärkung erhoffend. Ich lasse Borshom kommen; nichts will helfen. Darüber vergeht – *»service very slowly!«* – viel Zeit. Aber weder die Zeit noch die bestellten Stärkungen heilen. Der Magen sagt: Laß mich in Ruhe mit all dem Kram; ich bin verstimmt, absolut verstimmt.

Ich muß meine Freunde ziehen und mich entschuldigen lassen. Meine Verbitterung ist groß. Drei Wochen hindurch, Tag für Tag, habe ich alles durchgestanden – das Schwergewicht Samowarin hat mich auf die Bretter gelegt.

Gegen vierzehn Uhr klopft es. Viktor, geschniegelt und gebügelt, im neuen eigenen Trenchcoat, tritt ein und stutzt:

»Im Bett?!« Es klingt fast mißtrauisch. Aber meine Auskunft greift an seine Seele.

»Milch!« sagt er. »Ich besorge Ihnen Milch. Das ist die beste

Medizin.« Er schwört darauf, holt Milch, läßt auch gleich Tee nachkommen, sitzt eine Weile an meinem Bett; und dann muß er gehen – seine Frau erwartet ihn.

»Meine Aufgabe ist erfüllt«, sagt er dienstlich. Und dann, ein wenig unsicher, auf Zustimmung hoffend:

»Ich glaube, es gibt doch sehr vieles, das uns verbindet – meinen Sie nicht auch . . .?«

»Ach, Viktor . . .« sage ich, »wenn nur nicht dieser fürchterliche Haß wäre . . .« Ich kann nicht weiterreden – das Wort blockiert mir die Kehle.

»Welcher Haß?« Er tritt näher. »Sprechen Sie . . .«

»Euer Haß! Dieser fürchterliche Haß, mit dem ihr die Welt vergiftet, der euch blind macht für alles Andersgeartete . . . Dabei lechzt euer ganzes Land nach Liebe, aber ihr füttert es mit Haß.«

»Nein, nein! Kein Haß!« beteuert er und nimmt meine Hand. »Kein Haß, sondern Freundschaft! Wir sind uns viel näher, als Sie glauben. Glauben Sie mir! Ich weiß es.«

»Möchten Sie recht haben, Viktor . . . Möchte es Ihnen und Ihrer Familie gut gehen. Ich danke Ihnen für alle Freundlichkeit und Hilfe. Leben Sie wohl.«

Er nimmt meine Hand in seine breiten Hände und drückt sie fest. Meine Rührung rührt ihn.

»Ich danke *Ihnen*«, sagt er warm. »Wir hatten doch schöne Stunden zusammen.«

Und dann will er mir wohl etwas besonders Freundliches und Schönes sagen, etwas, das in dieser merkwürdigen Situation ebenso rührend wie komisch klingt:

»Sie sind ein sehr netter Mensch, wirklich, ein serr, serr netter Mensch! Ich werde Sie nie vergessen.«

Eine Stunde später kommen die Botschaftsgänger zurück, und ihre Kommentare trösten mich ein wenig über das vermeintliche Versäumnis hinweg. Aber sie wissen noch einen anderen, besseren Trost: Samowarin hat heute vormittag seine Vorlesung nicht halten können. Er liegt krank im Bett.

Samowarin bettlägerig? Wenn das keine beflügelnde Nachricht ist! Zudem steht eine Einladung zu dem Dramatiker Rosow (Film-Treatment »Wenn die Kraniche ziehen«) auf dem Programm; ich hätte sie nur zu gern wahrgenommen. Noch zwei Stunden Bettruhe – dann fahren wir allesamt zu Rosow. Es wäre doch gelacht.

Wir fahren also gegen neunzehn Uhr zu Rosow; allesamt. Aber ob es nun der Taxe zuzuschreiben ist, die mächtig nach Benzin stinkt, oder meiner noch immer nicht voll behobenen Schwäche, – vor dem Hause angekommen, befällt mich Scheu, in so ungesichertem Zustand die Wohnung eines fremden Gastgebers zu betreten. Samowarin heimlich fluchend, steige ich wieder in den Dunstkarren und kehre ins Hotel zurück; niedergeschlagen; geschlagen. –

Aber am nächsten Morgen, Phönix aus der Asche, bin ich wieder auf den Beinen. Ich gehe einkaufen mit der Dolmetscherin. Mittags – es ist Sonntag – sind wir zu Steshenskij eingeladen, und das Entchen schmeckt schon wieder. Nachmittags vereint eine große Germanistenrunde alle näheren und netteren Kollegen. Ich kann wieder alles zu mir nehmen – ausgenommen den Kognak, den man mir augenzwinkernd anbietet.

»Wissen Sie schon«, fragt mich einer, »daß Professor Samowarin, der eigentlich auch hier sein sollte, für die kommende Woche alle Vorlesungen abgesagt hat? Er ist ernstlich erkrankt und unter strenger ärztlicher Aufsicht. Sie sehen, er muß büßen dafür, daß er Ihnen einen Moskauer Tag geraubt hat. Er hatte schon einmal einen Schlaganfall. Er darf gar nichts trinken . . .«

Nun, eine so elementare Rücksichtslosigkeit gegen sich selbst nötigt beinahe schon wieder Bewunderung ab. Vielleicht war diese zügellose Trinkerei für ihn nichts anderes als ein orgien-

hafter Ausbruch des gemaßregelten Trinkers gewesen? Und sofern es überhaupt einen Sieger in dieser Kognakschlacht gab, so
nur einen Pyrrhussieger.
Aber wer spricht von Siegen . . .
Ich hatte überstanden.

Der Abschied

Noch einmal ging ich an diesem letzten Sonntag über die Straßen und Plätze Moskaus, die von Menschen belebt waren, zwängte mich durch die sich drängenden Besucher des riesigen Warenhauses und versuchte, in ihren Mienen zu lesen und das Geheimnis zu ergründen, das – wie das Rätsel der Sphinx – über dieser Stadt und diesem Lande zu liegen scheint.

Es war noch immer »ein anderes Land« für mich; anders als England, Italien, Skandinavien, die Vereinigten Staaten oder Indien – anders als jedes einzelne Land und anders als alle zusammen. Denn was immer eine Stadt wie Kalkutta von Stockholm, London von Paris, New York von Rom unterscheidet – der gemeinsame Nenner bürgerlicher Freiheit ist unverkennbar. Noch der kleinste Straßenhändler in Katmandu lebt bei allen seinen Sorgen furchtlos in seinen Tag, der ärmste irische Trinker, der in seinem Zigeunerwagen schläft, leitet seine Herkunft von den alten irischen Königen ab, nicht weil er reich, sondern weil er frei ist. Die Welt ist fehlerhaft, die sozialen Verhältnisse sind in nicht wenigen Ländern der Erde niederschmetternd, der Luxus stellt sich mancherorts schamlos zur Schau, und Elend und Krankheit liegen, sich ihrer Blöße schämend, am Wege der Menschheit. Aber die heilende, befruchtende Formel dieser Menschheit tritt ja nicht als Alternative auf: Armut oder Unfreiheit, Mangel oder Dressur, Unsicherheit oder Polizeistaat, sondern ruft nach der Synthese: Freiheit und größerer Wohlstand, Entspannung durch ökonomischen Ausgleich, Frieden durch gemeinsame Inangriffnahme jener in zwei, drei Jahrzehnten auf die Menschheit zukommenden Probleme, die so ungleich tragischer und den Weltfrieden gefährdender sind als alle nationalen und klassenkämpferischen Probleme von heute zusammengenommen.

Es ist schwer, zu entscheiden, ob ein Volk »glücklich« ist. Wollte man sein Urteil von den Mienen und Gepflogenheiten der Völker ableiten, würden die Italiener vielleicht die besten Chancen haben, glücklich gepriesen zu werden. Aber wer weiß, ob die Engländer nicht glücklicher sind? Oder die Franzosen? Die Dänen?

Ich weiß nicht, ob die Sowjetmenschen – soweit ich sie zu Gesicht bekam – zufrieden oder gar glücklich sind. Aber ich weiß, daß sie nicht diesen Eindruck erwecken. Wer das Auf und Ab, das Vor und Zurück der sowjetischen Innen- und Kulturpolitik während der letzten Jahre verfolgt und einige Kostproben nachstalinistischer Literatur genommen hat, begreift nur zu gut, daß ein durch drei Jahrzehnte von Unsicherheit und Furcht gepeinigtes Volk, welches Terror, Not, Krieg und alle Formen physischer und psychischer Pression über sich ergehen lassen mußte, nicht den Anschein eines sorglosen, heiteren, freien Volkes erwecken *kann* – es müßte denn ein absolut charakterloses und minderes Volk sein, das sich wollüstig mit allen in- und ausländischen Vergewaltigern paart.

Unsicherheit und Erwartung scheinen mir die kennzeichnenden Begriffe und Stimmungen zu sein, die das allgemeine Bild, die Atmosphäre bestimmen. Neugier und Teilnahme, Mißtrauen und Aufmerksamkeit, Vorsicht und Annäherungsbedürfnis, Furcht und Sehnsucht, Haßliebe und Selbstmitleid, Neid und Resignation – alle Antinomien und Komplementäraffekte glaubt man zu spüren, wenn man unter diesen Menschen geht, mit ihnen lebt, sieht, hört, genießt. Aber durch alle diese gebrochenen Temperamentsäußerungen hindurch dringt – wie Wärme durchs Dunkel – eine fordernde, bedrängende, verlangende, erlösungswillige, erlösungsbedürftige Menschlichkeit, Brüderlichkeit. Der ungeheure, erpresserische Anspruch der sowjetischen Politik scheint mir hier seine Wurzel zu haben. Der Kommunismus, eine Erfindung westlicher Intellektualität und

Philosophie, ist in seiner gegenwärtigen Gestalt ohne diese russische Komponente nicht zu verstehen. Soviel Haß immer diese Weltanschauung ausstrahlt (sie wurzelt im Aufstand der Erniedrigten und Beleidigten) und so unliebenswürdig sie damit selbst erscheinen muß – ihre Innenseite ist weich und verwundbar und erreichbar. Seit das »Christentum« in Rußland ausgerottet und andernorts säkularisiert ist, scheint es keinen Schlüssel mehr zu geben zum Herzen dieses Volkes; und ich glaube: die Russen empfinden dies und leiden daran. Alle unsere primitiven Faustregeln versagen vor der differenzierten Psyche eines Volkes. Daß wir als diejenigen, die einst am meisten zu leiden hatten unter der Gleichsetzung von Regime und Volk, diese Gleichsetzung zur Maxime unserer Ostpolitik machten, wird späteren Generationen vermutlich ein kaum lösbares Rätsel aufgeben. –

Wir waren an diesem Sonntag noch einmal zu Gast in Moskauer Familien, mittags bei unserem Dolmetscher und Bärenführer Wolodja Steshenskij, der mit seiner Frau und zwei kleinen Mädchen eine hübsche, an westlichem Geschmack orientierte Zweieinhalbzimmerwohnung bewohnt, am Nachmittag in der größeren Etage eines Germanisten, der die meisten der Schriftsteller und Publizisten, denen wir in diesen Wochen begegnet waren, zu sich gebeten hatte – darunter den alten Paustowskij und die Lyrikerin Margarita Aliger.

Sie alle waren festlich gekleidet; die Frauen trugen seidene Blusen oder dunkle Kleider. Wo ein Tisch stand, war er gedeckt und mit Getränken und Speisen überhäuft. Konfekt und Kuchen, Kaffee, Tee, Kognak, Wodka und Wein, Trauben, Äpfel, Birnen und Nüsse – was die Jahreszeit und die Küche an Verlockendem hergaben, stand und lag für uns und alle bereit, die wir gedrängt saßen, die Plätze wechselten, wenn ein Gespräch oder eine neue Bekanntschaft es erforderten, und an die alten zurückkehrten, wenn es galt, den Faden wiederaufzunehmen.

Eine merkwürdige Stimmung lag über dem Treffen, die sich aus Heiterkeit und Schwermut, Angriffslust und Versöhnungsbereitschaft, Festlichkeit und Trauer mischte. Während hier und dort die alten Angriffspunkte – die Soldatenzeitung zum Beispiel oder die Herren Strauß und Co. – mit fast manischem Argwohn angepeilt wurden, feierte jene deutsch-russische »Freundschaft« Auferstehung, die in den Tiefen der russischen Seele wie eine nie gestillte Hoffnung, ein nie beschwichtigtes Trauma gärt und treibt und die – jenseits aller politischen Spekulationen – als uneingelöstes Versprechen und ungetilgte Schuld zwischen beiden Völkern oder Mächten klafft.

Es gibt ja drüben eine echte, aber bedingungslos fordernde Sympathie für alles Deutsche, die wohl in der gleichen Gefährdung, ähnlicher Maßlosigkeit, Opferbereitschaft, Herrschsucht, Dienstwilligkeit ihre Wurzeln hat. Aller Haß, der uns von drüben entgegenschlägt, ist verschmähter Liebe verwandt und wäre dementsprechend abzuwandeln, wenn auch nur eine Andeutung von gutem Willen, ein Hauch von Talent für Völkerpsychologie, ein Gran von Phantasie in den Hirnen und Seelen jener Leute lebendig wären, die – dort wie hier – sich einem Auftrag stellen oder ihn auf sich ziehen, ohne ihm gewachsen zu sein. Zugleich aber wurde hinter allen Fragen, Zweifeln, Vorbehalten, Anschuldigungen die uneingestandene Ausweglosigkeit spürbar, die den persönlichen Verdacht in Propaganda, die Propaganda in persönlichen Verdacht umschlagen läßt. Was können diese Menschen sich für Vorstellungen von uns machen, wenn wir auf die strafwürdigste und leichtfertigste Art den Anspruch mißachten, den einundzwanzig Millionen gefallener, ausgehungerter, liquidierter Sowjetbürger – eindringlicher und unabweisbarer als alle kommunistischen Sprüchemacher – auf unseren Anstand, unsere Einsicht, unseren Wiedergutmachungswillen erheben? So wenig wie Zweifel daran sein kann, daß dieser Staat ein Gewaltstaat, ein totalitäres Monstrum ist, so wenig kann bezweifelt werden, daß dieser Umstand immer noch vielen zum fadenscheinigen Vorwand dienen muß dafür, daß ein älterer Schuldner dem jüngeren vorenthält, was – auch ohne pseudo-christliche Argumente – Pflicht und Schuldigkeit wäre. Gibt es nicht der verbindenden Verhängnisse genug?

Irgend jemand fragte an diesem Nachmittag, wie es denn möglich sei, daß man zum obersten Richter des Staates einen Juristen bestellen könnte, der sich als höchst »gefällig«, ja vordringlich eifrig in Hitlers Willkürjustiz erwiesen habe.

»Vergessen Sie nicht«, antwortete ich, »daß es Jahre gab, da achtzig und mehr Prozent des deutschen Volkes an Hitler und seine ›Sendung‹ glaubten und daß der Anteil unbelasteter Beamter, auch in der Justiz, so klein sein *muß* – es werden immer wieder alte Sünder, die sich gut zu tarnen wußten, aufgespürt werden.«

Einige Sekunden mochte diese Erklärung als fade Ausrede erscheinen können. Dann aber sagte der eine der beiden Gesprächsteilnehmer zum anderen:

»Schau hinüber! Da drüben sitzt Kopelew, der neun Jahre ins Lager gehen mußte. Heute wissen wir alle, daß er zu Unrecht verurteilt wurde. Aber der Richter, der ihn verurteilte, spricht auch heute noch Recht.«

Wie viele Wunden sind uns gemeinsam? Welche Irrtümer verbinden oder trennen uns?

Dazwischen gab es Viertelstunden reiner Anschauung und Darstellung, etwa, wenn Paustowskij von Isaak Babel erzählte oder Böll von Irland, wenn Ginsberg von Gryphius schwärmte und Melnikow von seinen Ikonen, oder Kopelew mich nach Frans Masereel ausfragte. Gäste kamen und gingen. Neue Gesichter tauchten auf und richteten prüfende Blicke auf uns, und die alten, vertrauten lächelten uns zu, schon von der Wehmut des bevorstehenden Abschieds beschattet. Würden wir wiederkommen, eines nicht zu fernen Tages? Hatte es uns gefallen in Ruß-

land? Sollte man nicht gemeinsam eine »bundesrepublikani-
sche« Lyrik-Anthologie erarbeiten, die *nur* nach literarischen
Gesichtspunkten zusammengestellt sein würde? (Irgendein
Pseudounternehmen dieser Art, hinter dem sich ideologische
Fellow-travellerschaft verbarg, war von mir freundlich, aber unmißverständlich auf seine politische Zuträgerrolle reduziert worden.) Oder ein Buch über russische Ikonen, wäre das nicht eine
neue Moskaureise wert?

Ein liebenswürdiges Sichereifern, ein freundschaftliches Werben, eine verführerische Gastlichkeit waren am Werke: es werde
doch Früchte tragen, dieses Zusammentreffen? Man sei sich
doch nähergekommen? Müßten unsere Völker nicht alles versuchen, eine friedliche Zukunft zu sichern? Werde der neue deutsche Wiederaufstieg wirklich nicht zu einem dritten Kriege führen? Alles, was an persönlicher Beschwörung und allgemeiner
Redensart, literarischem Sendungsbewußtsein und politischem
Engagement lebendig und wirksam war, drängte sich zu Wort
und wollte einen Widerhall.

Der Aufbruch erst machte deutlich, wie ernst es diesen Menschen war mit ihrem Liebeswerben. Jeder von uns hatte Geschenke zu tragen: Schall- und Sprechplatten, Drucke und Bild-
bände – und in einem der Bücher stand eine lange Widmung:

»Denn Freiheit ist der Odem unseres Lebens,
das Salz der Speise und der Wind im Segel.«
In diesem Geiste sind wir trotz allem,
was war und was ist und was noch kommen mag,
trotz alledem und allem Ihre Freunde und Verbündete.
Nichts soll uns entfremden!
Zum Andenken an neue Freunde in Moskau.

14. Oktober 1962   Unterschrift

Es galt, viele Hände zu drücken, und da einige dieser Hände Frauen gehörten, ergab es sich, daß man sie nicht nur leise drückte, sondern – da die erste dafür entgegenkam – der Reihe nach mit einem Handkuß versah. Die eine hatte zwei Schostakowitsch-Konzerte gegeben, die andere einen Ikonenband, und jene gehörte der Gastgeberin, und diese war auch ohne Gabe gut und einer kleinen Zärtlichkeit wert. Empfing diese Geste nicht hier, wo sie wohl ganz aus der Übung gekommen ist, ihren unverfälschten Sinn zurück: Huldigung und Zuneigung auszudrücken? War es nicht überhaupt auf seine Art ein kleines Wunder, daß man drei Wochen in einem prüden und unerotischen, betont proletarischen Lande verbracht hatte, welches so bar jeder Versuchung, ja des Versuchs einer Versuchung schien, und beim Verlassen dieser Stadt dennoch wußte oder zu wissen meinte, daß zu den nicht eben zahlreichen Reichtümern und Guthaben des Landes seine Frauen zu zählen waren? –

Bei der letzten Flasche Champanskoje saßen wir dann zusammen und entwarfen, von Steshenskij dazu angeregt, eine kurze Dankadresse: »Am Ende einer an Eindrücken reichen Reise, die uns nach Moskau, Leningrad, Tiflis, ans Schwarze Meer und wieder zurück nach Moskau geführt hat, fühlen wir das Bedürfnis, dem Sowjetischen Schriftstellerverband für erwiesene Gastfreundschaft und fürsorgliches Geleit unseren Dank auszusprechen. Diese Reise hat uns in der Überzeugung bestärkt, daß es kein besseres Mittel zu gegenseitigem Verständnis und zum Abbau schädlicher Vorurteile gibt als das offene Gespräch zwischen Menschen verschiedener Nationalität und Überzeugung. Sowohl die öffentlichen Lesungen und Diskussionen wie die Gespräche mit Schriftstellern und Kritikern haben uns bewiesen, wie lebhaft der Wunsch nach geistigem Austausch ist. Besonders beeindruckt haben uns die Aufgeschlossenheit und echte Wißbegier der russischen Jugend und die Lesefreudigkeit des Publikums überhaupt. Einig mit allen Menschen guten Willens

in der Sehnsucht nach Frieden und friedlicher Arbeit, halten wir es für heilsam und nützlich, die Möglichkeit unmittelbarer Anschauung und Begegnung zu pflegen und zu erweitern.«
Dann begann für jeden die Sisyphusarbeit des Packens.

Jenes 15. Oktobers gedenkend, da wir früh aus den Betten mußten, um mit Wolodja Steshenskij, der sanften Natascha und dem menjoubärtigen Dozenten, der mir noch ein sauber gerahmtes aquarelliertes Moskaumotiv überreichte, das letzte Frühstück im Hotel »Peking« einzunehmen, befällt mich Melancholie, um nicht zu sagen Trauer – Trauer nämlich über den unermüdlichen seelischen Aufwand der einzelnen, der vor der Trägheit des Ganzen und dem kalten Zweckdenken von Gewalttätern wie Gewaltausübenden zu flüchtigem Strohfeuer wird.
Als wir in Scheremetjewo anlangten, waren sie alle schon da oder gesellten sich zueinander, die »neuen Freunde« der letzten Wochen, um uns die letzten Schritte zu erleichtern und ein Lebewohl zu sagen, das »Auf Wiedersehen!« heißen sollte, um »Auf Wiedersehen!« zu sagen, selbst wenn es vielleicht nur ein Lebewohl sein mochte: die »Hexe aus dem Kreml«, die Freundin Nekrassows, unsere Natascha, Melnikow und Kopelew, der »Dozent«, unser Wolodja – und wer sonst noch unerkannt und ungenannt Zeuge unserer Abreise sein wollte.
Ach, die unausgeschlafene, angefochtene Seele der Scheidenden! Und die ernüchterte, verschreckte der Zurückbleibenden ...!
War es Dankbarkeit darüber, daß man heil wieder heimkehren durfte in die Zone unentbehrlicher Freiheit, die einen so aus der Fassung brachte? War es Mitfühlen und Mitdenken mit den Zurückbleibenden, die insgeheim vielleicht vorausdachten? Es war, so wollte es mir scheinen, ein Abschied, keinem anderen vergleichbar. Trennte man sich von einer Illusion? Von »Illusionisten«? Ließ man jene zurück, ließ man ein Stück von sich selbst

fahren? Verriet man – als »Ungläubiger« – die Gläubigen, die Glaubenden und unermüdlich Hoffenden . . .?

Ich weiß nur, daß jeden von uns dieser Abschied über Gebühr ergriff, und daß die Arme, die uns umfingen, brüderliche Arme waren, und die Küsse, die auf unseren Wangen landeten, denen ähnlich waren, die Verwandte und Freunde in Italien miteinander tauschen, daß die Hände, die uns winkten, etwas flehentlich Beschwörendes aussprachen und die Augen, in welche wir blickten, etwas von der Trauer widerspiegelten, die der hochfahrende, himmelhoch jauchzende, verzweifelt hoffende Menschengeist mit der ergebenen, geduldigen, erdverhafteten Kreatur teilt. Ließen wir sie in ihrem Fatum? Entließen sie uns aus einer kurzfristigen gemeinsamen Hoffnung?

Wie auch immer – es gab kein Ausweichen: ein Schmerz griff nach uns. Und als just in der Sekunde, da wir die letzte Hand gedrückt hatten, ein von der Szenerie und der eigenen Unausgeschlafenheit offensichtlich gebeutelter Herr der deutschen Botschaft auf der Bildfläche erschien, entfuhr Genrich – ohne jegliche Bösartigkeit, gewissermaßen als Selbstschutz und Galgentrost gegen ähnlich strapaziöse Aufbrüche aus der Kriegszeit – die Bemerkung:

»In letzter Minute – der Leutnant vor dem Sturmangriff . . .«

Dann aber war es überstanden, das sozialistische Abenteuer. Die kapitalistische Gewohnheit trat schon wieder in Kraft – in Gestalt eines höchst überflüssigen zweiten Frühstücks. Skandinavisches Wohlleben umgab die Flüchtigen, die in neuntausend Meter Höhe Kurs auf Stockholm hielten.

Inhalt

Rudolf Hagelstange
Reisewetter

301 Seiten. Leinenband.

Für Hagelstange ist „die Welt ein Panoptikum", ist Reisen „ein Fest
für die Augen"... Man läßt sich von ihm gern verführen zu einer
Seefahrt rund um den Globus, erpaddelt und erwandert mit ihm
Bulgarien und die Ägäis, fährt mit nach Irland, Chile und Japan,
bildet sich mit und durch Hagelstange in Verona und Rom.
Man reist und lernt... Bremer Nachrichten

Das ist es, was die Faszination des Buches ausmacht. Der Reise-
führer tritt zurück. Das Reisewetter trägt uns fort. Wir reisen mit,
wir erleben die Welt, stürzen in winzig-turbulente Ereignisse in
einem Wetterwinkel des Balkans, sind verwickelt in das Zolldelikt,
wir sehen uns, und wir erkennen die Mitreisenden. Waren Sie auch
in Japan? – Nein? Ich war dort und sah „Nippon ohne Nippes".
Ich war mit Hagelstange dort, mitgenommen vom „Reisewetter".
Ich bin wieder heimgekehrt und zurückgeblieben in Harz und
Odenwald, in Schwarzwald und Vogesen, im Wunderland,
im Kinderland, im „Land ohne Wiederkehr"...
Recklinghäuser Zeitung

Zu Wasser, zu Lande und in der Luft – auf Stippvisite in allen
Kontinenten der Erde mit Ausnahme der Antarktis (aber bis Feuer-
land ist er gekommen) – fällt dem sportlich gebildeten... Autor
allerorts etwas ein, was seinem soignierten und sensiblen Prosa-
talent zur Zierde gereicht, und von dem man bei der Lektüre den
Eindruck behält, es sei das Produkt eines Glücksmomentes...
Süddeutsche Zeitung

Paul List Verlag

Rudolf Hagelstange
Der große Filou

Die Abenteuer des Ithakers Odysseus mit Leben und Legende
Homers. 215 Seiten mit 12 zweifarbigen Illustrationen nach Holz-
schnitten von Hansen-Bahia. Leinenband.

Homer überarbeitet: Rudolf Hagelstanges Nacherzählung.
„Der kann erzählen", sagt in diesem Buch ein Hirte zu seiner Herrin
Penelope über den unerkannt heimgekehrten Odysseus; „der kann
erzählen", darf man auch über den Autor des Buches „Der große
Filou" sagen: Rudolf Hagelstange gibt eine modern getönte Nach-
erzählung der Abenteuer des Odysseus.
Frankfurter Allgemeine Zeitung

… hier ist die Odyssee in blendender Gegenwartsprosa, heiter,
verwirrend, tragisch. Dieser Odysseus lebt… Hagelstange begnügt
sich nicht mit einer modernistischen Nacherzählung, er kommentiert
die Ereignisse und erspart so dem heutigen Leser ein Nach-
schlagen im Lexikon der Antike… Ein fabelhaftes Lesevergnügen!
Wiener Zeitung

In schwungvoll schöner dichterischer Prosa werden die Irrfahrten
des listenreichen Erfinders des Trojanischen Pferdes, die Heimkehr
und der blutige Sieg über die Freier erzählt, wobei mit feinem
Gespür das Wesentliche bewahrt und dann und wann ironisch
erläutert wird. Neue Zürcher Zeitung

Dem großen Wanderer und Reise-Erzähler ist zweifellos eine neue
Art Volksbuch gelungen. Südkurier

Paul List Verlag